课本里的古诗词

谢琰 著

中信出版集团 | 北京

图书在版编目（CIP）数据

课本里的古诗词 / 谢琰著 . -- 北京 : 中信出版社 ,
2019.11（2025.9重印）

ISBN 978-7-5217-0948-3

Ⅰ . ①课… Ⅱ . ①谢… Ⅲ . ①古典诗歌 – 中国 – 小学
– 教学参考资料 Ⅳ . ① G624.203

中国版本图书馆 CIP 数据核字 (2019) 第 177333 号

课本里的古诗词

著　　者：谢琰
出版发行：中信出版集团股份有限公司
（北京市朝阳区东三环北路27号嘉铭中心　邮编　100020）
承 印 者：北京通州皇家印刷厂

开　　本：787mm × 1092mm　1/16　　印　　张：27　　字　　数：334 千字
版　　次：2019 年 11 月第 1 版　　印　　次：2025 年 9 月第 14 次印刷
书　　号：ISBN 978-7-5217-0948-3
定　　价：68.00 元

专家推荐

谢琰老师这本《课本里的古诗词》是经过精心策划的：他把适合小学生读的古诗词分为"启蒙阶"（25首，适合1~2年级）、"成长阶"（33首，适合3~4年级）、"提高阶"（42首，适合5~6年级）三个阶段。孩子们年复一年地长大，生活阅历在丰富，聪明才智在增长，这三个阶段的诗词深度和难度不断增加，谢琰老师也不断加多加深了他的讲解。他讲得那样明白、那样通透、那样有感染力，形象在语言中凸显，思绪在韵律里流出。这里凝聚着他深沉的教育情怀、独到的生活体验和满满的艺术才华。这里没有泛泛而谈，更没有夸夸其谈，也不需要傻呵呵地死记硬背。听了谢琰老师的讲解，美好的情境心领神会，做人的道理豁然开朗，兴味在其中，感受在其中，短短的几句诗词还愁记不住？读了这本书我满心欢喜，不论是体现在书中的对古诗文阅读的理念，还是充裕在书里安静地品读诗词的氛围，都让我想说：这是一本我们一直期盼的书，一本值得推荐给孩子、介绍给家长的好书。

北京师范大学资深教授 王宁

谢琰博士是北师大文学院古代文学学科的青年才俊，学问扎实，授课精彩，深受学生欢迎。他对古典诗词的解读，精准、深入、生动、活泼。特别推荐《课本里的古诗词》，品之有味，读之有道，值得品读！

北京师范大学文学院教授 康震

谢琰老师是《中国诗词大会》的出题专家，在我们每次极其“烧脑”的题目策划会上，谢老师总能用自己的方式将诗词之趣和诗词之美巧妙地融入题目中，让诗词更加灵动，更加立体。在《课本里的古诗词》这本书里，谢老师以自己专业又生动的解读为学生们打开了一扇窗，让古诗词拥有了温度和厚度，让学习拥有了别样的风景。推荐大家细细品读，愿更多的孩子喜欢古诗词，热爱中华优秀传统文化。

央视《中国诗词大会》总导演 颜芳

目录

[成 长 阶]

[提高阶]

序言

一个诚恳的开场白

· 为什么学古诗词？

我认为，学习古诗词主要有两个目的。

第一，通过最优质的语言去认识美。对于美的事物，大家可以看、听、闻、触、想，也可以用绘画、摄影、音乐等艺术形式予以表达。相对来说，语言是最综合的表达方式，它既有形象性，也有音乐性；可以灵动，也可以静穆；可以揭明，也可以暗示。世界上一切文化中，最优质、最美好的语言一定会出现在诗歌里。大家学习古诗词，就能学习到最优质、最美好的汉语。古诗词就像一只神奇的鼠标，大家点击它，就会连通古往今来那么多诗人的心灵；借助他们博大而敏感的心灵、多姿多彩的语言，大家可以感受到无穷无尽的美，进而在自己的生活中发现更多的美。比如大家读过“小荷才露尖尖角，早有蜻蜓立上头”，就会在荷塘边逗留、观察；读过“风吹草低见牛羊”，就想去内蒙古大草原骑马、眺望；读过“出师未捷身先死，长使英雄泪满襟”，才会在别人只想着吃遍成都美食的时候，跑到武侯祠去凭吊、瞻仰；读过“飞流直下三千尺，疑是银河落九天”，才会在欣赏到世界上一切瀑布的时候，不至于只会叫着

“哇”“oh my god”。

第二，用一种特殊的方式去学习博大精深的中国传统文化。在古代中国，无论老幼，无论尊卑，只要是有文化的人，几乎都会写诗。诗词不仅仅是文人墨客吟风弄月的奢侈艺术，它更重要的价值在于用一种优美易懂的形式、一种亲切自然的态度、一种无孔不入的眼光和笔触来记录传统文化的方方面面。对于当代中国人而言，诗词就是认知、学习传统文化的一扇窗口，一种捷径。比如读“窗含西岭千秋雪，门泊东吴万里船”，就可以了解成都的地理与交通；读“朱雀桥边野草花，乌衣巷口夕阳斜。旧时王谢堂前燕，飞入寻常百姓家”，既能了解金陵城，也能了解六朝贵族；读“爆竹声中一岁除，春风送暖入屠苏。千门万户曈曈日，总把新桃换旧符”，便知道古人如何过春节；读“旁人不识予心乐，将谓偷闲学少年”，便知道古人如何体察圣人心境，如何享受道义学问的快乐。

· 我讲哪些古诗词？

对于古诗词，大家常有一种误解：读得多，背得多，尤其是读过、背过一些相对偏僻、生疏的诗词，就是本事。换句话说，似乎“诗词储备量”越大，就具有越高的诗词修养。

我曾面试过一位学生。他抱着一摞书进来，往桌上一放，说这里面的诗词我全都会背，您随便抽背！我问他，《春江花月夜》这样的长诗也能背吗？他说可以，于是马上开始背。我打断他，说我不想听你背，只想问你一个问题，这首诗到底写了哪几个部分？每个部分之间是什么关系？他居然完全语塞，呆呆地站立了大约五分钟，一个字也说不出来。大家想想，这是不是很可怕？一首如此著名的诗，他能倒背如流，但是对诗歌意蕴的理解，居然如此生疏、麻木！

大家不要取笑他，应该以此为鉴，反省自己。这些最常见、背得最熟的古诗词，大家真的理解吗？这些诗词里所包含的知识，大家真的知道吗？比如“日照香炉生紫烟”，“紫烟”是什么意思？为什么会有紫色的烟？再比如，“葡萄美酒夜光杯，欲饮琵琶马上催”，唐朝人真的会喝葡萄酒吗？又比如，“洛阳亲友如相问，一片冰心在玉壶”，为什么王昌龄要向“洛阳亲友”强调自己心灵纯洁？你给家里人发短信说：你们放心，我现在心地可善良、可纯洁了。真的会这样吗？你不怕家里人担心你脑子坏了？还有，写《泊船瓜洲》的王安石，到底是什么样的心情？写“欲把西湖比西子”的苏轼，到底为什么来杭州当官？白居易写“半江瑟瑟半江红”“露似真珠月似弓”，这么重复，这么啰唆，为什么你这样写就会被老师骂？崔颢的《黄鹤楼》为什么能让李白都自愧不如？像这样的问题，还有很多很多。

有个词叫“灯下黑”。越是常见的诗词，越是倒背如流的诗词，大家就越容易对其产生“审美疲劳”和“认知疲劳”，既认识不到美，也错过了很多知识。更要命的事实是：让大家感到“疲劳”的这些诗词，恰恰是整个中国古代诗词中最优美、最基础的部分。如果对这部分诗词，草率学习，轻率对待，然后急于去学习字数更多、难度更大的作品，结果就只能是“欲速则不达”。因此，孩子们、家长们、老师们，都应该高度重视那些最常见的诗词，力求养成正确的阅读习惯和思考习惯，才有可能成为真正意义上的“诗词达人”。

基于以上认识，我以最新的“教育部统编小学语文教科书”中的古诗词篇目为主体，兼顾以往出版的小学语文课本，同时适当从初中语文课本以及课外读物中遴选作品，最终选定了 100 首古诗词。也就是说，我讲古诗词，是紧密配合小学生的课堂学习而量身定制，对于小学生应该掌握的古诗词基本实现了“全覆盖”。

• 我怎么讲古诗词？

2018年2月到10月，我在“博雅小学堂”开设“课本里的古诗词”网络音频公开课，完整地讲授了100首小学生必备古诗词。在整理、修订讲稿的基础上，我写成这本书。我讲解古诗词，遵循四条原则。

第一，大学标准，小学趣味。我以大学教学标准来要求自己，保证知识准确、思想端正、审美纯正。我给小学生讲的所有内容，如果放在大学课堂上讲，也不会有任何愧色。同时，我又力图揣摩小学生的认知兴趣和审美心理，贴近小学生的日常生活和学习生活，尽量用活泼、风趣的方式来讲解。

第二，既重知识，又重审美。我既不愿讲成纯粹的“诗歌欣赏”，一味煽情，内容空洞；也不想把诗词当作文化资料看待，讲成枯燥的文化教育、道德教育。我希望兼顾诗词的审美特色与知识功能，一方面将诗词所涉及的历史背景、人物关系、地理知识、生活常识、哲理道义都讲清楚、讲细致、讲踏实，另一方面抓住诗词中的遣词造句、谋篇布局、风格特征、情感线索等诸多因素，细致阐发，发掘奥秘，让孩子们真真切切体会到诗词的美，为之感动，因之奋发。

第三，随物赋形，灵活拓展。对于不同的诗词，我有不同的讲法。每一讲，都根据当下这首诗词的特点量身定制。讲题目，讲作者，讲字词，讲故事，讲自然，讲历史，讲人物，谈天说地，析文论艺，一切皆有可能。更重要的是，每一讲都不会拘泥于当下诗词，还会适当进行引申、拓展，讲解其他诗词，与之进行比较，这样就有事半功倍的效果。

第四，区分阶段，伴随成长。我根据中小学语文课本的编写惯例，将 100 首古诗词分成三个阶段。诗词的难易度，从易到难；讲解的深浅度，从浅到深。孩子们可以根据自己的年龄学段和认知水平，灵活选取不同阶段进行学习。当然，我会考虑到孩子认知能力和审美能力的巨大张力和可能性，所以我可以保证：讲解最简单的诗词，也会有一定深度；讲解最难的诗词，也会保持平易近人。三阶如下：

启蒙阶（1 ～ 2 年级），25 首。
成长阶（3 ～ 4 年级），33 首。
提高阶（5 ～ 6 年级），42 首。

我期待这本书可以帮助小学生学习语言、学习文化，陪伴小学生成长。我也期待小学生的家长们，能陪孩子们一起阅读、欣赏、思考。我在讲诗词的时候，其实常常考虑到家长的感受和成人的精神世界。我还期待，广大小学语文教师也能从中得到一些启迪和借鉴。为了讲好这些诗词，我查阅了很多古籍和研究论著，有时还会借鉴最新的学术研究成果。我无法一一向学者们表示感谢，但我坚信，他们也都如我一样，希望将学术象牙塔里的知识与思想，传递到孩子们的课堂中。最后，我当然还要诚挚地期待孩子们、家长们、教师们、学者们的批评与指正。

【启蒙阶】

咏鹅

唐·骆宾王

鹅，鹅，鹅，曲项向天歌。
白毛浮绿水，红掌拨清波。

这首诗也许是每个人刚识字的时候就要背的一首，而且是字数最少的一首。整首诗只有十八个字。严格来说，这不是一首很规范的古典诗歌，因为它第一句只有三个字。通常这样的五言绝句，第一句应该是五个字，比如《静夜思》。

这首诗相传是骆宾王这样一个天才诗人小时候写的。想象一下，如果你写一篇小作文，去描写“鹅”，你能写得比骆宾王更好吗？能像骆宾王那样抓住鹅的特点吗？接下来，我们就从这个角度切入，谈谈这首诗为什么写得好。

第一句，“鹅，鹅，鹅”，反复强调：大家听好了啊，我咏的是鹅。

第二句，“曲项向天歌”。咏的是不是鹅？能不能换成别的动物呢？不能。诗人抓住了“鹅”的独特特征。鹅的脖子长，叫起来才是“曲项”。麻雀、黄鹂脖子都短，只能直着喉咙喳喳叫。还有，随时都能“向天歌”，也是鹅的特点。大家想一想，还有什么动物喜欢向天而歌呢？李贺有一句诗，叫“雄鸡一声天下白”。大公鸡早晨的时候就喜欢向天歌。但鹅不管什么时间，随时可能叫，所以很多农村里的人家，会养鹅来看家护院。它们对待陌生人，有时比狗还凶。

第三句，“白毛浮绿水”，又把鹅跟很多水鸟区分开来。比如有一种水鸟，大家在很多散文里经常看到，叫鸬鹚，它甚至会潜水。鹅可不会潜水，鹅一般是浮在水面上的。同时鸬鹚一般是黑色的，它不是“白毛浮绿水”这样一种情态。

第四句，“红掌拨清波”。“红掌拨”三个字也抓住了鹅的特征。咱们来比较一下。鸡有掌吗？没有，鸡的掌是爪子，所以鸡爪跟鹅掌不一样。鸭倒是有掌，你看鸭和鹅，它们的掌都有蹼，张开来就很宽大，便于划水。可是鸭掌一般没有鹅掌那么红，除非你们家烧鸭子辣椒油放多了，出现一个红掌。

以上几个因素放在一起，“曲项”“向天歌”“白毛浮”“红掌拨”，这样一些颜色、动作、声音、情态结合在一起，你会发现它就是鹅，不是鸭，不是鸡，不是捕鱼的水鸟。

这首诗虽然是小骆宾王写的，但是这位小朋友之所以后来能够成为一位大诗人，就是因为他非常善于观察生活，观察得敏锐、仔细，能够捕捉到这种动物与别的动物之间不同的地方。

我们再来讲讲小苏轼写诗的故事。

苏轼小时候，曾跟着一位叫刘微之的老师学习。一天老师吟咏一个动物。什么动物呢？就是鹭鸶，一种水鸟。这种水鸟洁白如雪，飞起来像天鹅一样，特别好看。老师形容它说，“渔人忽惊起，雪片逐风斜”。打鱼的人突然把鹭鸶给惊起来了，这么白的鸟，飞起来那么好看，就像一片一片的雪花，随风在那倾斜飘扬，写得非常美。

苏东坡确实与众不同，出手不凡。他说，老师我觉得你这首诗还得改一改，应该改成“渔人忽惊起，雪片落蒹葭”。《诗经》里有句“蒹葭苍苍”，写的是类似于芦苇的那种植物，生长在水边。小苏轼为

小时候的大诗人，都有一双敏锐的眼睛和一颗敏感的心。

什么坚持这么改呢？

老师的原句是“雪片逐风斜”，说明水鸟飞起来以后那么轻盈，又那么洁白，这个形态是抓住了。但是有一个问题，这可能不是鹭鸶独有的特点，因为很多白色的鸟飞起来可能都像雪片飘飞。小苏轼说，改成“落蒹葭”，意思是它飞起来还得落下来，它不像天鹅就这么远走高飞了。它是水鸟，最重要的特征是要栖息在蒹葭丛中、芦苇荡里。“落蒹葭”一写出来，我们就知道，一定是鹭鸶这种水鸟，它像雪一样飘起，又像雪一样落下。最终落在哪呢？落在它经常栖息的那片芦苇丛中。

以上两个例子，一个是小骆宾王写诗，一个是小苏轼改诗，我们从中可以看出，一个伟大的诗人一定要具备一种素质，就是懂得观察生活，能够敏锐地抓住事物的特点。

同学们，我们以后写作文一定要注意这一点。不停地想一想，写一样事物，要不要和别的东西比较一下呢？你说这个叶子又大又圆又绿，不妨想一想，别的花花草草是不是也有这样的特点呢？如果很多花草的叶子，都有大、圆、绿的特点，那么你要写的这棵植物，是否有与众不同的姿态？不断对比，不断分析，你最终就能抓住事物的独特之处。古人学写诗都是从咏物诗开始学起，从小就咏鹅、咏花、咏雨、咏池塘，这是符合写作规律的。

江南

汉乐府

江南可采莲，莲叶何田田。鱼戏莲叶间。
鱼戏莲叶东，鱼戏莲叶西，鱼戏莲叶南，鱼戏莲叶北。

这首诗的语言非常简单，但是背后的美感和知识，实在是不简单。

我们先来说说什么是“采莲”。“江南可采莲”，可以去水中采莲，采的是莲子。南北朝时期的南朝，也流传着一首关于采莲的诗《西洲曲》，是乐府民歌。里面有这么四句话，“采莲南塘秋，莲花过人头。低头弄莲子，莲子青如水”。女子在小河湾里采莲，莲花很高，都超过人头了。她低着头去采摘莲子，莲子是什么样子的呢？“莲子青如水。”这里有两对谐音字：“莲”与“怜”，“青”与“清”。什么叫谐音？用一个字暗示同音的另一字的意思。“莲子”谐音“怜子”，就是怜爱你、喜欢你。“青”谐音“清”，说莲子的颜色和清水的感觉很相似。《西洲曲》很长，里面这四句最为著名。

“采莲”是我国古代江南很多地方都会出现的一幅生活画面。我们现在要读的这首《江南》就是一首采莲曲，即在采莲的时候唱的曲子。这种曲子经常会表达对于生活的热爱，或者对于某个人的热爱。采莲的女子姿态优美，景色又如此动人。在这样的氛围之中往往会产生美好的感情。整首诗是在歌咏这些采莲的女子，在良辰美景之中嬉戏游乐，一派生活气息。

“江南可采莲，莲叶何田田。”“田田”形容莲叶茂盛，一个连着一个，填满了整个水域。在这片茂密的莲叶之中，女子划着一只小船从中穿过，一边穿过，一边去采摘莲子。从此以后，“田田”常用来形容莲叶，甚至成为莲叶（荷叶）的代名词。同学们长大后肯定会学到一篇文章，现代著名作家朱自清先生写的《荷塘月色》，里面有一句话，“曲曲折折的荷塘上面，弥望的是田田的叶子”。这两个字从汉代一直用到现代，至今我们仍然在用，是很美妙的字眼。

下一句“鱼戏莲叶间”，看这些小鱼在莲叶间游来游去，怎么游呢？下面四句话不断重复，“鱼戏莲叶东，鱼戏莲叶西，鱼戏莲叶南，鱼戏莲叶北”，东西南北都重复了一遍。那我们就要问了，这首诗怎么这么啰唆，一句词唱这么多遍？

其实这个啰唆不是与歌词有关，不是与诗有关，而是与音乐有关。这边主唱在唱，“江南可采莲，莲叶何田田，鱼戏莲叶间”，后面很多人一起与她应和，“鱼戏莲叶东”，又有人唱“鱼戏莲叶西”，又有人唱“鱼戏莲叶南”，又有人唱“鱼戏莲叶北”，这是此起彼伏的大合唱。

不要觉得这首诗啰唆，啰唆之中传达出的是生龙活虎的生活场景。一个妙龄女子在采莲的时候划着船，在“莲叶何田田”之中穿行，看到小鱼在莲叶之中嬉戏，这时候她的心情也非常轻松惬意，于是开始唱歌。一唱呢，周围东西南北那些妙龄女子都一起唱起来了，这是多么美好的劳动生活的场景啊！

很多优美的文学作品都诞生于劳动之中。古老的甲骨文里，也有类似的作品。所谓甲骨文，就是古人在乌龟壳儿或兽骨上刻画了很多神秘的文字。这些文字里面有一小段记载特别有趣。“癸卯卜，今日

良辰美景之中，藏着一场此起彼伏的大合唱。

雨”，大意是今天我来预测一下，要下雨呀！这就像天气预报一样。下面出现四句话：“其自西来雨？其自东来雨？其自北来雨？其自南来雨？”这雨从哪来啊？从西来吗？从东来吗？从北来？从南来？我们可以想象，远古时期的人们可能是一边载歌载舞，一边就把天气预报给唱出来了。

鲁迅先生有一次开玩笑，说最早的文学叫作“杭育杭育派”。“杭育”就是劳动号子，就是“吭唷”。这边人扛起一块石头，那边人拖着一只野兽。这边喊“吭唷”，那边说“吭唷”，于是合在一起就是“吭唷吭唷”，就变成人类历史上的第一首诗了。劳动很累，但劳动也很美。

延伸阅读

采莲曲二首（其二）

唐·王昌龄

荷叶罗裙一色裁，芙蓉向脸两边开。
乱入池中看不见，闻歌始觉有人来。

画

佚名

远看山有色，近听水无声。
春去花还在，人来鸟不惊。

很多人以为此诗的作者是王维，但这首诗在王维的诗集里从来没有出现过，不是王维写的。那是谁写的呢？目前不清楚。但这首诗写得确实好，让人想到了苏东坡对王维的一个评价，叫作“诗中有画，画中有诗”。

王维是一个大画家，又是一个大诗人，所以他写的很多著名的句子，如“明月松间照，清泉石上流”“大漠孤烟直，长河落日圆”“江流天地外，山色有无中”“白云回望合，青霭入看无”，每一句都是一幅画，所以叫作“诗中有画”。

这首《画》可能就是因为确实写出了“诗中有画，画中有诗”的感觉，所以好多人误以为作者是王维。但是我们首先得明确，这首诗其实是一个无名的作者写的。

下面我们就来细读这首小诗。先把题目忘却了，只看四句诗。第一句，“远看山有色”，远远地看着，山有颜色，这肯定是合理的。我们远望青山，树木葱茏，苍翠欲滴，当然是有色的，这是第一句。

第二句，“近听水无声”，这就不合理了吧！你凑近了听，流水潺潺，怎么会没声音呢？你看着它在那流动，怎么可能没有声音呢？你又不是在那看电视，把静音给开了。第二句反常。

第三句，“春去花还在”，这也反常，春天已然过去了，花怎么还挂在枝头呢？还盛开得那么鲜艳！

第四句就更反常了，“人来鸟不惊”。你凑近了看那只鸟，鸟怎么还瞪着大眼睛，傻乎乎地看着你，一点儿都不害怕，这又不是你们家养的鸡，对不对？为什么“人来鸟不惊”呢？这也反常。

当然了，世间有没有“人来鸟不惊”的情况？还真有一个故事。《列子》里面记载了一个故事，说有一个人，特别善于跟鸟兽相处。他在海边沙滩上，走过来走过去，天上的海鸥就会落在他的身边，落在他的脚下。这个人心地善良，他对这些鸟，一点儿伤害的念头都没有，于是人与鸟互不妨碍，其乐融融，真正是“人来鸟不惊”。但是有一天，这个人突然起了“机心”。什么是“机心”呢？就是有了功利的目的。什么叫功利的目的呀？这个人想抓鸟了。因为有人说，既然鸟都不怕你，你可以很轻松地抓几只啊！当他怀着一颗功利心，想去抓鸟、伤害鸟的时候，那些海鸥就在天上飞呀飞呀，不落下来了。

这个故事告诉我们，无论你是与人交往，还是与物打交道，你都应该保持一颗宠辱不惊的平常心。做一件事情，不要那么急功近利。尤其是与人相处的时候，不要总想着，我与你相处得这么融洽，那我得从中得到利益呀，不然我这融洽不是白融洽了吗？你一旦这么想，融洽的关系很可能就消失了。所以这个故事其实是在讲一个深刻的道理。

我们回到四句诗。第一句是正常的，后面三句都是反常的。回过头来再看诗的题目，我们才恍然大悟，原来诗人不是说“我”在那看山、看水、看花、看鸟，而是在看一幅画。画里有山色、有流水、有春花、有憩鸟，所以这幅画实在是太逼真了，让人恍惚之间融入了画

画面与现实，傻傻分不清楚。

面之中。

我想听一听水，才反应过来，原来是画中的水，当然没有声音。看这朵花，明明现在已经是夏天了，这花怎么还在呢？原来我是在看画，不是在看现实中的花朵。画面上的鸟气定神闲，我走过去，一点儿反应都没有，真奇怪啊！因为我真把它当成一只气定神闲的鸟了。

这首《画》，就是画了一幅非常传神、优美、让人身临其境的画。

延伸阅读

风

唐·李峤

解落三秋叶，能开二月花。
过江千尺浪，入竹万竿斜。

悯农

唐·李绅

锄禾日当午，汗滴禾下土。
谁知盘中餐，粒粒皆辛苦。

这是一首沉重的诗。“悯”，就是悲悯、可怜的意思。“农”就是农夫、农民。大家可能有疑问了：这诗我从小就会背，家长教育我要爱惜粮食，可是我并没有觉得诗里面很悲惨啊！为什么题目叫《悯农》呢？

之所以有这样的疑问，其中一个原因就是你们没有把这首诗读完整。其实它本来有两首，咱们先读另外一首，再去读这一首，你就会知道诗里面所隐藏的感情其实不只那么简单。这首诗原本并不是想教育大家不要剩饭剩菜，要珍惜粮食，它的主题其实要沉重很多。

我们来看《悯农二首》的第一首：“春种一粒粟，秋收万颗子。四海无闲田，农夫犹饿死。”这里说，春天的时候播种下一颗小米粒，秋天的时候就能够收获“万颗子”。从“一”到“万”，诗人想表达的是一种多么伟大奇妙的创造力！这可不是简单的自然的创造力。你随便把种子撒在田野里，也能长出粮食来，但肯定达不到“万颗子”的效果。可能是杂草丛生，可能是瘪谷瘪稻，长得都不饱满，那是因为你不去照顾它，不去辛勤地劳动。所以，诗人不是在写植物的生长，而是在赞美农民伟大的创造力。

接着第三句，他继续渲染这种伟大的创造力和无穷无尽的辛苦，叫“四海无闲田”。前面说“春种一粒粟”，可能是面对着眼前一位农夫。现在他把眼界放得更宽广了，放到“四海”那么大！高高低低，远远近近，有平原，有高原，有树林，到处都有稻田。有的一望无际，有的在小河边，有的是山坡上的梯田，各式各样的稻田。这些田里面，“无闲田”，到处都有农民在种植，在施肥，在浇灌，在照料，在辛勤地工作。

悯农（其一）

唐·李绅

春种一粒粟，秋收万颗子。

四海无闲田，农夫犹饿死。

最后一句“农夫犹饿死”，却非常凄凉悲惨。这个结局是残酷的，甚至惊心动魄。农民拥有那么伟大的创造力，“一粒粟”能收获“万颗子”。“四海”之内，每一处田野都有他们辛勤劳作的身影，这得创造多少粮食啊！结果呢，农夫还是会饿死。为什么会造成这样的结局？我们可以推测，不是自然的问题，也不是农夫的问题，而是社会制度的问题。古代社会中有很多不劳而获的达官贵人，他们让农民替自己种田，然后抢夺他们的劳动果实。“秋收万颗子”之后，这“万颗”里面可能有九千颗都不属于农夫，都要交给达官贵人。农夫吃不到自己辛苦播种、收获的粮食，会饿死。这是在抨击、批判不合理的社会制度。

一个社会当然不能每个人都去耕田种地，需要有很多人从事其他行业，还需要有人管理社会秩序，但是分配要合理。当代社会也是如此。农民当然很辛劳，但是医生、教师、工人、公务员、公司管理者，这些人也很努力，很辛苦。那么就需要保持一个合理的社会制度。农民辛辛苦苦劳作了一年，收获了万颗粮食，你顶多收他五千颗，这五千颗分配给医生、教师、公务员等从事非农业生产的人，因为这些人对社会也有贡献。那么剩下五千颗，农民才能吃饱。如果社会继续发展，变得更发达、更合理，就可以给农民留七千颗，政府只收三千颗上来就够了，这样农民的生活才能更加富足，社会分配也才能变得更均衡。但是在古代社会，这样的情况是非常罕见的，“万颗子”里边只能留下极微小的一部分，其余都上交官府，最后农民只能饿死。这是一个惊心动魄、发人深省的结局。

读完这首诗之后，我们回过头再读课本上选的这首《悯农》，我们就知道这首诗的情感与刚才那首诗的情感是一脉相承的。第一句“锄禾日当午”。什么叫“锄禾”？“禾”是禾苗。你把禾苗锄了还种什么粮食？“锄禾”的意思是，给禾苗松土，把杂草锄去。前文说过，你把一颗种子随便撒在那儿，它是不可能出现“万颗子”的，它会被杂草欺压、排挤。杂草会吸收营养，庄稼就长不好，所以人们得不断去看管、照顾这些禾苗。

第一句说“日当午”，第二句说“汗滴禾下土”，说明天气很热，是夏天的正午时分。夏天为什么要去“锄禾”呢？如果你在夏天的时候去公园里转一转，就会发现到处都长着杂草，需要园艺工人不断修剪，才能整齐一些。那么禾苗在这个时候也恰是最茂盛、最关键的时期。禾苗要抽穗拔节，要开始长稻穗，也就是在酝酿“万颗子”。如此关键的时候，你要是不把杂草给锄掉，任它吸收禾苗的营养，等到秋天收获的时候，稻谷就是瘪的、营养不良的。所以，诗人写的是夏天耕耘的情景，而不是春耕的情景。春耕是“春种一粒粟”，夏耘是“锄禾日当午”。有春耕，有夏耘，然后才有“秋收万颗子”的结果。

夏天酷日当空的时候，农民继续耕耘，松土锄草，非常辛苦，“汗滴禾下土”。这一句跟刚才那首诗里的“四海无闲田”是呼应的。“四海无闲田”是一个极广阔的画面，而“汗滴禾下土”却是一个极小的画面。一滴汗跟四海田之间，产生了神奇的呼应，告诉我们到处

这首诗不是教育我们爱惜粮食，而是启迪我们思考社会。

都有的那些整齐的稻田那么漂亮，那么精神，根源于这一滴又一滴的汗水。“一花一世界，一叶一菩提”，我们可以说，一滴晶莹剔透的汗珠里，蕴含着四海的良田千顷、万里丰收。

最后两句“谁知盘中餐，粒粒皆辛苦”，大家经常听到这两句，父母常用这两句来教育我们。读了前面几句之后再读这句，你的心里应该多了很多悲怆，很多悲悯。“盘中餐”，那是烹调之后的米饭。你知不知道，你面前这碗香喷喷的米饭，“粒粒皆辛苦”啊！注意，“谁知”不是一个普普通通的疑问，它有质问的含义在里面。诗人在质问所有人，你知不知道盘中的每一粒粮食，包含着多少辛苦啊？！这句话说得很沉重，甚至很愤怒。

这首诗不是在日常生活的意义上说你们要爱惜粮食，而是告诉所有人，要悲悯那些农夫，要看一看这个社会有没有一些不合理的制度，要反思自己，也要反思社会。

我们读这首诗，既要从自己做起，节约粮食，同时也要放眼看社会上还有哪些不公平的制度。我们要观察它，思考它，然后在恰当的时候提醒社会上各行各业的人，敦促大家一起去改造社会，形成更合理的制度。

这两首《悯农》在当时写出来之后，就引起了很好的反响。有位著名的大臣吕温，读到了年轻的李绅写的这两首诗，就评论说“斯人必为卿相”，意思是他一定能当公卿宰相，就是能当大官。当了大官就要为民做主，就要有悲悯天下苍生的胸怀，这才是一个好宰相。果然，后来李绅真的做了宰相。读这两首诗，我们可以看到诗人对天下苍生的悲悯，对不合理制度的批判和思考，同时我们从中也要反思自己的行为，不仅要珍惜粮食，更要关心社会。

古朗月行

唐·李白

小时不识月，呼作白玉盘。
又疑瑶台镜，飞在青云端。
仙人垂两足，桂树何团团。
白兔捣药成，问言与谁餐。
蟾蜍蚀圆影，大明夜已残。
羿昔落九乌，天人清且安。
阴精此沦惑，去去不足观。
忧来其如何，凄怆摧心肝。

大家一看这首诗，肯定要问了：怎么会这么长？课本上只有四句啊！“小时不识月，呼作白玉盘。又疑瑶台镜，飞在青云端。”但大家读了四句之后，有没有一种好像没写完的感觉？如果我们翻翻李白诗集，就会发现语文课本的编写者很顽皮。这首诗总共十六句，但他只截取了前四句。咱们先把课本上的四句读完，然后再去了解整首诗的全貌。

先看题目《古朗月行》。“行”不是行走的意思，而是一种歌曲体裁，就好像我们现在说的交响曲、协奏曲、流行歌曲等等。“朗月行”的意思，大致就是“月光曲”。“古”，意味着李白仿效这首古老的月光曲来描写他心目中的明月。

第一句，“小时不识月”。每个人小时候都对世界充满好奇。小朋友们，在你们三四岁的时候，看到天上的星星，看到外面的花花草草，看到其他小朋友手里的玩具，是不是都会好奇那是什么？李白说自己小时候看到天上的明月，那么圆，那么亮，便以为是一个白玉做的盘子挂在天上，即“呼作白玉盘”。“呼”字很有意思。小李白根本不知道天上明月对应着什么词汇，当他看到一个又白又圆的东西，便回想起妈妈早上在擦一个白玉盘，就指着天上呼喊：白玉盘，白玉盘！旁边大人肯定就笑话他，说那不是白玉盘，那是月亮。

过了几天，小李白估计又给忘了，看见月亮的时候心里又浮现出一个形象，就是“瑶台镜”。他记得大人讲过一些故事，说天上有一个神仙的世界，有个瑶台。神仙们同样爱美，也会照镜子。所以他就怀疑，天上挂着的会不会是神仙用的宝镜啊？他说“飞在青云端”，因为只有神仙的宝镜才能飞扬在青云之上。

前四句我们读完了，很容易理解。接下来就要把这首诗给读完，后面还有十二句。

李白接着写，“仙人垂两足，桂树何团团”。小李白慢慢在成长，长大过程中又听到了好多故事。有人说，你仔细看月亮上的人影，那就是仙人，旁边还有树木的影子，那是月亮上的桂树。“垂两足”是说先看到仙人的两只脚，“团团”则是说树影圆圆的，它们都在月亮上若隐若现。

下面两句，“白兔捣药成，问言与谁餐”。时光轮转，白云穿梭，月影有时候变化了。小李白眨了眨眼睛，怎么又看到了一只兔子？大人说，那里确实有只玉兔，是嫦娥养的，来帮她捣药。神仙的世界里也要捣药，吃了才能长生不老，嫦娥就是吃了神药才飞上月亮的。小李白问“与谁餐”，意思就是白兔捣药是喂给谁吃的？大人回答是嫦娥。

今天我们学了点儿天文学知识，就知道月亮上出现的影子其实是环

李白看月亮的时候，想到了无忧的童年，想到了忧愁的人生。

形山。古人不知道，总觉得月亮上的影子很神奇，变化多端。李白继续写，“蟾蜍蚀圆影，大明夜已残”，这又是一个传说。月亮里的影子有时像白兔，有时又像蟾蜍，就是蛤蟆。在月食的时候，古人会觉得是蟾蜍让圆影变残缺了，蟾蜍吃掉了明晃晃的月亮。“大明”，就是指月亮。

下两句又出来一个传说，是关于太阳的，即“羿昔落九乌，天人清且安”。这么皎洁的月亮曾经被吃掉过，那太阳有没有被伤害过呢？也有。但是这种伤害是非常必要的。传说古时候天上有十个太阳，特别炎热。后来就有一个英雄后羿，拿弓箭射下了九个太阳，于是天上地下都变得清凉安逸了。

以上句子，写的都是李白的种种回忆与联想。有人说，“玉盘”“仙人”“桂树”“白兔”这些天真、幸福的意象，象征着国家的太平盛世。而“蟾蜍蚀月”“后羿射日”这些比较惨烈的画面，则象征着朝政紊乱后的局面。这种说法有一定道理，但我不想引申太远，解读得太沉重，还是从人生抒情的角度来看这首诗的内涵吧！

最后四句，李白要抒情了。他先说“阴精此沦惑，去去不足观”。太阳是阳，月亮便是阴，是阴气的集结。“沦惑”是慢慢地沉沦、消逝。这样的场景李白不愿去观看，看了会很不舒服，很惆怅。在他心目中，月亮就像现实中的人生理想。他的理想被遮蔽、被伤害，让他不禁“忧来其如何，悽怆摧心肝”。他心中泛起了忧愁，十分难受。李白在看月亮的时候，想到了人生理想的失落。

至此，我们终于把《古朗月行》完整地读了一遍。我们可以看到，李白从小就听过很多关于月亮的传说，对月亮产生了无限的遐想。此种眷恋与观赏，伴随了他的一生。李白一生热爱月亮，写了很多与月亮有关的诗。

嫦娥

唐·李商隐

云母屏风烛影深，长河渐落晓星沉。
嫦娥应悔偷灵药，碧海青天夜夜心。

春晓

唐·孟浩然

春眠不觉晓，处处闻啼鸟。
夜来风雨声，花落知多少。

可能大家在还不认字的时候就会背这首诗了。小朋友调皮，爱改古诗。我小时候就曾经改过："春眠不觉晓，处处蚊子咬。点上电蚊香，不知死多少。"

这首诗大家背得太熟了，还爱改它，背着改着就审美疲劳了，就不知道这首诗写的到底是什么内容呢？有什么妙处让它这么著名呢？让我们把这种审美疲劳层层剥开，认认真真地再把这首小诗琢磨一遍。

如梦令

北宋·李清照

（其一）

常记溪亭日暮，沉醉不知归路。
兴尽晚回舟，误入藕花深处。
争渡，争渡，惊起一滩鸥鹭。

（其二）

昨夜雨疏风骤，浓睡不消残酒。
试问卷帘人，却道海棠依旧。
知否，知否？应是绿肥红瘦！

第一句，"春眠不觉晓"。诗人睡得香甜，睡到自然醒。春天的时候容易春困，不知不觉之中就到了早晨。我们现在可没有这个福气，动不动就被闹钟叫醒，被外面的汽笛声吵醒，爸爸妈妈喊，快呀起床了迟到了！很难不知不觉醒来。

醒来之后呢？诗人听到的声音是如此美妙，"处处闻啼鸟"。什么叫"处处"？刚醒的时候，意识还比较模糊，稀里糊涂地听到外面好像有鸟鸣声。但是鸟在哪儿呢？屋檐上？树上？在房顶上？窗口？外面亭子里？地面上？可能到处都有。所以这个“处处”很传神，写出了刚醒的孟浩然在听到外面啼鸟声音的时候迷迷糊糊的精神状态。这一句可以说是反过来又把第一句“不觉晓”的味道写得更加具体生动了。

我们想一想自己刚起床的时候会想到什么。哎哟，是不是迟到了？哎哟，是不是作业没做完？我们都太忙了。孟浩然是一个隐士，隐居的人不出来做官，家里有田有地。他醒来的时候，脑子中闪过的第一个念头跟我们不一样，他闪过什么念头呢？

下面就写，他最关心的是“夜来风雨声”。醒来的时候忽然想到昨天晚上又刮风又下雨。没必要回忆这些东西呀！那谜底在哪儿？这首诗的前面三句都是在铺垫，谜底在最后一句，“花落知多少”。

为什么想起昨夜的风声雨声？原来孟浩然关心的是他院子里的花，是不是在风中雨中已然凋落了？花落意味着什么？“花落”与“春眠”的“春”字，还有题目中“春晓”的“春”字，都是联系在一起的。“花落”意味着春天就这么不知不觉地走了。

你看这首诗，它写的是一个隐士，一个很闲适、活得很自在的人，他对自然的变化特别敏感，对于春天、对于生命的热爱特别浓烈。我热爱的春天难道在这一夜之间就离我而去了吗？这首诗写的是一个悠闲自在的人，一个敏感的人，一个爱美的人，是如何怜惜春天的离去的。

诗人都是很敏感的。让我们再对比另外一首作品，著名女词人李清照写的《如梦令》：“昨夜雨疏风骤，浓睡不消残酒。试问卷帘人，

诗人不知不觉地醒来，春天不知不觉地离去。

却道海棠依旧。知否，知否？应是绿肥红瘦！”

这首词写得比《春晓》更复杂一点。她说昨天晚上雨点稀疏，但风吹得很急、很猛。既然写的是昨夜，那就意味着她跟孟浩然一样已然醒来了，在回忆昨天晚上的风声雨声。

这个时候李清照还很年轻，爱喝酒也爱吟诗作赋，喝酒之后“浓睡不消残酒”，第二天早晨起来还是有点儿晕晕乎乎的，与孟浩然春困醒来之后那个迷迷糊糊的状态差不多。但是李清照的旁边有人。谁呢？她的丫鬟，“卷帘人”。她问这个丫鬟，赶紧帮我看一看，昨晚那场风雨有没有把我的海棠花给损坏了？

丫鬟就出去看，回来以后告诉李清照说，没事，海棠还是那样，“依旧”。李清照一听，就有点儿生气、有点儿着急上火了。和孟浩然一样，李清照也很敏感。孟浩然那儿没有人跟他对比，但是李清照这儿有一个特别鲜明的对比，就是这个丫鬟，这个“卷帘人”，她实在太粗心了！李清照就说，你这个傻丫头啊，“知否，知否？应是绿肥红瘦”。虽然绿的还是绿，红的还是红，但是已然不是昨天盛开状态的海棠了，已然是叶子肥大，花朵凋零了。

这首词仍然是在写：春天在不知不觉之中经过一夜风雨之后就这么走了。一个敏感的诗人，对于春天即将离去感到非常惋惜。

《如梦令·昨夜雨疏风骤》和《春晓》都是写惜春之情，都写得非常传神、细腻。有人查到一些资料，发现《春晓》这首诗还有另外一个题目叫《春晚》。“春晚”，就是春天即将过去的意思。而“春晓”，只是一个普通的早晨。从全诗情感来看，或许《春晚》作为题目还更合适一些吧！

赠汪伦

唐 · 李白

李白乘舟将欲行，忽闻岸上踏歌声。
桃花潭水深千尺，不及汪伦送我情。

诗题叫《赠汪伦》，那么汪伦是谁呢？我们先来介绍一下创作背景。汪伦是泾县的村民。泾县在今天安徽的南部，皖南山区，是一个山清水秀的地方。汪伦家里还是有些财产的，可以说是一个乡绅。

关于这首诗还有一个故事。清代大诗人袁枚写过一本书叫《随园诗话》。“诗话”，就是评论别人的诗，有时候也记载一些关于诗的故事。这本书里就记载了《赠汪伦》的相关故事。汪伦是泾县的一个“豪士”，家里有钱，性格豪爽。他听说李白要来皖南山区游玩，专门写一封信去迎接他。

汪伦的信里编了一个谎话，说“先生好游乎，此地有十里桃花”。李白先生啊，你是不是喜欢游玩啊，我们这里有十里桃花。他接着写，“先生好饮乎，此地有万家酒店”。李白先生啊，你是不是特别喜欢喝酒啊，我们这里有万家酒店哦！李白一看信，当然很开心。这个地方好啊，能游玩，有酒喝。到了之后，汪伦才说出实话，“桃花者，潭水名也，并无桃花”。桃花潭是一片潭水的名字，并不是盛产桃花的地方。那万家酒店呢？他说“万家者，店主人姓万也，并无万家酒店”。李白听

沙丘城下寄杜甫

唐 · 李白

我来竟何事？高卧沙丘城。
城边有古树，日夕连秋声。
鲁酒不可醉，齐歌空复情。
思君若汶水，浩荡寄南征。

后也没生气，而是欣然大笑。

汪伦骗李白来不是为了耍他，而是真诚地款待他，留他住了好几天。当然会请他喝酒，请他闲玩，还赠给“名马八匹，官锦十端”，就是很名贵的马，质量很好的锦缎。李白走的时候很感动，写了《桃花潭》绝句一首，也就是《赠汪伦》。

这个故事肯定有添油加醋的成分，但大致能体现《赠汪伦》的创作背景。李白是怎么写的呢？第一句“李白乘舟将欲行”，体现李白写诗的一个特点，他总是围绕着自己写。大家可以想象一下，李白做你的朋友也不是什么好事。他是一个特别以自我为中心的人。他出去玩都想着我要去哪玩，你们陪我一起去就好了。他为别人考虑得少，是一个特别有个人魅力又非常骄傲自大的人。他开篇就写“李白乘舟将欲行”，这是何等的洒脱与自信啊！

我们可以把李白赠杜甫的与杜甫怀念李白的两首诗拿来对比一下，就会发现一个有趣的现象。李白有首《沙丘城下寄杜甫》，写他和杜甫一起在山东游玩的时候，将要告别了，于是有话要说。第一句话是什么呢？叫“我来竟何事？高卧沙丘城”。你不是“寄杜甫”吗？怎么第一句却说“我来竟何事”呢？大家再看看杜甫是怎么怀念李白的？杜甫《春日忆李白》的第一句话就说“白也诗无敌，飘然思不群”。李白啊李白，你好厉害啊！你天下无敌啊！你的诗真是卓尔不群啊！

大家看，李白赠杜甫的第一句话是写自己，而杜甫怀念李白的第一句是写对方，这就是两个人性格、风格的不同，当然，也与当时两个人的年龄、地位的差异有关。李白比杜甫年长 11 岁。那时，杜甫

说谎话的汪伦，送给李白最诚实的情感，收获一段最浪漫的友谊。

还是一个文艺小青年，而李白却是名满天下的大诗人。李白在年岁上是杜甫的前辈，诗歌名声上则是杜甫的偶像。杜甫是李白的小粉丝。

回到《赠汪伦》。第一句写“李白乘舟将欲行”，是一个非常自我的表达。第二句继续写“忽闻岸上踏歌声”。“踏歌”是什么？是汉代、唐代都有的一种风俗歌舞，现在一些地区还有遗留。什么样的歌舞呢？就是参与者手挽手，脚踏地面打节奏，围成一个圆圈或者是排列成行，一边歌唱一边跳舞。现在如果我们去云南一些少数民族的山寨里面，有时还会遇见这样的活动。汪伦很可能拽着他一家老小，以及东家的村姑、北家的小伙子、南家的大爷，都过来一起欢送李白，举办了一个热闹的仪式，送给李白一个惊喜。

接下来两句“桃花潭水深千尺，不及汪伦送我情”，是李白表达对汪伦的感谢之情。我要重点讲一个字，就是“潭”。“潭”很容易理解成一个小湖或者池塘，其实不是。“潭”这个字的意思就是很深的水。桃花潭其实是一个河湾，是活水，至今还是可以行船的。

桃花潭确实比较深。李白说“深千尺”虽然很夸张，但他是顺着桃花潭的特点去做了一个发挥，桃花潭在当时就号称很深。李白瞅它一眼说，你虽然那么深，但是不如汪伦送我的情深。李白的诗经常就是这样，随手挥洒，率性而发。他指着天，指着地，指着山河，立刻就开始抒发内心的感情。

我们再读另外一首《金陵酒肆留别》，也是李白写的赠别诗。他怎么写呢？“风吹柳花满店香，吴姬压酒劝客尝”，说满店都是春风、花香，酒也很香。什么酒这么香？是一个美妙的江南少女制作的新酒，送给客人尝尝鲜。然后，“金陵子弟来相送，欲行不行各尽觞”，金陵的好朋友们过来送我，我想走又舍不得走，那就继续喝酒，再多喝一杯吧！最后两句是千古佳句：“请君试问东流水，别意与之谁短长？”

刚才我们说了，“桃花潭水深千尺，不及汪伦送我情”，是顺着桃花潭的“深”的特点来做文章。现在呢？金陵就在长江边，李白喝酒的时候看见了门外的长江，他的第一反应是，长江真“长”啊，滚滚东流水真长啊！于是他就顺着“长”去做文章。《赠汪伦》说，你送我的情比桃花潭水还深！《金陵酒肆留别》说，我们之间的情深意长，要胜过长江水！

这就是李白的风格，李白的浪漫。他的浪漫，不是天天谈恋爱，也不是生活中的小清新、小情调，而是一种大人格、大生命！简而言之，就是真诚、自信、坦率。李白有一句名句说“清水出芙蓉，天然去雕饰”，这是他对自己诗歌创作的一种定位和追求，意思是最好的诗一定是最自然的，就像清水中长出来的荷花一样，不假修饰，冲口而出。李白的诗，与他的人格、性情，是高度统一的。

我们活着活着，就会受到太多束缚。我们的想象力和心灵，需要自由地呼吸。每当这个时候，应该读一读李白，看一看他是如何去跟自然、跟朋友之间挥洒自如地交流，如何与天地同呼吸，与万人共命运的。这才是真正的浪漫！

静夜思

唐·李白

床前明月光，疑是地上霜。

举头望明月，低头思故乡。

这首诗写月亮，写思乡。它太著名了，就容易被人改着玩儿。比如相声演员郭德纲把它改成“床前明月光，疑是地上霜。举头望明月，我叫郭德纲”。不过，这首诗被人改，还真不是一天两天的事儿。更有意思的是，大家都觉得自己认认真真背了它，但其实你们背的不是原诗，而是被人改后的诗。

我们先把这首诗的常见版本，细细重读一遍。这里面有玄机，有奥秘。

首先，“床”是什么意思呢？其实在唐朝，“床”可以指一种凳子，供人坐，也可以指晚上睡觉的那个家具。总之它在卧室里。李白在卧室里看到了明月光，这时候他产生了一个想象，“疑是地上霜”，怀疑霜是不是下到我屋里来了？

稍微有点儿常识就会知道，如果你早上起来发现床底下有霜，我估计你就醒不过来了，早冻成冰棍了。外面再冷，霜下得再大，它在屋顶上，它在院子里，它怎么会下到床前来呢？所以后世就有人怀疑，这个“床”字是不是有问题？

一首最简单的小诗，你背错了它，也没真正读懂它。

事实上，“床”还有另外一个解释，就是井栏，水井旁边那一圈围栏。这样一解释就合理了。李白不是在卧室、房间里，而是在外边的院子里，看到水井旁边有一圈月光，就好像撒上一层霜一样。这个解释好像很合理。但是诸位，你们摸着良心说一说，到底有没有去翻一翻李白的全集，看一看李白的原作到底是怎么写的？

这首诗我们通常是从语文课本里看到的，从各种各样的《唐诗选》里读到的。如果我们看《李太白全集》就会发现，怎么跟我们读到的不一样呢？

李白原来是这么写的，“床前看月光，疑是地上霜”。这就没问题了。李白说我在床前看月光，并没有说床前就有明月光。我站在床前，也许就站在窗户边上，看着外面庭院里铺满了月光，于是“疑是地上霜”，没有任何问题。这是第一个地方不一样。

第二个不一样是什么呢？李白写的是“举头望山月，低头思故乡”。此处是“山月”，不是“明月”。

那么，是谁把这首诗改成“床前明月光”，改成“举头望明月”的呢？明代有个人叫李攀龙，也算是明代诗人里面很有名的一位了，他很擅长评点别人的作品。他编过一本影响很大的书，叫《唐诗选》，其中选了李白这首诗，然后他就顺手改成“床前明月光”，改成“举头望明月”了。

后来很多人就跟着错。他们选唐诗，没耐心，懒得去查，直接就从李攀龙《唐诗选》里抄出来，没去直接查找李白原作的那个版本。这么一错就错到了今天。

所以，这首诗的原貌是：“床前看月光，疑是地上霜。举头望山月，低头思故乡。”下面咱们面对这个原汁原味的版本，再好好读一遍。

第一句“床前看月光”，他要强调自己是在床前看，刚刚离开床，站在了床边。为什么要有这么一个动作呢？一定是睡不着觉，或者是半夜醒来了。为什么会醒来？题目里其实告诉我们了，“静夜思”。思什么呢？最后一句告诉我们了，“思故乡”。因为思念故乡，所以睡不着觉。或者还有一种可能性，睡是睡着了，梦里梦回家乡，于是醒来了。醒来了心里难受，就睡不着了，起来转悠，就看到了庭院里的月光。

第三句“举头望山月”，“山月”和“明月”有什么区别呢？“明月”处处都有，但是“山月”可未必处处都有。“山月”对于李白而言尤其具有重要的意义。为什么这么说呢？

李白年轻的时候，准备从四川老家出来，写过一首《峨眉山月歌》：“峨眉山月半轮秋，影入平羌江水流。夜发清溪向三峡，思君不见下渝州。”写的是峨眉山的月亮。这是要告别故乡的山川、故乡的明月。

等到两鬓苍白，距离去世不远的时候，李白又写了一首《峨眉山月歌》送给一位四川的僧人。这首诗的题目叫《峨眉山月歌送蜀僧晏入中京》，头四句说“我在巴东三峡时，西看明月忆峨眉。月出峨眉照沧海，与人万里长相随”，最后四句又说“我似浮云滞吴越，君逢圣主游丹阙。一振高名满帝都，归时还弄峨眉月”。

大家看，李白在他人生的青年阶段和最后阶段，都念念不忘他在故乡的峨眉山上看到的那轮月亮。

所以，“举头望山月”与“低头思故乡”之间，“山月”与“故乡”之间，呼应得更为自然，更能体现李白的特点。试想，在江南长大的人可能就不说“山月”了，要说“江月”了。所以，“山月”恰恰代表了李白的故乡。也许李白写《静夜思》的时候，窗户外面也有山。他看到山尖上挂着的那一轮明月，就想到了峨眉山的山尖上挂着的明月了。于是顺其自然“低头思故乡”了。

说完这首诗的原貌，我还得和大家强调一点：大家回头别跟老师吵架去，说老师你错了，你们全都被骗了，李白的《静夜思》不是你们背的那个样子！不要跟老师抬杠。为什么呢？

我要告诉大家一个正确的态度。唐诗流传到今天，毕竟过去一千多年了。在这一千多年里，很多唐诗在传抄的过程中都会发生一些错误，有时候是不小心抄错的，有时候是故意把它改错的。我们也不能说改后一定是错的，也许和原作相比，二者各有特点，各有千秋。我们一方面要知道诗的原貌，另一方面也不能否定它在流传过程中的种种“变体”的意义与价值。

我们现在大部分人所背诵的《静夜思》版本，恰恰是改后的“变体”。它已经深入人心了，成为祖国文化的一部分了，成为约定俗成的一首诗了。

正确的态度应该是什么呢？既要尊重历史原貌，还要尊重约定俗成，在此基础上，对诗歌意境和诗人情感有更细致、更亲切的体会，才是正确的求知态度。知道了真相，就立刻出去跟人吹牛、跟人抬杠，那不是我们读这首诗的真正目的。如果你读懂了“举头”“低头”之际的那一丝情绪的颤动，那么是“山月”还是“明月”，就不重要了。

寻隐者不遇

唐·贾岛

松下问童子，言师采药去。
只在此山中，云深不知处。

我讲唐诗的时候，经常会告诉大家，我们最为耳熟能详的作品中可能藏着错误，有时候是题目错了，有时候是作者错了，有时候是诗歌正文出了问题。今天我们要讲的《寻隐者不遇》，问题比较大：题目和作者可能都弄错了。

这首诗的作者应该是孙革，题目应该是《访羊尊师》。"尊师"就是道士，这个道士姓羊。我为什么敢这么说呢？是有扎实的证据的。贾岛的诗集里根本找不到这首诗，而宋代人编写的一本很权威的大书《文苑英华》里，保存了这首诗，作者是孙革。

不过，当我们读完这首诗，可能会发现《寻隐者不遇》这个题目好像比《访羊尊师》更恰当。为什么？诗人去拜访一位高人，无论是隐者也好，羊尊师也好，最终他是没遇着。所以，如果要更准确地去给这首诗起个题目的话，应该叫《访羊尊师不遇》。

下面我们来讲诗意本身。大家不妨跟着我去做一个算术题，数一数，这首诗到底包含了几问几答呢？也就是说，到底是几次对话形成了这首诗呢？

一个诗人遇见一个童子，到底对话了几次？

第一种解读是一问一答。

诗人问童子，你师父在家吗？这童子是羊尊师的徒弟，比较啰唆，说得比较多，说我师父采药去了，他就在这座山里面，但是在云雾缭绕之中，我也不知道他现在到底在哪儿。这是一问一答。

第二种解读是两问两答。

首先，诗人问童子，你师父在家吗？他回答，我师父不在家，采药去了。童子比较简明扼要，不爱说话。于是诗人又问了，那你师父什么时候回来呀？这时候童子才回答，他就在山里头，我也不知道他在哪里，至于什么时候回来，我就更不知道了。这是两问两答。

第三种解读是三问三答。

按照这个解读，童子像木鱼一样木讷，不敲他，他就不发出声音，所以才有三问三答。诗人先问，你师父在家吗？童子回答，不在，采药去了。诗人再问，去哪里采药了呢？童子答，就在这山里头。诗人又问，那他什么时候回来呢？童子说，“云深不知处”，我也不知道。

其实几问几答无所谓，关键是我们既然能探讨出这么多可能性，说明这首诗好就好在它是一首戏剧化的小诗，活生生地展现出了一个诗人去拜访一个隐者，但是没见着，和童子之间的非常生动的对话。

接下来，我们来看几个有助于理解诗意的关键词。

第一个是“采药”。这不是普通治病的药，而是长生不老之物，采回来有修道炼丹的用处。前文曾说，羊尊师就是一个道士。

第二个关键词是“只在”。这不是“只许在这”的意思。我们又不是孙悟空，用金箍棒给师父画个圈，不让他迈出半步。这里的“只”，相当于“直”“正”。童子指着山说，我师父正在这儿！话说得很神秘，好像很远，又好像很近，好像喊一嗓子他就从山的背后出来了，但是也可能喊破了嗓子这个人依然无影无踪。

第三个关键词是“不知处”。这里面情感很复杂。首先，诗人有一点儿失望。问了好几次之后还是没有音信，不知道什么时候回来，当然会感到失落。其次，诗人也展现了一种神秘感，以及对神秘的向往之感，表达了对这位隐士的羡慕。这是一种多么高妙的境界，多么令人神往的闲云野鹤、自由自在的生活啊！

讲完《寻隐者不遇》，我们还可以做点儿联想。古诗词里常常写“不遇”“不值”“不见”。人生很难完美，生活难免遗憾。但恰恰是遗憾中的所思所想，更能体现人类的美丽心灵，比如叶绍翁《游园不值》：“应怜屐齿印苍苔，小扣柴扉久不开。春色满园关不住，一枝红杏出墙来。”他也是没见着“满园春色”，他要是见着了就不会写出这么好的诗了。在失落的心情中，他反倒插上了想象的翅膀。再比如中秋那天，你总想着看月亮，最后月亮没出来，你就郁闷。其实古人专门会写一类诗，就叫《中秋不见月》。我没看到月亮，但可以赏花，赏秋香，赏美食，还有更多的美等着大家去发现。

生活往往如此，转角遇见美，就怕你一根筋，直接撞了南墙。

延伸阅读

中秋不见月问客

北宋 · 欧阳修

试问玉蟾寒皎皎，何如银烛乱荧荧。

不知桂魄今何在，应在吾家紫石屏。

小池

南宋·杨万里

泉眼无声惜细流，树荫照水爱晴柔。
小荷才露尖尖角，早有蜻蜓立上头。

这首小诗写“小池”，非常简单。我们怎么去总结它的中心思想呢？怎么去抓住诗人心中的感觉呢？我提供一个解读方法：把《小池》看成一个关于爱的寓言。

诗人希望谈论的主题是：什么是爱？如何彼此珍惜？也就是说，《小池》里的每一个事物，泉眼也好，水流也好，还有树荫、小荷、蜻蜓……它们就像一个大家庭。诗人本人也深深陶醉其中，感受着家庭成员之间的相亲相爱，享受着种种不同的、但又和谐融洽的关系。从这个角度切入，我们也许能从《小池》中读出一些人生境界和道理来。

“泉眼无声惜细流”，第一句写的场景非常简单，就是一个泉眼在向外汩汩冒水，只不过泉眼比较小，水流出来比较细。因为细，就不会有哗啦啦的声音，而是悄无声息，即“无声”。这个场景很简单，但是诗人用一个字把它点活了，就是“惜”。惜就是怜惜、爱惜。本来是因为泉眼小，所以水流细，而诗人偏偏要说好像是泉眼故意让泉水流得很细、很慢、很静一样，非常舍不得。

好比有人送你一盒好吃的巧克力，你之前从没吃过，于是就一天只吃一点点儿，慢慢把它吃掉，是爱惜、舍不得的。当然，有的小朋友会选择一下吃掉半盒，那样你会发现，不但享受不到吃巧克力的乐趣，而且有可能感到非常腻、非常齁，很久都不想碰巧克力了。有时候，细水长流才能够得到更多的幸福。

所以，第一句写的就是一种无声的关爱，不仔细看是看不出来的，只有认真观察你才会觉得，泉眼好像真的是在爱惜水流，才故意让它流得慢一点儿、静一些。

第二句道理相似，场景也很简单，“树荫照水爱晴柔”。初夏的时候，树荫还不是很浓密，洒下淡淡的一层影子，笼罩在小池上。盛夏时的树荫，会变得很浓稠，很阴暗。初夏的树荫，则意味着很多光线还可以透过树叶的缝隙照过来，留下一层柔和的光。这本来是初夏时节一个最常见的景象，在任何一个地方，在树荫没有那么浓密的时候，你在树下放什么，无论是小池，还是花、鸟等动物，它身上的影子都会是淡淡的，而不会是密不透风、浓墨重彩的。

景象很平常，但杨万里又用了非常温暖、有爱的词语去形容它，就是“爱晴柔”。“爱”字与前面“惜细流”的“惜”字，是相互呼应的，都是怜爱、珍惜的意思。“晴”就是晴光、光线，“晴柔”就是柔和的阳光和影子。“晴”与“情”同音，所以“晴柔”又可理解为“情柔”“柔情”。

在杨万里眼中，树荫不是冷冰冰地覆盖着小池，它本来可以投下更多的影子，但担心阴影太沉重了，就故意给一个淡淡的影子，既能为小池遮风挡雨，又不至于暗无天日，这是一种极为温柔的感情，是对小池的守护。这种温柔的感情，与前面那种无声的爱是相似的，都是在生活中不容易被察觉，但是又无处不在，不可或缺的。两句合在一起，就写出了一种细水长流、质朴相守的爱，这是人间常见的一种爱。小朋友们，老师对你们，父母对你们所倾注的，往往是这样一种爱。

人类的感情无非两种，一种是质朴相守，一种是灵犀相通。

池上

唐·白居易

小娃撑小艇，偷采白莲回。
不解藏踪迹，浮萍一道开。

我们接下来再看第二种感情，或者说第二种类型的爱，叫“小荷才露尖尖角，早有蜻蜓立上头”。“小荷”指什么呢？有不同的说法。有人说是荷花的一个小花苞，还有人解释为荷叶的小叶卷儿，它们都有“尖尖角”，可以让蜻蜓栖息在上面。我比较认同后一种说法。

蜻蜓停立在嫩叶上，这幅图景要是静态地放在这里，还是比较寻常。而诗人在此基础上又进行了一层新颖的加工，用了两个词即“才露”和“早有”。什么叫“才露”“早有”？就是说这边荷叶才刚刚长出嫩嫩的“尖尖角”，那边蜻蜓就好像早有人通风报信一样，立在上面了。我们经常说一句话，叫“心有灵犀”：我才刚刚说出一个字，你就明白我的意思了。这样一种感情是非常有趣味、非常新鲜的，我们每个人也都需要这样的爱。但它不可能处处有、时时有。

你如果每天都和人玩“心有灵犀”，天天猜别人在想什么，做事是不是有某个目的，那你不但获得不了幸福感，而且还会变成一个神经兮兮的人，没人再愿意亲近你了。“心有灵犀”的感觉，是可遇而不可求的。在某个瞬间，我想说的话有人异口同声地说出来，真是太神奇了！我唱一首歌大家都不喜欢，只有一个人给我鼓掌，那真是我的知音！这就是第二种类型的爱。

以上两种类型的爱，我们在日常生活中都会遇见。比如说交朋友，你会发现有些人跟你也没有太多话可说，但是你们俩就爱在一起待着，就算各做各的作业，也想在一起待着。这样的朋友，一相处就是好多年。你们见面可能没多少话，但是你要和他分离很久，好多天不见面，你又挺想他的。这种朋友，请大家一定要珍惜！质朴的陪伴，是一种真诚、珍贵、长远的友谊。

还有另外一种朋友。比如你去参加一个活动，认识了一位新朋友，他与你有相同的爱好，比如都爱踢足球，还踢同样的位置，或者你们都喜欢唱歌，都喜欢同一个歌手。在得知相同点的那个瞬间，你会惊叹世界上竟还有这样一个知音，会觉得好开心！这种感情需不需要呢？当然需要。但是你要记住，"灵犀相通"的感情往往是转瞬即逝的。

你可以不时碰见一些知音、知己，可以不断得到一些惊喜，但是这样的朋友未必能与你长期相守。也许过几天你就会发现，他除了和你共同喜欢某个明星之外，没有其他任何相似之处，两个人的脾气也完全不同。可能你也会发现，还是原来的老朋友好，虽然你们在一起不太说话，喜欢的歌曲也不同，但是在很多细节上很合拍，如果你有什么心事，他会耐心地倾听。每个人都需要一个能够陪伴、倾听的朋友，这才是真正的友谊。而那些突然碰到的，令人感到很刺激、很新鲜的朋友，当然可以有，但是我们一定要清醒、理性，要有权衡，要知道"衣不如新，人不如旧"的道理。

总之，我们每个人的一生中都会遇见很多人，经历很多感情。大致分起来，人类的感情无非是两种类型，一种是"质朴相守"，一种是"灵犀相通"。亲情、友情、爱情，可能都有这两种类型。最完美的情况，是他既能与你"灵犀相通"，又能与你"质朴相守"，这太难得，不可强求。在大多数情况下，我们容易喜欢"灵犀相通"，而忽略"质朴相守"，所以我要提醒大家，多珍惜那些能与你质朴相守的人，比如爸爸、妈妈、老师、老同学。

以上，我们从"爱"的角度，重新解读了一遍《小池》。杨万里的很多诗都喜欢写自然与自然之间、人与自然之间的亲昵关系，写一种相亲相爱、相互注意、相互关怀的感觉，描绘出一个充满爱的世界。

画鸡

明·唐寅

头上红冠不用裁，满身雪白走将来。
平生不敢轻言语，一叫千门万户开。

这首诗的作者是唐寅，即明代著名大才子唐伯虎。他是画家、书法家，也是诗人、文人。诗题叫《画鸡》，既是写生活中鸡的样子和习性，也是写一幅画上的鸡的形象，这幅画就是他创作的。我们可以说，这首诗既是一首咏物诗，也是一首题画诗。咏物诗，就是用诗歌去描写生活中的动物、植物、物品等，比如骆宾王的《咏鹅》。题画诗，就是用诗歌描写一幅画，诗句通常会题写在画面旁边，比如苏轼《惠崇春江晚景》写“春江水暖鸭先知”，就是题画诗。

第一句，“头上红冠不用裁”，上来就告诉你，他画的不是下蛋的母鸡，而是公鸡。公鸡有气势、雄伟，能够展现积极向上的豪迈精神。公鸡头上的鸡冠通红透亮，威风凛凛。大家可以搜一搜鸡冠的图片，它就像一顶帽子，像一座小山峰。

对鸡冠的具体样子，唐伯虎也不细说，而是强调形状恰到好处，浑然天成。他想告诉大家，我画鸡冠的时候，不像很多拙劣的画家那样喜欢反复描画，在这里修一笔，在那里改一下，而是顺其自然、一气呵成地画出来。说到“裁”字，贺知章《咏柳》也用了这个字，“不知细叶谁裁出，二月春风似剪刀”。“谁裁出”与“不用裁”，都是想说明自然界中很多优美的东西是浑然天成的：细叶是春风裁出来的，鸡冠是艺术家裁出来的，都不是刻意雕琢的产物。

第二句，“满身雪白走将来”，说明大公鸡身上的毛色是雪白的。雪白中有一点红，就是鸡冠。颜色对比非常鲜明，就像白雪中盛开一朵红花，让人感觉眼前一亮。

前两句着重写公鸡的颜色，只写其表，下面两句要写其里了。作为一只动物，“表”是它的形貌，“里”就是它的习性、精神。公鸡最重要的习性是报晓。古人没有闹钟，经常是听到鸡鸣，便起来读书、干活。家家户户都养着公鸡，一到拂晓的时候，此起彼伏的鸡鸣声呼唤着朝阳的生气，给人以憧憬，给人以动力。

在唐伯虎之前，很多诗人都写过公鸡报晓的场景，比如李贺的“我有迷魂招不得，雄鸡一声天下白”。毛主席非常喜欢李贺这句诗，在自己的词作《浣溪沙·和柳亚子先生》里面借用了这个句子。毛主席写的是“一唱雄鸡天下白”，大家注意，语序有了颠倒，不要背错了。李贺这句诗为什么讨喜？因为他不是说清晨天色变化引起了鸡鸣，而是说公鸡的鸣叫，叫出了一片崭新的天空，想象力非常壮美、奇特。

到了唐伯虎这里，他并不直接写公鸡报晓的时刻，而是写“平生不敢轻言语”，先说它不报晓的时刻，写它平时不敢叫的样子，然后再写它只在最恰当的时刻、最需要它的时刻叫一声，就引得“千门万户开”了。

读到这里，我会想到一个著名的故事，就是春秋时期楚庄王的“不鸣则已，一鸣惊人”。至今人们还很喜欢这个成语。人往往不是突然就成功的，而是经历了漫长的积累，甚至漫长的压迫和沉默，直到有一天得到一个最恰当的机会，做出最正确的事情，才能走上成功之路。

人要在最恰当的时候，做最恰当的事情。

唐伯虎正是从公鸡报晓的事件里，琢磨出了一个小哲理——公鸡平时是不随便鸣叫的，只在最恰当的时候亮出它的声音去影响天下，能够让万户千门为之洞开。所以，“平生不敢轻言语，一叫千门万户开”既写出了公鸡的习性，又从此习性中透露出了公鸡的精神。在这个时刻，公鸡简直就是正确人生观的代言人啊！

古代诗人经常是这样，从万事万物之中感受其习性，然后从习性中感悟人生哲理。这里再举一个小例子，晚唐有个诗人叫陆龟蒙，他去池塘边看浮萍，发出这样的感慨：“不用临池更相笑，最无根蒂是浮名。”我们知道，浮萍是漂浮在水面上的，不像荷叶是扎根在水底的淤泥里的。诗人看到浮萍的习性以后，就想到了一个人生哲理，说你不要嘲笑浮萍，你想想人生吧，人生不要只追求表面的美好，追求虚浮的名声，它们就像浮萍一样浮在水面、供人观赏，但只要风一吹，再好看都会消散。浮名是多么虚幻啊！应该去追求一些实实在在的东西。

同学们也要明白这样的道理，比如老师表扬你声音好听、写字好看，你不能沉溺其中，认为自己说什么、写什么别人都会喜欢。其实声音和书写带来的喜悦，只是一瞬间的。如果想让别人喜欢你这个人，一定要让他们看到声音、文字背后的思想及情感是多么动人。这不是说“名”不重要。老师的表扬让同学们都知道你声音好听、字写得好，当然是一件幸福的事情，但你需要有更多扎实的东西去支撑。只凭着好名声，很快就会被别人忘记。当你的声音传达的是渊博的知识，当你的书法写下的是深刻的思想，你才会真正得到喜爱和尊重。

总之，唐伯虎在《画鸡》这首诗里，或者说在他这幅画里，传达出了一种睿智的人生感悟：人就要不鸣则已、一鸣惊人，要在最恰当的时候，做最恰当的事情。

梅花

北宋·王安石

墙角数枝梅，凌寒独自开。
遥知不是雪，为有暗香来。

王安石是北宋著名的政治改革家，是一个倔强的“拗相公”。他帮助宋神宗改革的时候，非常自信，听不进去别人的意见，因此得罪了很多人。王安石性格如此，于是观察万事万物时也常能看出这个事物的独特气质，写诗也有自己的独特风格。总之这是一位由内而外都极有个性的人物。

这首《梅花》的第一句是“墙角数枝梅”。可见，他关注的不是满山遍岭的梅花，而是庭院角落里的几枝梅花。他上来就告诉读者，梅花是很孤独的，同时又是很倔强的，它在一个不为人所欣赏的地方倔强地开放。它不是在春暖花开的时候与众花一起开放，恰恰是在寒冷的冬天，在百花凋零的时候，“凌寒独自开”。前面两句，既是写梅花本身的姿态、习性，也是在表达王安石自己的独特观察力与倔强性格。

有一个词我们得注意，就是“数枝梅”的“数枝”。我们去搜一搜，很少有画家会画一堆梅花、一排梅花、一院子梅花，这就不是梅花的气质、梅花的感觉。单从构图来看，梅花也不适合呈现为群芳锦簇的图景。为什么呢？

我们观察一下梅花，梅花的枝是很瘦的，花瓣是很小的。它不是小小的枝上挂着大大的花朵，而是又瘦又硬的枝干上点缀着小巧玲珑的花朵。这样一种物态特点，很孤傲，很冷清，比较符合文人尤其是隐士的审美习惯。隐士，就是不做官、不工作的“闲人”，通常又很有才华。比如说宋初隐士林逋写过咏梅名句“疏影横斜水清浅，暗香浮动月黄昏”。“疏影横斜”的感觉，跟“数枝梅”差不多。我们看九十九朵玫瑰会觉得非常漂亮，但是要是拿出九十九朵梅花放在那里，别人没准会以为你砍柴归来，因为看不清花朵，只能看得到一大捆树枝。梅花是不能拢成一堆看的，就得“疏影横斜”才好看，就得“数枝梅”才有气质。

山园小梅（其二）

北宋·林逋

众芳摇落独暄妍，占尽风情向小园。
疏影横斜水清浅，暗香浮动月黄昏。
霜禽欲下先偷眼，粉蝶如知合断魂。
幸有微吟可相狎，不须檀板共金樽。

我们再来说说其他花的特点。不同种类的花有不同的美感，观察的角度与方法也就不同。比方说杏花，有个名句叫“一枝红杏出墙来”。红杏的花瓣特别绚烂、明艳，它点缀在墙头，很引人注目。要是一枝梅花插在那儿，你就看不见了，因为梅花太小了。换成牡丹也不好，牡丹花太大，像一张大脸，耷拉在墙头，既不美观，也容易掉落。那么牡丹应该怎么看呢？刘禹锡说“唯有牡丹真国色，花开时节动京城”。这种花朵就让它姹紫嫣红开遍吧！我们如果四月份去洛阳，依然可以看到大片大片的牡丹园，这才是国色天香的感觉。

再比如白莲花，晚唐陆龟蒙有一句诗叫“月晓风清欲堕时”。他认为要选特定的时机去看白莲花，最好是在皎洁的月光下，风很清新，花瓣随风颤动、将落未落，这个时候的白莲花是最好看的。所以徐志摩有一首诗是这样写的：“最是那一低头的温柔，像一朵水莲花不胜凉风的娇羞。”

通过以上几个例子，我们就知道，梅花、杏花、牡丹花、白莲花各有特点。作为诗人，要学会捕捉最恰当的时机、最恰当的场景，去欣赏、描写这些花。

再往下看王安石这首诗，后两句是“遥知不是雪，为有暗香来”。刚才我们提到林逋的名句“疏影横斜水清浅”，下句则是“暗香浮动月黄昏”。王安石这首诗所抓住的梅花特质，与林逋诗很相似。上两句写“数枝梅”，与“疏影横斜”相似；下两句写“暗香来”，又与“暗香浮动”相似。

说到梅花的香，我们还得提起另一首名作，卢梅坡的《雪梅》，里面写“梅须逊雪三分白，雪却输梅一段香”，是说雪与梅都很白，梅虽然没有雪那么白，但是梅具有雪所不具备的香气。王安石诗中写的基本意思，也大致如此。王安石说，我遥遥看上去，就知道并不是白雪堆积在墙角，那团白色一定是梅花，因为我能闻见飘过来的暗香。相比之下，谁写得更好呢？在我看来，王安石写得更好。两个人的基本意思是一样的，都认为梅与雪相比最大的特点是有香气。但王安石的比较不是客观的、生硬的参照计算，而是描写了非常生动的心理活动。

我们需要特别关注一个心理词，即“遥知”的“知”，它包含一个完整的心理过程。既然遥遥看去就知道不是雪，那他为什么还要将梅与雪做对比呢？说明在“知”之前，还有一个“未知”的过程。他第一眼看到墙角的梅花，脑中可能闪现出一个念头：那边是不是有积雪？紧接着闻到远远飘来的暗香，他才反应过来，原来那不是积雪，而是梅花。“知”包含着从疑惑到知晓的一个过程，也就把梅的香气给写活了。卢梅坡只是说梅比雪多出“一段香”，王安石则把自己体

不同种类的花有不同的美感，观察的角度与方法也就不同。

察“一段香”的心理过程呈现出来了，生动很多，有趣很多。

这首诗我们就讲到这里。最后我再说说我自己的一个小故事。我小时候读到这首诗时很是喜欢。当时家里冬天养了水仙花，我发现它最核心的特征就是绿，于是就把诗句改成了“绿绿水仙花，凌寒独自开”。然后我也做了点儿想象和对比，跟着写了两句，“遥知不是蒜，为有暗香来”。大蒜和水仙其实长得很像，但是大蒜很臭，水仙很香。当然，这是一个很拙劣的模仿，但我改写完后感到很喜悦、很自豪，对于自然、花朵、诗歌的兴趣也就更浓了。小朋友们一开始写诗是很困难的，不妨也去试着改一改诗，或者把诗中的词语、句式、意境运用到作文中去，这不失为一种提高写作水平的好方法。

小儿垂钓

唐・胡令能

蓬头稚子学垂纶，侧坐莓苔草映身。
路人借问遥招手，怕得鱼惊不应人。

这首诗不是特别有名，作者也不是大诗人。清代人编过一部唐诗大全集，叫《全唐诗》。《全唐诗》里只收录了胡令能四首诗。他是一位隐士，不做官，住在自己的家乡。他的诗喜欢描写日常生活中的细节。

诗题叫《小儿垂钓》，就是写小孩钓鱼。“小儿”是谁呢？估计就是作者散步途中碰见的一个村里小孩。这首诗里还出现了一个人物，即“路人”。这个路人，可能就是作者自己。其实，这首诗讲了一个问路的故事。

唐诗里有两首非常著名的关于问路的小诗。第一首是《寻隐者不遇》：“松下问童子，言师采药去。只在此山中，云深不知处。”还有一首是《清明》：“借问酒家何处有？牧童遥指杏花村。”这两首小诗里，一个小孩是道童，一个小孩是牧童，两个小孩的身份、神态都不同；问路人的身份、性格、心情，也都各异。胡令能笔下的垂钓小儿，则又是另外一副神情姿态。

第一句上来就说“蓬头稚子”。“稚子”就是小朋友，“稚”就是

享受安静的生活，专注于自己所做的每一件无用之事。

幼稚、幼小。“蓬头”，现在还有一个成语叫“蓬头垢面”，是说一个人不收拾打扮自己，头发像乱草一样。“蓬”是一种草，类似于蒲公英。大家可以观察一下蒲公英的那团毛茸茸的种子，像不像乱糟糟的“爆炸头”？“蓬头”，就是乱毛。小孩子哪里管那么多成人社会的礼仪？他不注重仪表，只顾着自己玩，憨态可掬。

乱毛的小孩在干吗呢？“学垂纶”。“垂纶”就是垂钓。纶，是钓鱼的丝线。鱼竿抛出去之后，有一条丝线垂在水面，线的末端才是鱼钩。注意一个字，“学垂纶”的“学”，说明这个小孩其实是不会钓鱼的，估计他是看到家里大人经常钓鱼，于是有一天偷偷把鱼竿拿出来，自己装模作样地去小河边钓鱼。

模仿父母，学习父母，是每个小朋友在成长过程中都会经历的事情。你看到妈妈戴了个飞碟一样的帽子，你也想戴；看见爸爸在打乒乓球，你也追着乒乓球玩儿。父母的兴趣爱好、行为动作，特别容易影响孩子。反过来，从孩子身上也可以看到父母的生活状态。“学垂纶”的“学”字告诉我们，这一家人应该非常清闲，肯定不是整天劳碌、奔波、做官的人，可能就是普通的村民、渔夫，经常去钓鱼，也可能是隐士，就跟诗人胡令能一样。

第二句，诗人观察小孩更仔细了，说小孩“侧坐莓苔草映身”。“侧坐”，就是歪着身子坐。大人钓鱼的时候会正襟危坐，因为怕惊动了水下的鱼。小孩不懂其中的道理，以为把鱼钩往水里一扔就好了，于是坐得歪歪倒倒，怎么舒服怎么来。可见，这个小孩是真的不懂钓鱼。而且，“侧坐”这种坐法，也是小朋友经常展现出来的一种坐姿。家长、老师是不是经常训斥你？说你坐没坐相、站没站相。小朋友就容易这样，如果没人管着，那一定是站着不如坐着，坐着不如躺着，对不对？

钓鱼的小孩“侧坐”在哪里呢？在河岸边。岸边有莓苔，莓苔就是苔藓。既然是坐在一层苔藓上，说明什么问题呢？说明岸边应该比较阴凉，可能头顶有大片树荫，因为苔藓是喜阴植物。这个小孩真会享福呀！在大太阳底下钓鱼，晒黑了怎么办？人家找了一个阴凉的地方，舒舒服服坐在苔藓上，简直就是高级地毯啊！

王安石写过一首《书湖阴先生壁》，说“茅檐长扫净无苔”，意思是经常有人打扫，苔藓就不容易生长。可见，只有人迹罕至的地方才长着茂盛的苔藓。所以，“侧坐莓苔”告诉我们，小孩钓鱼的地方，不仅阴凉、舒适，而且应该人迹罕至，无人打扰。他就一个人安安静静地钓鱼，实在是太会享受了！

除了“侧坐莓苔”，诗人还描写了另一处细节，就是“草映身”。“映”字很妙，意思是草丛和小孩的身体之间，有一种相互遮挡、彼此交织的关系。这个细节，可能正是后来那位问路人（应该就是诗人）对小孩的第一印象。大家想想，这个地方没有什么人，诗人走到这里迷路了，想找个人问路。他举目四望，发现远处草丛里好像坐着一个人，身影和草影混在一起，模模糊糊看不清楚。那是谁呀？他就稍微走近点儿，发现是一个小孩在钓鱼呢！

于是诗人肯定就去问路了。“借问”就是打听事儿，这里应该是问路。杜牧诗里说“借问酒家何处有”，写的是同样的事情。但是这个小孩不像“牧童遥指杏花村”里的“牧童”那样悠闲自在，那么乐于助人。人家有工作任务呀！虽然是在装模作样地钓鱼，但他真当回事，还挺认真的。他赶紧向诗人“遥招手”，意思是你千万别过来，也别再说话了，我可没时间搭理你啊！

第四句解释了他为什么要“遥招手”，即“怕得鱼惊不应人”。“怕得”，意思是怕造成某种后果。他怕有人过来动静太大，把鱼吓跑了。“不应人”，就是不去回应诗人，没有给诗人指路。诗人估计也就识趣地离开了。

整体来看，这首诗没有什么深意，只是写了一个悠闲自在、憨态可掬的钓鱼小孩。他学钓鱼，并不在乎能钓上什么，因为小孩是不懂什么鱼值钱，什么鱼好吃的。估计他钓上来一只乌龟，也会开心。他享受的是钓鱼的过程：在一个人迹罕至的地方，躺在柔软的苔藓上，安安静静等待一条鱼上钩。

我们再读一首胡令能的诗，也是描写了日常生活细节，叫《喜韩少府见访》。一位朋友过来拜访他，他很开心，写了一首诗。第一句说“忽闻梅福来相访”，梅福是汉代人，据说变成神仙了，这里是对对方的美称，是说你这个人很有风度，我很欣赏你。于是第二句写我“笑着荷衣出草堂”，就是穿着很简朴、很率性的衣服，走出草屋去迎接你。

接下来，胡令能又写了一个小孩。这个小孩应该是他自己家的。他说“儿童不惯见车马，走入芦花深处藏”。我们之前说了，胡令能是个隐士，不做官，没有什么官场应酬，所以很少有人来拜访。突然来了一个客人，小孩不认识，有点儿害怕，有点儿不习惯，也不愿意出来陪大人，就自己跑到“芦花深处”藏起来了。芦花生长在水边，说明诗人的茅屋距离小河不远，应该风景很优美。这看似不经意的一笔，道出了诗人的生活状态：在一个风景优美的地方，自得其乐，与世无争。在这个意义上，胡令能与他笔下的“蓬头稚子”，应该是惺惺相惜的。他们都很享受安静的生活，并且专注于自己所做的每一件“无用”之事。

喜韩少府见访

唐·胡令能

忽闻梅福来相访，笑着荷衣出草堂。
儿童不惯见车马，走入芦花深处藏。

登鹳雀楼

唐・王之涣

白日依山尽，黄河入海流。
欲穷千里目，更上一层楼。

我们背诗的时候，都会先背题目，再背作者。《登鹳雀楼》的作者是王之涣，我们好像背了很多年，感觉是天经地义了。其实，这首诗的题目和作者很可能都有问题。

这首诗真正的作者叫朱斌，是一个名不见经传的人物。诗的题目原来也不叫《登鹳雀楼》，叫《登楼》。有什么证据呢？有本很古老的书叫《国秀集》。“国秀”，就是一国之中最厉害的人才。有人把他们的诗编了一个集子。这个集子是什么时候编的呢？天宝三年，恰是盛唐时候。谁编的呢？一个叫芮挺章的人。王之涣、朱斌、芮挺章，基本上是同时代的人。芮挺章编《国秀集》的时候，把这首“白日依山尽”归到了朱斌名下，题作《登楼》。

一般来说，同时代的人编同时代的人的诗集，是不会出什么错误的。就好比咱们现在请刘欢老师来编当代流行歌曲集，他不会把《学猫叫》写成是王菲唱的，也不会把《青花瓷》写成是吴亦凡唱的。为什么“白日依山尽”后来变成了王之涣写的呢？很可能是因为王之涣比朱斌的名气大很多，在流传的过程中张冠李戴了。就好

名不见经传的诗人，教你如何看落日，教你如何讲道理。

比过了五十年、一百年，也许真有人以为《学猫叫》是王菲唱的，因为她名气太大。

关于作者问题，我们就说这么多。我的态度是：既要尽量了解更多的知识，知道更多的可能性，也要尊重约定俗成。课本里一直写的是王之涣，而且有的学者也能找到证据说这首诗还是有可能是王之涣写的，那么就将此事存疑吧！关键还是要好好读《登鹳雀楼》这首诗本身。

鹳雀楼在哪呢？在山西永济市蒲州古城的西南，在距离黄河不远的一个高地上。这个楼一直非常有名，因为有鹳雀栖息其上，于是被称作鹳雀楼。它的位置比较高，是观赏黄河的一个好地方。诗人登上鹳雀楼，恰是黄昏，于是第一句就出来了，“白日依山尽”。

我有个小问题要问大家，为什么是“白日”呢？大家如果去高山上、大海边看日落，你会发现日落的时候太阳是红色的。可是怎么不说“红日依山尽”呢？我认为有两个原因。

第一，“白”这种颜色，对应的是西方。古人思考问题很有意思，喜欢把天地人文的很多现象都简化成一些固定的成分，彼此紧密对应，非常有秩序。比如金木水火土、东西南北中、宫商角徵羽、青黄红白黑，都是五个要素，都能一一对应。其中，西方与白色是对应的。夕阳落山，当然在西方，所以古人常常用“白日”形容夕阳。

第二，如果我们登上过鹳雀楼，就会明白为什么诗人要写“白日”。鹳雀楼的对面是中条山，是一座山脉。也就是说，落日不是贴着地平线落下去的，而是贴着中条山落下去的。山比较高，落日降落到山峰的高度时，还是白色的。继续下降，它会变成红日，但在鹳雀楼上就看不见了。所以，“白日依山尽”描写的是在特定时间、特定地点才能看到的情景。虽然是落日，但是它没有变成余晖、残霞，而是依然辉煌、灿烂。这就奠定了全诗的基调。晚唐李商隐写“夕阳无限好，只是近黄昏”，有一种哀婉的暮气在里面。而“白日依山尽”，则是从夕阳中看到了朝气。这首诗真的是非常典型的“盛唐气象”啊！

下一句，“黄河入海流”。我们需要了解一下这段黄河的地理地势。鹳雀楼离黄河壶口瀑布不是太远。这一段黄河是水流湍急的，它从黄土高原上冲下来，有一种摧枯拉朽的巨大能量。我们查一下地图就知道，山西离大海很远，是不可能看到“入海流”的。诗人肯定加入了夸张、想象的成分，其目的是为了强调这段黄河的滔滔不绝、滚滚奔流的气势。如果我们真到了黄河入海口，那里的水面很平、很缓慢，反倒看不出“黄河入海流”的大气象。所以，“入海流”的“入”字，既包含诗人的想象，也是对这一段黄河特征的准确把握。

诗的前两句都是写景。短短四句之内，每一句都写景是容易让读者厌烦的。杜甫喜欢写一种绝句，就是四句都写景，比如“两个黄鹂鸣翠柳”“迟日江山丽”。大家如果会背诵，可以往下背一背，看看是不是每句都在写景呢？但是，一般而言，诗人写四句诗，会在上两句与下两句之间安排一种转折。上两句已经写景了，而且写得气势恢宏，下两句能不能写点儿别的？

《登鹳雀楼》的作者做了一个特别好的示范。前两句写景，后两句就顺着这种景色，谈了谈心里的想法，甚至谈出了人生的理想，叫“欲穷千里目，更上一层楼”。这两句话，人们至今仍然不断引用。每当要攀登高峰的时候，无论是学业的高峰，还是事业的高峰，人们都用这两句鼓励自己：你要想看得更远，就得爬得更高；你要取得更好的成绩，就必须付出更大的努力。

这个哲理为什么那么深入人心呢？同学们，你们听课的时候应该也有这样一种感觉：老师给你讲道理，如果照本宣科给你念 ABCD，你肯定不爱听。就像我给你们讲诗词，我照着课本读，一句一句翻译，你不爱听。我得结合各种各样的生活情景，还得做一些比较，打一些比方，把诗词讲得生动活泼一些。讲诗尚且如此，讲道理更是如此。我们不能对着人家说，你要努力啊，你必须得“更上一层楼”，你才能“穷千里目”啊！这样讲道理是枯燥无味的。诗人讲道理，是顺其自然、水到渠成的。他写的就是登楼的情景，顺便就拿登楼这件事给你讲道理。

而且，登楼看风景与讲道理之间，还有很密切的呼应关系。上两句不是已经站得很高、看得很远了吗？“依山尽”“入海流”，都形容看得极远。下两句给出了一个呼应：我比较贪心，我好奇心太重，我能不能看到更远的地方呢？可以啊，只要再登上一层楼就可以了！你们看，前两句与后两句之间形成了密切的呼应，在呼应之中产生了思想的发挥、哲理的深化。

我们再看一首唐代诗人畅诸的诗，名字也叫《登鹳雀楼》，与我们刚才说的那首不太一样。他先说“迥临飞鸟上，高出世尘间”。他先不直接写我在鹳雀楼上看到了什么，而是先写一种气象，写得比较虚，说我已经站在鹳雀楼上，在空中的飞鸟之上，已经超凡脱俗了。紧接着两句，他也做了个转折。刚才写得虚，下面我得写得实一些。怎么实写呢？“天势围平野，河流入断山”，写的也是极为辽阔、极为壮美。在平原上登楼，能够看得极远，感觉青天把大地给包围起来了。平原上有一条大河在奔流，顺着地势从高处往低处流，其实也就是“黄河入海流”的意思。

我们对比一下：畅诸的《登鹳雀楼》是先虚后实，朱斌或者王之涣的《登鹳雀楼》则是先实后虚。相比而言，后者写得更好，因为它有哲理性，升华了美景，提炼了生活。它给人的启迪，给人带来的想象，更为悠远。

望庐山瀑布

唐·李白

日照香炉生紫烟，遥看瀑布挂前川。
飞流直下三千尺，疑是银河落九天。

我们在学习一首诗之前，最好先把它“复原”一下。比如，这首诗到底是谁写的？原来的题目叫什么？在作者诗集里它本来的样子是什么？作者前前后后共写了几首？相互之间是什么关系？李白这首《望庐山瀑布》，就需要先“复原”。它原本有两首诗，题目叫《望庐山瀑布水二首》，第一首比较长，第二才是这首比较短的千古名作。

诗题既然是《望庐山瀑布水》，那么李白是在哪儿“望”的呢？是在瀑布底下抬头往上看？还是远远站在对面山上看的呢？如果是在山上，那是什么山呢？是不是诗里所说的香炉峰呢？即便确定是在香炉峰上，那是在香炉峰的什么位置呢？山脚下？半山腰？还是山顶？这些都是问题。

我问以上问题，不是故意刁难大家。这些问题很琐碎，本身并不重要，但它们能指出我们阅读习惯中的一些坏毛病。我们总爱从课本、唐诗选、宋词选里去读诗词，懒得阅读某位作者的诗集、词集乃至全集。后者才是原汁原味的版本，才能让我们尽可能接近作者写作时的真相。李白站在哪里望瀑布？这个问题就涉及写作真相。

一条瀑布，不是人间之物。一首小诗，也要反复修改。

如果要解答的话，单看“日照香炉生紫烟”这句话，还真是解不了！你看，“遥看瀑布挂前川”，好像是站在瀑布正对面啊！但再看“疑是银河落九天”，有一个“落”字，是从上往下倾泻的感觉，那是不是站在正下方仰视瀑布呢？我们如果翻开《李太白全集》，你会发现在《望庐山瀑布水二首》第一首里，上来便说得清清楚楚，叫“西登香炉峰，南见瀑布水”，说往西登上香炉峰，往南一看，看见了瀑布水。两首诗都是在这个位置“望”的。问题涣然冰释。

我们继续问问题。“日照香炉生紫烟”，这里的“紫烟”是什么？大家的语文老师有没有解释过呢？根据我的了解，很多语文老师在讲这个问题的时候，摇身一变就成了科学老师。他们会说，早晨的阳光本来红彤彤的，照射在雾气上，发生了折射现象，颜色改变，就有了紫色的烟。总之，一般老师就把“紫烟”解释成紫色的雾气。

可是，大家摸着自己的良心说，我们去一些山清水秀的地方，到底有没有见过紫色的烟？白烟，红烟，都很正常，哪里有紫烟？最近几年，北京空气不好，有雾霾的时候，阳光一照还真有点儿紫色。这是环境污染啊！唐朝的庐山，那么干净的地方，哪儿来的紫色呢？

有人可能要跟我抬杠，说庐山没准就是有紫烟呢！那是特殊时间点的特殊地理现象！好吧，那就再去《李太白全集》里仔细找一找，你会发现，里面居然出现了十四次“紫烟”！这就奇怪了，李白怎么到处都能看到“紫烟”？他戴着紫色的墨镜吗？

所以，“紫”不能理解成紫色，而是一种氛围，一种神仙的气氛。李白是一个道教徒，道教徒都希望自己变成神仙。《元丹丘歌》里面写，“元丹丘，爱神仙，朝饮颍川之清流，暮还嵩岑之紫烟”。“嵩岑”，就是河南嵩山。你看，嵩山也有“紫烟”。李白的好朋友元丹丘就在嵩山附近学道，想当神仙，所以用“紫烟”来形容他。

还有一首诗，倒是在庐山写的，题目叫《送内寻庐山女道士李腾空》，意思是李白把自己的妻子送到庐山里面去学道，学道的师父叫李腾空。这名字是不是特霸气？像不像武侠小说中的侠女？这人实际是个女道士。李白描写她“罗衣曳紫烟”，意思是她的衣服后面拖着紫烟。天哪，难道衣服着火了吗？当然不是。庐山的“紫烟”，嵩山的“紫烟”，都不是紫色的烟，而是神仙的气氛，给人一种飘逸、神圣的感觉。

在很多神仙故事里，神仙降临人间的时候，他们周围环绕的就是清清淡淡、或白色或透明的烟雾，也就是云雾。这些云雾还常常带有浓郁的香气。人们喜欢称之为“紫烟”，因为紫色跟道教有密切的关系，象征着高贵与神奇。有个成语叫“紫气东来”，是形容老子的，老子后来被奉为了神仙，他出现的时候背后就是有一团祥瑞之气，即紫气。庐山也好，嵩山也好，都是道教的圣地，传说里面出现过很多神仙和高人。

庐山的气候，原本就多雾多云。香炉峰为什么要用“香炉”命名呢？其实并不是说它长得像个香炉，或者是好多人在烧炉子。那就不是庐山了，是烤羊肉串的小摊小贩，对不对？香炉峰以“香炉”为名，是因为这里水汽升腾，云雾特别丰沛，仿佛是从香炉中溢出、飘出一样。这样的气候环境，更使人相信这里有很多神仙。

李白作为一个道教徒，他相信庐山是一个神仙世界与人间世界的连接处。他说“日照香炉生紫烟”，是形容庐山带有道教的气氛，有一种人间仙境的感觉。这种飘飘欲仙、神清气爽的感觉，与诗中最后一句所说的“疑是银河落九天”是相呼应的。“银河”，不是我们现在说的天文学上的银河系。在古人看来，银河上面有王母娘娘，也有牵牛、织女等许多星辰，每一颗星辰都是一个神仙，所以那是一个神仙世界，它现在从九天之上落到了人间。

大家看，第一句“日照香炉生紫烟”是告诉读者，我李白来到了人间仙境啊！最后一句“疑是银河落九天”，是说人间仙境里的瀑布原来是从天上的神仙世界中降落下来的！一头一尾，紧密呼应。你只有这样读，才能读出一气贯通的磅礴气象。

中间还有两句，倒是很好解释。现在有一个成语叫“口若悬河”，悬河就是瀑布，意思是本来一条小河好好地流着，突然从悬崖掉下去了。你从远处看，就感觉这条河是被悬挂起来了，吊在山崖上。这就是“遥看瀑布挂前川”的图景。

至于“飞流直下三千尺”，“飞流”写的是瀑布从悬崖上冲出来的那个瞬间，“直下”是描写瀑布降落到底下河水中时的形态。我们看跳水运动员落水的时候都是笔直的。所以“飞流直下”是个动态图，从瀑布的上端写到下端，从水冲出悬崖写到水降落。“三千尺”则是一个夸张。计算起来，唐朝的三千尺差不多有 900 米了，哪里有这么高的瀑布？今天的黄果树大瀑布，高度还不到 100 米。李白用夸张手法，是为最后一句做铺垫：这条瀑布太高太长，不是一般的河，想必是天上的银河降落到人间了吧！于是写出了“疑是银河落九天”。

我们一说“疑是银河落九天”，大家都感叹李白确实是天才，真会比喻。但是如果去读一下《望庐山瀑布水二首》的第一首，你会发现天才也是锤炼而成的。什么意思呢？“疑是银河”这样绝妙的比喻，不是他一拍脑袋想出来的，是经过了反复思考、谨慎选择的。

在《望庐山瀑布水二首》第一首

望庐山瀑布水二首（其一）

唐·李白

西登香炉峰，南见瀑布水。
挂流三百丈，喷壑数十里。
欻如飞电来，隐若白虹起。
初惊河汉落，半洒云天里。
仰观势转雄，壮哉造化功。
海风吹不断，江月照还空。
空中乱潨射，左右洗青壁；
飞珠散轻霞，流沫沸穹石。
而我乐名山，对之心益闲；
无论漱琼液，还得洗尘颜。
且谐宿所好，永愿辞人间。

里，李白面对“瀑布”连续写了三个比喻。怎么说的呢？即“欻如飞电来，隐若白虹起。初惊河汉落，半洒云天里”。他说，瀑布像“飞电”（闪电），又像“白虹”（白色的虹霓），又像“河汉”（银河）。

大家揣摩一下，把瀑布比作闪电合不合适？二者速度都很快，但闪电是刚劲有力的，瀑布则是柔美的弧线，不太合适。第二个，比作白虹，形态是符合了，也是一个抛物线，但虹霓是不动的，是静静地横跨在半空中的，也不合适。最恰当的比喻就是银河，它既符合瀑布的形状，也符合瀑布的动感、速度，而且银河背后的神仙世界，还能带给人无穷无尽的想象。李白一定对三个比喻进行了仔细的思考、反复权衡，最后一拍大腿：就是“银河”了！“银河”最棒！于是在第二首里，他没有再提“飞电”和“白虹”，直接就说“疑是银河落九天”，遂成千古名句！

大家现在还是小学生，但要相信一个真理：好文章永远是改出来的！不要写完一篇作文，就在那闲放着，或者指望老师、家长帮你改。你要学会自己思考、琢磨、修改，不断质问自己：这个句子，这个词，这个比喻，这段描写，是否恰当，有没有更好的。多比较，多练习，写作文的技巧与能力自然就提升上去了。李白那么天才，都会反复修改，我们有什么理由不勤奋呢？

江雪

唐・柳宗元

千山鸟飞绝，万径人踪灭。
孤舟蓑笠翁，独钓寒江雪。

这首《江雪》，特别适合在盛夏时读。酷暑之中，大汗淋漓之时，烈日炎炎之下，读《江雪》会让人感到降温。这首诗中，不仅雪冷、江冷，而且人冷！柳宗元这个人太高冷了，他笔下的渔翁也极其高冷！如此高冷的人走到你面前，你会起鸡皮疙瘩的。

题目叫《江雪》，柳宗元要紧扣“雪”来写。下大雪的时候，世界变了样子。首先是“千山鸟飞绝”，鸟都躲藏在巢里，因为太冷了。注意这个“绝”字，跟“万径人踪灭”的“灭”字是相似的意思，现在还有一个词叫“绝灭”或者“灭绝”。金庸武侠小说里写过一个人物叫灭绝师太。“灭”和“绝”都有完全消失的意思。“鸟飞绝”说得相当狠，说明雪真大，真是没有一只鸟在那里飞，都躲起来了。甚至我们可以猜想，有的小鸟都冻死了。真可怜！

第二句，“万径人踪灭”。“千山”和“万径”既是夸张，也是写实。大家想一想，当雪下得很大以至于覆盖大地之后，你曾经熟悉的地方就变了一副样子。比如，你家门口有三条交叉的马路，但是一旦被雪覆盖，这个空间就好像被拆碎了，变得模糊了。白茫茫一片的时候，人是很容易丧失空间感和距离感的。在白茫茫的大雪上走，你也不知道自己走了多远，感觉走了很久、很远之后，这个距离可能也就几百米。

所以，“千山”和“万径”，既是夸张，也是写大雪后的感受：从江这边看江对岸连绵的群山，在晴天看时也就五六座，但是被大雪覆盖之后，就会觉得层层叠叠的山都看不清楚，好像有很多很多山，有“千山”；路也看不清楚了，本来也许就七八条路，但是雪一覆盖，你就会觉得这些路变得不可捉摸。“万径人踪灭”，说明白雪皑皑的大地上没有人的脚印。这就更容易让人产生错觉：仿佛到处都是路，但是又到处都没有路。

山鸟不出来飞了，人们也不知躲哪儿去了。世界变得非常寂寥、空荡，什么都没有了。我们在下大雪的时候也会有这种感觉，不仅在视觉上感到空旷，而且在听觉上也感到安静。雪是会吸收声音的。当你在雪地里说话，会觉得声音很遥远，很空灵，你会感到很茫然。在大雪之中，人也会很容易产生一种孤独、寂寥的感觉。在这里，柳宗元就是要把孤独感、寂寥感渲染得非常强烈，所以要强调连一只鸟、一个人都没有。

在这样一个空荡荡的雪后世界中，有一个人出现了，即“孤舟蓑笠翁”。他在干吗呢？“独钓寒江雪”。刚才我们用“绝”和“灭”组词，可以组成“绝灭”“灭绝”，现在，“孤”和“独”又可以组词了，组成“孤独”“独孤”。所以“孤”和“独”又是相互呼应、彼此强化的。

这是一个最孤独的人啊！周围的所有东西，好像也跟着他一起变孤独了。什么东西呢？他的蓑笠，他的小船，都好像变成了这个世界上唯一的蓑笠，唯一的小船。蓑笠就是蓑衣和斗笠，是渔翁经常要穿戴的防风、防雨、防雪的衣服，是用藤条和草编制的。蓑笠很孤独，

极为高冷的诗，适合在酷暑中阅读，可以浇灭人心的燥热。

小舟很孤独，渔翁做的事情也很孤独，所以叫“独钓寒江雪”。

“钓”这个动作也非常孤独。大家一起钓鱼，那是出来玩，气氛非常热闹。但这里不是，只有他一个人，一只船，一身衣服，一个动作。怎么钓鱼呢？在一片“寒江雪”中，江面上落下了缤纷的雪花。或许江水本身并没有结冰，水还在流，但是渔翁的肩膀、帽子上，小舟的各个角落，江心的沙洲上，江边的林木上，都覆盖了大雪。江面上吹来的都是寒风，扑在脸上的都是寒雪，渔翁就是在这样的环境中，孤独地垂钓着。

那么我们就要问了，这人是不是想不开呀？大冷天的，你家就缺那么两条鱼吗？赶紧回家，去烤火，去歇着呀！所以这里的渔翁形象，可能并不是一个写实的场景，而只是柳宗元心中的一幅画，也是他自己心情的写照。这幅画，可能很多画家都愿意去画，因为它确实非常能考验一个人构思的技巧。

怎样画出一幅《寒江雪钓图》呢？怎样去画寒江，怎样去画雪，怎样画一个孤零零的渔翁呢？是不是要在他的帽子上、肩膀上、小船上点缀很多白雪呢？他的鱼竿上，会不会都已经积了一层白雪呢？要不要去画远方的山、路、树木这些意象呢？这些都很考验一个画家的想象和构思。

在这样一幅《寒江雪钓图》之中，柳宗元想传达出一种什么样的人格精神呢？下面让我们简单了解一下柳宗元的生平。柳宗元前半生参加过一次中唐时期重要的政治革新运动，叫“永贞革新”。这个过程暂且不细说，总之你要知道，他希望改革，把当时一些坏的政策废掉，建立一些好的制度。但这场革新很快就失败了，失败之后，参加革新的这些人都很惨，被贬谪到很边远的地方。贬谪，就是把官职降到很低，发配到偏远地区。

柳宗元被贬到永州，后来又被贬到柳州，都是当时十分贫穷落后的地方。跟他一起被贬谪的，还有著名诗人刘禹锡。他们的后半生都过得很不愉快，柳宗元最后就死在了柳州。他在永州待了差不多十年时间，最后几年又在柳州待着。也就是说，他在后半生十几年的岁月中，都是永无出头之日、非常绝望的。他的心中确实非常痛苦，但同时又非常坚韧。在永州时期，柳宗元写了无数美妙的诗歌和思想非常深刻的文章，这是他非常了不起的地方。在逆境之中，在被打击、被迫害的时候，他反倒要积极创作独特的、能够体现其人格精神的文学作品。

从这个角度，我们再回头看这位渔翁。很多学者认为，《江雪》就作于永州时期。我们可以说，渔翁就是柳宗元自己的人格写照。他很孤独，世界变得白茫茫，变得辽阔、空寂，没有人搭理他，也没有人解救他。他只能自救。怎么救自己？不是去蝇营狗苟，去阿谀奉承，而是坚守人格，坚持创作。这样一位在寒江雪中独钓的蓑笠翁，其实就是在孤独、偏远、凄寒的永州独自创作的柳宗元。渔翁的钓竿，其实就是柳宗元的那支生花妙笔啊！

总之，《江雪》这首诗写出了一种极大的孤独，以及孤独中一种极大的坚韧。它不是一个简单的写实作品，而是用孤独、高冷的渔翁形象来展现诗人的独特人格，以及对此种人格的自觉捍卫与坚守。渔翁的形象虽然高冷，但并不给人以凄凉苦楚之感，反倒能让人感受到一种凛然正气，可以浇灭人心的燥热与骚动。

夜宿山寺

唐·李白

危楼高百尺，手可摘星辰。
不敢高声语，恐惊天上人。

这首诗的作者，一般题作李白，但其实它可能是宋初诗人的作品。宋代有好几本书都记载这是李白题在某个山寺的诗，从诗本身来看确实也有点儿像李白的风格。宋人有个坏毛病，看见好诗就说这是唐诗，看见特别好的诗没准就说这是太白手笔。所以这些记载都不太靠谱。不过，反过来也没有明确的证据证明它肯定不是李白写的，那么我们就仍然说此诗的作者是李白，但心里要打一个问号。现在权威的李白诗集里，一般不收此诗。

诗未必是李白写的，但是确实写得很牛！短短四句诗，既显出充沛的想象力，还包含细腻的感受力，是一件很不容易的事情。如果是一首很长的诗，像《蜀道难》《梦游天姥吟留别》等，洋洋洒洒好几百字，作者的想象力很容易驰骋上下。越是短小的作品越难写，无论是小说还是诗都是如此，短篇小说比长篇小说难写，短诗比长诗难写。接下来，让我们来研究一下这首小诗究竟是如何“以小见大”的。

“危楼高百尺”，首先强调这座楼真高啊！“危”和“高”是同一

插上想象的翅膀，登楼就变成了登天。

个意思。这是什么楼？题目告诉我们了，“夜宿山寺”，是山寺里的楼。去过寺庙的同学可能知道，寺庙不会盖很高的楼，顶多有座塔，但这里也没说是塔。很可能只是因为山寺本身在山上，地势就高，再加上有一个两三层高的小楼，诗人住在楼顶上，就感觉离天很近。

关于这点我们要理解古人。古人没有飞机，偶尔登上一座塔就会觉得通天了。这里的“危楼高百尺”固然有夸张成分，但也不是诗人故意夸张，而是古人置身高处之时，确实会感到很新奇、很惊喜，少见多怪嘛！他们不是每天都有机会去登高的。现代人完全没有登高的新鲜感了，上山可以坐缆车，上楼可以坐电梯。古人爬一座七层宝塔就得慢慢爬上去，爬一座山就更艰苦，这就叫“欲穷千里目，更上一层楼”啊！

下一句，“手可摘星辰”。从这一句开始，诗人便插上了想象的翅膀。他说这个地方真高啊，我感觉手一伸就能把星辰给摘下来。这一句写得还真挺像李白的。李白的诗里，常有一种飞凌太空、平视宇宙的霸气，比如“欲上青天揽明月”“携手凌白日”之类，喜欢玩弄日月星辰。

不过，下面两句更像李白写的，更有想象力。他说“不敢高声语”，不敢高声说话。为什么呢？“恐惊天上人。”古人认为星空之上都是神仙。他觉得手都能碰到星星了，天上的神仙岂不是我喊一嗓子就下来了吗？我还是别惊动那些神仙了，说话轻声一点儿吧！

我们把前两句与后两句放在一起对比，可以看到这么短小的一首诗里，想象力是很惊人的。诗人先写“危楼高百尺，手可摘星辰”，这是很夸张的。如果四句都这么夸张、吹牛，诗就没有味道了。前面两句写得大气，写得粗糙，显现了想象力的驰骋。后面两句则是粗中有细，在驰骋的想象中包含了微妙的感触。什么感触呢？就是不敢大声说话、怕惊扰了天上神仙的心理活动。

其实仔细想一想，后两句也是在描写“危楼”之“高”，但换了个方式。如果继续写月亮也能摘、太阳也能摘，读者就审美疲劳了。诗人不再吹牛，而是描写心理活动，通过一瞬间的“不敢”和“恐”，去凸显这座楼的高。这就好比，你想告诉别人一位美女有多么美，可以不直接拍摄美女的照片，而是拍摄看见美女的那些观众们的表情，多么陶醉，多么沉迷，效果可能更佳。

登峨眉山

唐·李白

蜀国多仙山，峨眉邈难匹。
周流试登览，绝怪安可悉？
青冥倚天开，彩错疑画出。
泠然紫霞赏，果得锦囊术。
云间吟琼箫，石上弄宝瑟。
平生有微尚，欢笑自此毕。
烟容如在颜，尘累忽相失。
倘逢骑羊子，携手凌白日。

整体来看，《夜宿山寺》确实很像李白的诗。李白是一个想象力丰富、特别爱好神仙的人。从年轻时候开始，他就喜欢登山，到处寻找神仙、仙丹。一直到老，兴趣不减，正所谓“五岳寻仙不辞远，一生好入名山游”。他早年写过一首《登峨眉山》，里面说“倘逢骑羊子，携手凌白日”，就是说如果碰到一个骑羊的仙子，愿意拉着他的手一起登天。由此可见，“凌白日”“揽明月”“摘星辰”“生紫烟”，这些超凡脱俗的画面背后，都有一个奇妙的神仙世界。所以我们说，《夜宿山寺》高妙的艺术手法，以及对于神仙世界的想象，确实比较接近李白。

敕勒歌

北朝民歌

敕勒川，阴山下，天似穹庐，笼盖四野。
天苍苍，野茫茫，风吹草低见牛羊。

这首《敕勒歌》的文字很好理解，但有两个字的读音需要注意。

一个是“笼盖四野”的“野”。你们老师可能会读成“yǎ”，我一般还是念成“yě”。读成“yǎ”，无非是为了押韵，与“下”读音相近，就更好听。其实，很多汉字的读音，古人读起来与现在的普通话都很不一样。我的建议是，要么你有本事全部按照古音来读，要么就乖乖地按照普通话去读。你愿意念“yǎ”，觉得更好听，当然可以，但是别人念“yě”，你也不用指责别人念错了。

另一个字是“风吹草低见牛羊”的“见”。有人非要念成“xiàn”，意思是出现。我觉得读成“xiàn”，读成“jiàn”，都可通。在文言文里，“见”“现”常常通用，意思也相通。一个东西出现了，那么它当然是被人见到了。“见牛羊”就是这个意思。有时候，两个字虽然读音相近、可以通用，但意思相差比较远，为了不发生歧义，我们才改变读音。比如《论语》第一句，“学而时习之，不亦说乎”的“说”，你要是读成“shuō”的话，就讲不通了，所以只能读成“yuè”，表示它在这里与“悦”通用，意思是愉悦。

想把风景写得吸引人，就要长久地、动态地观察它。

下面我们开始正式讲诗。它没有作者，应该是在民间流传的，但可能经过了一些文人加工。诗题叫《敕勒歌》，上来就说“敕勒川”，那么“敕勒”是什么意思呢？它是一个民族的名字。在南北朝时期的北朝，敕勒族居住在朔州一带，大概在今天的山西省北部。

那么，“敕勒川”具体在哪呢？我也不太清楚，只能认为就是“敕勒”这个民族聚居的地方。接着往下看，“敕勒川，阴山下”，又出来一个地名。阴山在哪里呢？这是我国北部一条绵延东西的山脉，它起源于河套地区，横亘内蒙古的一大片区域。现在的中国版图不是像一只公鸡的形状吗？阴山就在公鸡的脊背位置。当时的很多北方游牧民族就在这里聚居。这首诗所写的风景，就是广大游牧民族都熟悉、喜爱的。我们今天去内蒙古草原，无论是去呼和浩特附近，还是去更远的呼伦贝尔，只要站在草原上，可能都会想到这首诗。它几乎就是“大草原之歌”。

下面两句，“天似穹庐，笼盖四野”。什么是“穹庐”？放到今天，其实就是蒙古包呀！为什么叫“穹庐”呢？大家看“穹”字，《说文解字》说，“穹者，穷也”，就是穷极的意思，到达极限，到了最高、最远、最广大的境地。我们今天还会用“苍穹”来指代天空，意思就是天空无限高远。还有个词语叫“穹顶”，我们去天主教堂里常能看见这样的屋顶。它是极高的，像拱桥的形状，显得神圣、庄严。

同样道理，“穹庐”也是拱桥一样、非常高阔的房子。“天似穹庐”这句比喻很有意思，其实我们也可以说“穹庐似天”。这是一个从生活中顺手拈来的非常贴切的比喻。阴山下到处都是游牧民族，他们住的毡布帐篷，就像苍穹一样敞亮、优美。

诗人说“笼盖四野”，就是接着“天似穹庐”这个比喻来的。大家去内蒙古游玩的时候，一定要找一个特别大的蒙古包，去里面坐一坐，仰头看一看，会觉得屋顶犹如天空，四面垂地犹如地平线。蒙古包覆盖在一小片草原上，而天空覆盖了所有的草原。

这两句“天似穹庐，笼盖四野”，看似寻常，其实极为贴切、形象，展现出了游牧民族的生活风俗，同时还非常壮美，表现出了天人合一的境界。大家说话、写作文时，要学会打比方、写比喻句。最好的比喻句是怎么来的呢？从最熟悉的日常生活中来。

我再举个例子，韩愈的名句“天街小雨润如酥”。韩愈写这首诗的时候是在北方的长安。他顺手就写了北方人常会吃到的一种食物，叫作“酥”，就是奶皮、奶油。他看到早春大地上突然下了一层小雨，又润，又薄，又白亮，就像一层奶油。如果他在南方，在广东，就肯定不会想起这个比喻，想起了也没人懂，也无趣。

一个好的比喻，不是要求你冥思苦想，也不是一定要天马行空，它往往是从你最熟悉的生活中直接拈出来，写出来的时候心里也舒服顺畅，旁边人一听也马上就懂。你跟一个南方人说“天似穹庐，笼盖四野”，他可能不懂，但是这首诗一旦流传在大草原上，那些牧民们一听就懂，一听就感动，就特别想歌颂家乡：我们的房屋就像天空一样辽阔，天空就像我们的房屋一样笼盖着我们，保佑着我们！

下面四句就更有名了，“天苍苍，野茫茫，风吹草低见牛羊”。“天苍苍”，就是青天无边；“野茫茫”，就是碧野无垠。什么是“茫茫”？我们经常说：哎呀，我好茫然。在一片没有方向感的地方所产生的感觉就叫茫然、茫茫。我们经常说一个人“找不着北”，这就叫茫然。一般人站在大草原上，真的是分不清东西南北。不去看天象，不去看太阳、月亮、星辰的话，就会感觉处处是绿草，处处是穹庐，往哪走都一样，这就是“野茫茫”的感觉。

“天苍苍，野茫茫”是个大背景，在这个大背景下出现了最传神的一笔，“风吹草低见牛羊”。大家只有到草原上亲自体会一下，才能懂得此句的精彩。远远一看，都是碧草蓝天，好像什么都没有。忽然来了一阵风，碧草被吹得起伏俯仰的时候，出现了大群牛羊的身影，就像点缀在绿地毯上的云纹。等到风平草静，牛羊可能就消失了。再来一阵风，在另一个方向上又出现一片牛羊。整个大草原，悠远又神秘，蕴藏着无数生灵，不断给人带来视觉上的惊喜。这就像《人与自然》栏目里的一个长镜头，像一个纪录片。

我们由此获得一个启迪：如果想把风景写得吸引人，就要让它动起来，要长久地、动态地观察它。如果《敕勒歌》的作者只是干巴巴地写，东边有天，西边有草原，草原上有牛羊，画面就静止了，就没有突然发现牛羊的那种惊喜感。作者一定是每天生活在草原上，天天看着日出日落，看着风吹草动。他发现风吹草动之中浮现出牛羊，才是草原最优雅、最慈祥、最美妙的时候。

小朋友们，以后你们无论是游览草原、森林，还是面对江河、大海，都请你们用稍微漫长一点儿的时间去观察，也许就会有各种各样新的发现。把这些动态图景都记录下来，便是最好的写景作文的素材。

村居

清·高鼎

草长莺飞二月天，拂堤杨柳醉春烟。
儿童散学归来早，忙趁东风放纸鸢。

《村居》作者高鼎，是清末诗人，生活在鸦片战争之后。他的事迹并不太被人所熟知。就因为这首诗太有名，我们现在还能大略了解这位诗人。据说他晚年受到了政治上的一些打击，就归隐于江西上饶地区的农村。这首诗就是他在农村归隐的时候写的。

诗写得浑然天成，很轻松，很天真。第一句写“草长莺飞二月天”。“草长莺飞”这四个字真美，但这并不是高鼎创造的意境。很早的时候，南朝时期有一位文学家丘迟，写过一封书信《与陈伯之书》，里面有四句很著名的描写江南春景的句子：“暮春三月，江南草长，杂花生树，群莺乱飞。”后来人们就从中提炼出了“草长莺飞”这个成语。

写江南美景的句子还有不少，我再举个例子。《世说新语》里有一个故事，说大画家顾恺之有一次从会稽回来，会稽就是今天的浙江绍兴。别人问他，会稽山川到底怎么美了？顾恺之随口就说：“千岩竞秀，万壑争流，草木蒙笼其上，若云兴霞蔚。”什么意思呢？山峰啊，岩石啊，一个比着一个好看。到处都是水呀，山泉、瀑布、浅水、深

关于风筝的诗与故事，你了解多少？

涧，纵横流淌，都很清澈，都很响亮。草木怎么样呢？极为茂盛，在山野溪泉之上生长蔓延，就像云雾蒸腾，烟霞聚拢。这四句话也非常精彩，写出了江南春天的那种无处不在的勃勃生机。

我们再回到高鼎的《村居》。“草长莺飞二月天”，可见是春色最好的时候。他接着写，“拂堤杨柳醉春烟”。杨柳是垂下来的，拂着堤岸。古人经常在河边、湖边的堤岸，种上垂杨。等到春天全部发芽、长绿，然后长条垂下来，如帘幕一般，让人感觉春天处处都以绿色为背景。尤其是江南的春天，雨水比较多，水汽比较旺盛。水雾与杨柳交融，你会分不清远方这一带绿意，到底是水雾的颜色，还是杨柳的颜色。所以古诗里常把春天的柳树称作“烟柳”。高鼎说的“春烟”，就是这个意思。

他还特意加了一个展露心情的字——“醉”，意思是陶醉在这样的春景中。同时，这个“醉”字也写出了柳条随风飘逸的样子。大家看电影、电视剧里的醉鬼走路，都是轻飘飘的，晃来晃去的，柳条在风中也是这般姿态。

这么好的春色，大家得活动呀！春天是万物生长的时候，是阳气生发的时候，是舒活筋骨、锻炼身体的好时节。“儿童散学归来早”，“散学”就是放学。放学归来，天还没黑，天气还很暖和，这时候干吗呢？“忙趁东风放纸鸢”。注意这个“忙趁”。诗人高鼎瞬间变成了一个孩子，他在揣摩孩子的心情。

小朋友们，你们都是这个年纪。如果有一天突然放学很早，老师说今天没有作业，你们是怎样的心情？回到家里，又是阳光明媚、春色醉人的时候。恰好这一天，爸爸妈妈也都很早下班了，一家人在楼下碰见了。是不是特别有冲动开展一些广大人民群众喜闻乐见的娱乐活动呢？

高鼎说“忙趁”，就是写出了儿童放学回来之后那种迫不及待的心情，意思就是赶紧，抓紧时间，快去快去！诸位，你们放学之后，最好也去做点儿运动，不要“忙趁东风玩手机”，对不对？可以找个公园去放放风筝嘛！“纸鸢”，就是风筝。“鸢”就是鹰。现在市场上还有风筝是做成鹰的形状的，还有燕子形状的，蜈蚣形状的，喜羊羊灰太狼形状的，等等。

这首《村居》，可讲的东西不多，它写得很简单。我想给大家补充一点儿知识——“纸鸢”的历史，也就是风筝的历史。有学者推测，春秋战国时期就有风筝。当时有一位大科学家也是大哲学家叫墨子，他的书里记载过一个东西叫“木鸢”，是拿木头扎成的一个飞行器。但是这个东西或许跟风筝的原理不太一样，风筝一般是用纸或者很薄的布去做的，完全凭借风力飘浮起来。

到了魏晋南北朝时期，风筝往往做得很大。大到什么程度？据传，有一次，许多皇族被北齐皇帝囚禁在一个高台上。皇帝想了一个坏主意：你们不是下不来吗？可以坐风筝呀！从 20 米的高台乘风筝往下飞，你要是有本事飞出去，你就可以捡回一条命。这多歹毒呀！结果还真的有一个囚犯，乘着风筝就滑翔出去了。倒霉的是，最后他还是被抓到了，死在了狱中。这个传说如果是真的，那咱们中国人真了不起，居然用风筝载人飞行！

我们现在玩的娱乐性的风筝，通常不会那么大。大概在唐宋时期，这种娱乐活动就开始流行了。唐朝有个诗人元稹，写过一首诗《纸鸢》。他说“有鸟有鸟群纸鸢”，哎哟！大鸟飞过来了，一看不是鸟，是纸鸢。“因风假势童子牵”，风筝借着风力才能飞，被一个小孩拉着扯着。然后

纸鸢

唐·元稹

有鸟有鸟群纸鸢，因风假势童子牵。
去地渐高人眼乱，世人为尔羽毛全。
风吹绳断童子走，余势尚存犹在天。
愁尔一朝还到地，落在深泥谁复怜。

他说风筝越飞越高，底下人看着还真以为你会飞呢！后来大风一吹绳子断了，才发现原来你不会飞，最后还是落到烂泥堆里去了。这里面是有一定讽刺意味的。风筝不是自己会飞，它不是鸟，没有羽毛和翅膀。它得借着风的力量，借着人的拉扯，才能高飞。不是有一个成语叫“狐假虎威”吗？元稹想说的，大致也是这个意思。

到了宋代，宋徽宗赵佶还写过一个《宣和风筝谱》，里面记载了各种各样的风筝。赵佶的书法、绘画都是顶级水准，诗词水平也相当不错，还会玩风筝，估计当时的各种游戏他也精通不少。除了当皇帝，他什么都会。

最后，我们要说到清代的一部“风筝学”名著，叫《南鹞北鸢考工志》，专门研究风筝是怎么造出来的，怎么糊纸、怎么画、怎么放飞。不少学者认为，这部书的作者就是大名鼎鼎的曹雪芹。《红楼梦》里面也有多处写到风筝，大家有兴趣可以翻一翻、找一找。我们要知道，《红楼梦》之所以写得精彩，除了人物、故事写得好之外，还有就是包含的知识特别丰富，描写的生活细节特别精微。曹雪芹号称“才大如海”，《红楼梦》号称“百科全书”，都不是“粉丝”瞎吹，而是实至名归的。

咏柳

唐・贺知章

碧玉妆成一树高，万条垂下绿丝绦。
不知细叶谁裁出，二月春风似剪刀。

这首诗的题目非常简单，就叫《咏柳》。古人很喜欢拿“咏”字作诗题，比如《咏鹅》《咏月》《咏灯》，等等。这样一些吟咏各种客观事物的诗，叫咏物诗。写这样的诗，最重要的技巧在于抓住事物的特点。我们讲骆宾王《咏鹅》的时候，谈过这个问题。“曲项向天歌”“白毛浮”“红掌拨”，这些都是鹅的特点，换成鸭就不对了。

柳树也是如此。柳有柳的特点和气质。贺知章怎么写柳？第一句，“碧玉妆成一树高”。“碧玉”，表面意思就是绿色的玉，是借用玉的颜色来形容柳树。可是，天下绿色的树简直太多了，或许柳树的绿更鲜艳一点儿、更亮一点儿，但它也是绿色，并无特别值得吟咏之处。

“碧玉”其实还有另外一层意思。南朝时期，有一首乐府民歌叫《碧玉歌》，“碧玉”很可能就是当时一位美女的名字。现在有一个成语叫“小家碧玉”，与它相对应的还有一个词语叫“大家闺秀”。在我们的语言传统和诗歌传统里，有这么一层意思，就是用“碧玉”去形容既秀美又纯朴的少女。

所以，“碧玉妆成一树高”不仅在形容柳树的颜色，而且在描摹

柳的姿态像少女，柳的灵魂是春风。

柳树的姿态，是小家碧玉的感觉，而不是大家闺秀。谁可以称作大家闺秀呢？估计是国色天香的牡丹花吧，显得比较绚烂、富贵，才能叫“大家”。牡丹是万千宠爱集于一身，需要精心种植和培育；柳树则傍水而生，处处都是。你很容易注意不到它，但仔细一看，又觉得它如此清秀可人。这就是小家碧玉的气质。

接着，贺知章就发挥联想了，“妆成一树高”。“妆”字一出来，我们反过来就知道“碧玉”一定跟女性有关。“妆成”就是刚刚化完妆。迎风摇曳的垂柳，就像刚刚装扮好的模特，款款走上了 T 台。“一树高”，“一树”当然说的是柳树。“高”，说明柳树不是歪着，不是躺着，也不是小柳树，可能确实长得比较高拔、挺立，或者说，就叫亭亭玉立。总之，第一句“碧玉妆成一树高”，短短七个字，信息量可真不少！

第二句是“万条垂下绿丝绦”。“碧玉妆成”是一个整体看法。远观柳树，整个树都很柔美，如同少女妆成。若继续细细品赏，则每一个枝条又会引发另一种联想了，叫“万条垂下绿丝绦”。什么叫“绿丝绦”？就是用绿色的丝线编成的带子。这种丝带在古代是做什么用的呢？可以用来妆饰衣服，系在腰上。由此可见，“绿丝绦”呼应着前面出现的“碧玉”形象。既然说柳树的整体像是一位少女，那么它的枝条就像少女衣服上佩戴的丝带一样。

再往下，诗人越看越细。先看“一树”，再看“万条”，再细看就是柳叶了，于是写出第三句“不知细叶谁裁出”。细叶能不能让我们联想到少女呢？其实同样可以。古人称女性的眉毛画完之后叫柳叶眉，像柳叶一样细细的眉毛。所以这首诗处处在看柳，其实处处在看人。白居易写过一首《杨柳枝》，说“人言柳叶似愁眉，更有愁肠似柳丝”。意思是，面露愁容的时候，细细弯弯的眉毛皱起来，就像柳叶；心中忧愁的时候，仿佛肚

杨柳枝

唐·白居易

人言柳叶似愁眉，
更有愁肠似柳丝。
柳丝挽断肠牵断，
彼此应无续得期。

子里百转千回不舒服，就像柳枝下垂。白居易也用柳叶去比喻人的眉毛。

但是，贺知章这句“不知细叶谁裁出”的精彩绝妙之处，不是简单地联想少女的柳叶眉，而是他问了一句“谁裁出”，诗意的重点突然有了一个转移。他好像瞬间醒悟过来，我别老是抓着少女的形象不放了，我毕竟是在“咏柳”啊！少女的眉毛是自己描的，那么柳树的“细叶”是谁创造的呢？

回乡偶书

唐·贺知章

少小离家老大回，
乡音无改鬓毛衰。
儿童相见不相识，
笑问客从何处来。

“谁裁出”，这个“裁”字其实已经暗示答案了。谁来裁？那肯定是裁缝来裁。但是我们想一想，如果说“二月春风似裁缝”，这就完全没有美感了，裁缝他不美，他没有一种活泼的感觉。

贺知章给出的答案是非常活泼的。他说“二月春风似剪刀”。他不管是谁拿着剪刀，他也不说是某人在用这个剪刀，他关注的是春风。春风就像一个心灵手巧的裁缝，拿着剪刀来细细裁剪柳叶。这就写出了春风那种机敏、巧妙、灵性的美。大家想一想，每一棵柳树有多少“绿丝绦”，每一枝“绿丝绦”又有多少“细叶”呢？每一枚柳叶都像少女画过的眉毛一样那么精致，那么优美，谁有这么出神入化的创造力呢？只有春风，只有伟大的自然。古人把大自然称作“造化”，正是赞美自然的无穷无尽的神奇创造力啊！

我们回过头来看整首诗。一方面，诗人处处在拟人，说柳树的姿态如同亭亭玉立的少女，万千柳条如同少女衣服上的丝带，细细柳叶如同少女的眉毛；另一方面，诗人制造了一个意外的翻转，他从“拟人”中跳出，去揭示“自然创造生命”“自然创造美”的道理。他说，柳树的美是自然创造的。我们继续往下想，如花似玉的少女又是谁创造出来的呢？当然还是自然啊！所以，整首诗最终的落脚点是自然的创造力。诗虽是咏柳，但柳树背后的灵魂是春风，是“造化”。

赋得古原草送别

唐·白居易

离离原上草，一岁一枯荣。
野火烧不尽，春风吹又生。
远芳侵古道，晴翠接荒城。
又送王孙去，萋萋满别情。

白居易的《赋得古原草送别》，大家会发现我要讲的版本与你们在课本上看到的不同。课本上只有四句："离离原上草，一岁一枯荣。野火烧不尽，春风吹又生。"而我要讲的是八句。我要把这首诗完整的样子呈现给大家。

我们先讲题目《赋得古原草送别》。什么叫"赋得"？就是摘取之前的人写过的一些诗句，有时候也是一个话题、一个词语，把这个东西当成写诗的题目。是不是有点像命题作文？那么，什么场合需要有人命题呢？通常是三种场合。第一种是考试，考官命题，考生写诗。第二种是应制，就是皇帝写了一首诗，底下臣子们跟着皇帝写，皇帝写什么题目你就写什么题目。第三种情况是集会，诗人们自己玩耍，比如说有人现场指着天上的大雁说"南飞雁"，好了，那下面每个人都要写《赋得南飞雁》；有人指着栏杆外的小溪说"泉水流"，好了，那大家都写《赋得泉水流》。

白居易的这首诗很可能是在一个聚会场合写的。这场聚会不是瞎玩，是要送别一个朋友，于是有人出了一个题目叫"古原草"。小草有什么好写的？吟咏它有什么目的？是为了送别，表示团结和祝福。

这次聚会一般认为是在长安。长安郊区有很多可以送别的地方，这些地方经常能看到原野，看到满地的野草。每到春天的时候，满目绿意，芳草萋萋。在这样的环境下，白居易写下了这首流传千古的名作。这是一首五言律诗，每句有五个字，一共八句。我们两句两句地讲。

第一、二句，“离离原上草，一岁一枯荣”。“离离”，不要望文生义，不是离别的意思。“离离”就是浓密茂盛的样子。这个词语与哪个词语相似呢？我们跳一下，看到诗的最后一句，“萋萋满别情”。“萋萋”和“离离”意思相近，都是说野草长得很浓密、很茂盛，满目苍翠。“离离原上草”，这个“原”，就是长安郊区的原野、平原。这些野草“一岁一枯荣”，每年春天都在原野生长，每年的秋冬季节又开始枯萎，第二年春天又重新发芽。“枯”是衰败，“荣”是兴盛，一年就这么过去了。

第三、四句，“野火烧不尽，春风吹又生”。野草不仅是自然生长，自然死亡，而且会碰到很多灾难。“野火”，可能是自然火，天上打雷或者天气太干燥，突然就会冒出一些火星，蔓延开来就烧了一大片。“野火”也有可能是人为造成的，现在有些地方还有这样的风俗，秋天收获之后，庄稼都收完了，地里剩下的全是野草，于是在冬天的时候就会有农民放火把野草烧掉，这是比较原始的生产方式。烧掉之后，一方面会让野草以后不会再长那么多，不会妨碍春天的播种；另一方面，草灰也增加了土壤的肥沃程度。

无论是“天灾”还是“人祸”，“野火”对于野草而言，都是可怕的灾难。但是，野草的生命力是极为顽强的。无论你多么努力地想烧

能写出这样的诗，就足以在大城市生活了！

毁它们，到第二年春天播种之后，长出庄稼的同时，一定会再长出杂草，这就叫“春风吹又生”。后来人们经常用这一句来比喻、赞美一种坚强的品格——无论怎样的灾难降临，无论受到多大的损害，只要保存着一息生命，等到时机成熟的时候，它又能蓬勃地生长起来。这是白居易从不起眼的小草身上看到的哲理。

课本上到这句就结束了，但我们还得往下看，不然这首诗就不完整。为什么不完整呢？大家回想一下诗的题目，《赋得古原草送别》。“古原草”有了，还有一个意思没说呢，就是“送别”。于是后半部分主要在写与送别有关的一些事情和风景。

第五、六句是“远芳侵古道，晴翠接荒城”。“芳”和“翠”，都是指满地的草，草里面可能也夹杂着花，它们都叫野草，都叫“古原草”。前文说了，“萋萋”也好，“离离”也好，都是指茂盛的样子。这些茂盛的野草，一直绵延到远方。也就是说，诗人看到的“古原草”仿佛是“星星之火，可以燎原”，先长出一棵一棵的青草，然后不断蔓延，直到整个世界都被它们覆盖，所以叫“侵古道”。“侵”，就是迫近。

那么“古道”又延伸到了哪里呢？下面一句写“晴翠接荒城”。阳光下的青草，与“荒城”相接。“荒城”可能是远处的某个地方。这两句放在一起是什么意思呢？看着离自己不远的古道，绵延到无穷的远方，那里可能有一座荒城，就是这位朋友要去的地方，或者是他要经过的地方。总之，白居易从眼前的“古原草”，一直写到远方无尽的世界。为什么要看那么远的地方呢？目的是要送别这位朋友，“又送王孙去，萋萋满别情”。

大家注意，最后两句中的“王孙”“萋萋”，都是有典故的。之前有些诗也会写到同样的情景。

《楚辞》里有一篇《招隐士》，里面有个名句，“王孙游兮不归，春草生兮萋萋”。“王孙”，就是贵族的泛称，后来也用“王孙”称呼朋友。《招隐士》这句话的意思是：你走了，不回来了，我看到满世界的春草长得那么茂盛，心里很惆怅，很舍不得。白居易在这里就用了这个典故。“又送王孙去”，意思是我经常要送别很多朋友远去，现在又送了一位。我看着满世界的青草，心里就像《楚辞》里所写的那个情景一样，翻腾着无限的不舍之情，这就是“萋萋满别情”。

到这里这首诗我们就讲完了。关于这首诗还有一个小故事，出自张固《幽闲鼓吹》。当时一个前辈诗人叫顾况，他在长安见到白居易，一开始不知道他有本事，感叹了一句，叫“米价方贵，居亦弗易”。什么意思呢？你不是叫白居易嘛，居易居易，住下来比较容易，比较舒服，生存能力强，但是长安物价贵，就像我们现在说北京房价高、生活成本高，你在这里居住可不容易啊！

等到顾况读了白居易这首诗之后，评价立刻就变了，“道得个语，居即易矣”。他说能写出这样好的文字，你在长安住也不难，意思就是你有这个本事，当然可以在长安“北漂”了！唐朝的时候，全国各地很多人跑到长安去“北漂”，有人去读书、考试，有人做小官小吏，有人做小买卖，有人卖艺，就像现在很多人在北京“北漂”一样。

这个故事只是传说，可信度不高。但它说明，白居易《赋得古原草送别》确实写出了野草的生命力，能够打动人，感染人。顾况看了之后，会觉得这个人有才华，有见识，前途无量。

晓出净慈寺送林子方

南宋・杨万里

毕竟西湖六月中，风光不与四时同。
接天莲叶无穷碧，映日荷花别样红。

说到杨万里，大家或许会想到著名的《小池》：“小荷才露尖尖角，早有蜻蜓立上头。”杨万里的诗特别有趣味，有时候还包含一点儿生活哲理，在当时被称作“诚斋体”。诚斋，是他的号。在《晓出净慈寺送林子方》里，杨万里也同样写出了非同凡响的趣味。

我们知道，写西湖的诗太多了，从唐朝的白居易，到北宋的苏轼，再到南宋的杨万里，都留下了名作。杨万里这首写西湖的诗，与以前那些诗相比，有什么特殊的趣味能够让它名垂千古而无愧色呢？让我们从题目说起。

“净慈寺”显然是寺庙名称，在西湖的南岸。“晓出”，就是早晨出来，这其实就是在暗示我们，下面要写的内容不是中午、下午的西湖，不是酷暑难耐、烈日炎炎的西湖，而是比较清凉、比较舒适的上午的西湖。在这样的一个时间段里，他大概更能够体会夏日西湖的好处。不然，烈日当空，满身臭汗地走在西湖边，哪里还有心思品赏、写诗呢？

再看“送林子方”，说明写这首诗是想送别朋友林子方。既然是

西湖的六月到底有多美？打死我也不说！

送别，那么诗里就有一层意思：他想通过描写西湖的美景，来挽留这个朋友，或者说表达依依惜别的感情。这地方多好啊！你别走好不好？去了别的地方，就没有如此美好的四季景色了！所以题目里面的“送林子方”，点出了这首诗的一个用意，就是一定要把西湖最美好的东西瞬间呈现出来。

题目讲完，照理说该看诗本身了。但别着急，咱们再对这首诗做点“还原”工作。课本里选诗，有时候是截取一段，有时候是选择其中一首，往往不给大家看见诗的原来面目。这首《晓出净慈寺送林子方》，原本也是不止一首，而是两首。我们通常只读第二首。第一首写了什么呢？他说“出得西湖月尚残”，说明真的是“晓出净慈寺”啊！到西湖边上的时候，月亮尚残，也就是还挂在天上，当然是清晨时分。之后第二句，“荷花荡里柳行间”。有荷花，有柳，可见两人一定是在湖边走了一段路，依依惜别。第一首的时间还是“月尚残”，第二首写的就是阳光下的景色了，可见走了挺久。

继续把第一首读完。后两句是这么写的：“红香世界清凉国，行了南山却北山。”“红香世界”，当然指西湖美景。“清凉国”，说明他们刚从清凉的寺院里出来。古人常把山中住所称作清凉世界，山中寺庙则更有清凉的效果。在如此颜色斑斓、气温舒适的山水风景中行走，当然非常惬意，所以是“行了南山却北山”。这是西湖常见的游览方式：游游山，再逛逛水。山水相依，才是西湖美景。

下面我们正式开讲第二首。杨万里开篇就告诉你，“毕竟西湖六月中”。什么是“毕竟”？意思是，西湖终究是西湖啊，就是不同寻常！哪个地方没有六月呢？但是，任何地方的六月都比不上西湖的六月。再看第二句，“风光不与四时同”。另一种特殊性呈现出来了，即西湖六月的特殊性。第一句是强调西湖的六月与别的地方不同，第二句是强调西湖的六月与西湖的其他季节不同。我们现在说一年有四季，古人有时会分成五季，就是除了春、夏、秋、冬之外还有一个季夏，季夏就在六月，所以杨万里说六月风光不与其他四时相同。

前面两句都是在卖关子，下面两句才是真正想说的内容。到底六月的西湖与别的地方有什么不同？与其他时候的西湖有什么不同？他说，“接天莲叶无穷碧，映日荷花别样红”。事实上，这两句还是在卖关子，诗人始终是在吊你的胃口。他说，西湖里有可以绵延到天边的荷叶，它们特别好看。怎么好看呢？“无穷碧”，就是无穷无尽的绿色。他又说，阳光照耀下的荷花也特别美。有多美呢？“别样红”，意思就是特别红。读到最后一句，我们真得着急了！说了半天，你就说了一句“特别红”啊！

我们再仔细揣摩一下。“别样”有两层意思。第一，在无穷绿色的衬托下，荷花显得尤其红；第二，西湖荷花的红色，不是一般的红。从植物学上来说，他的话肯定是不太科学的，因为西湖的荷花并没有独特、珍贵的品种。但从美学来看，他这么说又是有道理的。

前几年有句网络流行语，叫“主要看气质”。一片荷塘，放在西湖这样一个人间天堂之中，气质就变了。究竟有什么变化？杨万里在这里耍了一个狡猾的小计谋。他只告诉你“别样红”，可到底是“怎样红”，由你自己去揣摩吧！

其实，第一句的“毕竟”，第二句的“不与四时同”，第三句的“无穷碧”，以及最后一句的“别样红”，都是串联在一起的，表达的是同样的意思：西湖就是美，就是独特，没理由，没道理！诗人永远不告诉你，西湖到底有何特殊的美景，西湖里的荷叶、荷花到底有何独特的气质，他就是不断卖关子、吊胃口，启迪读者自己去体会、去寻找。这是一场美学的诡计，也是整首诗的趣味所在。

最后，我们刚才既然说到了“风光不与四时同”，那么西湖其他季节是什么样子呢？白居易有一首《钱塘湖春行》，说“最爱湖东行不足，绿杨阴里白沙堤”，可见春天有绿杨垂柳。到了夏天，柳永《望海潮》说西湖有“十里荷花”，和季夏景色差不太多。秋天呢？白居易《忆江南》说“山寺月中寻桂子”，写的是西湖边的灵隐寺。可见西湖的秋天有桂花飘香。冬天呢？南宋词人姜夔《暗香》中有名句“千树压、西湖寒碧”，写的是西湖边孤山上的梅花。大家看，西湖在一年四季之中，春有杨柳，夏有荷花，秋有香桂，冬有寒梅。真的是四季都有美景，真的是“淡妆浓抹总相宜”啊！

延伸阅读

钱塘湖春行

唐·白居易

孤山寺北贾亭西，水面初平云脚低。
几处早莺争暖树，谁家新燕啄春泥。
乱花渐欲迷人眼，浅草才能没马蹄。
最爱湖东行不足，绿杨阴里白沙堤。

绝句

唐·杜甫

两个黄鹂鸣翠柳，一行白鹭上青天。
窗含西岭千秋雪，门泊东吴万里船。

这首诗其实是没有题目的，“绝句”两个字本是诗歌的体裁。绝句一共有四句，每句五个字就叫五言绝句，每句七个字就叫七言绝句，所以这是一首七言绝句。没有题目的一个可能原因，就是这首诗好像也没有什么需要特别强调的东西。四句诗写了四个场景，像四幅画一样。那么接下来我们就一幅一幅地来看这些画。

首先我们要明确，这首诗作于成都郊区的草堂。这是诗人自己的小庄园，搭了几间屋子，环境不错，有溪水，有花木，能看到很多风景。第一句写“两个黄鹂鸣翠柳”。“黄鹂”和“翠柳”，一看就是春光明媚的样子。注意两种颜色，一个是“黄”，一个是“翠”，与下句“一行白鹭上青天”中的颜色可以做个对比。古人说的“青天”其实就是我们现在说的蓝天。蓝蓝的天上有一道白光，是什么呢？“一行白鹭上青天”。那上一句呢？“翠”是很明亮的绿色，我们经常说的翡翠，指的就是光泽很好的绿色的玉。明亮的、绿色的柳树枝条间，有黄色的小鸟，就是黄鹂。大家可以想象一下这些颜色的搭配，“黄”和“翠”搭配，“白”和“青”搭配，非常清爽，也非常和谐。杜甫其实也很懂得欣赏美术，他没有王维那么高的绘画技艺，但也能写出“诗中有画”的效果。他很会搭配色调。

除了形容颜色的几个词之外，还有两个动词需要注意，就是“鸣翠柳”的“鸣”和“上青天”的“上”。白鹭不会叫吗？黄鹂不会飞吗？当然不是。杜甫又做了点搭配工作。黄鹂的声音可能比较好听一些，于是写它们“鸣翠柳”；白鹭体型较大，飞起来矫健有力，于是写它们“上青天”。如此搭配，利用了不同鸟类的特长，既有图像又有声音，就成为一幅“有声画”。

后两句，“窗含西岭千秋雪，门泊东吴万里船”。“西岭”，是岷山的雪岭，上面常年覆盖积雪。杜甫要写“西岭千秋雪”，但不太容易描述。他远远看到岷山的峰尖上有白光，知道那里终年积雪，可怎么去写呢？我们现在学习拍照，都要先学取景，就是选择好的角度、好的构图。一座大雪山放在面前，你得有一个角度去摄取它。杜甫就从眼前的生活中找到了一个取景框——“窗”。一个很有趣的动词“含”，意思是窗子里边包含着一幅高山白雪的画面。

中国的园林，非常重视窗子的构图作用。本来就是一个池塘，你拿眼睛直接去看可能比较单调，但是隔着窗子去看就有丰富多姿的构图了。你从左边的窗子、右边的窗子、上面的窗子、下面的窗子去看，池塘都会不一样，再加上窗子本身又可以有很多修饰，比如有圆形的窗口，有雕花的窗棂，还可以拉上纱帘、竹帘，造成“犹抱琵琶半遮面”的视觉效果，等等。

小朋友们长大了可能会学习叶圣陶先生的一篇文章《苏州园林》，他说：“游览苏州园林必然会注意到花墙和廊子。有墙壁隔着，有廊子界着，层次多了，景致就见得深了。”苏州园林的墙壁上，都是有各种镂空图案的，相当于一扇窗子。你隔着镂空图案去看花园里的景致，与你直接去看那是完全不一样的。

杜甫很会配色，很懂取景，他其实是个摄影高手。

接下来是最后一句，“门泊东吴万里船”。这里还是有构图感。刚才是用窗去构图，现在是用门去构图。“门”离自己非常近，而“万里船”离自己非常遥远，这就有一种透视的感觉了。同时，大家要注意“门泊东吴万里船”的“万里”是什么意思？这不是随便一说的。

成都郊区有个地方就叫万里桥，距离杜甫草堂很近。宋朝人范成大写了一本笔记，叫《吴船录》，里边有一段说：“蜀人入吴者，皆从合江亭登舟，其西则万里桥。”意思是，四川人要去吴越一带，就要顺长江而下，他们从哪里出发呢？从合江亭登舟。这个合江亭的西侧，就是万里桥。所以，在四川人看来，“万里桥”有“万里之行，始于桥下”的意思。

杜甫说“门泊东吴万里船”，一方面是在实写万里桥畔的远行人，另一方面也表达了他的一种向往。他看着别人远行万里，心里是不是有企盼呢？我们查一查杜甫的传记就知道了。他年轻时曾经漫游吴越，对吴越的印象非常好。他写过一首诗《壮游》，回忆自己游览吴越的所见所闻。杜甫在成都的时候，看着眼前的溪水流到长江里，长江再往下流就流到吴越了。他想那是我青春年少的时候漫游过的地方，当年的所见所闻一时浮上心头。

最后，我们合起来看四句诗。“两个黄鹂鸣翠柳”，这是很近的取景，因为黄鹂、柳叶都非常小；“一行白鹭上青天”，白鹭飞上青天，取景远了很多；再看“窗含西岭千秋雪，门泊东吴万里船”，这两句就非常遥远了，但“窗”和“门”又是特别近的。你会感觉杜甫就像拿着一个照相机在那儿调镜头。第一句很近，第二句很远，第三、四句则是先更近，然后更远。如此反复运用镜头，呈现出了丰富多彩的画面。

舟夜书所见

清・查慎行

月黑见渔灯，孤光一点萤。
微微风簇浪，散作满河星。

查慎行这位作者，大家应该不太熟悉。他是一位清代诗人。他非常喜欢宋代诗歌，尤其喜欢苏轼，曾经注释过苏轼的诗集，写了一本书叫《苏诗补注》。他自己写的诗里，或多或少都会带上一些宋代诗歌的特点。

宋代诗人特别喜欢观察生活中、自然中的小细节。唐人也观察细节，但是宋人往往比唐人观察得更仔细一些，更幽微一些。比如杨万里夏天乘凉，说“时有微凉不是风”，写得非常微妙：既有凉意袭来，但又没有风；树叶没动，皮肤却有感觉。这就写出了夏日人们对于凉风的渴望与敏感。

查慎行这首《舟夜书所见》，也是写了生活中一个非常微小的细节。我们看题目就知道，他不是刻意去写的，真的是看到什么，心中一动就写出来了。“舟夜”，点出时间和事件，是在夜里把小船停泊在河边。“书所见”，就是把所见的风景用诗歌的形式记录下来。他只是写景，并不试图抒发某种赞美或反感，也不想感悟什么人生道理。他保持一颗平常心、平淡心，于是写了一首只有四句话的小诗。

这样的小诗，古人通常称作“即景”。我们写作文也应该学习古人这种方式。你绞尽脑汁想啊想，未必能写出好东西；如果把生活中的一点一滴随时记录下来，也许就能发现一些不被其他人所关注的细节。大家可以尝试一下，也不一定每天都要写日记，但是如果今天你确实心有所感，眼有所见，耳有所闻，比如看到一只奇怪的小昆虫，听到一曲醉人的音乐，看到一幅美轮美奂的画，都可以记录下那一瞬间的感触。最美的作品往往就诞生于这些瞬间。

我们来看查慎行是怎么写他的所见所感的。第一句，“月黑见渔灯”。就像舞台布景一样，他先挂幕布，先营造舞台的底色，这就叫“月黑”。月亮被遮住了，伸手不见五指。在黑漆漆的夜色中，突然不知道哪个地方点起了一盏渔灯，一片黑暗之中有了一线光芒，对于这位在小船里睡觉的诗人来说是一种惊喜。他可能辗转反侧睡不着，这时候一翻身，看到黑漆漆的水面上出现了一盏渔灯。

渔灯像什么呢？“孤光一点萤”。“孤”和“一点”都表示渔灯很小很孤独。越是孤独越是小，在这样漆黑的、无眠的夜里，就显得尤其珍贵。“萤”是用来比喻渔灯的。黑暗河面上的渔灯，就像黑暗的草地上出现了一点萤火虫，这一线光明带给人以安慰。唐朝诗人张继有一首著名的《枫桥夜泊》，他说“江枫渔火对愁眠”。查慎行的这个水上夜晚，其实也是“渔火对愁眠”，但他的心情估计比张继要好很多。

下面两句写得更为出色，更为动人，显示出他这一夜所见所感的独特之处，“微微风簇浪，散作满河星”。“簇”，写波浪簇拥的感觉，微风吹来，波光粼粼。两个“微”字，是强调浪花的恰到好处。如果是“洪湖水，浪打浪”，一浪更比一浪强，这个境界就完全破坏掉了。诗人看到的是微微的、粼粼的波光。在波光中，他再去看渔灯的光芒，被细细的波浪所返照，有一种化身千百的感觉。散开之后的那种

当你在河岸边、星光下漫步，可以把这首小诗从记忆中取出来。

光芒，像什么呢？就像满河都有星星，即“散作满河星”。

我们不妨揣测一下，“满河星”到底是实写还是虚写呢？那么一点幽微的渔灯的光芒，映照在波浪上，真的有“满河星”的感觉吗？我们再回到诗的第一句，“月黑见渔灯”。有句老话，叫“月明星稀”，而“月黑”的时候，星星反倒看得更清楚。天上有星光，倒映在河里，河里或许也会出现星光。只不过可能由于当时诗人所处的角度问题，他没注意星光，只是盯着渔灯看。突然吹来一阵风，渔灯的光芒被波浪所映照，仿佛在河面上散开来。诗人的目光也随之移动到远方，他忽然发现，哎呀，河面上原来处处都是星光呀！人间处处有光芒，只是我刚才没有发现，才会觉得一片黑暗。生活就是这样，不断给人惊喜，不断让人经历“山重水复疑无路，柳暗花明又一村”的过程。

我们经常感慨，艺术家真厉害，怎么能看到那么多一般人看不到的东西呢？是不是有什么特异功能啊？其实，艺术家眼中的世界，并不是比我们多了一些东西，而是艺术家的眼睛与心灵，比我们多了一些敏感，多了一些想象，多了一些创造。他们不是被动地接受世界的图像与声音，而是主动去创造新的结构、新的节奏。

凡·高有幅著名的画，叫《星月夜》。大家可以搜一搜，看一看。在现实世界中，哪里有一大片一大片的星光呢？星光永远不可能如此绚烂。但是在艺术家的眼中，在凡·高眼中，绚烂被无限放大了。星空下的村庄，都被满天的星辰所照耀、所修饰、所美化。

杜甫有首《旅夜书怀》，也写了一幅“星月夜”的画面——“星垂平野阔，月涌大江流”。上面的星光照耀着下面的原

旅夜书怀

唐·杜甫

细草微风岸，危樯独夜舟。
星垂平野阔，月涌大江流。
名岂文章著？官应老病休。
飘飘何所似？天地一沙鸥。

野，显得原野如此广阔；上面的月亮倒映在滚滚波涛之中，月亮的影子随着波浪翻滚。这样，杜甫就写出了一个天上地下、浑然一体的星月夜世界。

凡·高的画，杜甫的诗，查慎行的诗，请大家都珍藏在心里。当你们有一天在河岸边、月色下、星光中漫步的时候，可以把它们从记忆中拿出来，对照着眼前的景色，看看自己能不能发现黑暗中的光明，平淡中的壮美，生活中的惊喜。

花影

北宋·苏轼

重重叠叠上瑶台，几度呼童扫不开。
刚被太阳收拾去，却教明月送将来。

很多课本、课外书、诗词选本里，会把这首诗归为苏轼所作。但事实上苏轼的诗集里并没有这首诗，它很可能是南宋末年的一位诗人写的。

古代有一本很重要的蒙学课本，就是给当时的小学生们读的启蒙读物，叫《千家诗》。古人一提到蒙学经典，就是“三百千千”，即《三字经》《百家姓》《千字文》和《千家诗》。《千家诗》在选诗的时候，往往注重诗本身写得怎么样，适不适合教给小孩，至于到底是谁写的，写于什么时候，编者会比较马虎，读者则更不在意，经常张冠李戴。这首《花影》，《千家诗》选了它，题为苏轼所作，后来大家也就纷纷认同。其实苏轼并没有写这首诗。一个诗人名气太大，就会有各种好诗找上门来。

这首《花影》，本身确实写得很不错，尤其适合小朋友们去学习。因为它描写得非常有神采，观察得非常细致，趣味性又很浓。诗题叫《花影》。我们看到写花的诗太多了，但是直接拿“花影”做题目的并不是很多，可见这首诗的描写角度首先就很有意思。诗人不写花本身，而是写花的影子。

第一句，“重重叠叠上瑶台”。“瑶台”是神仙居住的地方。诗人给自己的生活做了个美化。其实他写的可能就是家门口的一个小台阶。台阶上正好有花影铺在上面，铺得重重叠叠的，说明是花团锦簇的花影映在台阶上。所谓“上瑶台”，有一个动作“上”，就感觉花影像一个小宠物、小猫咪一样，缓缓地爬到台阶上。我们可以想象一下，花影不是固定的。随着阳光、天气的变化，一天之间的不同时段内，花影的面积、形状是不一样的，浓淡也有区别。所以这个“上”字很有趣，有一种登攀的感觉。随着太阳光影的变化，花影逐渐覆盖了整个台阶，好像是一步一步爬上去一样。

看到花影“上瑶台”，这时诗人就流露出一个很有趣的想法。他看到台阶上有好多影子，觉得有点乱，就喊家里的小仆人或小书童：过来过来，帮我把那些乱七八糟的东西扫掉！这个想法非常天真，甚至有点儿异想天开，可他坚持实践了好几次，“几度呼童扫不开”。估计家童心里会非常诧异：主人你也太奇怪了吧？明明是花影，你还让我去扫！诗人故意这么写，是想写出花影的变幻无穷，让人觉得真有这么一些花枝绿叶叠在台阶上，所以才不断呼唤家童去打扫。他始终怀着一种天真活泼的心态去看花影。

接下来两句，“刚被太阳收拾去，却教明月送将来”。刚才我们讲了，从太阳升起到落下，花影的面积、形状、浓淡可能都在不停变化。现在太阳终于落山了，太阳在这个瞬间也变得很顽皮，说我照料你这个花影整整一天了，现在我要回家了，你也跟着我一起走吧！于是就把花影给带走了。也就是说在黄昏的时候，花影就消失、看不见了，这就是“刚被太阳收拾去”。

太阳落下，月亮又升起来了。这可好，太阳是把花影收走了，月亮又把它送回来了，“却教明月送将来”。明月在这里也变成了一个淘气、可爱的形象。月光照在花枝上，投下了新的花影，这时与白天的花影不同了，至少是浓淡方面差距很大，仿佛是花影改头换面，又偷偷溜回来了。

以上四句诗，的确写得非常天真有趣。花影这个淘气鬼，想扫扫不掉，它还慢慢往台阶上爬。爬了一天，到了黄昏的时候，这乱七八糟的影子终于走了，被太阳收拾走了。可不一会儿，顽皮的月亮又把花影送回来了。由此可见，这一整天的天气应该非常好，白天阳光普照，晚上月光皎洁。诗人在如此晴朗的一天内，从白天到晚上，心情也是完全放松的。他并不是对花影的存在感到真正的烦忧，而是拿花影逗趣呢！

回顾诗里的几个动词，真是非常有趣。“上瑶台”的“上”，“呼童”的“呼”，“扫不开”的“扫”，还有“收拾”与“送将”。世界万物，在诗人看来都是活泼有趣的。我们常说细节决定成败，写诗的时候，尤其是描写自然风景的时候，往往是动词决定成败。王安石写“春风又绿江南岸”改了好多字，如“到”“满”“入”等，都觉得不好，最后选定了“绿”字。这首诗的作者也是精心打造了几个动词，把花影和周围的所有事物都给写活了。

关于影子，我们再多说一些诗句。写花、写树的诗很多，写花影、树影的并不多。有些诗人、词人就专注于写影子，反倒能写出一些特别的神韵。宋代有一位词人张先，他写了好多影子。据统计，他的词里面出现了二十九个写影子的好句子。比如“云破月来花弄影”，“破”就是散开。为什么云会破？风吹拂导致的。风把云吹走了，把月亮吹出来了，然后花的影子也就显现出来了，即“云破月来花弄影”。是不是跟刚才那首诗有异曲同工之妙？

再比如，“那堪更被明月，隔墙送过秋千影”。隔壁邻居家的秋千，被明月斜着照过来，正好把影子投到我们家的庭院里来了。你说

花影就像一只小猫咪，缓缓爬到台阶上，迟迟不肯离去。

这明月多么调皮，隔着墙还把秋千的影子送过来。

另外还有“中庭月色正清明，无数杨花过无影”，写庭院里的月色非常明亮，这时候飘过来一些杨花，也就是柳絮，因为柳絮是很轻盈地飘过来的，又很微小，所以来不及投下影子就被吹走了，即“过无影”。你看，他既可以借用影子来写事物本身，还可以抓住特殊的“无影”时刻来描写事物特点。柳絮那种飘忽不定的性质、状态，用“过无影”来形容，岂不是极为贴切？

张先太爱写影子了，于是很多人就开始专门评价这些写影子的句子，有人喜欢这三句，有人喜欢那三句。我们知道有个“太极张三丰”，张先最后就得了个外号叫“张三影”。这名儿，是不是还挺神秘、挺梦幻的？

延伸阅读

木兰花·乙卯吴兴寒食

北宋·张先

龙头舴艋吴儿竞，笋柱秋千游女并。
芳洲拾翠暮忘归，秀野踏青来不定。
行云去后遥山暝，已放笙歌池院静。
中庭月色正清明，无数杨花过无影。

课本里的古诗词

【成长阶】

山行

唐 · 杜牧

远上寒山石径斜，白云生处有人家。
停车坐爱枫林晚，霜叶红于二月花。

这首诗里有个读音问题。“石径斜”的“斜”，读 xié，还是读 xiá 呢？我们讲《敕勒歌》时，“笼盖四野”的“野”，说过类似的问题。我的建议，还是按照现代汉语普通话来读，“斜”读成 xié，“野”读成 yě。当然，你自己背诗的时候，觉得读成 xiá，读成 yǎ，好像更顺口、更好背，那么也没问题。

杜牧这首诗，题目叫《山行》。读古诗词一定要注意题目，题目是解诗的钥匙。“山”和“行”两个元素放到一起，就告诉读者：我不是坐在那看山，也不是一定要登上山顶。如果杜牧怀着“会当凌绝顶，一览众山小”的决心和壮志去登这座山，那估计就不会诞生这首轻松惬意的小诗了。杜牧是很随和的，就写自己在山中乘车行走，走到哪写到哪。

我们现在去游览名山大川，一定要玩某些景点对不对？景点是很害人的，因为景点是别人设定好了告诉你的：往这边看，石头上像是有几只猴，这叫“猴子观海”；往那边看，悬崖上是不是有一个佛像呀？那叫“卧佛山”。你就像一个木偶一样，被导游牵着鼻子走，导游让你看什么你就看什么。小朋友们，下次再去旅游，不一定要跟着景点走。如果到了某个景点，也要发挥自己的想象力，动用自己的观察力，这次旅行才是属于你自己的。杜牧在《山行》里呈现出来的，就是一次自由、散漫、属于自己的旅行。他自由自在地走在山间，不是静观，也不是登山，而是有探索，有发现。

这首诗的每一句都很有讲究。第一句“远上寒山石径斜”，写得很美。大家看这几个字：“远”，有一种从近到远的纵深感；“上”，是从下往上看，强调一种高度；“斜”，说明小路不是直着上去的，而是曲曲弯弯，倾斜着绕上“寒山”的；寒山的“寒”字告诉你，季节应该是秋天。注意这几个字，它们凑在一起，就构成了一幅气质鲜明、构图清晰的画面。“寒山”“石径”，说明颜色一定是偏于冷色调的，不是春夏季节的青山绿林。怎么去“寒山”里面玩呢？诗人说，得走得远，走得高，走得曲折，这就出现了非常清晰的构图：有深度，有高度，有形态。第一句里面的信息量是非常丰富的。

第二句，“白云生处有人家”。你看，好诗人写东西，不会琳琅满目，不会林林总总，不会让你目不暇接、疲于应付，而是善于安排节奏。第一句信息量丰富，仿佛车马走得比较快，第二句速度就放慢了，不着急让你看那么多东西。第二句其实就写了两样事物，“白云”和“人家”。

“白云”是很明显、很清晰的，而“人家”是隐隐约约的，是从远方、从深处看见的。大家注意，有人会把“白云生处”错写成“白云深处”。我们不妨比较一下，“深”和“生”，有什么区别？哪个更好呢？

“深”字，当然也有它的好处，它能体现画面的纵深感。但是，前一句“远上寒山石径斜”，对于高度、深度已经写得很充分了，没

> 杜牧自由自在地走在山间，
> 不是静观，也不是登山，而是有探索，有发现。

必要再重复一遍。白云的幽深之处，不就是寒山的幽深之处吗？白云肯定是飘浮在寒山里啊！

相比之下，如果用“生”的话，感觉就很不一样。“生”，不再是构图，而是一种动态、一种气势。不管是远还是近，是高还是低，不管白云在哪出现，当它飘飘荡荡、散扬出来的时候，那个地方隐隐约约有一户人家。

古人对白云有一种想象。我们现在知道，白云是水蒸气凝结而成的。但古人会觉得奇怪，哪里来这么多的白云啊？它不会凭空产生，总得有一个发生源吧？古人认为，山石之间、石头缝里，或山洞、山谷、山涧里，就是能够孕育白云的地方。所以古人对于高山上的岩石有一个美称，叫“云根”，意思是白云从这里生根发芽。

我们回头再来看杜牧用的“生”字，就很有意思了。“白云生处有人家”，将静态画面变成了动图。飘飘荡荡的白云是从哪里飘过来的呢？从远方，从山间，从某个人家那里飘来了。尽管杜牧知道，白云是从山石中产生出来的，但是山石太远，白云太朦胧，看上去“人家”离得更近一些，仿佛从篱笆、从屋顶那里源源不断产生了白云，真有点人间仙境的感觉！

还有不少古诗，也爱用“生”字。比方说“海上生明月，天涯共此时”。大家要记住，“海上生明月”的“生”，一定不要写成升旗仪式那个“升”，道理也是一样的。“升”就是一个机械的动作，但“生”则是动态的，有生命力的。

第三句，“停车坐爱枫林晚”，要卖一个关子了。杜牧不是在“山行”吗，不是一直在走吗，为什么要停下车马？因为他看到了一幅景象。什么景象呢？

望月怀远

唐·张九龄

海上生明月，天涯共此时。
情人怨遥夜，竟夕起相思。
灭烛怜光满，披衣觉露滋。
不堪盈手赠，还寝梦佳期。

他先透露一点儿信息出来，即“枫林晚”。什么叫“枫林晚”？就是晚秋时候的枫林，那一定是红色的世界。

我们想想第一句中的“寒山”“石径”，第二句中的“白云”，统统都是冷色调的。诗人在冷色调的山中行走，偶尔看到一户人家，肯定不是金碧辉煌的，估计是“天寒白屋贫”，也是冷色调的。这时候，他转过一个山角，绕过一块岩石，发现前面红通通一片。哇，原来是一片枫林！突然出现的红艳的暖色，让人惊喜，让人欣赏，让人停车驻足。

那么我们就要追问了，这枫林到底有多美？能让你停下来不走呢？最后一句最精彩的出来了，“霜叶红于二月花”。其实这一句，无非就是想说一种惊喜感。诗人是怎样表达惊喜感的呢？这里用了一个非常巧妙的手段——比较。怎么比较？跨季节的比较。霜叶生于秋天，想一想秋天没什么可比的，那就换一个思路，想想在其他季节有没有可以与霜叶的颜色相比的？只有春天的红花吧！农历二月，正是很多花朵次第开放的时节。经过这个联想、比较，诗人的思绪从秋天一下跨到了春天，表达了一种冲击力很强的惊喜感。甚至我们可以猜想，当他第一眼看到枫林的时候，未必想到了那一大片红色竟是枫树的颜色。他可能想，这清寒的深秋，哪里来这么多鲜艳的红花？再定睛一看，发现不是花，而是枫林。诗人展现了这样的心理过程，就把惊喜感更曲折、更充分地表达出来了。

岑参《白雪歌送武判官归京》有一句著名的比喻，“忽如一夜春风来，千树万树梨花开”，比喻的是雪花。其实，这里面也有联想、比较的成分。诗人的思绪从冬天跨越到春天。他从冬雪满树想到了梨花满枝，同样强调了惊喜感。

韩愈《春雪》也有类似的联想：“新年都未有芳华，二月初惊见草芽。白雪却嫌春色晚，故穿庭树作飞花。”韩愈添加了点拟人的手法，把白雪想象成一个调皮的人，但他也是从春雪想到了春花，思绪从早春跨越到了仲春。他说，雪花穿梭在树间，就像飞花点缀在树间一样。

除了带来强烈的画面美、惊喜感，“霜叶红于二月花”还有一点美妙之处。枫叶，经常会引发一些凄凉的感觉，因为这是深秋的景色。比如张继《枫桥夜泊》里说“江枫渔火对愁眠”，杜甫《秋兴八首》第一首说“玉露凋伤枫树林”，白居易《琵琶行》里说“枫叶荻花秋瑟瑟”。这些诗里描写的枫叶，肯定也是红色的，但都有一种凋残的气质。很多诗人看到枫叶，会觉得鲜艳的红色不是生命的象征，而是凄凉的象征。

杜牧的“霜叶红于二月花”，却反其道而行之，写出了枫叶的风姿、神采。他说枫叶比春花更鲜艳，精神气质当然也更胜春花。这就很像刘禹锡《秋词》所说的：“自古逢秋悲寂寥，我言秋日胜春朝。晴空一鹤排云上，便引诗情到碧霄。”刘禹锡认为，万木凋残的秋天，也会出现倔强、坚韧、豪气冲天的生命，比如“晴空一鹤”，比如他自己。杜牧《山行》也有这样的气质，“霜叶红于二月花”，不仅在做一种跨季节的比较，而且写出了诗人自己对于秋天的独特感受：秋天并不凄凉，而是包含着傲骨、英姿。

《山行》所描写的秋天，虽然也很冷，但冷得有味道，有性情，有骨气，有风采。古人经常用一个词去形容杜牧的诗，叫“俊爽”。“俊”就是很帅很有才，“爽”就是爽快、洒脱。如果转换成现代流行语，杜牧的诗堪称又帅又酷！我们回过头来想想《山行》，是不是有种又帅又酷的感觉呢？

赠刘景文

北宋 • 苏轼

荷尽已无擎雨盖，菊残犹有傲霜枝。

一年好景君须记，正是橙黄橘绿时。

诗题很简单，《赠刘景文》。刘景文是谁呢？原名叫刘季孙，字景文。这首诗作于元祐五年（1090年），此时苏轼在杭州当地方官，刘景文也在这里当官，只不过苏轼当的是文官，刘景文当的是武官——两浙兵马都监。这位武官可不是一个粗犷的汉子，人家也是有文采的，博学能文，常常与苏轼相互写诗、赠诗。

另外还有一个信息要交代一下。刘景文的父亲刘平，是个战斗英雄，在北宋与西夏的战争中牺牲了。这么一个文武双全、才华横溢的人，同时又是英雄的后代，苏轼对他是有敬佩之心的。他曾为刘景文写推荐信，跟朝廷说这个人了不起，应该给他升官。

《赠刘景文》写于杭州。写的是什么时候的景色呢？初冬的景色。这首诗里的所有景物，都在告诉我们季节。“荷尽”“菊残”“橙黄橘绿”，都说明是深秋初冬。那我们就来看，苏轼是如何写初冬景物的呢？他为何要和刘景文说些橙子橘子的事儿呢？推销水果吗？让我们逐句读一读。

第一句，“荷尽已无擎雨盖”。“擎雨盖”，指的是荷叶。“盖”是

苏轼想用内外兼修的初冬景象，去赞美刘景文的人格。

车盖，车上的顶棚，这里形容圆圆的、薄薄的荷叶。“擎”是什么意思？上举的意思。小朋友们看《变形金刚》就知道，里面有个人物叫擎天柱。擎天柱，就是向上托举着天的柱子，说明这个人力大无穷，顶天立地。“擎雨盖”，就是在雨中往上挺举的荷叶。这一看就是典型的夏天荷叶的模样。北宋词人周邦彦有一句词形容荷叶：“水面清圆，一一风荷举。”夏天的时候，荷叶覆盖在水面上，在风中亭亭玉立。苏轼说，“荷尽已无擎雨盖”，意思是再也看不到“一一风荷举”的样子，因为荷叶都已凋残。

李商隐也有一句诗：“秋阴不散霜飞晚，留得枯荷听雨声。”在一个阴冷的秋夜，诗人听着窗外雨打枯荷的声音。小朋友们，你们可以在深秋的时候，去公园池塘边看看荷叶，感受一下什么叫“枯荷”，什么叫“荷尽已无擎雨盖”。那时候，荷叶真的已经全部凋残了，水面上只留下一根一根黑乎乎的枯败的荷枝，再也看不到清秀圆美、如同车盖的荷叶。

宿骆氏亭寄怀崔雍崔衮

唐·李商隐

竹坞无尘水槛清，
相思迢递隔重城。
秋阴不散霜飞晚，
留得枯荷听雨声。

第二句“菊残犹有傲霜枝”，是与“荷尽已无擎雨盖”相对而言的。荷叶一旦衰败，就失去了一切姿色。菊花即便被寒风吹得凋残，仍然保持着高傲的气质，挺立着坚韧的菊枝。相比之下，菊和荷两种植物的耐寒性是截然不同的。而两种植物的形象对比也很鲜明：一个是“无擎雨盖”，一个是“有傲霜枝”。其实我们读懂了“傲霜枝”，“擎雨盖”也就更好理解了。什么是“傲霜枝”？即在霜中傲立的菊枝。什么叫“擎雨盖”？即在雨中擎举的荷叶。二者之间的对偶，非常工整。

前面两句有对比，有褒贬。荷叶完全凋残，菊花仍然挺立，都是初冬时候的景物。写到这里，苏轼对初冬的情感也就迸发出来了，

“一年好景君须记”。什么叫“一年好景”？不是说一年四季到处都是好景吗？苏轼的意思是，一年中最好的景物就在此时！你应该对初冬景物铭记在心！

韩愈《早春呈水部张十八员外》说，“最是一年春好处，绝胜烟柳满皇都”，和苏轼的“一年好景君须记”，表达上很相似。韩愈说，你们都说春花烂漫的时候好，我偏偏觉得早春时节最好。苏轼也一样，你们都说春有百花秋有月，夏有凉风冬有雪，我偏偏最喜欢初冬时节！

初冬时节的什么景色让苏轼觉得最值得赞美呢？刚才已经交代了其中的一个，就是“菊残犹有傲霜枝”。可是，秋菊有太多人去写，不容易写出特点来。苏轼最后给出了一幅非常独特的初冬画面，叫“最是橙黄橘绿时”。

秋末冬初，整个世界都是冷冷清清的，花残，叶尽，到处都是冷色调。唯有成熟的果实，尤其是橙子、橘子这样颜色鲜艳的果实，才能绽放出绚烂的色彩。苏轼特意把这两个东西放在一起。实际上，很可能是这家种橙子，那家种橘子，两家相隔十万八千里。但苏轼一定要放在一起，搭配出“橙黄”“橘绿”的色彩。单有黄，单有绿，还是单调，如果放在一起，有黄有绿的，就变得多姿多彩了。

这就是苏轼看到的不一样的初冬。怎么不一样呢？一般而言，春天才是繁花似锦、五颜六色的。但是苏轼却说，你们不注意观察，看不到初冬时节也有丰富的颜色。这会让人想起杜牧那句“霜叶红于二月花”。杜牧说，你们都觉得寒山里冷冷清清，但在我看来，霜叶的颜色却比二月花还要鲜艳！苏轼表达的也是这个意思：橙黄橘绿的初冬风景，哪里会输给春天与夏天？我觉得更好！

总之，在《赠刘景文》中，苏轼想极力赞美初冬时节。这时候不仅有“菊残犹有傲霜枝”的内在气质，也有“橙黄橘绿”那样的外在色彩，有内又有外，内外兼修，多么可贵，多么美好啊！

苏轼为什么要在刘景文面前极力赞美初冬呢？刚才我们说了，苏轼对刘景文的人格是很钦佩的。他想用菊花的气节、橙子橘子的色彩，去赞美对方的人格。菊花“傲霜”，写的人非常多。但是“橙黄橘绿时”，却是苏轼独有的观察与联想。虽是独有，但也不代表他是凭空捏造的。为什么要写“橙黄橘绿”？橘子难道有特殊的寓意吗？其实是有的。

《楚辞》里有一篇诗叫《橘颂》，是屈原所作。你们以后长大了，可能会学到。这篇文字相对难懂，篇幅也比较长，我简单介绍几句，让你们看一看屈原是如何赞美橘树的。他说橘树“受命不迁，生南国兮”，它不愿意离开故土，在南国生长，一直坚守故土；“深固难徙，更壹志兮”，扎根很深，谁都搬不走它，它有专一的志向；然后又写橘树长得也美，“绿叶素荣，纷其可喜兮”，绿的叶，白的花，很让人欣赏；“曾枝剡棘，圆果抟兮”，橘枝是层层叠叠的，枝上还有一些小刺，结出来的果子则是圆滚滚的，非常可爱。果子的颜色呢？“青黄杂糅，文章烂兮”，就是有青有黄，斑斓灿烂。苏轼说“最是橙黄橘绿时”，就是学习了《橘颂》里的“青黄杂糅，文章烂兮”。

除了屈原，唐代诗人张九龄《感遇》里，也写过橘树。他说“江南有丹橘，经冬犹绿林。岂伊地气暖，自有岁寒心”，橘树到了冬天还是绿的，不仅因为江南气候温暖才坚持这么久，而是因为它自己有一份坚守岁寒的心。

菊花也好，橘树也好，之所以被人赞美，都是因为它们生存、绽放、结果的季节，与别的植物不同。其他的季节是温暖的、热闹的，秋冬之际是寒冷的、严酷的、冷清的。在这样的季节里，它们能够绽放生命，坚守美丽，弥足珍惜，令人敬佩！苏轼想用这样一些初冬景象，去赞美刘景文的人格。

夜书所见

南宋·叶绍翁

萧萧梧叶送寒声，江上秋风动客情。
知有儿童挑促织，夜深篱落一灯明。

说到叶绍翁，大家估计首先会想到《游园不值》，“春色满园关不住，一枝红杏出墙来”。由此可见，叶绍翁很善于写生活中的小细节、小经历。今天要讲的这首《夜书所见》，虽然没有《游园不值》那么轻松有趣，但是也没有多么沉重，只是有淡淡的忧愁。在忧愁之中，仍有趣味可寻，仍有安静的美好。

诗题叫《夜书所见》，其实没有透露太多信息。诗人晚上看到什么，就写了什么，这属于即兴创作的即景诗。清代诗人查慎行写过一首《舟夜书所见》：“月黑见渔灯，孤光一点萤。微微风簇浪，散作满河星。”写得非常优美，也属于即景诗，题目也相似。这样的作品往往能在一个瞬间，抓住景物的特点，抓住心情的一次波动。不请自来的生活之美，有时比刻意寻觅的美，更有趣味。

游园不值

南宋·叶绍翁

应怜屐齿印苍苔，
小扣柴扉久不开。
春色满园关不住，
一枝红杏出墙来。

第一句，“萧萧梧叶送寒声”。“梧叶”，当然就是梧桐的叶子。“萧萧”，是风声，这里指风吹树叶的声音。“送寒声”，诗人不直接说风吹过来了，而是想，这风是谁送过来的呢？原来是梧桐的叶子。“送”字有一种由彼及此的层次感。李白有名句“长风万里送秋雁”，这是他看着秋雁越飞越远，由近及远；而叶绍翁这句是反过来，是由远及近：秋天的梧桐树，被秋风一吹，发出窸窸窣窣的声音，传到“我”的耳旁。

关于秋天的声音，有一篇非常著名的作品，大家以后到中学一定会学到，就是欧阳修的《秋声赋》，里面写道，作者夜晚读书的时候，有声音自西南而来。这声音真是丰富：有时候淅淅沥沥的，有时候萧萧飒飒的，有时候像波涛奔腾，有时候又像兵器碰撞，安静下来的时候，又像一队人马急行军，要去偷袭敌人。作者就对童子说，你出去看看是什么声音啊？童子回来，说了一段很美的话：“星月皎洁，明河在天，四无人声，声在树间。”意思是，夜晚天气很好，星光和月色都很皎洁，银河在天上悬挂着，也很清晰。到处都很安静，没有人说话，只有风的声音吹拂在树木之间。

叶绍翁写的“萧萧梧叶送寒声”，其实也就是“四无人声，声在树间”的意思。诗人一定是在“四无人声”的深夜，听见了梧桐叶的声音，才会心里有所感。如果是热热闹闹的场景，大家推杯换盏、觥筹交错，就没有下面这句了。

下面这句是怎么写的呢？“江上秋风动客情”。这句与上句之间，形成了一种奇妙的、层层深入的关系。第一句写，风声穿过了梧桐树叶，传到“我”的耳旁；而第二句则将风声推到了更远的地方，即“江上”。我们可以想象，吹过树叶的风，可能恰是来自遥远的江面；而遥远的江风，也会渐渐吹近，吹到树叶，吹到“我”身边。诗歌的境界一下子就推开了。

为什么境界会推开？因为作者的心情推开了。这首诗中，景色与心情的关系非常有意思：声音就是景色的一部分，它是从远及近传过

小朋友也拥有影响他人、改变世界的光亮与力量。

来的，而“我”的心情是从近及远推出去的。所以，“江上秋风动客情”，把一来一去的关系完整地呈现出来了。风从远处吹到“我”的心里，“我”的思绪从心里飘到了远处，这就叫“动客情”。“客情”，就是作客他乡、思念家乡的情感。

前面两句，整体来说写得比较衰飒、凄凉、寂寞，让人心里不舒服。但是下面两句写的，却又展现了衰飒画面中的一丝温暖，一丝趣味。他说，“知有儿童挑促织，夜深篱落一灯明”。“知”字很有意思。我们在深夜里看到远处有灯光，肯定不能立刻判断出那是什么，得仔细看才能看清楚。可是诗人却说，我远远一看，就清晰地看到那边有几个儿童在“挑促织”，人物、动作都看得那么明白，可能吗？

我们先来解释一下“挑促织”。“挑”就是把砖头掀开，把草丛拨开。大家如果捉过蟋蟀，就会知道蟋蟀一般在砖瓦下、篱笆旁、屋檐下、花坛边这些地方。要拨开砖瓦、花草这些遮蔽物，才能找到蟋蟀，又名“促织”。

儿童翻砖、拨草、抓蟋蟀这些细节，诗人怎么可能一眼看清呢？最后一句给出了答案，即“夜深篱落一灯明”。深夜之中，家家户户灯光熄灭，一片黑暗。小孩子们却精力旺盛，偷偷出去玩耍。捉蟋蟀一定得晚上去，蟋蟀声音响亮，听得清楚，才能够抓到。在什么地方抓蟋蟀呢？诗人看到的是在“篱落”旁边，就是篱笆墙附近，有一星亮光在那里。他先看到有个亮光，再仔细一看，亮光就在篱笆墙下一动不动，偶尔又稍微移动一下，然后又不动了。大半夜的，谁会在篱笆墙底下一动不动呢？仔细一看，心里再一猜，就明白了：一定是几个孩子在那捉蟋蟀呢！所以，诗人“知有儿童挑促织”，不是一瞬间就看明白了，而是伴随着猜测、推理的过程。

那么，诗人为什么要写这么一段心理过程呢？暗夜中的明灯，本来就能带给人一种温暖，而且这个明灯又不是无意义的灯光，而是一个有趣的亮色，是小朋友们捉蟋蟀时的“探照灯”。作者一定想到了，深夜偷偷捉蟋蟀的小朋友，一定是非常快乐的！

本来，诗人自己“动客情”了，心里凄凉、孤寂，看到暗夜中的亮色，心里就生起温暖。再一看，原来是几个孩子在捉蟋蟀，多开心啊！在这种明和暗的对比中，也就显示出了快乐与凄凉的对比。而诗人的凄凉之情，也就在童真童趣的映照与抚慰之下得到了冲淡。所以我说，整首诗呈现出的是一种淡淡的忧愁，在这淡淡的忧愁中还写出了生活的趣味。

最后，让我们再读一首写蟋蟀的小词，即南宋词人姜夔的《齐天乐·蟋蟀》。这首词很长，我们只选读其中两句。“露湿铜铺，苔侵石井，都是曾听伊处。”“伊”，就是指蟋蟀。在哪里能听见蟋蟀的声音呢？他说，露水打湿了门环，绿苔铺满了井栏，在门环下、石井边，就能经常听到蟋蟀的声音。

还有一句跟叶绍翁所写的有些关系，叫“笑篱落呼灯，世间儿女”。姜夔说，在篱笆底下掌着灯去捉蟋蟀的，是谁呢？原来是小朋友们。大家看，《齐天乐·蟋蟀》里的前后两句，也有一个对比。“露湿铜铺，苔侵石井”，是凄凉的；而“笑篱落呼灯”，是温暖的。我们可以想象，小朋友们捉蟋蟀，不仅自己开心，而且他们点着的那盏灯，能让黑暗中辗转难眠、心里五味杂陈的成年人，感到了一丝温暖，一丝趣味。

小朋友们，你们虽然还小，但是要坚信自己也拥有影响他人、改变世界的光亮与力量，而且永远不要舍弃你们的童真童趣，它们有时能够胜过一切智慧，有时可以战胜一切忧愁。

望天门山

唐·李白

天门中断楚江开，碧水东流至此回。
两岸青山相对出，孤帆一片日边来。

唐诗里有很多名作是以“望”为题的，比如李白《望庐山瀑布》，刘禹锡《望洞庭》，杜甫《望岳》。但凡遇见这样的诗，我们都可以问同一个问题：诗人是站在哪里望风景的？我们先来看看天门山的地理形态。

天门山在安徽省和县与当涂县附近，是分别位于长江两岸的两座山。两座山并不是恰好隔江相望，而是错开了好几公里。那么就产生了一个问题：如果站在江边，你就看不出“天门中断”，看不出“两岸青山相对出”的情景。在你的视线中，两座山隔得挺远，或许会产生“平明送客楚山孤”的感觉。

李白望天门山，应该是站在江中心的船上。也就是说，“孤帆一片日边来”，可能写的就是李白自己坐船从遥远的天边顺江而下，来到了“天门中断”的地方。当然，长江上不会只漂着一只小船。李白也可能回头远眺，看见地平线上还有一只小船。由于距离太远，就只见船帆，不见船身，故曰“孤帆一片”。为什么他这么关注“孤帆”呢？因为思念家乡。有人推测，这首诗是李白年轻时写的，他刚从故乡四川出来，沿江而下，游览了很多地方。四川远在天边，故曰“日边来”。

以上所说，是根据天门山附近的地理地貌，对诗人的立足点进行了一个大致的判断。我们读诗的时候，最好要知道诗是具体在哪写的，今天还能不能看到诗中的风景。一般来说，一座庙、一幢房子可能不会留存到今，但是山河是相对长久的。我们如能实地探访一下诗人去过的山河，就能更准确、更亲切地理解诗意。接下来，我们把这首诗的细节再读一读，品一品。

第一句“天门中断楚江开”。本来长江流到这一段并不是很湍急，江面已经很宽阔了，但是在李白的写法里，在他的夸张之下，大山大河常常拥有比现实更加宏伟的气势。就现实地理环境而言，江水流到天门山脚下会遭到阻遏，会产生更多的波涛。李白乘船从这里走的时候，就会觉得这段长江好像又狭窄起来，水流又迅疾起来。“中断”的“断”字和“楚江开”的“开”字，联系起来看是非常有气势的，仿佛本来天门山是一道横陈的山脉，长江从上流一直冲下来才把它冲开了，冲开以后再继续奔流下去，便是“天门中断楚江开”。

第二句“碧水东流至此回”，与第一句有密切联系。“回”和“开”形成非常鲜明的对比：“开”是一往无前，“回”是回旋徘徊。为什么会有回旋？因为出现了强有力的阻挡，这就渲染出了山的气势——必须是大山、雄伟的山，才会把这条大江阻挡得汹涌澎湃，阻挡得回旋奔腾，让“碧水东流至此回”。

以上两句，既写出了江水一往无前的气势，也写出了两座山夹江而立的宏伟之感。李白在另外一首诗《西岳云台歌送丹丘子》里，写黄河时也有类似的一种表达：“西岳峥嵘何壮哉，黄

西岳云台歌送丹丘子

唐·李白

西岳峥嵘何壮哉！黄河如丝天际来。
黄河万里触山动，盘涡毂转秦地雷。
荣光休气纷五彩，千年一清圣人在。
巨灵咆哮擘两山，洪波喷箭射东海。
三峰却立如欲摧，翠崖丹谷高掌开。
白帝金精运元气，石作莲花云作台。
云台阁道连窈冥，中有不死丹丘生。
明星玉女备洒扫，麻姑搔背指爪轻。
我皇手把天地户，丹丘谈天与天语。
九重出入生光辉，东来蓬莱复西归。
玉浆倘惠故人饮，骑二茅龙上天飞。

河如丝天际来。黄河万里触山动，盘涡毂转秦地雷。”意思是，黄河之水从天边奔腾而来，撞得地动山摇，潮水澎湃，就像车轮轰鸣，就像雷声滚动。这与“天门中断楚江开，碧水东流至此回”，写的是相似的景色、相似的气势。我们两条伟大的母亲河，黄河与长江，都在李白笔下呈现出了惊天动地的雄姿。

一句“至此回”，铺垫了山的气势。下面一句就要直接写山的气势了，即“两岸青山相对出”。注意这里的动词“出”。“出”是被谁铺垫出来的呢？是“至此回”的“回”。只有宏伟的山、坚硬的山、雄峻的山，才能把大江东去的气势给阻挡住，水波回旋，徘徊不已。而这两座山的感觉，仿佛是从波浪之下窜出来的，像两座大坝一样，把江水给拦在这里了。

最后一句是“孤帆一片日边来”，这句写得很有技巧。前面三句其实都没有告诉读者诗人是站在哪里“望”的，最后一句则揭示了谜底：“我”乘着小船顺江而下，“孤帆”即“我”，或者至少是“孤帆”有“我”。如果“我”站在江边遛弯散步，就看不到如此壮美的景色了。只有乘舟顺江而下，才能依次看到“天门中断楚江开”“碧水东流至此回”“两岸青山相对出”三幅画面，有一种由远及近、步步逼近的感觉。

揭示谜底之后，李白还出示了一个韵味悠长的结尾，叫作“日边来”，说明自己从很远的地方来。这段时期李白一直在漫游。他故意说，我从天边而来，东下而去，走到天门山这里不禁感叹：哇，好雄伟的两座山！和我家乡四川的山水，真是完全不同！他写出了远客来临的一种好奇心、新鲜感，以此来强调自己面对天门山的兴致盎然。

两条伟大的母亲河，都在李白笔下呈现出惊天动地的雄姿。

我们现在都喜欢去旅游。其实大家有没有想过，到底什么叫旅游？有人说，旅游不过就是从自己厌烦的地方，跑到一个别人厌烦的地方去。比如，如果你是北京人，外地来一个朋友，说你陪我去八达岭看看吧，你会觉得这有什么好看的，不就是城墙嘛！但是他们会认为“不到长城非好汉”，一定要去看看雄伟的长城。

同样的道理，住在大城市的人喜欢往山清水秀的地方去，比如跑到云南大理去，在古城里转悠。大城市虽然资源丰富，但总缺少一点儿悠闲自在的趣味。到了大理古城，你每天就是遛弯，随便吃什么东西都觉得很好吃，没事就喝个茶、听个音乐，或者租个车顺着洱海绕一圈，非常惬意。但是，你去问大理本地人，人家可能反而觉得巴掌大的小城市有什么好的？同一个小吃摊子，自己都吃了三十年了！洱海不就是个野生的大水泊，哪里比得上北京的皇家园林呢？所以说，旅游其实就是从自己厌烦的地方跑到别人厌烦的地方去。

李白在这里写“孤帆一片日边来”，突出自己远道而来，其实是在表达一种惊喜，表现出好像没见过世面的样子，从而更加真挚地感叹：哇，天地间原来有这么雄伟的两座山啊！

李白这辈子，与长江有千丝万缕的联系。他在长江头出生，就是四川。他顺着长江离开四川，开始在湖北漫游、在江南漫游，然后往北去，到长安做了个官。结果两年多就被皇帝一脚踢出来了。没官做，他就继续漫游，跑到皖南、江西，最后死在长江边。他的很多诗都写于长江流域，长江的山水、长江的风俗、长江的文化都深深地印在李白的灵魂中。也正是这样的大好河山，才孕育出这么伟大的浪漫诗人。李白身上很多精神气质都与长江有着密切的关系。

我们常说祖国地大物博，这不是吹牛，而是真的如此。地大物博之地所孕育的文化，就是博大精深的文化。日本、韩国的文化也许很精致，但缺乏大气磅礴的精神，因为他们没有变化万千的山河。

饮湖上初晴后雨

北宋 · 苏轼

水光潋滟晴方好，山色空蒙雨亦奇。
欲把西湖比西子，淡妆浓抹总相宜。

我们先来介绍一下这首诗的创作背景。这首诗写于北宋熙宁六年（1073 年）的初春。苏东坡在杭州做官，刚刚从一场小病中康复。他有一个好朋友叫陈襄，字述古。陈襄说老苏啊，你刚从小病中康复，趁着春色，咱们出去踏春、散心怎么样？正好有人送来了美味的官酒（官酿的好酒）。苏轼说那正好，咱们就带着酒，去西湖上共饮美酒、共赏美景如何？

于是两人就去了。开始的时候，天气晴朗，景色宜人，但不久就下起了雨。所以题目是"饮湖上初晴后雨"。诗歌题目里经常藏着很有用的信息。为什么诗人要先写"水光潋滟"，再写"山色空蒙"，也就是先写晴，再写雨呢？这本来就是诗人的真实生活经历。

再来看诗本身。"水光潋滟晴方好"，"潋滟"就是水波荡漾的样子，波光粼粼；"方好"就是正好，晴天的西湖当然是非常美的。第二句"山色空蒙雨亦奇"，写的是雨中的西湖。"空蒙"就是水汽迷茫的意思；"山色空蒙"，有点像王维写的"山色有无中"。在烟雨朦胧之中，山色是不清晰的。

西湖就像纯天然、极完美的美女，三百六十度无死角。

有的人一到阴天、雨天，心情也阴郁起来。光线没那么亮堂，花没那么鲜艳，水波没那么灿烂，心情也就不好了。其实不是这样，你仔细去看，雨中西湖也有独特的美，所以他说“雨亦奇”。刚才不是说晴天很好吗？现在说下雨也很好。注意“奇”字，在文言文里面，不是奇怪的意思，而是特别好、特别妙的意思。我们看古代小说、戏曲里，古人评价一个人或一件事，说“奇哉奇哉”！就是好哇好哇，真妙真妙！“奇”和“好”，都是在说西湖美。

以上两句都在写刚刚经历的那一小段生活，就是“饮湖上初晴后雨”。下面两句则是整首诗的灵魂。他说“欲把西湖比西子，淡妆浓抹总相宜”。首先我们来看“欲把西湖比西子”。

一般而言，文学家都喜欢用自然风光、自然物象去比喻美女。比方说曹植写过一篇非常著名的《洛神赋》，他说洛水女神是“翩若惊鸿，婉若游龙”。她的体态非常矫健优雅，飞起来像“惊鸿”。鸿雁被惊起来飞走，一定飞得特别快。她柔婉的样子，则像弯弯曲曲、蜿蜒而行的龙一样。这就是用自然物如鸿、龙去比喻美女的姿态。同样道理，白居易《长恨歌》是如何夸杨贵妃的呢？“梨花一枝春带雨”。春天盛开的梨花上，带着雨水，娇艳欲滴，杨贵妃就是这么美！

曹植和白居易都把美女比作自然界中的鸟兽草木。苏轼这里反其道而行之，他不用自然去比喻美女，而是用美女比喻自然——他用“西子”比喻“西湖”。不是说西施你真美，美得像西湖一样，而是说西湖你真美，美得就像西施一样。苏东坡是特别善于比喻的伟大诗人，他的诗歌里充满了千奇百怪的比喻。

这句“欲把西湖比西子”，其实只是卖个关子，甚至可以说是留下了一个谜语。“西湖比西子”，表面看上去好像挺顺理成章的。西湖、西施，仿佛都是“西”字辈的，是不是像姐妹一样？但仔细一想，不对，西施的样子跟西湖的样子，怎么比？西湖那么大。你要说用荷花比西施，还有可比的地方：荷花身段曼妙，比较纤弱，西施也很苗条，这可以比。西湖那么大一片，山山水水那么多，怎么比西施呢?

最后一句才把谜底揭示出来，叫“淡妆浓抹总相宜”。什么是“淡妆”？什么是“浓抹”呢？“淡妆”应该就是下雨的时候。刚才说“山色有无中”，淡扫蛾眉，轻描唇线，这个时候是“淡妆”。“浓抹”应该就是晴天的时候。“水光潋滟”，闪闪发光，好比一个穿着晚礼服、化着浓妆的女子走过来，光彩照人。这个时候的西湖就是浓妆的西施。

苏轼这个比喻，其实生发出了无限的想象，一个比喻可以让人联想到很多个比喻。“西湖比西子”，不是静态的比喻，而是动态的、无限的比喻。晴天的西湖就像“浓抹”的西施，雨天的西湖就像“淡妆”的西施。然后他说“总相宜”，又留下了更多的想象空间。西施这样的美女，不仅淡妆、浓抹好看，素颜也好看；长发披肩也好看，短发利落也好看；吃东西的样子很好看，睡着的样子更好看。她怎么样都好看，这叫“总相宜”，真的是纯天然、极完美的美女，三百六十度无死角啊!

有这样一个笑话，说日本的女性特别喜欢化妆，早晨上班化一个妆，中午得补个妆，晚上睡觉前还得化个妆，所以日本男人都不知道自己老婆到底长什么样子，因为她每时每刻都有妆，都不露出真面目。现在很多女明星爱整容，那就更不是纯天然美女了。天然的美女，或者说真正的美女，她一定是怎么打扮都好看。这就是传说中的“天生丽质”。

这首诗的表面意思，大概就讲完了，现在回过头来品味一下背后的作者心态。苏轼在杭州的官职是通判，监察、管理很多地方事务。后来他还担任过杭州太守。他做了很多有益于国计民生的事情，对当地的经济、文化、政治都产生了很多影响。比方说他修了一个水利工程，就是苏堤。

苏堤是怎么修起来的呢？原来，苏轼第二次来杭州做官的时候，西湖已经比白居易时代的西湖缩小了很多。为什么呢？因为常年没有人清理它，周围的淤泥堆积，导致面积不断缩小。很多人又在淤泥上搞点种植，把西湖弄得邋邋遢遢。西湖的面积小了，湖水也浅了，岸边景色也没那么美了。所以苏轼下决心要整治西湖。他带着人，把淤泥都挖出来，扩大湖面。淤泥放哪呢？苏轼想了一个办法，在西湖中修一道堤坝，这道堤坝至今还是贯通西湖的一条交通要道。这样人们去西湖对岸，就不用绕一个大圈了。这些淤泥都很肥沃，于是苏轼在堤坝上种上垂柳，岸边种上莲花，打扮了一下。这样就为西湖又增添了一道景色。

大家看，苏轼这个市长当得多妙！一方面他给人民留下了一个水利工程，便于交通，另一方面又给杭州城留下了一处新的风景名胜。别忘了，他自己也是徜徉于这样的风景之中。他真的是一个典范的好市长、好地方官。为什么？因为他将关怀民生与享受生活很好地结合在了一起。他既有领导能力和实干精神，又有个人魅力和生活趣味。他既能把城市治理得井井有条，还能把自己的生活打扮得多姿多彩。

从这个角度我们再读一遍这首诗，可能又有新的体会。他这么爱西湖，于是他亲手把西湖打扮得如同西施一样美好。就好比什么呢？小朋友们，你们照照镜子看看自己，未必长得国色天香，但是在父母眼里，你们永远是特别美好的。为什么呢？因为你们是由父母辛辛苦苦养大的。劳动的果实最为甜蜜，也最让人欢喜。苏轼看到西湖的时候，心中一定泛起了别样的涟漪：我让它变得如此美好，我爱它！

最后，推荐大家看一本书，林语堂先生写的《苏东坡传》。读了这本书，大家会更进一步地认识苏轼这位天才的文学家、艺术家、思想家、美食家、旅行家、养生达人、游戏高手，等等。你会了解，苏轼的人格魅力是如何影响了近千年以来的无数中国人。

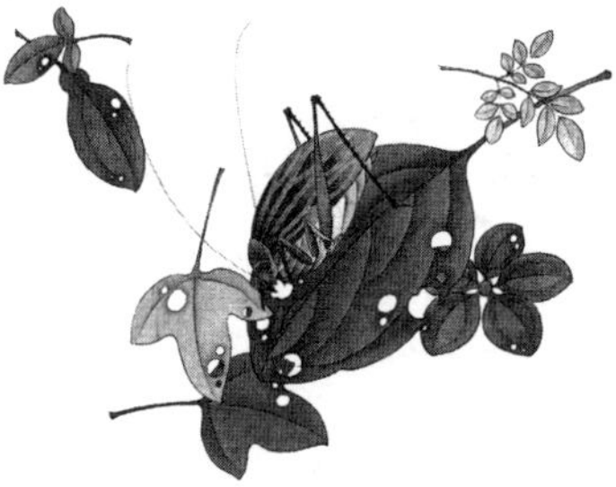

望洞庭

唐・刘禹锡

湖光秋月两相和，潭面无风镜未磨。
遥望洞庭山水翠，白银盘里一青螺。

这首诗中有一个字有不同的版本。“遥望洞庭山水翠”，有的版本写作“遥望洞庭山水色”，两个字都可以，没有一个确定的版本，并不影响我们读这首诗。

诗题叫《望洞庭》，又是一首以“望”为题的诗。刘禹锡站在哪里望呢？他一定是在湖面以外，在湖岸上一个相对高一些的地方，远眺洞庭湖。他望见了什么呢？“湖光秋月两相和”。上有秋月，下有湖光，月色清白，湖光澄澈，二者和谐一体。“和”，既是整首诗写景的起点，也是诗人情感的基调。刘禹锡是在什么时候“望洞庭”的呢？是经历过多年贬官、漂泊的生活之后。

刘禹锡与白居易是一起被贬官的，他们被发配到很远的地区做小官，这时终于要往内地回归了。碰见之后，刘禹锡写诗感慨，“巴山楚水凄凉地，二十三年弃置身”，感慨朝廷抛弃“我”都二十三年了，把“我”扔在几个西南城市里，不让“我”回来。西南一带都是山区，在唐朝时属于穷乡僻壤，的确是“凄凉地”。经历漫长的贬官生涯之后，现在他要去哪里呢？去和州当刺史，就是今天的安徽和县。

晴天望君山，像田螺；雨天望君山，像发髻。

这时候刘禹锡的心情是有所好转的，因为他终于开始往内地迁移了，是很愉悦的。因此，《望洞庭》上来就写“湖光秋月两相和”，表示心情和悦，月光宁静。

第二句，“潭面无风镜未磨”。“我”站在高地俯视深邃的湖水，湖上没有风，好比是一面没有磨的镜子。这个比喻很有意思，也很妥帖。我们想，一般什么时候会觉得湖面像镜子？是不是都是白天？范仲淹《岳阳楼记》写洞庭湖，说“上下天光，一碧万顷”。白天的时候，视野能看得很远，湖面会反光，像一面大镜子。但是月光不会反光那么严重，光线会很模糊。古人的铜镜，得磨光、磨平之后才能把人影照清晰，要是不磨镜子，就像哈哈镜似的，就恍惚、迷离了。这首诗写“镜未磨”，非常准确地形容出了无风的湖面在皎洁的月光照耀下那种恍惚、迷离的美。这是作者想出的第一个比喻。

“潭面无风”的景色，应该是比较近的地方。接下来诗人“抬望眼”，向着更远处遥望，“遥望洞庭山水翠”，看洞庭山水的翠色。翠色像什么呢？“白银盘里一青螺”。这是作者想出的第二个比喻：在白月光的照耀下，洞庭湖就像白色的银盘，银盘里放着青螺，就是君山。君山是洞庭湖中的小岛，又叫洞庭山。诗人将君山比作“青螺”。那么什么是“青螺”？学者有不同的解释。

有人说这是画眉用的颜料青黛，但颜料放到白银盘里，是什么意思？讲不通。

第二种解释，说青螺是发髻，倒是有理由的。另外一位唐代诗人雍陶的《题君山》里，也是先写湖面再写君山，然后说“疑是水仙梳洗处，一螺青黛镜中心”。意思是，洞庭湖仿佛是女神的镜子，女神对着湖面梳洗打扮，她的倩影倒映在湖水中，而君山就如同她的发髻。古人拿“螺髻”去比喻山，还有很多例子，比如辛弃疾《水龙吟·登建康赏心亭》里写“遥岑远目，献愁供恨，玉簪螺髻”，说“我”远远看那些小山，它们好像都怀着愁、抱着恨；然后看山的形状，像是插着玉簪的螺髻一样。总之，古人经常用发髻比喻山，这倒是一个能讲通的比喻。但问题还是出现了，发髻怎么会放到银盘里去呢？二者还是不匹配。

我比较认同第三种解释：“青螺”还是理解成一个青色的田螺就好。月光再皎洁，毕竟是月光，哪能看那么清楚？肯定看不出是一位仙女在照镜子。一个青色的田螺放到银盘里，这个画面很合理，很生活化，又有新意，不至于总是把洞庭湖比喻成美女。

后人十分喜欢这首诗。宋代大诗人黄庭坚到了岳阳楼以后，也去望洞庭、望君山，但他是在雨中望的。他写了一首诗《雨中登岳阳楼望君山》，与刘禹锡这首诗有一定关系。他写“满川风雨独凭栏”，不是在晴朗的白天，也不是在明月澄照的夜晚，而是在一个风雨交加的白天，独自靠着岳阳楼的栏杆眺望君山。君山像什么呢？“绾结湘娥十二鬟”，像湘娥的头发一般，也是把它比作女神的发髻。此时风雨如晦，视野模糊，再加上雨的渲染、雾的修饰，仿佛那里真有一个女神在梳理发髻。黄庭坚的比喻，符合“雨中登岳阳楼”的情境。

接下来，黄庭坚想到了刘禹锡的这首诗。他说“可惜不当湖水面，银山堆里看青山”，说可惜自己没有刘禹锡那么幸运，能够在皎洁的月色中观赏“白银盘里一青螺”的美景。“银山堆”，就是“白银盘”；“青山”，就是“一青螺”。黄庭坚化用、改写了刘禹锡诗的意境。

由此可知，诗人写风景都非常善于准确地抓住特征。在晴朗的月夜看君山，很清晰，就说仿佛是一个青螺；雨天的时候很模糊，风一吹，君山的形状也模糊、游移起来，于是就感觉真的像发髻一样。晴天看像田螺，雨天看像发髻，各有各的看法，各有各的比喻，也各有各的妙处。

雨中登岳阳楼望君山二首（其二）

北宋·黄庭坚

满川风雨独凭栏，绾结湘娥十二鬟。
可惜不当湖水面，银山堆里看青山。

早发白帝城

唐・李白

朝辞白帝彩云间，千里江陵一日还。
两岸猿声啼不住，轻舟已过万重山。

这首诗读起来非常欢快，李白简直要飞起来了。我必须详细介绍一下这首诗的创作背景，大家才能理解李白为什么开心成这个样子。

诗写于李白的晚年，此时他已经 59 岁了。在此之前他犯过一件大错，与著名的“安史之乱”有关系。大家以后学习中国历史的时候，老师肯定会讲到唐朝的重大转折点，就是“安史之乱”。安是安禄山，史是史思明。两个将军作乱反叛，掀起了一场旷日持久的战争，差不多打了快八年。经历“八年之战”之后，整个大唐王朝就由盛转衰了。这场战争也影响了唐朝很多著名诗人的人生历程，李白也是其中之一。

“安史之乱”爆发以后，很多高官大员、皇亲国戚，乃至唐明皇，都纷纷逃难。在逃难的过程中，士兵对杨国忠、杨贵妃十分不满，觉得就是他们害惨了国家。唐明皇不得已将杨贵妃吊死，栖遑去了四川，再也无心管理国家，匆匆把皇位传给了儿子唐肃宗。

唐肃宗上台之后想重整旗鼓，把全国划分成若干个军事区域，每个区域安插一个王（就是他的兄弟们）当司令员，希望可以齐心协

李白像一只毛茸茸的小熊，轱辘轱辘滚下山坡，他就是这么欢喜！

力打败叛军。下了这道命令之后，当时有一个王在江西，就是永王李璘。他脑袋很不清楚，做事又比较鲁莽。新皇帝让他负责好江西，不要乱跑。他不听，非要往东北方向打，跑到其他王所负责的区域去了。

唐肃宗一听说消息就急了：这还得了！我刚下命令你就敢违抗，这不是造反吗？于是永王就被安上了造反的罪名。他可能还真有这种想法，至少他非常渴望建功立业。如果永王真能平息叛乱、安定全国，谁当皇帝还真就不好说了！因此唐肃宗非常愤怒，就赶紧派人去围剿永王。永王志大才疏，没什么本事，一打就散了，很快就被“团灭”。

在永王的故事里，李白担任了什么角色呢？他一度躲到了庐山，是永王把他从庐山抓出来的。但到底是被抓还是自愿出山，不太好说。李白很有可能是想趁机建功立业，跟着永王收复中原。他这个人很糊涂，为永王写了很多赞歌，说他了不起，很快就能收复长安、平定天下。这些都是不该说的话。等到永王被剿灭，李白就被关进了监狱。在很多人的搭救下，才免了死罪。但活罪难逃，朝廷将他流放到了夜郎。夜郎在如今的贵州，非常遥远。李白从江西出发，顺着长江逆流而上，一路走得非常艰辛，好不容易走到夔州（今天的重庆市奉节县），突然传来了一个大好消息。

在古代封建王朝，一旦发生自然灾害，帝王首先就想着自己是不是做错事了，便会赶紧宽恕一些罪犯，希望借此得到老天的谅解与帮助。当时，长安周围一些地区发生了严重旱灾，唐肃宗便大赦天下，宣布所有被判死刑的人可以免死，所有被判流放的人以及其他罪犯，都改成无罪。真是天大的喜事！我们想想，本来李白是个流放犯，一路辛苦，还要走很远才能到贵州。现在突然告诉他，你自由了！他从下游往上游走，那是流放的路程；现在他从上游往下游走，“千里江陵一日还”，想去哪就去哪，走的是自由之路，因此才会走得如此轻快，心情如此飞扬！这是本诗的大背景。

除此之外，还有一个小背景需要说说，就是“白帝城”附近的地理地貌。白帝城就在夔州，在长江三峡附近，靠近三峡中的瞿塘峡。我们今天去三峡，还略微能感受到三峡的地势地貌。为什么要在三峡建一个大坝？因为那里水流非常湍急，是从高山高原上奔涌而下，蕴藏着极为丰富的能量，可以用来发电。

郦道元《水经注》里有一小段文字描写三峡，说到夏天水大的时候，如果有什么急事需要快速传达，坐船能够“朝发白帝，暮宿江陵”，从白帝城到江陵（即湖北荆州）有一千多里（实际差不多是八百里），居然能一天之内到达，简直快得像风一样！因此，李白这句“千里江陵一日还”还真有可能，与三峡的地理地貌有关。当然，他心里非常快活，就愈发感觉船行速度极快，这是一种心理加工。

在李白还不知道皇帝大赦的时候，他是逆流而上的。顺流而下有多快、多爽，逆流而上就有多慢、多难。如果去翻李白的诗集，就能找到一首极其绝望的《上三峡》，应该就是《早发白帝城》之前不久写的。他说“巫山夹青天，巴水流若兹”，上面是高高的巫山，夹着一条线的青天，底下是从巴蜀流过来的江水。他接着写，“巴水忽可尽，青天无到时”，江水本来应该是无穷无尽的，但李白心里很绝望，就说水可以穷尽，但青天我是到不了了。为什么？因为他是逆流而上的，看着遥远的天空，想着遥远的目的地，自然会有“流放难，难于上青天”的绝望感觉。

上三峡

唐·李白

巫山夹青天，巴水流若兹。
巴水忽可尽，青天无到时。
三朝上黄牛，三暮行太迟。
三朝又三暮，不觉鬓成丝。

下面四句，“三朝上黄牛，三暮行太迟。三朝又三暮，不觉鬓成丝”，与当地一首民歌有关。“黄牛”是一块礁石。民歌说“朝发黄牛，暮宿黄牛，三朝三暮，黄牛如故”，意思是逆流而上的时候，早上经过礁石，到晚上往回一看，礁石还在那。如此走了三天三夜，还是没离开礁石，可见行船速度有多慢！我们可以求证一下李白此时的心理阴影面积——本来他就不愿意去流放的地方，途中偏偏遇到这么恶劣的环境，感觉自己寸步难行，人生无望，于是头发都白了。

当我们把遇赦的大背景与三峡行舟的小背景放在一起，才能深切地体验到李白写《早发白帝城》时的心情。就好比是有人拿着鞭子抽着他，让他往山坡上推一块大石头。山太陡了，他走几步，停一下，甚至还摔一跤，走了很久往上一看，山顶还是遥不可及。就在这个时候，突然快马加鞭来了一队人马，告诉他，你自由了，不用挨鞭子，更不用往山上推石头了，自己往山下随便走吧！他一定会立刻推开石头，像一只毛茸茸的小熊一样，轱辘轱辘滚下山吧！

讲完背景故事，我们再把诗完整地看一遍。其实这首诗一共就只有两个部分。第一部分是第一句“朝辞白帝彩云间”。白帝城在山腰上，地势本来就高，往西边一看，又是一个朝霞满天的早晨，便显得这座城池宛如天堂般美好。同时，彩云不仅是实际出现的景物，而且还意味着一种理想。在李白看来，他的绚烂如朝霞般的人生理想，又重新浮现出来了！朝霞对他来说，简直是欢送的队伍、祝贺的焰火啊！

后面三句是第二部分，可以用三个字来总结——快、快、快。“千里江陵一日还”，快！“两岸猿声啼不住”，耳边全是猿声，一下就过去了，快！“轻舟已过万重山”，还是快！因此，这首诗就是先向着天空大地呼喊：“我的生命又有希望了！我李太白又回来啦！”后面则是一遍又一遍地强调“快”。此时，李白的白发飘洒在江风里，苍老的面容映照在江水里。他已不再是那个“天子呼来不上船”的酒中仙人，他也不知道自己会奔向哪里。他只想狂奔，没有尽头，只有尽兴。他把自己永恒飞奔的身影，镌刻在了大唐的诗碑上。

绝句

唐·杜甫

迟日江山丽，春风花草香。
泥融飞燕子，沙暖睡鸳鸯。

这首诗题为《绝句》，其实没有题目，就与杜甫另外一首绝句“两个黄鹂鸣翠柳”一样，都是用诗歌体裁的名字权且充当题目。这首诗与“两个黄鹂鸣翠柳”相似的地方，就是都用四句诗分别写了四种景物，而且都是两两对偶的关系。比如“两个黄鹂”与“一行白鹭”是对偶的，“窗含西岭”与“门泊东吴”也是对偶的。大家过年的时候家里贴春联，上联和下联也都是对偶的。

什么是对偶？简单点来说，就是找两个相似、相反或相关的事物，放在一起做比较，一个放在上句的某位置，一个放在下句的同样位置，形成彼此呼应的关系。具体来说，大致就是名词对名词，数词对数词，动词形容词对动词形容词，“之乎者也”对“者也之乎”，等等。

我们来看杜甫这首《绝句》是怎么对偶的。“迟日”对“春风”，“江山”对“花草”，“丽”对“香”，“泥”对“沙”，“融”对“暖”，“飞”对“睡”，“燕子”对“鸳鸯”。名词对名词，动词对动词，形容词对形容词，是不是非常工整？这首诗的体裁是五言绝句。一般而言，五言绝句是不需要这么多对偶的。大家想想李白《静夜思》，“床前明月光，疑是地上霜”，没有对偶；王安石《梅花》，“墙角数枝梅，凌寒独自开。遥知不是雪，为有暗香来”，整首诗都没有对偶。杜甫在这里是给自己“加戏”了。他故意要用精致的对偶，写出一些精致的画面出来。

这首诗写于成都郊区的草堂。杜甫在草堂时期写了很多秀美的小诗。他也不想表达多么沉重沧桑的情感，只想暂时安居在这里，看一看风景、人物，享受一下家庭的温暖和朋友的情谊。这些诗我们读起来也会替杜甫感到轻松。

第一句，“迟日江山丽”。“迟日”就是春日。春天的时候，日照时间越来越长，阳光变得充足。《诗经》里面有一首诗《七月》，说“春日迟迟，采蘩祁祁”。后来，“春日迟迟”就几乎成为一个成语，描写春天日照充足、白天渐长的时光。“迟日江山丽”，意思就是春天阳光下的江山婀娜多姿。

第二句，“春风花草香”。春天既使我们的视觉得到充分享受，也滋养了我们的嗅觉。欧阳修有一句词叫“草薰风暖摇征辔”，“薰”就是香。春风吹拂大地，其中飘荡着花草的清香。大家在春天不仅要看花，也要闻一闻花，感受一下不同花的不同味道。这是我们与自然之间建立千丝万缕联系的一种很好的接触方式——不仅要看，要闻，也可以轻轻摸一摸，但不要破坏它，不要去摘它。

第三句，“泥融飞燕子”。成都的春天是多雨的。杜甫写过一首《春夜喜雨》，说“随风潜入夜，润物细无声”，就是描写成都的春雨。春雨普降，泥土都变得湿润。“泥融”的“融”，就是形容柔软湿润。这个时候小燕子就会过来衔泥。衔泥干吗呢？去筑巢。小朋友们，你们一定要在春天的时候，去南方的乡村屋檐下走一走，找找看有没有燕子筑的巢。

在世间万物的每种习性中，诗人都能感受到安适与和谐。

我小时候，虽然住的是城里的楼房，但那时的生态环境比现在好，屋檐底下也会飞来小燕子在那筑巢。可爱极了，优美极了。小燕子飞的时候，有滑翔的感觉，“如丝般顺滑”。西方男士在正式场合会穿燕尾服，就是仿照燕子秀美、矫健的身姿来设计的。燕子的尾巴是开衩的，所以燕尾服也拖着一个分叉的衣襟。小燕子身形纤细瘦弱，飞起来非常迅疾、轻盈。杜甫写“泥融飞燕子”，就是写小燕子飞来飞去，衔泥筑巢。

隋朝诗人薛道衡，写过一首诗《昔昔盐》，里面有一句名句，“空梁落燕泥”。那首诗写得比较伤感，说这位女子独守空房，丈夫远去了，出去打仗，出去做官，多年不归。每到春天的时候，她看着空荡荡的屋子，看着房梁上落满了燕泥，却没有心思去打扫，因为心里空落落的。

我们再回到杜甫诗的最后一句，“沙暖睡鸳鸯”。燕子很瘦，因为它总是飞，爱运动。鸳鸯呢？你去动物园看一看，胖乎乎的，圆滚滚的。为什么？它慵懒。但是，慵懒之中自有甜蜜。电视剧《西游记》女儿国那一集，有首插曲叫《女儿情》，第一句是这么唱的，“鸳鸯双栖蝶双飞”，鸳鸯总是成双成对地出现。古人的衣服、被子上，经常绣着鸳鸯的图案，表示家庭和睦、夫妻恩爱。所以说，鸳鸯这种鸟，是懒鸟有懒福。

杜甫是怎么写鸳鸯的呢？他说，春天的时候，水边的沙滩上阳光照耀，暖洋洋的，鸳鸯就靠在一起，甜蜜而慵懒地睡在那儿，真是羡煞旁人！古代很多女子思念丈夫，总会绣鸳鸯，绣着绣着，就恼怒起来了。她们会感慨：凭什么你们鸳鸯总那么晒幸福呢！真是“虐狗”啊！

以上写的两种小鸟，燕子和鸳鸯，一个在勤劳地筑巢，一个在慵懒地歇息，正可谓“万类霜天竞自由”，或者说“万物静观皆自得”。

诗人观察万物，各有各的习性。在每种习性中，诗人都能感受到万物的安适与和谐。所以我说杜甫在这个时期写的很多诗，都有轻松惬意的感觉。

这首《绝句》，一共四句话，两两都是对偶的关系，构成了四幅画面。这样一种写作手法，不是杜甫首创。大概在晋朝，就有人写过这样的作品。比如有一首诗叫作《四时咏》，吟咏了四季不同的景色。

第一句“春水满四泽”，说春天时水涨起来了，湖沼里到处是水。第二句“夏云多奇峰”，说夏天时雨多云多，云形成了山峰的样子。也可以理解成，夏天的云环绕着山峰，使山色变化出奇。到秋天呢？第三句“秋月扬明辉”，说秋天的月光非常澄澈、明亮。冬天呢？最后一句是“冬岭秀孤松”，说冬天的雪岭中，有孤松在那里挺立。这四句分别写了四季的景色——春水，夏云，秋月，冬岭。

到了南朝时期，吴均也写过类似的一首诗，也是四句。第一句“山际见来烟”，说山上飘来云雾；第二句“竹中窥落日”，说在竹林中能够看到缝隙里透过来的落日余晖；第三句“鸟向檐上飞”，可能也是写燕子向屋檐飞；第四句“云从窗里出”，描写人和云之间形成一种很美妙的互动，云从窗子里出来，感觉屋子里都是云气缭绕。

唐朝有杜甫这首《绝句》；再到宋朝，王安石也写过类似的一首诗。第一句“日净山如染”，山色就像染过一样；第二句“风暄草欲薰”，春风送暖，花草播香；第三句“梅残数点雪”，春天的梅花只剩数点花瓣；最后一句“麦涨一川云”，麦苗长得很兴盛。四句话也是写了四个画面。

回过头来，我们再看一看杜甫《绝句》。仔细分析一下，杜甫这四句与其他人的那几首相比，还是有点不同的。杜甫的四句，表面看是平行的四幅画，但其实第一句有一种总括的效果。他没有写具体的风景怎么“丽”，他只说“江山丽”。到底怎么好看呢？下面就是分写了。地上的花草怎么样？“花草香”；空中的飞燕怎么样？“泥融飞燕子”；水边的鸳鸯怎么样？“沙暖睡鸳鸯”。所以这四句，杜甫还是做了一点儿小安排，先总后分，井然有序。

延伸阅读

题齐安壁

北宋·王安石

日净山如染，风暄草欲薰。

梅残数点雪，麦涨一川云。

惠崇春江晚景

北宋・苏轼

竹外桃花三两枝，春江水暖鸭先知。
蒌蒿满地芦芽短，正是河豚欲上时。

这首诗，一题作《惠崇春江晓景》，这个题目一出来，可能有的同学就会说，老师，你是不是写错了，为什么我读到的是《惠崇春江晚景》呢？其实在古诗里面，“晓”和“晚”经常会写混，因为这两个字的字形很相似。就这首诗而言，可能“晓景”更符合诗的内容，或者说更符合画面的内容。为什么这么说呢？这首诗写的是早春的景色，同时整首诗描写的事物非常清晰，光线明媚——竹外桃花、春江水暖、鸭，等等，都历历在目。所以可能“晓景”更恰当一些。

另外我们要看一个问题，就是题目中的惠崇是谁？他是宋初的一位诗僧，会写诗的一个和尚，同时也擅长画画。郭若虚的《图画见闻志》这本书里面记载，惠崇工画，特别擅长画鹅、大雁、鹭鸶这些鸟类。这些鸟类通常生活在哪里呢？都在江边上。所以他也擅长画“寒汀远渚”，即清澈肃静的水，遥远的江岸沙洲，画起来往往潇洒虚旷，别人都不如他。可见他的画有空灵之美。

我们介绍这样一位画家，是希望能够通过介绍去推测苏轼所题的这幅画《春江晚景》里面到底有可能包含哪些内容。因为惠崇的画没有传下来，我们只能够借助苏轼的生花妙笔去猜想这幅画里到底画了什么。但是有时候物极必反，苏东坡太有想象力了，所以他写的这些景物在原来的画里是不是真的存在呢？我们还得仔细辨析。

首先看第一句，“竹外桃花三两枝”。这个应该是真的。刚才我们说了，惠崇喜欢画江边的鸟儿。他不能光秃秃地画吧？画点水，画个大鸭子在那儿浮着，一点儿构图感都没有，对不对？他得搭配一些植物。主题是画春天的江景，所以他很自然地点缀了一些桃花，而且是“竹外桃花”，竹多花少，相映成趣。

王安石有两句诗（也有人说是唐人诗），“浓绿万枝红一点，动人春色不须多”。有时候写春色未必要写得姹紫嫣红，画画也是一样，浓绿之中点缀了一点儿红色，可能更显得有生机勃勃的姿态，就叫“动人春色不须多”。这里的桃花也是动人春色，它不用多，只是“三两枝”，所以这应该是画中的真实景物。

第二句，“春江水暖鸭先知”。刚才我们说了，惠崇很喜欢画鸭、鹅、大雁这些水边的鸟，所以我猜想鸭在《春江晚景》的画里也是真正有的。但是“鸭先知”，鸭知道春江水暖，这便是苏轼在发挥想象力了。这句话很有一种哲理的趣味。你要想知道一件事物，你必须跟它很亲近，要亲身体验。就好像游泳，你不去体验游泳，在岸上看永远学不会。你不去体验春江，就不可能像鸭子一样最早知道春天马上就要到了，江水已经开始转暖了。所以这个“先知”，是苏轼对画面的一种发挥。苏轼的想象力从此展开，一展开就会给我们布下一个迷魂阵。

“蒌蒿满地芦芽短，正是河豚欲上时”。这两句一出来我们就很容易被误导，心想，这画是不是在竹外桃花之外又星星点点着了墨，点缀了很多蒌蒿、芦芽这些野菜？然后鸭子旁边是不是还有一只河豚？这么一想，画面是不是稍微有点复杂、凌乱？那么多野菜，都画得那么清楚吗？这边是蒌蒿，那边是芦芽；这个满地都是，那个长得很

一个吃货，看到一幅清幽淡雅的早春图景，已经盼着暮春时节的美味了。

短，还没长出来，刚刚有点小芽；江水里的河豚，将上未上的时候那个姿态，也刚巧被画家捕捉到了？河豚和鸭是什么关系？会不会是鸭吓着了河豚，或者河豚吓着了鸭？

关键还不在这里。我们如果有一些常识就会知道，河豚浮出水面，也就是“欲上时”，并不在早春的时候，也就是不在“春江水暖鸭先知”的时候。河豚是在暮春时节才会浮出水面。同样的道理，蒌蒿、芦芽这些野菜也是在“河豚欲上时”相差不远的时候才长出来。

话又说回来，大家知道河豚长什么样吗？河豚生气的时候就像只小猪一样。它为什么生气？只要它觉得旁边有一丝危险，就会把自己鼓得像个气球，长得还特别萌。它希望自己那么膨胀、那么圆滚滚的模样，就能把敌人给吓走。所以我们想，如果一幅清幽淡雅的水墨画中间，突然出现一个圆脸小猪一样的鱼，是不是有点煞风景，是不是有点搞笑？所以我估计，河豚、蒌蒿、芦芽这些不是画面里真实出现的。它们与画面里“春江水暖鸭先知”“竹外桃花三两枝”的早春景色，不属于同一个时节。

那么，苏轼为什么要描写野菜和河豚呢？我们不妨看看另外一位诗人梅尧臣写的诗。他比苏轼年纪要大，是苏轼的长辈。他写过一首《范饶州坐中客语食河豚鱼》，前四句说：“春洲生荻芽，春岸飞杨花。河豚当是时，贵不数鱼虾。”暮春时节，野菜长出来了，杨花开始飞了。这个时候的河豚是最珍贵的东西，比鱼虾要值钱多了，美味多了！后面的描写，还会写到河豚长什么样，生气的时候鼓着眼睛，像只青蛙，肚子鼓起来就像只大猪一样。但是河豚有剧毒，吃它时一不小心中毒了，刚尝着美味你就告别人世了。

这首诗写得不错，当时为梅尧臣赢得了一个外号，叫“梅河豚”。梅尧臣写过很多好诗，偏偏让人家记住了“河豚鱼”。这也提醒我们，尽量还是多写点春花秋月这样一些美好的事物吧。你万一写一只乌龟，被别人知道你的乌龟诗写得好，于是叫你“赵乌龟”，这就一世英名毁于一旦啊！

梅尧臣的四句诗“春洲生荻芽，春岸飞杨花。河豚当是时，贵不数鱼虾”，其实就是在告诉我们，暮春时节，河豚跟野菜一起生长出来了，这个时候的河豚最为肥美。后来欧阳修在《六一诗话》里面记载过这首诗，还专门加了几句评论，说“河豚常出于春暮，群游水上，食絮而肥。南人多与荻芽为羹，云最美”。河豚是暮春时候最肥，于是南方人把河豚跟荻芽这些野菜放在一起炖作一锅羹，“野菜河豚羹”，美味无比。另外，李时珍《本草纲目》也记载：“河豚宜与蒌蒿、芦笋同煮。”看来，这是一道传统名菜。

范饶州坐中客语食河豚鱼

北宋·梅尧臣

春洲生荻芽，春岸飞杨花。
河豚当是时，贵不数鱼虾。
其状已可怪，其毒亦莫加。
忿腹若封豕，怒目犹吴蛙。
庖煎苟失所，入喉为镆铘。
若此丧躯体，何须资齿牙？
持问南方人，党护复矜夸。
皆言美无度，谁谓死如麻！
我语不能屈，自思空咄嗟。
退之来潮阳，始惮餐笼蛇。
子厚居柳州，而甘食虾蟆。
二物虽可憎，性命无舛差。
斯味曾不比，中藏祸无涯。
甚美恶亦称，此言诚可嘉。

说到这儿大家是不是恍然大悟了？苏东坡为什么要写野菜、河豚呢？人家是吃货，对不对？人家看到早春的景色已经想着暮春了：赶紧到暮春吧，我要吃河豚、吃野菜了。所以这首诗的后两句，写的是苏东坡的想象，并不是惠崇画里真正出现的图景。

综合四句来看，《惠崇春江晚景》表现了苏轼作为诗人的观察力，作为画家的鉴赏力，作为哲人的感悟力，以及作为吃货的想象力。当他看到一幅清幽淡雅的早春图景时，便已经盼着暮春时节的美味了。

三衢道中

南宋·曾几

梅子黄时日日晴，小溪泛尽却山行。
绿阴不减来时路，添得黄鹂四五声。

曾几是南宋诗人，算是陆游的老师，陆游跟他学过诗。曾几写诗比较轻松自在，没有太多约束。北宋很多诗人喜欢卖弄学问，有时候就把诗写成了知识测验、智力游戏，不太能感动人，也不容易有趣。于是有些诗人便开始反思，认为写诗不能卖弄知识，应该多写生活中的感触、自然中的感悟。诗的源泉还是在生活嘛！曾几就写了不少描写日常生活、表现自然趣味的小诗。

诗题叫《三衢道中》。"三衢"即衢州，在浙江。第一句写"梅子黄时"，说明是五六月份。长江中下游地区每到五、六月就会出现一个漫长的梅雨季节，几乎天天下雨。一般来说，黄梅时节应该像赵师秀《约客》所写的那样，"黄梅时节家家雨，青草池塘处处蛙"，这才是正常的情景。但是曾几现在经历的"梅子黄时"，反倒是"日日晴"。这一路走去，阳光明媚，他也不用总是披着蓑衣、打着雨伞，自然就更加轻松惬意。

第二句写"小溪泛尽却山行"。他从水路转走山路。这一路有时候乘舟，有时候步行，走的都是山清水秀的地方。

第三、四句写"绿阴不减来时路，添得黄鹂四五声"。有两个词值得琢磨，一个是"不减"，一个是"添得"。有减少有增加，是和什么时候比呢？肯定是与"来时路"相比。来的时候绿荫已经很多了，再次走过这条路时，他发现绿荫还是挺多的，仍然是初夏的情景，但是多了一些声音，多了“黄鹂四五声”。

“添得”两字很有意思。“来时”的画面仿佛被定格住。他记得有这么一条山路，两边绿树葱茏，走起来非常阴凉。尤其在“日日晴”的时候，大太阳照着，在绿荫底下走很舒服。这是他记忆库中保存的一个画面。现在他来到这儿，又走同样一条路，发现“添得黄鹂四五声”，就像给一幅定格的画面增加声音效果一般。诗人绝对不是怀着苦恼的态度走这段路的，而是怀着轻松自在的心情。他可以看看风景，可以听听鸟鸣。在这个瞬间，诗人同时也是画家，大自然变成了一幅画，存在他的记忆库中。当他再次经历这段自然风景时，会用当下的所见所闻去修改记忆里的那幅画。

类似这样的诗还有不少。晚唐有一位诗人叫郑谷，他有一名句叫“江上晚来堪画处，渔人披得一蓑归”。他说远眺江水，感觉处处都能够入画。在这个画面里，本来可能只有夕阳、江水、杨柳。现在呢？多了“渔人披得一蓑归”。他的记忆库里本来有一幅《江天晚景图》，今天他再过来看的时候，突然发现了一个新元素，就是“渔人晚归”的形象。如果给他一支画笔，他可以很快创作出一幅新画。

词中也有类似的表达。北宋大词人秦观《八六子》的最后几句是这么写的：“那堪片片飞花弄晚，濛濛残雨笼晴。正销凝，黄鹂又啼数声。”词人的情感是淡淡忧伤的。他在忧伤中看到的风景，也是比较衰残。花大多落尽了，天气晴雨交加，心情也起伏不定。最后一句说“正销凝，黄鹂又啼数声”，意思是前面看到的风景、涌起的情绪在这一瞬间好像消歇掉了，但是“黄鹂又啼数声”。这是一个余韵袅袅的结尾。黄鹂一啼可

诗人手握神奇的画笔，可以随时增减画面，随时添加音效。

能又勾起词人无尽的想念、无尽的思绪。如果说之前所写的所有情绪是一幅复杂画面的话，那么“黄鹂又啼数声”则是点睛之笔。

可见，古代诗词里经常会出现“有声画”。诗人在描写自然的时候，犹如手握神奇的画笔，可以随时增减画面，随时添加音效。

最后，我们再简单介绍一下江南的梅雨季节。曾几这首诗一开篇就告诉读者，“梅子黄时日日晴”是一个反常现象，正常情况应该是“日日雨”。我小时候住在江南，每到梅雨季节就会下一个多月的雨。衣服晾在外面，一个星期之后还会有点湿，根本晾不干，家里也很容易长霉。有一件事情使我印象特别深刻。有一天正好是梅雨季节的时候，我不小心把牛奶泼到了墙根，使劲擦拭以后，虽然表面上擦掉了，但过一阵子一看，泼上去的牛奶痕迹就变成了发霉的斑点。从这个小经历可以看出，梅雨季节的湿气是多么恼人。

梅雨季节的雨，是特别细的。你一出去，感觉雨丝就往衣服里钻。看着雨不大，但不一会儿衣服就湿透了，不打伞真不行，但打了伞似乎也没用。雨丝是无孔不入的。北宋词人贺铸写过一首《青玉案》，他说“试问闲愁都几许？一川烟草，满城风絮，梅子黄时雨”。意思是，你问我的思念之情有多少，我可以打三个比方：第一，遍地都是春草；第二，城里飘的全是柳絮；第三，梅雨季节细雨绵绵。相比之下，最后一个比方最绝妙。梅雨季节的雨是千丝万缕、连绵不绝、无处不在的，用它来形容百转千回、难以摆脱的情绪，最恰当不过，真是“无边丝雨细如愁”啊！人们送给贺铸一个外号叫“贺梅子”，就是因为“梅子黄时雨”这个比喻句写得太好了。

青玉案

北宋·贺铸

凌波不过横塘路，但目送、芳尘去。锦瑟华年谁与度？月台花榭，琐窗朱户，只有春知处。

碧云冉冉蘅皋暮，彩笔新题断肠句。试问闲愁都几许？一川烟草，满城风絮，梅子黄时雨。

忆江南

唐・白居易

江南好，风景旧曾谙。
日出江花红胜火，春来江水绿如蓝。
能不忆江南？

白居易《忆江南》一共有三首，课本里通常选的是第一首。其实这应该算是一首词，题目《忆江南》是一个词牌，也就是歌曲的名字。这首歌曲还有一个名称，叫作《谢秋娘》，本是美女的名字。但白居易没有使用《谢秋娘》这个曲名，而用了《忆江南》。很可能他是希望用这样一个题目，来概括三首词的主要内容：我思念江南。“忆”，不是回忆，是思念。

白居易在哪里思念江南呢？在洛阳。去洛阳之前，他曾经在杭州、苏州都当过刺史，也就是地方官，所以后两首《忆江南》分别写的是杭州和苏州，待会儿我们再读。我们先读最著名的第一首。

“江南好，风景旧曾谙”。“旧曾谙”，表面意思是说，我曾经那么熟悉江南，天天就在那里游览、行走，一草一木、一江一河，我都有感情，这叫“谙”。除此之外还有一层深意：曾经非常熟悉，现在却疏远了，这就叫“旧曾”；如果是曾经熟悉，现在还是很熟悉，仍在江南附近居住，那就没有这么深的感情；如果是过去待过，现在离开了，但是没有“谙”过，没有熟悉过，现在也就不会深情怀念。所以，“风景旧曾谙”表达的是时空落差、今昔对比，由此才会产生惆怅的情绪。

诗人思念什么样的“风景”呢？原来是“日出江花红胜火，春来江水绿如蓝”。“江花”就是江边的花，太阳出来的时候，江边的红花灿烂、鲜艳，就像火一样。“春来江水”是什么颜色呢？绿色。绿得像什么？“绿如蓝”。大家可别把这个句子理解成：水特别绿，都绿出蓝色了。绿色和蓝色本来就接近，这不是废话吗？

其实，“蓝”不是颜色，而是一种可以做染料的植物，叫蓼蓝。蓼蓝的叶子可以制成青绿色的染料。有句老话，出自荀子《劝学》：“青取之于蓝而青于蓝。”后来演化成一个成语，“青出于蓝而胜于蓝”。“青”是提炼出的染料的颜色，青绿色的；“蓝”是原来那个植物的名称。荀子这句话的意思是，“青”是从“蓝”中提取出来的，而与原来的植物相比，它的颜色更加鲜亮一些。就好比橙汁、葡萄汁，它和橙子、葡萄的颜色都不太一样，因为经历了提炼、加工的过程。

理解了这一点就知道，白居易是想形容江水如染料。“春来江水绿如蓝”，意思是说，江水颜色漂亮得就像染过的布匹一样。这不仅是在形容它的颜色亮，比一般的植物、一般的布要亮，而且是形容它的质地就像刚出染坊的锦缎——平整，细腻，透着股新鲜劲儿——这就多了一层美感。

两句合在一起，我们来看二者是什么关系。白居易怀念曾经那么熟悉的江南风景，先说了一个场景是“日出”的时候，又说了一个场景是“春来”的时候。两个场景是相互交融的。“春来”，当然也可以是“日出”之时。那么，“日出”之时，一定就是秋天、冬天、夏天吗？难道就不能是春天吗？所以“日出”和“春来”，是彼此修饰的。一个美景是春天花开的时候，另一个美景是旭日照江的时候，二者合在一起，岂不就是美上加美吗？

三首《忆江南》，有总写有分写，有灵魂有细节。

我们不妨想象，白居易心目中最美好的江南瞬间应该是：一个春天的晴朗的早晨，太阳出来，“江花红胜火”，然后太阳升上去了，阳光普照大地，“江水绿如蓝”。这是第一首。

下面来看第二首：“江南忆，最忆是杭州。山寺月中寻桂子，郡亭枕上看潮头。何日更重游。”第一句“江南忆”，点出题目《忆江南》。“最忆是杭州”，说明最思念的城市是杭州。杭州有什么美景呢？

“山寺月中寻桂子”，是第一幅画面。山寺就是灵隐寺，杭州西湖边一个著名的景点，传说这个寺庙里的桂花是月中仙种。古人认为，月亮上有桂树，它落下来的种子就种在了灵隐寺里。所以这里的桂花给人感觉尤其珍贵。白居易所说的“山寺月中寻桂子”的“月中”，给人以无限的想象。既可以理解为，诗人在月光下闻桂花的清香，寻拾落下来的桂子；也可以理解为，这里的桂子不同寻常，是从月亮上直接落在了诗人的脚畔和怀里！诗人不仅在月光中看花赏花，而且在看月赏月。

第二幅图景，“郡亭枕上看潮头”。看什么呢？钱塘江的潮水。怎么看？山上有个亭子，亭子里放个枕头，靠卧着看。一般来说，要想“看潮头”，必须踮起脚尖去眺望，就像南极的企鹅那样。“企鹅”的“企”字，就是抬起脚跟、踮起脚尖的意思。而白居易偏要说我是“郡亭枕上看潮头”，像澳大利亚的考拉一样懒，这就表示自己不是刻意要看热闹，而是悠闲自在地享受美景。看不清，可以听。听不清，我就睡觉，在潮声之中安然休憩。

以上两幅图景，山寺赏月与郡亭观潮，都是非常闲适自得的，这就是杭州这座城市留给诗人最深刻的印象。用现在的话来说，杭州太“宜居”了！

再看第三首：“江南忆，其次忆吴宫。吴酒一杯春竹叶，吴娃双舞醉芙蓉。早晚复相逢。”

什么是“吴宫”呢？春秋战国时期有春秋五霸、战国七雄。吴国在春秋时期也一度比较强盛，当时的吴王名为夫差。越国送给夫差一位美女叫西施，他为西施修了一座馆娃宫。“娃”就是美女的意思，把美女安放在这，叫作“馆娃”。后来很多诗人都会吟咏这座宫殿，遥想一下曾经的绝代佳人。但是白居易他可不是简单地怀想西施，他思念的是自己在苏州的生活。

什么样的生活呢？“吴酒一杯春竹叶，吴娃双舞醉芙蓉。”他想到了在苏州畅饮美酒、欣赏歌舞的场景。“春竹叶”，就是竹叶春。“春”，在唐朝时是酒名，比如“梨花春”，现在还有一种名酒叫“剑南春”。“竹叶春”也是一种酒。什么叫“吴娃双舞醉芙蓉”呢？两个娇美的舞女在那里跳舞，她们的姿态就像荷花一样。什么样的荷花呢？“醉芙蓉”。这个“醉”字，既是形容荷花摇曳如醉，也是写诗人心境如醉。他饮酒、赏舞，有一种陶醉其中的感觉。

最后他说，“早晚复相逢”。这个“早晚”，不是指早晨、晚上，而是指何时。白居易说，我何时才能再与苏州相逢，再去喝“春竹叶”酒，再去赏“醉芙蓉”舞呢？

三首《忆江南》我们读完了。更准确地说，应该是三首词。它们有一个递进的关系，有层次分明的安排。第一首写“江南好”，是从总体上来写，围绕的是江花、江水。长江是江南的灵魂，没有它就没有种种江南美景。第二首是分写杭州，第三首是分写苏州。这两座城市有哪些更细节的图景，让他缱绻流连、永生难忘呢？他写了四个图景，“山寺月中寻桂子”“郡亭枕上看潮头”“吴酒一杯春竹叶”“吴娃双舞醉芙蓉”。于是你看，三首《忆江南》词，有总写有分写，有灵魂有细节。这就是令白居易魂牵梦绕的江南，也是让众多文人墨客吟哦千古的江南。

元日

北宋·王安石

爆竹声中一岁除，春风送暖入屠苏。
千门万户曈曈日，总把新桃换旧符。

每到过年的时候，我们都会想起这首诗。这首诗里包含的很多知识和信息，大家未必了解得那么清楚。而它之所以有名，就在于它不仅写出了大年初一早上人们心中辞旧迎新的情感，而且把很多与节日相关的民俗文化现象都融进来了。所以读这首诗，基本上就是在看一幅古人过春节的风俗画，值得我们逐字逐句地推敲、查考。

首先，题目就有知识点。元日，就是元旦。辛亥革命之前，元日就是大年初一，又称元旦。同时还有很多别的称呼，比方说新正、正旦、元辰、端日，等等。这些称呼都包含一个共同的意义要素，即开始。所谓元日、元旦，意思是一元复始，万象更新。通常情况下，立春日与元日相距不远，所以这个节日又叫“春节”。也就是说，每年大年初一，人们不仅要迎接新年，而且要迎接春天，两个含义都有。

辛亥革命以后，我们开始采用公历，也就是与西方历法接轨了。我们现在过的元旦，就是公历或者西历的新年第一天。于是，过新年和迎新春被分裂开了。先过一个“Happy New Year”（新年快乐），就是元旦，然后通常在 2 月份或者 1 月下旬，会迎来农历的春节，迎来我们过了千秋万代的那个真正的“元旦”。

讲完《元日》这个题目，接下来看第一句，“爆竹声中一岁除”。我们现在还经常使用一个词，叫除夕。除夕就是除日的那天晚上。为什么叫“除日”呢？意思是，这是去旧迎新的一天，大家要迈上一个新台阶了。“一岁除”，在这一天夜晚，旧的一年彻底过去了。

那“爆竹”一般什么时候放呢？我们经常看中央电视台的春节联欢晚会，到零点的时候，就会敲钟，其实意义是一样的。敲钟、放爆竹，都是发出很多声响，这些声响都有共同的目的——驱除不好的东西，迎接好的东西。

为什么叫“爆竹”呢？根据《神异经》记载，古时候西方的深山里面，有一些小怪物，一碰到人，人就会得病。这些小怪物被称作“山臊”。一到新年的时候，人们害怕生病，担心被这些小怪物给缠上，于是就在新年第一天凌晨，把竹子放到火里去烤，发出哔哔噗噗的声音，把怪物们吓跑。这被称作“爆竹”。后来中国人学会了使用火药，火药爆炸发出的声音，更响亮，更宏大，能够驱逐各种妖怪、小人。在这样的“爆竹声中”，大家辞旧迎新，这是第一句。

第二句“春风送暖入屠苏”。“屠苏”是一种药酒，酒里有很多药材，屠苏只是其中之一，除此之外还有肉桂、山椒、白术等。这些药浸泡在酒里，大年初一早上大家就喝屠苏酒，用来驱除邪恶、躲避瘟疫，以求得健康长寿。这句中有一个字非常妙，就是“入屠苏”的“入”。随着新年、新春的到来，春风送着暖意到了这杯酒里边，所以用了一个“入”字。其实这杯酒本来就是温的，全家老小一起喝嘛，应该是用热水烫温了喝。但在祥和的气氛中，酒仿佛是被春风吹暖的，有种天人合一的感觉。春风十里，酿成温酒，使人们远离寒热之症，躲开灾患和瘟疫。所以“入”字写得好。

第三句“千门万户曈曈日”，时间又有推移了。从除夕到元日凌晨，再到早上大家一起喝第一碗酒，然后太阳就升起来了，亮堂堂的。“曈曈”就是太阳出来红彤彤、亮堂堂的样子。这个时候大家要做什么事情呢？就是“总把新桃换旧符”，大家都把旧桃符取下来，把新桃符贴上去。

什么是“桃符”呢？宋代以前，人们会在家里大门口上方，钉一个桃木做的板，在上面书写一些辟邪的符号，就好比我们现在常说的“天灵灵，地灵灵”“小人退散”“恶鬼退散”之类。当然，古人的符号会比较复杂，也常常画得很漂亮。有时候，干脆贴个门神的形象，为了驱逐邪恶，迎来祥福之气。

后来，人们想表达的意思越来越多，光贴个符号、刻个门神，感觉不到位，于是就借用古典诗词中经常出现的对联形式，把吉祥话编成上下两部分，贴在门的两侧。一般来说，右边是上联，左边是下联。传说五代十国时期后蜀国君孟昶，写过一幅最早的春联，叫作“新年纳余庆，嘉节号长春”，其实就是把春节的含义直接表达了出来。

宋朝以后，大家写春联的习俗越来越多，到了明朝之后，就更加普遍。有时候，大家还合并各项活动，不仅写春联，还要贴门神，吉祥的东西不怕多嘛！那门神贴什么呢？有新门神，还有老门神。“老门神”就是神荼、郁垒。东汉人应邵写的《风俗通义》里面记载，远古的时候有这两个兄弟，善于抓鬼，后来人们就把兄弟俩的形象贴到门前，希望他们能够帮自己家抓鬼。

后来又有一些新门神出来了，比方说唐朝的两员大将，开国元勋尉迟恭和秦叔宝，武功盖世。人们也把他们奉为门神。除此之外，还有打鬼的钟馗，也被认作门神。这些人物，或者善于抓鬼，或者善于打鬼，或者是武功盖世，连鬼都怕，于是都被贴成门神了。

到了清代，从门神又衍生出各种各样的年画。现在北京、天津都有专门制作年画的店铺，比如说画个“四季平安”啊，“麒麟送子”啊，花里胡哨的，非常喜庆。

以上种种风俗，都可以统称为“总把新桃换旧符”。我们可以想象，在王安石的时代，也许贴了符，也许贴了门神，也许已经有春联了。

总而言之，爆竹也好，屠苏酒也好，新桃旧符也好，都是为了祈求新年幸福，表达美好愿望。这首《元日》，生动、具体地描绘了一幅节日的图景、民俗的画卷。

清明

唐 · 杜牧

清明时节雨纷纷，路上行人欲断魂。
借问酒家何处有？牧童遥指杏花村。

这首诗的作者，书上一般写的是杜牧。有些研究唐诗的学者认为它可能不是杜牧写的，因为在目前能看到的不少杜牧的诗集里都没有收录这首诗，很晚的时候才有人把它放到杜牧诗集的补充部分里去。那它到底是不是杜牧写的呢？我不敢确定。因为在北宋初年的时候已经看到这样的记载了——杏花村在江宁县，相传为杜牧沽酒之处。既然提到“杏花村”，提到“酒”，就知道说的肯定是《清明》这首诗。北宋初的时候距离晚唐不太远，已经流传着这样的故事，证明这首诗很有可能是杜牧所写。在发现更确凿的反证之前，我们还是权且认为它是杜牧写的。

下面来看这首著名的《清明》。第一句“清明时节雨纷纷”，关于“清明时节”的问题，我们待会再说，先把诗讲完。“雨纷纷”，江南到了清明时节经常会下雨，春雨连绵。

第二句，“路上行人欲断魂”。不知道大家有没有考虑过一个问题，“路上行人”指的是谁？是诗人看到路上一拨一拨人在那里断魂呢，还是说他自己呢？让我们先揣摩一下，什么叫“断魂”？“断

清明不是鬼节，是“人节”。

魂”在古诗里边，未必那么绝望，那么悲痛，不像它的字面意思那么惊悚。还有一个相近的词叫“销魂”，在很多时候，也未必是极度悲伤的状态。“断魂”，更多是一种茫然，有点懵。这样的时节，走在路上，看到有人上坟，有人烧纸钱，有人雨中赶路，有人宴饮聚会，看得有点懵。当然，路上其他人看杜牧，估计也有点懵。这些“路上行人”都是“欲断魂”的，但诗人在这里强调的是自己的“断魂”。

之所以这么推测，是因为下面的话其实是接着“断魂”说的。为什么要“借问酒家何处有”？我们经常说一句话叫“借酒浇愁”。杜牧有点茫然，有点懵，心里不太舒服，于是就想去找点酒喝，“借问酒家何处有”。这里卖一个关子，他在问谁呢？诗中并没告诉你，只是告诉你诗人去找酒家了。最后一句才回答你，原来是问了牧童，牧童“遥指杏花村”，说那里有好酒。

我们品赏一下后两句的关系。“借问酒家何处有”，没有画面感，就是在叙事，因为他想把最浓缩的信息、最优美的画面留到最后，“牧童遥指杏花村”。牧童本身的画面感就很强。牧童“遥指”，又有一个优雅而天真的动作。远方烟雨朦胧之中，还有一座“杏花村”。光看这名字就觉得特别美，想一想那儿的酒，估计也是“金樽清酒斗十千”吧。最后一句韵味悠长、戛然而止。如果继续说诗人是怎么走到杏花村去的，怎么喝酒的，诗就没有味道了。当止则止，意味无穷。

这首诗太有名了，后世好多人喜欢改它。这里我提供一种有趣的改法。怎么改呢？把它改得像一首词，“清明时节雨，纷纷路上行，人欲断魂。借问酒家，何处有牧童？遥指杏花村。”这么一改，诗人找的就不是酒家，而是问这个酒家，哪里有牧童。酒家告诉你，杏花村那儿有好多牧童在放牛呢！这么一改，小诗的意境又变化了。

讲完了这首诗，我们再来讲清明这个节日。《说文解字》里说：“清，朗也。”“朗”是什么意思呢？“朗，明也。”可见，“清”和

“明”这两个字放在一起多么美妙，都是明亮、清澈、爽朗的感觉。我们经常把“清”和“明”放一起组词，比如清风明月，政治清明，河清政明，都是吉祥的词语。

清明，既是个节日，也是二十四节气之一。作为节气，它大概是在春分之后的十五天。换算成现在的公历，是在 4 月 5 日左右。所以我们就规定了 4 月 5 号是清明节，这是节气。作为节日，清明节与另一个节日有密切关系，就是寒食节。我们讲韩翃《寒食》那首诗的时候，会详细地讲这个问题。大概是在唐宋时期，清明节慢慢与寒食节合并了。

有一个世俗的说法，说清明节是“鬼节”。这个说法并不确切。要说“鬼节”，我们中国正儿八经的“鬼节”是七月十五“中元节”，它和清明节的意义是不同的。清明节是为了祭祀祖先，表达一种家庭和睦、慎终追远的感觉；中元节则是为了安抚世间的鬼和精灵，有点像西方的鬼节即“万圣节”，当然本质其实也不同。清明不是“鬼节”，而是“人节”，我们在清明时节通常会去扫墓，庄重肃穆，不至于悲哀和恐惧。

除此之外，清明节还有很多其他活动，比如聚会，踏青，插柳，放风筝，踢足球，荡秋千，等等。为什么要把扫墓和后面这些活动都放在一天去举办呢？这是因为清明节是一个既要尊重逝者、又要团结生者的美好节日，它能通天彻地，沟通生死。在这一天，大家既要追思祖先，还要携手亲朋好友，大家一起去活动活动，喝喝酒，锻炼身体，激发阳气，创造更美好的生活。所以，杜牧到了杏花村之后，估计就不会再“断魂”了吧！

牧童

唐·吕岩

草铺横野六七里，笛弄晚风三四声。
归来饱饭黄昏后，不脱蓑衣卧月明。

九月九日忆山东兄弟

唐·王维

独在异乡为异客，每逢佳节倍思亲。
遥知兄弟登高处，遍插茱萸少一人。

写这首诗的时候，王维还非常年轻。诗题底下原有一个注释，说“时年十七”。由此我们推测，它应该作于开元五年（717年）的重阳节。诗题中的“九月九日”，就是九九重阳节。“忆山东兄弟”是什么意思呢？这个“忆”，不是回忆。他兄弟又没死，怎么回忆？“忆”，就是思念。思念谁呢？“山东兄弟”。“山东”，可不是我们今天所说的山东省。王维祖籍是山西太原，家住在蒲州，即今天的山西永济。蒲州的地理位置在华山东，而王维当时在华山以西的长安，所以题目里才会说“忆山东兄弟”。

王维为什么十七岁的时候跑到长安呢？原来他十五岁就离开家了，去长安学习、考试。他十九岁就参加京兆府的考试，考得不错。二十岁时候去吏部考试，考得不理想。到二十一岁，去礼部考进士，考中了。这是一个很了不起的成绩，二十一岁登第，算是少年得志了。我们可以想一想别的诗人，比方说孟郊，四十多岁才考上进士，一考上就跟范进中举似的，发了疯般的狂喜，说自己“春风得意马蹄疾，一日看尽长安花”！王维与孟郊相比实在是幸运多了！我们算一算，从他十五岁到二十一岁，人生中最美好的年华，都是在长安城中度过的。

王维之所以能很早考中进士，既有运气成分，当然也离不开他的才华。这首写于十七岁的《九月九日忆山东兄弟》就是一个证明，证明这个青年确实很有诗歌方面的天赋。

这首诗好在哪里呢？主要有三点。一是第一句很饱满，二是第二句很精辟，三是后面两句转折很巧妙。

先说第一句，“独在异乡为异客”。这句诗意思充分，感情饱满。想说的话，想表达的感情，都淋漓尽致地展现出来了。“独在异乡为异客”，一个“独”字，两个“异”字，把少年离家的孤苦渲染得非常充分。

值得注意的是，这里有一个词“异客”，是王维自己造出来的。“异乡”是一个常见的词，就是他乡。那什么叫“异客”呢？奇怪的客人？怪异的叔叔？当然不是。王维是顺着“异乡”往下说的，于是生造了一个词。独在异乡，我有一种陌生感，别人看我可能也有一种陌生感，于是我就成了“异客”。我和这个地方彼此觉得陌生，这不就是离家之苦吗？

再说第二句，“每逢佳节倍思亲”。这句写得特别精辟，至今我们仍然经常使用它，甚至成了一个成语。这句好在哪儿？王维没有拘泥于现实的情景。如果他改成“每逢重阳倍思亲”之类，早就湮没无闻了。重阳节的时候，大家当然要思亲，还用你废话吗？

优秀的诗人，往往能从具体的事件中，提炼出一种普遍的人生感受。他不说“每逢重阳倍思亲”，因为太局限、太狭隘了。他说“每逢佳节倍思亲”，意思是不仅重阳节，而且在中秋、端午、春节以及任何一个节日，他都在思亲，都想家想得不得了。他有好几年时间都在长安读书、学习、考试，无法回家。每到过节，长安城中家家户户都很热闹，很团圆，他却很孤独。所以他要说“每逢佳节”，要强调很多次的佳节，很多次的思亲。

大家还要注意“倍”字。王维暗示读者，我其实天天都在想家，只不过每逢节日，想家的情感就更浓烈一些。现在是重阳节，我的思亲之情就更加泛滥了。所以，这一个句子里包含了三层情感，呈现出递进的关系。第一层是：我每天都在思亲。第二层是：我每到节日就更思亲。第三层是：现在到了重阳节，我更加倍思亲了！三个层次的思亲，层层叠叠累加起来，就准确地提炼出了思亲之情的普遍特点。也就是说，思亲之情既是无孔不入的，又是波澜起伏的。所以，这一句写得真是非常精辟！

第三点，我们要谈谈后两句的巧妙转折。一般而言，诗人写七言绝句，都会把力气放在三、四句上。前两句写得平淡一点，后两句写出精彩。比如王维《送元二使安西》，前两句“渭城朝雨浥轻尘，客舍青青柳色新”相对平淡，后两句“劝君更尽一杯酒，西出阳关无故人”则更精彩、更有名气。而这首《九月九日忆山东兄弟》，一上来就把好句子给你了，最著名的句子在前面，“独在异乡为异客，每逢佳节倍思亲”。情感已经到高潮了，怎么往下写呢？这就考验诗人的技巧了。

王维怎么转折呢？其实就是由实转虚，由此及彼。前面都是写自己思念亲人，那现在换个角度，跳到对方反观自己，这样就增添了一层波折，平地又起风云。不仅是我在思亲，遥远的亲人肯定也在思念我，所以登高时发现少了一个人。“遍插茱萸少一人”中的“一人”，就指王维自己。

你看王维多会写诗！先写我思念你，写到充分、足够，然后换一个角度，写你思念我。兄弟们登高望远，往旁边一看，王维这小子没在，咱们兄弟几个都在，哎哟，真想他啊！这是一个极为巧妙的艺术

思亲之情，既是无孔不入的，又是波澜起伏的。

构思。

这首诗我们就讲到这。再有一些小知识，得稍微补充一下，就是重阳节风俗。诗里面提到，“遥知兄弟登高处，遍插茱萸少一人”。我们先说“茱萸”。古书里记载，佩戴茱萸能够御寒，能够避开邪气。每到秋季九月九的时候，天气清寒，佩戴茱萸，就会少生点病。除此之外，这个季节还会喝菊花酒，也带有让人健康、长寿的意思。古人在重阳节出去登高游览，要佩戴茱萸，要饮菊花酒。有时候，他们也会佩戴菊花，杜牧有句诗说，“菊花须插满头归”，画面是不是很喜感？

再有一个小知识点，即“登高”。重阳节是农历九月九日。“九”这个数字，古人认为包含非常多的阳气。九和九放在一起，意味着最鼎盛、最强大的阳气。物极必反，阳气太多，达到顶点，就会走向反面，走向衰败，这是事物的发展规律。当我们来到九月九日这个点，就要防止出现一些波动、灾祸。

古代民间会流传一些故事，说登高可以避祸。有本古书《续齐谐记》里记载了一个故事。有人得到一位高人指点，说九月九日那天你们家有灾祸，你必须佩戴香囊和茱萸，携带菊花酒，领着全家人一起到山上去，不然你们家就会有灾祸发生！这个人赶紧准备好东西，九月九日那天就跑到山上去。果然，回来以后，他发现家里的鸡犬牛羊都死了。从这个故事可以看到，古人对于九月九日是很担忧的，于是便有了登高的习俗。后来，人们慢慢也没有那么多恐惧的想法了，登高变成了一种望远思亲的象征。

九日齐山登高

唐·杜牧

江涵秋影雁初飞，与客携壶上翠微。
尘世难逢开口笑，菊花须插满头归。
但将酩酊酬佳节，不用登临恨落晖。
古往今来只如此，牛山何必独沾衣？

在现代社会，重阳节中的恐惧、担忧、思亲、伤感等因素，变得越来越淡。我们现在过重阳节，是很阳光、很积极向上的，我们会恭贺老年人健康长寿。所以重阳节又称老人节、祝寿节。每到这一天，我们或许还会想起王维的诗，还会吟咏“每逢佳节倍思亲”，但心中的温暖和幸福，要远远超过王维，也超过很多古人。

滁州西涧

唐·韦应物

独怜幽草涧边生，上有黄鹂深树鸣。
春潮带雨晚来急，野渡无人舟自横。

诗题《滁州西涧》，是个地名。滁州，在今天的安徽。西涧，当然就是滁州西边的山里面的涧水。小朋友们将来读初中的时候肯定会学习一篇很重要的文章——欧阳修的《醉翁亭记》。《醉翁亭记》的第一句就是“环滁皆山也”，说滁州周围都是山。那么韦应物为什么跑到西边的山里呢？他在写这首诗的时候，已经不再做滁州的地方官了，暂时居住在山里面，自己有一个小房子住着，没事就出去逛一逛、看一看。有一天他走在西涧旁边，发现了一幅很美的画面，于是停下来，观赏、摹玩不已，就写下了《滁州西涧》。

第一句里面出现了一个关键词，叫作“幽草”，意思是草长在幽暗且幽静的地方。什么地方呢？“涧边生”。第一句就告诉你，“我”首先看到的是西涧边上长着非常茂盛的青草，它们无人打搅，环境幽雅。正因为如此，韦应物给“幽草涧边生”的前面加了一个限定词，就是“独怜”。什么叫“独怜”？意思是特别喜欢，不含孤独的意思。整首诗都笼罩在“独怜”两字之下。下面要写的所有东西，他都特别喜欢。为什么喜欢呢？重点在“幽”上，处处都是幽静闲淡的画面，处处给他悠闲自在的感受。

第二句，“上有黄鹂深树鸣”。前面写“幽草”，现在写“深树”。什么叫“深”？就是树林长得非常茂密、葱茏。黄鹂在哪呢？可能他没有看见，只是听见，黄鹂藏在枝叶深处。“深树鸣”，既是写树，也是写黄鹂的声音。这绝对不是叽叽喳喳在耳边的感觉，而是若有若无，时有时无，呼应着前面的“幽草”。写到这里，诗人仍然在铺垫，真正要写的主题还没出来。题目不是叫《滁州西涧》吗？他要写的主要是“涧”。他先写在涧水旁边看见了什么。有幽草，有深树。又写听到了什么。有黄鹂。这些都是在铺垫呢！

后面两句，才是诗人真正想写的、最打动他的一幅画面，即“春潮带雨晚来急，野渡无人舟自横”，这才是直接描写“西涧”。春天的溪水因为下雨而水量变多，形成了小波小浪，所以叫“春潮”。大家以后有机会去山里游玩的时候，不妨关注一下，下雨的时候，山里的泉水就会变得特别湍急，溪水也会涨起来。雨下得多，下得大，潮水涨得也就急了，水势很大。

水涨起来之后，造成了什么效果呢？画面的中心在“野渡无人舟自横”。大家要恰当地、准确地理解这句话，关键点在哪里呢？在“横”字。如果让你们去画画，你会怎么处理“舟自横”的“横”呢？可能有同学会说，“横”不就是横平竖直的那个横吗？我先画一条小溪，小溪是横着的，再画一只小船，小船贴在岸边，顺着小溪的方向，也是横着的。或许有人会说，应该把小船画成垂直的，这才是横在小溪上。所以说，如果把“横”理解成“横平竖直”的“横”，会有不同的画法，而且彼此很难说服对方，似乎怎么画都有道理。

大家不要忘了，韦应物毕竟是在写诗，不是画画。画画必须给出一个明确的位置关系，但诗是活的，更接近自然的本来面目，它可以给出动态图，不用定死。那么，“舟自横”到底意味着怎样的动态

读懂“沧海横流”“才华横溢”两个成语，才能读懂这首诗。

图呢？

让我们想一想，“横”这个字，除了横竖之外，是不是还有别的意思？我举两个例子。一个叫“沧海横流”。河流有方向，可以横可以竖。那么大海怎么横、怎么竖呢？它不是长江、黄河那样自西向东流，它是一大片无边无涯的水域，就像太平洋一样，洋流是变化多端的。所以，“沧海横流”是什么意思呢？

第二个例子叫“才华横溢”，这个更要命了。什么叫“才华横溢”？有没有人是“才华竖溢”？他满脑子都是才华，横溢就是从耳朵里往外冒才华，竖溢就是从天灵盖往外冒才华？

显然不能这么理解。“才华横溢”“沧海横流”中的“横”，都不能理解为横竖的意思。“横”还有一个意思，即任意的、不定向的。什么叫“沧海横流”？就是说海非常大，水非常多，它不像河流一样有固定方向，而是可能流向任何一个方向。同样道理，“才华横溢”是说这个人施展才华有各种可能性，有时候往文学上走，有时候往音乐上走，有时候往数学上走，多才多艺，什么都会，这才叫“才华横溢”。

读懂以上两个成语，我们也就读懂了什么叫“野渡无人舟自横”。“舟自横”，就是没有人管这只小舟，随便往岸边一靠，然后溪水涨起来，浪花拍打着船，船在那里旋转、绕弯，处于无人驾驶的状态，撞上谁是谁。为什么会有这幅动态图呢？因为溪水“晚来急”，水势变大，水流速度加快，才会产生小舟旋转不已的效果。韦应物想用这个动态图告诉读者：我现在的心情是多么轻松愉悦、无拘无束啊！

韦应物很喜欢用“自”字。比如他说“春禽自相求”，鸟儿自己在那里玩耍呢！他说“欲啭不啭意自娇”，小鸟自己在那里娇美作态呢！他说“百草无情春自绿”，春草自己在那里绿呢！不受任何干扰。同样道理，“野渡无人舟自横”也是写出了一幅自由自在的风景，表达了一种自由自在的心情。这句诗经常被后人称赞，广受喜爱。北宋有位宰相寇准，把“野渡无人舟自横”改写成了两句，叫“远水无人渡，孤舟尽日横”。这也是一种表达欣赏的方式。

关于《滁州西涧》，还有很多故事。宋徽宗是个大画家，当皇帝当得一塌糊涂，可当画家真是天才呀！他给画画的学生出考题，让大家画“野水无人渡，孤舟尽日横”。大部分学生的想法比较简单：“无人”嘛，那就不画人呗，画一个空船。有的学生故作聪明，为了表达“无人”的意思，还特意画了一只白鹭站在空船上，强调一下此处真没人，不然白鹭早就被吓跑了。

春日登楼怀旧

北宋·寇准

高楼聊引望，杳杳一川平。
远水无人渡，孤舟尽日横。
荒村生断霭，深树语流莺。
旧业遥清渭，沉思忽自惊。

有一位学生别出心裁。他在船上画了一个人。这个人在干吗呢？他躺在小船之中，在那吹笛子呢！这幅画就很有奇思妙想！别人画“野渡无人”，就真的画成了没有人。但其实我们知道，诗里面是有人的，就是诗人自己。这位学生在船里画了一个悠闲自在吹笛子的人，其实就是帮助读者去领略“野渡无人舟自横”的心情。船怎么飘飘荡荡，他不管，他只管吹笛子，多么潇洒自如！这幅画得到了宋徽宗的表扬。

由此可见，虽然画面是死的，只要画家的头脑是活的，也能把画给画活，这就叫“画中有诗”。

大林寺桃花

唐·白居易

人间四月芳菲尽，山寺桃花始盛开。
长恨春归无觅处，不知转入此中来。

首先研究一下题目。大林寺的位置对于大家理解这首诗非常重要。大林寺在庐山以西，在大林峰南边，地处于深山之中。要想复原白居易当时在大林寺的经历，我们需要在读这首诗之前，先来读一读白居易的一篇文章叫《游大林寺序》。文章叙述了自己在庐山中，尤其是在大林寺游览时的所见、所闻、所感。

他是怎么写的呢？他说自己游玩了庐山的好多地方，其中还登过香炉峰，就是"日照香炉生紫烟"的那个香炉峰。到了晚上，就住在大林寺。他是怎么描述大林寺的呢？"大林穷远，人迹罕到"，说大林寺的位置非常深远，在深山之中，很少有人到这。白居易自己一个人跑到这来，有一种探险的感觉。接着说"环寺多清流、苍石、短松、瘦竹"，有清澈的泉水，青苍的岩石，矮小的松树，纤细的瘦竹。这里"山高地深，时节绝晚"，地势高，比较冷，所以竹子、松树长得都短小瘦弱，花开时节也比平原地区要晚很多。

他继续写，"于时孟夏，如正二月天"，说时节已经到了初夏，但是感觉还像二月仲春一样。山上山下的时节，至少相差一个多月。

别人的春天飞走了，白居易却看到了时光倒流之后的又一个春天。

“梨桃始华，涧草犹短”，说梨花、桃花刚刚开放，山涧中的青草还短短的、嫩嫩的。“人物风候，与平地聚落不同”，这里跟平原上、小村庄里的风景很不一样，所以说“初到，恍然若别造一世界者”。“造”就是“到”的意思。他说刚来到这的时候，有点恍惚，感觉像是到了另外一个世界。好比说昨天上山之前已经穿短袖了，上来之后又得穿毛衣。上山之前百花都凋落了，上来之后百花才刚刚盛开。于是他写了一首绝句，就是“人间四月芳菲尽”。最后他自己注了一个日期“元和十二年四月九日”。农历的四月初九，已然入夏。

知道了上面的背景，再读这首诗，你就能理解白居易有多么惊喜！第一句写“人间四月芳菲尽”，仿佛此处已不是人间。“人间”是有特指的，就是刚才文章里所说的“平地聚落”。平原地区四月芳菲已尽。“尽”就是穷尽的意思，不是还有点残花，而是什么花都没了。一个“尽”字，包含无限惋惜，说明他上山之前心里是不太舒服的。春天这么快就过去了，还没来得及好好欣赏呢，怎么花朵就凋零殆尽了呢？结果，上了庐山之后，进入山寺之后，发现“山寺桃花始盛开”。注意这个“始”字，里边包含了多少惊喜，多少恍惚！

桃花正常应是在什么时候盛开呢？二十四节气里有个节气叫“惊蛰”。惊蛰之后，桃花始盛开，这是正常的时节。春天的一月、二月、三月，分别叫孟春、仲春、季春。孟是最早的，仲是春天的中间，季春就到了暮春了。惊蛰正好是在仲春时候，也就是文章里所说的“正二月天”。平原地区的桃花二月才盛开，但山寺里的桃花到了四月才刚刚盛开。所以，“始盛开”让诗人几乎有种时间倒流的感觉！于是他喜出望外！“始”字跟“尽”字，是搭配呼应的。

下面两句是怎么说的呢？“长恨春归无觅处”，“恨”就是遗憾。诗人经常叹息，春天走了，去哪里都找不到了，因为芳菲尽了。“不知转入此中来”，意思是我怎么不早点知道有这么一个妙境、一个神奇的世界呢？早知道，我就不用遗憾、惋惜、伤心了，我就会赶紧跑到大林寺来，继续欣赏春光。在白居易感受的世界里，春天很顽皮，好像没有真正归去，而是躲藏到大林寺中了。“春归”和“转入”，是一种拟人化的设想，更加突出地强调惊喜之情。

整体来看，《大林寺桃花》的妙处在于把空间转换所带来的一种时间错觉非常传神地写出来了。可见，白居易是多么热爱春天，热爱生活！很多诗人都热爱生活，一个重要的表征就是他们喜欢赞美生命蓬勃发展的春天，常常惋惜春天的离去，生命的衰歇。在庐山中的大林寺里，白居易看到了春天的延长，生命的复活，所以他要赞美这个奇迹。

讲完这首诗，我们再来对比一下黄庭坚的一首词，跟这首诗有异曲同工之妙，叫《清平乐》。他是怎么写的呢？“春归何处，寂寞无行路”，春天啊春天，你去哪儿了？我找不到你。“若有人知春去处，唤取归来同住”，要是有谁知道春天去哪了，我去把它找回来，让它在我这里多住一会儿好不好？黄庭坚写得比白居易更为俏皮、幽默。这是词的上阕。

下阕同样写得俏皮。“春无踪迹谁知”，春天还是就这么走了，它的踪迹到哪儿去了呢？“除非问取黄鹂”，人不知道，那黄鹂知不知道呢？我去问问黄鹂吧！结果“百啭无人能解”，黄鹂在鸣叫，说了很多话，也许它已经告诉了诗人春天在哪里了，但是无人能懂这种语言。最后一句是“因风飞过蔷薇”，说黄鹂顺着风就飞过了蔷薇花。春天呢，好像也就在这样神秘的、不了了之的气氛中，飞走了。

黄庭坚这首词，先去问人，春天哪里去了？再去问鸟，你知不知道啊？这都是在表达一种惜春之情。同样惜春，黄庭坚没有白居易那么幸运。他的春天终究飞走了，而白居易看到了仿佛时光倒流之后的又一个春天。

鹿柴

唐·王维

空山不见人，但闻人语响。
返景入深林，复照青苔上。

《鹿柴》是组诗中的一首。这组诗被编成一个小集子，叫《辋川集》。王维在长安郊区的辋川谷造了别墅、庄园。山谷里有很多值得书写的风景，这些诗都是以风景地点的名字来命名的，如《孟城坳》《华子冈》《文杏馆》《斤竹岭》《鹿柴》《木兰柴》《南垞》《柳浪》《竹里馆》《栾家濑》《辛夷坞》，等等。他的好朋友裴迪同样为这些风景写了一组诗，也编在《辋川集》里。

我们先把《鹿柴》放下，选读王维《辋川集》中的另外几首诗，来看看王维的小别墅周围到底有哪些美妙的景致。

比如《孟城坳》："新家孟城口，古木余衰柳。来者复为谁，空悲昔人有。"他安了一个新家，这个地方长了很多苍老的古木，柳条在这里飘拂。他看到古木、柳条之后，心里不禁想，我今天来这里住了，以后还会有谁来住呢？之前又有谁住过呢？此种"物是人非"的感觉，令人感慨啊！

还有一首《南垞》："轻舟南垞去，北垞淼难即。隔浦望人家，遥遥不相识。""垞"是小丘。他从南垞这个小丘出发，驾着小船到北垞

> 我们每个人，都是一丛有希望的青苔，都是一条永无绝路的小溪。

去，北垞距离挺远，不能一下就到达。他在路途中看到了一些美景，比如河边有人家居住，遥遥望去，互不认识，或许有点“盈盈一水间，脉脉不得语”的感触吧！

又如《栾家濑》：“飒飒秋雨中，浅浅石溜泻。跳波自相溅，白鹭惊复下。”“飒飒”“浅浅”都是拟声词，前者是雨声，后者是水声。在淅淅沥沥的秋雨中，流水在石头上哗哗啦啦地流淌。波浪激荡着跳起来了，水珠溅到了一只白鹭，于是白鹭就飞起来了，回头一看，原来只是一个波浪，虚惊一场啊，于是又落下来了。读这首诗，你会觉得一切自然事物都不受人的干扰，自然下雨，自然流淌，自然跳波，自然惊起，又自然落下。各种事物之间发生了种种因果关系，一环扣一环，它们在自如地运转。这是一个原生态的、纯自然的世界。

最后看一首《辛夷坞》：“木末芙蓉花，山中发红萼。涧户寂无人，纷纷开且落。”树梢上长的芙蓉花开出了红色的花朵，这是木芙蓉，不是水中的莲花。后两句的感觉与前文的“白鹭惊复下”相似。白鹭被水激起，惊起又落下，而这山涧里的木芙蓉花，是在清寂无人的环境中，纷纷地开，纷纷地落。

以上《辋川集》里的作品，都有一种不食人间烟火的感觉。此种感觉同样出现在《鹿柴》里。

第一句“空山不见人”，可以看成是在重复、在强调。“空山”的意思，就是空无一人的山间。诗人还要再说一遍“不见人”，愈发突出了空寂、孤独的感觉。第二句“但闻人语响”，不见人，但是能听见说话的声音，是一种反衬，说明人语可能来自遥远的地方，是从树林里、山崖畔，悠悠传来几句说话的声音。

如果大家有机会去寂静的山间行走，确实会有类似的感受。前后都看不到人，但是突然听到头顶上好像有人说了句话。尤其在爬山的时候，互相看不见，但是说话声能够在寂静的山谷中回响。注意这个

“响”字，声和响是有区别的，声是发出声音，响是回声。东边有人在说话，回声在西边传播。可见山间是多么安静、空寂，而“空山”里的诗人又是多么孤独。

第三句“返景入深林”。“返景”是斜照的夕阳，“景”是日光。夕阳斜照到哪儿呢？“深林”。王维《竹里馆》说“深林人不知”，“深林”当然也有“人不知”“不见人”的意味。也就是说，《鹿柴》前三句都在写孤独和安静，越写越孤独、越安静。

最后一句出现了一个大转折，叫“复照青苔上”。“复”就是更、又的意思，表示递进的关系。日光照进深林，一点点往里渗透，有一种逐层推进的感觉。推到哪儿去了？居然推到了青苔上！注意，青苔是喜好阴冷的植物，越是阴冷潮湿的地方，它长得越茂盛。所以“返景入深林，复照青苔上”，是一个奇妙的瞬间。在幽暗、空寂的山林深处，阳光一般是照不进来的，但恰恰在一个特定的角度上，树梢上有一道缝隙，斜阳正好找到了这个角度，透进来照到了青苔上。

如此看来，这首诗的主人公似乎不是人，而是青苔。前面三句都在说它幽居于深林之中，非常孤寂。空山没有人，只听见有人在说话，但这个人始终不出现。我们的目光下就是这丛青苔，它在一天的其他时候都遇不到阳光。在“返景入深林”的奇妙瞬间，青苔被阳光照到了。

云南玉龙雪山上，据说有个景点叫“一米阳光”，是个很浪漫的地方。雪山之间正好有一道缝隙，只有在特定季节、特定时候，阳光才能从缝隙里照过来，形成一道一米长的光束。你要是被它照到，就会得到爱情的祝福。《鹿柴》诗中的青苔，在那个瞬间得到的就是这样一种幸福，一种照耀与安慰。

王维很喜欢写“照”的感觉。《竹里馆》有“深林人不知，明月来相照”，《山居秋暝》有“明月松间照，清泉石上流”，《酬张少府》

有“松风吹解带，山月照弹琴”，等等。王维写“照”，往往是写一个孤寂无人的地方，景物不受人干扰，突然就被一缕光照亮了。有时候世间的道理就是这样：在最绝望的时候，往往容易有突破；在最黑暗的地方，或许能够遇见光明。

酬张少府

唐·王维

晚年惟好静，万事不关心。
自顾无长策，空知返旧林。
松风吹解带，山月照弹琴。
君问穷通理，渔歌入浦深。

辛弃疾说“众里寻他千百度。蓦然回首，那人却在，灯火阑珊处”，也是写了一个大回转。之前都是找不着某个人，一回头便看见了那人的身影。所以王国维先生说这是人生三重境界中的最高境界：当你最困难的时候，觉得最绝望、最黑暗的时候，可能恰恰是你所做的事情迎来希望、迎来突破的时候。

事业如此，学习如此，追求真理也是如此。王维还有一首《终南别业》也描写了此种意境：“兴来每独往，胜事空自知。行到水穷处，坐看云起时。”行到溪水的源头，你会看到没有水了，到尽头了，但是往那一坐，会看到一个新的景象出现在面前——“坐看云起时”。从这样的诗歌中，我们不仅要体验一种美，更要从中汲取一种智慧。我们每个人，都是一丛有希望的青苔，都是一条永无绝路的小溪。只要你坚持不懈，“衣带渐宽终不悔”，最终会迎来“柳暗花明又一村”的惊喜。

总之，《鹿柴》写了一个无人的境界，但传达出了一种有人的智慧；表面描绘的是自然，其实思考的是人生。

暮江吟

唐·白居易

一道残阳铺水中，半江瑟瑟半江红。
可怜九月初三夜，露似真珠月似弓。

说起白居易，人们常会想到他那首苦大仇深的作品《卖炭翁》，不过大家千万别小看《卖炭翁》，没读过的同学要好好读一读，读过的同学要再去读一读。读这样的作品，你会觉得白居易就是一个伟大的小说家，太会写人物了。诸位，你们要想学习写人物的技巧，就要学学白居易怎么写《卖炭翁》。

卖炭翁

唐·白居易

卖炭翁，伐薪烧炭南山中。
满面尘灰烟火色，两鬓苍苍十指黑。
卖炭得钱何所营？身上衣裳口中食。
可怜身上衣正单，心忧炭贱愿天寒！
夜来城外一尺雪，晓驾炭车辗冰辙。
牛困人饥日已高，市南门外泥中歇。
翩翩两骑来是谁？黄衣使者白衫儿。
手把文书口称敕，回车叱牛牵向北。
一车炭，千余斤，宫使驱将惜不得。
半匹红绡一丈绫，系向牛头充炭直。

《卖炭翁》写一个老人在冰天雪地之中卖炭，他想多赚一点钱，于是希望天气再冷一点儿。他身上的衣服非常单薄，反倒是“心忧炭贱愿天寒”，这是多么反常的心理！越是反常的心理，越能体现人物内心的痛苦，体现人生遭遇的残酷，启迪读者思考，到底是什么可怕的力量逼迫着老人的心理变得这么扭曲？更可怕的是，老人最后不但没卖出好价钱，反而被人强买强卖，以极低的价格卖出了一车炭。老人的结局呢？白居易没有多说一句，读者可以自己揣测，一定是凶多吉少了！

我一直觉得，白居易若是穿越到明清时期，没准就是施耐庵，就是罗贯中。他不仅是一个诗人，他还会用诗去写小说，用诗去抨击罪恶，伸张正义。

本节要讲的《暮江吟》，倒是白居易诗中不太多见的一首非常安静纯粹的作品，不但看不到愤怒、悲哀的情绪，连幸福、悠闲的感觉也没有表露出来。很多人推测他是在什么样的心情下写出这首诗的，是郁闷的时候写的，还是春风得意的时候写的？单从诗本身看不出来。那我们就放下一切揣测，安静地读一读这首安静的诗吧。

诗题中的“江”指的是哪里呢？长安郊区有个地方叫曲江，很多诗人在那里聚会，考上进士之后就在那里喝酒，所以有人说这首诗就写在曲江。但我认为，郊区的池水容纳不了这首诗里的宏大景象，“暮江”应该就是长江。

第一句，“一道残阳铺水中”。什么叫“一道”？江面就像一条大道一样，上面铺满了夕阳，堪称“夕阳大道”。注意这个“铺”字，“道”和“铺”配合得非常好，一条大道延伸出去，犹如大笔一挥，或者好似沙画一洒。几捧细沙从指缝中漏下去，一条江面就出来了。几笔下去，一道残阳就“铺”出来了。

“铺”出来之后，难道说江面会完全被夕阳所笼罩吗？整条江都是红彤彤的吗？不是。大家如果去过长江边上，在夕阳西下的时候看过长江，你就知道长江不可能全是红色的。长江的水面太宽了，只有在烈日当空的正午，江面才会都笼罩在金灿灿的阳光之下，那也是一种美。但在夕阳斜照之时，会有更丰富的层次感出来，即“半江瑟瑟半江红”。就好比在话剧舞台上，侧面打过来的光与正面打的光的感觉完全不一样。所以我要说，黄昏中的夕阳就是天下最伟大的魔术师，它让一半的江水“瑟瑟”，一半的江水是红彤彤的。

“瑟瑟”是什么意思？并不是说长江瑟瑟发抖。我们千万不要用现代汉语的感觉去读古诗。“瑟”是一种美玉，一种碧绿色的玉。“半江瑟瑟半江红”，就是半江碧水，半江红光。

第三句，“可怜九月初三夜”。“可怜”，即可爱、美好。诗人感叹，九月初三的夜晚是如此美好！这里卖了一个关子，同时也给前面的黄昏景色做了一个收束。然后诗人就不再写黄昏了。时间开始往下推移，已然入夜，到了晚上了。

诗人为什么要强调“九月初三夜”呢？他想提醒我们，这不是夏天，不是冬天，不是春天，恰是清秋时节。秋天到了农历九月，会日趋清寒。二十四节气中有两个节气，叫白露和寒露。古时候人们通过观察、感受露水的变化，体会天气越来越冷。于是才有第四句的景色，“露似真珠月似弓”。

所以，第三句做了一个铺垫，意思是只有在清秋时节的夜晚，才会如此美妙。此时诗人关注的景色，不再是黄昏时分那种辽阔宏大的景色。他在静静地观察露水凝结在江畔的草叶上。天上的月色跟草间的白露交相辉映，那么幽微，那么柔弱，又那么有神韵。“九月初三”还透露了一个信息：此时的月亮肯定不是满月，而是非常细的新月。弯弯的新月像弓，凝结在草叶上的露水像真珠。

注意，大家默写这首诗的时候，“真珠”别写错了，虽然跟“珍珠”说的是同一个事物，就是蚌里面很珍贵的宝物，但是别写错。

至此，这首诗我们就读完了。回头来看，短短的小诗却出现了两次语言的复沓，一次是半江、半江，另一次是露似、月似。两次

黄昏中的夕阳，是天下最伟大的魔术师。

“半江”，两次“似”。写这么短的诗，白居易居然敢这么重复、这么啰唆！

说话啰唆不要紧，你得啰唆得有水平、有质量。两次“半江”，写的是黄昏中江面的两种不同色彩、不同层次；两次“似”，一次写地下的“露”，一次写天上的“月”，展现了天上地下交相辉映的场景。在复沓之中，我们既可以读到景物的层次感和交融性，也可以感受到白居易在江边是流连忘返的。黄昏的时候他反复看江面，夜晚的时候他又反复看天上地下。他从黄昏一直站到了露水凝结的时候，久久不肯离去。

题西林壁

北宋·苏轼

横看成岭侧成峰，远近高低各不同。
不识庐山真面目，只缘身在此山中。

题目告诉我们，这首诗不是写在纸上的，是写在西林寺的墙壁上，西林寺在庐山的西麓。这样一种写作习惯在唐宋时期很常见：去寺庙、楼台的墙壁上，去名山大川的石壁上，题写优美的文学作品。

你去墙上题一首诗，有人看到了，就可能写一首跟你应和。后面还有人看到这两首诗，就会想，第一首写得好，第二首写得那么烂，还敢往上和！于是他就写个第三首，还在底下加了一段小评语：第一首写得好，第二首写得太烂，第三首是我写的。这有点像我们现在玩的贴吧，发一个主题，然后网友们一个一个跟下去，很有意思。

宋代很多题壁诗、题壁文学，就像今天的互联网一样，可以无限地轮转下去。等墙壁写满了，就拿灰粉把墙一抹，于是又有人往上题写新的。

既然说到这么鲜活的一个场景，那我们看这首诗时也应该尽量把它看得鲜活一点儿。什么叫看得鲜活一点儿？我们去复原苏轼是如何写出这首诗的。

这首诗本身，一点儿都不难懂，“横看成岭侧成峰，远近高低各

世间不仅缺乏发现美的眼睛，更缺乏掌握智慧的头脑。

不同”，然后就讲哲理了，“不识庐山真面目”，只因为你置身其中。这个哲理是什么？有人说是“当局者迷，旁观者清”；有人说是看事物要从不同角度去看，不同的角度才会有不同的发现，把这些角度综合起来看才有可能把握真理。所以这首诗会引起很多人的联想，它确实写得好，从山水美景里抽象出一个很深刻、很具有启迪性的哲理。

那我们看看这样一个哲理是怎么想出来的呢？苏东坡是个大天才，也是大话痨、大写手，诗词写得多，文章也写得多，平时没事就爱记点东西。他随手记的东西后人都非常珍惜，于是有一本书叫《东坡志林》，专门搜集了一堆苏东坡写的小文章，把它们编纂成书。

《东坡志林》里有一篇小文章叫《记游庐山》，是我们解读《题西林壁》的一把钥匙。《记游庐山》怎么写？说“仆初入庐山，山谷奇秀”，“我”刚到庐山的时候，觉得庐山太美了，奇而且秀；“平生所未见”，从来没见过这么美的地方，都看不过来了，目不暇接。“遂发意不欲作诗”，苏东坡说“我”就看山看水得了，还写什么诗呢？但是忍不住啊！而且你们都忽悠我写，我就写吧，于是一连串写了好几首诗。

写着写着，中间还有一些小插曲。他说有人给他看了一篇文章叫《庐山记》，里边提到盛唐大诗人李白写过一首著名的与庐山有关的诗，大家想想是什么诗？就是《望庐山瀑布》：“日照香炉生紫烟，遥看瀑布挂前川。飞流直下三千尺，疑是银河落九天。”

李白之后，中唐诗人徐凝也写过一首题为《庐山瀑布》的诗。这首诗是怎么写的呢？“虚空落泉千仞直”，就是瀑布有千仞之高，直直地就奔到底下的河水里去了，所以第二句叫“雷奔入江不暂息”，写得也很有气势。后两句说，“千古长如白练飞，一条界破青山色”，意思是瀑布就像一条白练飞扬在青山之间，把青山的颜色分开成两部分。这个比喻可以和“疑是银河落九天”比一比。李白说瀑布啊瀑布，好比是天上的银河落到了人间！多美！多么有气象！多么有想象力！但是徐凝说，瀑布啊瀑布，你是一条白的布！白练就是白的布。想象力就差了不止毫厘了。

苏轼看到李白、徐凝都写过庐山诗，一比较，哈哈大笑，说徐凝你太丢人了。于是他大笔一挥来评价两个诗人。他讽刺得很刻薄，很恶毒。他说“帝遣银河一派垂”，老天爷让银河降落到人间。这句写的就是李白的千古名句“疑是银河落九天”。于是他称赞“古来惟有谪仙辞”，自古以来就李白这句写得最好。那怎么评价徐凝的诗呢？苏轼说，“飞流溅沫知多少，不与徐凝洗恶诗”，意思就是古往今来瀑布流了这么多年，都洗刷不了徐凝你的耻辱，冲不走你这首烂诗呀！

说实话，徐凝的诗也没那么烂，也有人挺欣赏“一条界破青山色”一句的。那么我们就好奇了，苏轼你说人家李白写得好，说徐凝写得那么烂，你行你上啊！那么，苏轼有没有写庐山瀑布呢？

我们接着读《东坡志林》里的小文章。苏东坡继续游庐山，继续往下记，他并没有写庐山瀑布。等到最后，他和一个和尚一起到了西林寺，写了一首七言绝句，就是这首“横看成岭侧成峰”。写完之后，苏轼说了一句话，“仆庐山诗尽于此矣”。

现在我们就得问了，你怎么写到这儿就不写了呀？就以这首《题西林壁》作为总结了？我们一直以为你要跟李白、徐凝比一比呢！我们不妨将李白《望庐山瀑布》和苏轼《题西林壁》相比一下，不知大家有没有发现一个小奥秘？

李白是在写瀑布有多么美，写瀑布的“真面目”。但是苏轼呢？他不写瀑布，甚至也不细细写庐山。他写什么？他写我们应如何去发现庐山的“真面目”。庐山处处都美，横看也美，侧看也美，远近高低都有不同的美，我写那么多干吗？我再怎么写也写不过李白的《望庐山瀑布》啊！那怎么办？我已经把徐凝骂了一遍，我万一写了一个比喻句还不如徐凝呢？岂不丢人？所以这时候苏轼狡猾起来：你们描写景物，那我就议论道理；你们咔咔拍照，我就告诉你，不如用自己的眼睛去观察，用自己的心灵去探寻。

如果说李白是直接告诉你庐山瀑布有多么美，那苏轼就是在告诉你庐山的美应该怎么去发现。我们经常说，世间不缺少美，而是缺少发现美的眼睛。现在苏轼告诉你，庐山的真面目你可能是看不清楚了，因为你没有跳出去，没有从整体上看，没有把所有东西都看完。于是我们不妨说，世间不仅缺乏发现美的眼睛，更缺乏发现真理的眼睛，缺乏掌握智慧的头脑。

苏轼用他的一篇小游记《记游庐山》，向我们揭示了千古名作《题西林壁》是怎么一步一步写出来的，这是一个巨大的跳跃、创新的过程，包含了创造性思维。面对庐山，大家都写它如何美，苏轼却来告诉世间人应该怎么去发现美，于是他掌握了智慧。

雪梅

南宋·卢钺

梅雪争春未肯降，骚人阁笔费评章。
梅须逊雪三分白，雪却输梅一段香。

首先看这首诗的作者，他的本名是卢钺，字威仲，号梅坡。

古人的姓名字号是很有讲究的。“名”是父母给的，“姓”当然是父亲给的，“字”是成人的时候，长辈（通常也是父亲）给起的。“字”与“名”之间经常有一些关联，比如杜甫，字子美，“甫”就有美的意思。至于“号”呢，其实就是自己给自己起的外号。古人起外号，一般都比较雅致。卢钺号“梅坡”，就是长满了梅花的山坡，很优美，很清雅。他是南宋末年人，官当得还挺大，经常住在苏州。江南很多地方的梅花，他也是赏过很多。

既然说到梅花，我们得介绍一点儿关于赏花的文化知识。

唐朝人最爱牡丹。李白给杨贵妃写过一首诗，用牡丹花去夸她，说“云想衣裳花想容”，云都羡慕她的衣裳，花想的都是她的容颜。牡丹的花朵很大，杨贵妃的脸盘也大。唐人觉得，杨贵妃那样的胖美人才是美女，牡丹那样的胖花朵才是最美的花。唐人以胖为美。

宋朝人也喜欢牡丹，但慢慢发生了一些变化。从北宋开始，有一种花朵，不声不响地逐渐占满了文人的心。林逋、苏轼、秦观都很喜

卢梅坡到底更爱雪，还是更爱梅？

欢梅花。尤其到了南宋，很多诗人、词人、文人给自己起“号”，都跟梅有关系。比方说有人自号“梅亭”，小亭子；有的是“梅峰”，小山峰；“梅津”，津是渡口、码头；“梅溪”，溪水边有梅花；“梅坞”，庭院围栏里都是梅花；“梅谷”，住在满是梅花的山谷里面去了；“梅崖”，山崖上有梅花；“梅村”，一村子都是梅花。南宋人太喜欢梅花了，所以给自己起外号，总爱带个“梅”字。

这么多宋朝人都爱梅，卢梅坡也不例外，号“梅坡”。下面我们来读一读梅坡是如何写梅花的。

第一句“梅雪争春未肯降”，开篇就是拟人。梅和雪就像两个人一样，在“争春”。雪是春雪，梅是报春之梅。毛主席有一首咏梅花的词，“俏也不争春，只把春来报”，就是写的报春之梅。这时候的梅花，与春雪在那争执，你不降我，我也不降你，相互不服输，就叫“未肯降”。

它们在争什么呢？就是比谁美。谁来给它们做裁判呢？当然是写梅、写雪的文人墨客了，所以说“骚人阁笔费评章”，“骚人”就是文人墨客。伟大的诗人屈原写过一篇作品叫作《离骚》，后来文人、诗人都被称作“骚人”。所谓“风骚”，“风”是《诗经》里的“国风”，“骚”是《楚辞》里的《离骚》。“阁笔”，就是搁笔，把笔放下了。“评章”，就是评论。“费评章”，说明评论很难，评不出来，所以才会搁笔不写了。但是，他如果真搁笔了，我们就看不到这首诗了！

于是他又拿起了笔，又写了两句，这两句就有名了，叫“梅须逊雪三分白，雪却输梅一段香”。梅花跟雪相比呀，没有雪那么白，所以要少它三分白；雪呢，跟梅相比，也有个地方不如梅，因为梅是香的，雪没有香味。

大家有没有读过王安石的《梅花》？王安石说，“遥知不是雪，为有暗香来”。他看着白花花一片，知道不是雪，因为有暗香袭来，梅是香的。在王安石看来，估计梅花远胜过白雪吧！

那么，卢梅坡觉得到底是梅花美还是春雪美呢？“三分白”，意思是欠一点儿，只是稍微逊色一点儿。但是“一段香”，雪却是完全没有的。我们从这个比评之中可以揣测，诗人最终还是偏向梅花的。

不过，从字面来看，春雪和春梅是平分秋色的，各有各的美。所以，这首诗最后到底是想讲一个道理，还是想说自己的一个结论呢？其实都有合理性。如果说是在讲道理，意思就是，梅和雪各有优长，你有你的香，我有我的白，这就是“尺有所短，寸有所长”的道理。如果说这首诗最后是想提出一个结论，那我们只能认为，他应该觉得梅花更美一些。

自古以来，咏梅、咏雪的诗确实太多了。比如较早的咏梅诗，是南朝何逊写的《扬州法曹梅花盛开》。“衔霜当路发，映雪拟寒开”，写的是霜雪之中的早梅在路边开放。

扬州法曹梅花盛开

南朝梁·何逊

兔园标物序，惊时最是梅。
衔霜当路发，映雪拟寒开。
枝横却月观，花绕凌风台。
朝洒长门泣，夕驻临邛杯。
应知早飘落，故逐上春来。

咏雪诗也非常多。有一个著名的故事，见于《世说新语》。东晋有位才女叫谢道韫。别人说，我来咏个雪吧，打个比方说“撒盐空中差可拟”，就像撒了一把盐到空中一样。这个比喻我们现在想想，好不好？谁下雪跟撒盐似的？那是小冰雹呀！

真正的雪是什么样子？才女谢道韫就说，“未若柳絮因风起”。春天柳絮飘起来的时候，纷纷扬扬的样子，更像是雪。她用春天的景色比喻冬天的雪，会让人感到新奇和温暖。所以这句“柳絮因风起”，就成了咏雪名句。后来人们要夸赞才女，也会说她有“咏絮之才”。

出塞

唐·王昌龄

> **秦时明月汉时关，万里长征人未还。**
> **但使龙城飞将在，不教胡马度阴山。**

诗题叫《出塞》，其实是歌曲的名字。唐朝流传着很多边塞战歌，主要是吟咏边塞生活、战争岁月。比如《前出塞》《后出塞》《塞下曲》《塞上曲》，其实都跟《出塞》这首歌有关系，是从它引申出来的。

王昌龄这首《出塞》历来被人们捧得非常高，说它是“唐人七绝第一”，也就是说在七言绝句这样一种诗歌体裁里面，它是老大，甚至超过李白、杜甫、杜牧写的那么多伟大的七绝。为什么被人如此称道呢？因为它的思想境界和艺术技巧都十分高妙，需要仔细品读。

第一句上来就气度非凡，“秦时明月汉时关”。你不是唐朝人吗？那就写唐朝的边塞是什么样子呀！但王昌龄不写。他也不写唐朝人是怎么打仗的，也不写秦朝人、汉朝人是怎么打仗的，他只写了两样静止的、没有生命的东西——“明月”和“关”。“关”就是边关要塞。秦代的明月，今天仍然能看到它，明月是永恒的。汉代的关塞建筑可能没了，或者只剩断壁残垣，但是这个重要地点还在。“明月”和“关”，都有悠久的历史，它们都是静静地看着一代又一代的战争不断发生，一代又一代的战士不断死亡，又不断地卷土重来，继续打仗，继续死亡。这里面包含着无限的时间。

诗人做了一个技巧上的处理。他说“秦时”“汉时”，连续用了两个“时”字，形成一种重复的节奏。重复之中是有深意的。他想说的是，“秦时”与“汉时”是彼此交织、相互呼应的。秦时也有明月也有关，汉时也有明月也有关。这样一来，他省去了很多文字。这句话如果说完整了，应该是：秦朝的时候，明月照关塞；汉朝的时候，也是明月照关塞；唐朝的时候，还是明月照关塞。从古至今，总是得打仗啊！从秦朝打到唐朝，人类的战争就是这么无休无止。我们再继续想：秦时的明月照着秦时的关；汉朝的关既被汉代的明月所照耀，也被秦时的明月所照耀；而唐朝的关，则被秦朝、汉朝、唐朝的明月所照耀。所以，通过“秦时明月汉时关”这样一个高度压缩的句子，诗人让“明月”和“关”之间产生了丰富的联想关系，可谓事半功倍。

这种手法有一个专门的术语，叫作“互文”，即两个词或两层意思能够彼此说明、相互补充。互文在诗词里很常见。比如杜牧《泊秦淮》的第一句，“烟笼寒水月笼沙”。两个“笼”字也制造出了互文的关系：雾气一方面笼着寒水，一方面也笼着沙；月光既笼着沙，同时也笼着寒水。雾气、月光、寒水、河沙，这四样东西之间是交相辉映的。一句之间包含着两句，甚至可以说包含着四句，各种各样的事物之间发生了复杂的联系。

再比如柳永《望海潮》写杭州美景，说“三秋桂子，十里荷花”。“三秋”说的是季节，是时间；“十里”说的是场面，是空间。这两句也是互文的。他的意思是，秋天到了就会有大片大片的桂花，夏天到了就会有大片大片的荷花。这样一来，时间和空间交相辉映。读者稍一联想就能明白，一年四季杭州西湖都有美景，一年四季的美景都是大片大片、铺天盖地的，都能让人徜徉其中不能自拔。

人类的最高理想，是互不侵犯，各自安居。

我们再回到“秦时明月汉时关”。北方边疆的战争，秦朝打，汉朝也打。秦朝时修筑长城，就是为了防御北方的侵略，汉朝时也曾跟匈奴人发生很多战争。秦人曾经击退匈奴七百余里，乃至匈奴都不敢南下牧马。汉人则更彪悍，李广、霍去病、卫青、窦固、窦宪，这些人都让匈奴人闻风丧胆。所有这些历史画卷，都被压缩在一句“秦时明月汉时关”之中。

第一句包含了无限的时间，而第二句“万里长征人未还”，则包含了无限的空间。王昌龄有一首《塞下曲》是这么写的，“纷纷几万人，去者无全生”，可以跟这句互相参照来读，都凸显了战争的惨烈、残酷。他说“万里长征人未还”，在无限的空间之中，人走了很远，却回不来，正是“可怜无定河边骨，犹是春闺梦里人”！所以，“万里长征人未还”跟“秦时明月汉时关”之间，仍然形成了一种交相辉映的关系。诗人想告诉我们，战争在无限的时间和无限的空间中都是绵延不绝的。前两句呈现出一个无穷无尽的战争世界。

陇西行

唐・陈陶

誓扫匈奴不顾身，五千貂锦丧胡尘。
可怜无定河边骨，犹是春闺梦里人。

正因为有这样无穷无尽的、惨烈的、让人绝望的战争世界，才会催发出后面两句高远而强烈的理想，叫“但使龙城飞将在，不教胡马度阴山”。“龙城飞将”，说的是卫青和李广两个典故。《汉书》里记载，卫青曾经攻打匈奴一直打到笼城。“笼”有时也写作“龙”，读音相近。这场重要的战役被后人所纪念，这是第一个典故。第二个典故与李广有关。李广把匈奴人打怕了，所以匈奴人把李广称为“汉之飞将军”。“龙城”说的是卫青，“飞将”说的是李广，合在一起就成了“龙城飞将”。也有学者说，“龙城”指的是匈奴祭天的地方，对于匈奴人来说意义极为重大。

直捣龙城，意味着彻底摧毁匈奴的军事力量，取得决定性的胜利。总之，我们可以把“龙城飞将”看成是泛指汉代名将。

王昌龄感慨，如果有像汉代名将一样的超级英雄出现在我们唐朝，就一定能够直捣龙城，击败北方的侵略者。“不教胡马度阴山”，即不让侵略者的兵马度过阴山。北朝民歌《敕勒歌》里说“敕勒川，阴山下”，说明北方游牧民族都居住于阴山附近。本来他们会度过阴山侵略我们，现在把他们打回老家去，打得远远的，让他们不敢再南下侵略。那样的话，阴山就变成了一条清晰的分割线，分割出两个民族、两个地区，彼此相安无事，多好！

相安无事，是需要强大的军事力量来支持的。古来如此，今天也是如此呀！我们的国家如果没有强大的军事力量，没有导弹、战斗机、航空母舰来保护领土、领海、领空，那么侵略者就会突破各种各样的底线，不断骚扰、欺负我们。国家总是要表彰“两弹元勋”，就是因为这些伟大科学家的智慧和奋斗，为我们的和平生活提供了最高保障。我们一定要明白，制造原子弹、导弹、战斗机的科学家们，不是战争狂人、武器狂人。他们制造出杀人武器，目的是为了永远不使用它们！

同样道理，王昌龄赞美汉代的“龙城飞将”，也不是想夸耀他们的杀人能力，而是想表达古往今来一切人类的最高理想：彼此分割清楚，互不侵犯，各自安居。怎么才能促成这样的结果呢？需要有英雄出现。让英雄震慑住敌人，让敌人不敢来犯，让我们的人民能够安居乐业，让万里长征的士兵能够回家，让目睹了古往今来那么多战争的明月和关塞，也能安静、安心。

这首《出塞》，从整体来看气势非常恢宏，境界非常崇高。它起笔就很高，先定一个高调：战争从秦时、汉时，一直打到唐时。然后写“万里长征人未还”，时间写完了再写空间。无穷无尽的时间和空间中，有无穷无尽的战争。这样惨烈的战争，谁能够把它消灭掉？谁能够让它停止啊？我希望有伟大的英雄出现。当时的汉朝人就是借助英雄的努力，赢得了暂时的和平。那么唐朝人能不能赢得和平呢？能不能再出现这样的英雄呢？第三句形成了一个顿挫，卖了一个关子，说如果有超级英雄出现，会怎么样呢？最后一句提出最高理想，“不教胡马度阴山”，就是彼此相安无事，你也不敢来，我也不打你。这是中国人自古以来的理想：人不犯我，我不犯人！

延伸阅读

长征

毛泽东

红军不怕远征难，万水千山只等闲。
五岭逶迤腾细浪，乌蒙磅礴走泥丸。
金沙水拍云崖暖，大渡桥横铁索寒。
更喜岷山千里雪，三军过后尽开颜。

凉州词

唐·王翰

葡萄美酒夜光杯，欲饮琵琶马上催。
醉卧沙场君莫笑，古来征战几人回？

王翰的《凉州词》，情感内涵非常复杂，里面包含的事物、名词也很多。大家看前两句，有葡萄酒，有夜光杯，有琵琶，有马，纷纷扰扰，都呈现出来。我们需要逐字逐句把它细细读一遍，学习文化知识，领会复杂情感。

我们先来看“葡萄美酒”。这个短语的意思不是葡萄和美酒，就是指葡萄酒。在当时的凉州（今天的甘肃武威市），在边塞、战场上，有没有可能出现葡萄酒呢？葡萄酒当然是从葡萄中酿出来的。但葡萄并不是中原本来就有的，而是汉代张骞出使西域时引进的水果品种。不过，那时候还只是把它当水果吃，而且它只种植在长安宫廷里。到唐代，唐王朝的势力很大，扩张到了伊朗人、突厥人的领土。在当时的西域，也就是今天的新疆，有一个国家叫高昌国，那里盛产葡萄。在它被唐王朝所征服之后，高昌国的葡萄、葡萄酒，还有酿造葡萄酒的技术，就慢慢传到了内地。

高昌古国，就在今天的吐鲁番附近。如果大家有机会去新疆玩，一定要到高昌遗址看一看，去吐鲁番的葡萄沟走一走。那里生长的葡萄，现在称作马奶子葡萄，古人则称作马乳葡萄，有碧绿色的，也有淡紫色的，是椭圆形的。大唐贞观年间，马乳葡萄传入长安。这种葡萄特别甜。你们现在去新疆吃马乳葡萄，或者吃马乳葡萄晒成的葡萄干，也会觉得非常甜。它的甜度高，所以适合酿酒。它传入长安之后，唐太宗还亲自参与了种植和酿酒，据说酿造出了八个品种的酒，用来广赐群臣。酒香扑鼻，芳香酷烈，整个长安城为之大醉。从贞观年间开始，葡萄酒就慢慢变成了很多唐朝人能够享用的一种美酒了。它在中原流传开来，甚至在当时的山西太原形成了葡萄酒生产基地，每年都要进贡给皇帝。

大家想一想，葡萄、葡萄酒是从新疆传到长安的。从新疆到今天的西安，需要经过哪里？需要经过甘肃。这首诗题为《凉州词》，很可能写的就是甘肃凉州的事情。凉州是当时的边关要塞、军事重镇，也是葡萄运输的必经之处。在一些重要的庆典场合，凉州军民会拿葡萄酒来庆祝、狂欢。据说当时的人们认为，这是一种能够引起无限遐想、非常宝贵和美味的饮料。虽然有这种酒，但是要喝上并不容易。所以《凉州词》所写的“葡萄美酒”，不是在普通场合喝的，一定是在大战前的饯别宴上喝的。它既体现了边境的风俗，即在重要场合喝葡萄酒，同时也预示了即将到来的战争可能十分重要。重要，便意味着会死很多人，会非常惨烈。总之，第一句里写的“葡萄美酒”，是真实存在的。

第一句又写了“夜光杯”，这就是假的了。当时的凉州军民不可能拿着夜光杯喝葡萄酒。为什么这么说呢？根据汉代一本叫《十洲记》的笔记记载，周穆王的时候，西域的胡人献给中原太子夜光杯，是用白玉之精做成的。如此贵重的杯子，怎么可能流传到边塞战士的手中呢？所以，夜光杯是假的。当时的将士们，估计就是拿着瓦盆、大碗喝酒，互相碰撞、敬酒，没准喝完就摔地上了。

那么，王翰为什么要写这个实际上并不存在的夜光杯呢？这是一种反衬，目的是为了渲染美酒。也就是说，好酒得配好酒杯，杯子越好，酒也就显得越好。你用可乐瓶喝葡萄酒，别人会认为你在喝果汁，这场面就太没意思、太没气氛了！如果大家用的都是夜光杯，就能反衬出这酒有多么美妙！酒如此美妙，也就意味着这个场合非常重要，意味着即将到来的战争非常惨烈。整个第一句所写的两件美好事物，一真一假，都是在给战争做铺垫。

第二句，“欲饮琵琶马上催”。“催”字有不同的解释。有人说是催战士喝酒，也就是说，弹奏琵琶是用来助兴的。第二种说法是催战士们赶紧喝酒，赶紧上战场。两种说法都有道理，我们也可以说，在一场宴会中，两种情形都有。先是用琵琶去助兴：大家痛饮吧，就这么多酒了，喝完我们就上战场！等到即将上战场的时候，当然就开始催促了：大家动身吧，酒都喝掉，跨上你们的战马，拿起你们的刀枪剑戟，我们奔赴沙场！所以，这个“催”字仍然像前面的“葡萄美酒夜光杯”一样，是在渲染气氛的热烈，去铺垫即将到来的战争的惨烈。无论是热烈的美酒，还是热烈的音乐，都不是没心没肺的寻欢作乐，而是悲壮的、最后的狂欢。

前面两句把气氛渲染到位了，接下来就要“直面惨淡的人生”了！诗人描写了一场充满戏剧性和震撼力的对话，“醉卧沙场君莫笑，古来征战几人回”！这是一次高度压缩的对话，其实只说出了一半。但我们从这一半可以猜测另外一半。诗人说的是，醉卧沙场的战士对着那些嘲笑他的人们说：你们不要笑，古来征战有几个人能回来？这句回答到底包含着怎样的情感？那个对他说话的人，到底说了什么？我们来揣摩揣摩。战士的情感真是极为复杂，可能包含四种心态。

首先，“醉卧沙场君莫笑，古来征战几人回”，是一句气话，是在回击那些嘲笑他的人。有人笑这个战士：别喝啦！你是不是胆小怕

战士奔赴沙场之前，百感交集，万箭穿心。

死，不敢打仗啊？你需要喝酒壮胆吗？战士就回击他：你别笑我，以后在沙场上打仗，咱们都死了，看你还笑不笑得出来！

接下来是第二种心态，即包含着一种绝望和悲凉。战士说：有什么好笑的？喝完这酒，咱们不就走向死路了吗？有几个人能活着回来呢？

第三种可能，它又包含了自我调侃在里面，意思就是：我都是快死的人了，你就不能让我再多喝一杯吗？

第四层意思，它又是一种誓言，一句豪言壮语。战士声若洪钟，气冲霄汉：你笑什么笑！我喝完这杯就上战场！我怕死吗？我从来不怕！我就没打算活着回来！自古以来有几个人能活着回来？

所以，最后这句“古来征战几人回”，可能包含四种心态。大家要知道，古人写诗是没有标点符号的。我们不妨想一想，“古来征战几人回”的句尾，应该使用什么标点符号呢？可以打个问号，可以打个句号，可以打个感叹号，也可以打一个省略号。百感交集，都在这一句诗里面。所以我说后面两句写了一场高度压缩、非常戏剧性、很有震撼力的对话。

整体来看，王翰这首《凉州词》的巨大魅力在于：他用前两句去渲染，去铺垫，后两句则呈现出非常戏剧化的爆发，爆发出来的情感是非常丰富、璀璨、悲壮的。不管从任何一个角度去理解，都可以感受到战士奔赴沙场之前的百感交集、万箭穿心。

别董大

唐·高适

千里黄云白日曛，北风吹雁雪纷纷。
莫愁前路无知己，天下谁人不识君？

这首七言绝句叫《别董大》，当然是一首送别诗。高适最擅长的题材是边塞诗，是写边塞风光、战争生活的诗作。除了他最著名的一些边塞诗之外，如果要选一首妇孺皆知的高适作品，恐怕非《别董大》莫属。在唐代所有的送别诗里，它可以算是最豪迈、最为振奋的一首。

这首诗写于高适年轻的时候，此时他还没有像以后那样做大官。在唐代诸多重要的诗人里面，高适可以说是官运最亨通的一位。他做过剑南节度使、刑部侍郎，都属于省部级高官。但是，写《别董大》时候的高适，还是一个小青年，没有职位，也没有工资，过着漫游的生活。

什么是漫游呢？很多唐代诗人在年轻的时候都喜欢到处走动，结交天下英豪，既是奠定社会关系基础，积累更多政治资源，同时也有求仙问道、游览山河的目的。有人在漫游的过程中就直接去边疆打仗了，弃文从武。如果立了军功，提拔就会很快。所以，唐代诗人在年轻时候的漫游生活中，常常会留下慷慨激昂的理想主义诗篇。《别董

两首《别董大》，一首写给知己，一首写给自己。

大》也是如此。当时高适写了两首《别董大》，我们通常看到的“千里黄云白日曛”是第一首。

下面，我们先看第二首：“六翮飘飖私自怜，一离京洛十余年。丈夫贫贱应未足，今日相逢无酒钱。”大家可能会大吃一惊：两首诗的差别怎么这么大！情调完全不一样，仿佛完全换了一个场合。

“六翮飘飖私自怜”，“翮”就是鸟翅膀上的羽毛。高适形容自己就像飘荡的飞鸟，顾影自怜。为什么呢？“一离京洛十余年”。离开大城市已经有了十多年的时间，漂泊在外，生活应该很贫苦。贫苦到什么程度？后面两句就揭示出来了，“丈夫贫贱应未足，今日相逢无酒钱”。大丈夫一时贫贱不算什么，但是我今天的处境实在有点丢人，有点惭愧。我遇见了好朋友董大，我要送他走，结果没有钱请他喝酒，没准最后还是董大掏的腰包。

为什么第一首《别董大》写得那么豪迈、乐观，第二首又写得那么颓唐、伤感呢？同一场合的诗怎么差异那么大呢？其实道理很简单。第一首诗是写给对方的，而第二首是写给自己的。这个时期，高适活得挺卑贱，没有什么地位。而对方，这个董大，可能比他更有名气，更有前途。

董大是谁？“大”是排行，说明此人在家族同辈人里面年纪最大。他原名叫董庭兰，是盛唐时期著名的音乐家。“天下谁人不识君”，尽管有夸张的成分，但是董庭兰绝对比当时的高适要有名气。另外一位诗人李颀写过一首《听董大弹胡笳声兼寄语弄房给事》。“房给事”就是房琯。从李颀的诗题里，我们可以知道一个信息：董大擅长演奏胡笳，曾经在房琯那里做门客。杜甫《江南逢李龟年》说，“岐王宅里寻常见，崔九堂前几度闻”。李龟年也是当时的著名音乐家，出入皇亲国戚、朝廷重臣的家中。董大虽然没有那么高的地位，但是谋一碗饭吃还是很轻松的。

明确这一点，我们才能推测高适的心态。他说“莫愁前路无知己，天下谁人不识君”，言下之意，天下人都认识你，可是谁认识我呢？所以，他一方面当然是在真诚地夸赞、祝福董庭兰，另一方面也是在为自己的遭遇发牢骚。第二首诗里他说“丈夫贫贱”，说“私自怜”，意思就是怀才不遇，颇为怜惜自己。

除了表达祝福和发发牢骚，高适说“莫愁前路无知己”还有一层意思，即他和董大可能是非常知心的朋友。他相信自己是董大最好的知己，尽管他跟董大的人生境遇有差距。他现在很贫贱，董大已经有一定名声了，但是高适丝毫没有嫉妒，更没有自卑。他既表明我们是知己，你我是难舍难分的，也坚信对方前途一片光明。在这个意义上，我们可以说董庭兰与高适的友谊是无比珍贵、极为健康的。

王维送别朋友元二，说“劝君更尽一杯酒，西出阳关无故人”。这个心理与高适相似，但是王维说得稍微凄凉一点儿，而高适说得非常雄姿英发。王维说“西出阳关无故人”，意思是以后没有我这个故人，可能就碰不到什么知己了。但是高适却对董庭兰说，别怕，还有无穷无尽的知己等着你。这是多么天真豪迈、潇洒不羁的心境！虽然我穷，虽然你现在比我有名，但是我真诚地祝福你，而且我非常珍惜我们的友谊。这是“君子坦荡荡”的胸怀，也是盛唐气象的表现。

以上粗略读了读两首《别董大》。从表面上看去，两首诗的情感差距很大，一首豪迈，一首伤感。可是细细揣摩，二者之间仍然有潜在的情感联系。

第一首诗虽然整体豪迈，但是不要忘了，第一句中还有一个“曛”字，表示日落时分光线昏黄。第二句又说“北风吹雁雪纷纷”，也给人一种凄寒、漂泊的感觉。前两句的景物描写，跟后两句的情感表达之间，其实是有一些落差的。为什么要写这些比较昏暗、压抑的景物呢？说明高适一方面坦荡荡地祝福对方前途光明，一方面心里难免有挥之不去的一层阴云。

第二首诗整体上好像很低落，但是后两句又明显有一种调侃的味道。高适是以大丈夫的心态调侃自己，说一时贫贱其实算不得什么，只不过现在贫贱得有点过分了，实在太穷了！为什么有心情自我调侃，而不是“寻寻觅觅、冷冷清清、凄凄惨惨戚戚”呢？原因在于自己虽然贫贱，但是一想到有董大这样的知己，就颇感安慰。

我们还可以猜想，董大被祝福的同时，是不是也有可能反过来祝福高适？高适对董大说：“莫愁前路无知己，天下谁人不识君！”那董大可能会回答高适：别担心，现在虽然没有人认识你，但是你要把眼光放长远，“大鹏一日同风起”，你就会“扶摇直上九万里”了！

两个人的知己之情贯穿在两首诗中，使得第一首虽然豪迈，但是也包含着一种自怜；第二首虽然自怜，却又包含了一丝豪迈。两相对照，我们才能把高适的情感完整地读出来。他的心情非常复杂，可以说是百感交集。他既感慨自己不被人知晓，过得这么差，混得这么惨，同时又真诚地欣赏对方，赞美对方，祝愿对方，并且非常珍惜彼此的友谊。

甚至我们可以猜想，高适或许还有这样的心思：董大呀，你现在出去以后会不会名声越来越大呢？到时候，“苟富贵，勿相忘”啊！如果有机会，别忘了提携提携我啊！如果有这样一层心思在里面，我们可能更容易理解他为什么要说“天下谁人不识君”了：这既是对对方的祝福，也是对自己的祝福。

两首《别董大》合在一起，真可以说是送别诗中的千古绝唱。它们既很豪迈，又很真实。我们读了第二首，反过头来再读第一首，才会读出豪迈背后的百感交集。这是盛唐人的可爱之处：他们并不喜欢粗犷地叫嚣，而是从内心深处真挚地挥发豪情。这份豪情并不是没有悲伤，没有凄凉，没有调侃，而是一股脑儿都呈现出来堆在你面前，让你感动，让你振奋，让你陶醉。

最后，我还想再说说“天下谁人不识君”的豪迈气象。这气象背后，是有一个辽阔的大唐帝国版图作为支撑的。试想一下，如果是一个南宋诗人去写的话，可能就没有这样的气概了。南宋时只有东南那么一小块地方，过了淮河就不是自己的土地了，谁还敢说“天下谁人不识君”呢？而唐朝不是。你即使跑到边关大漠去，也还是大唐国土的范围。所以唐人心中都有一幅巨大的帝国版图，这幅版图决定了唐代文学拥有着博大的气象和宽广的情怀。

十五夜望月

唐·王建

中庭地白树栖鸦，冷露无声湿桂花。
今夜月明人尽望，不知秋思落谁家。

诗题提供的信息非常明确——“十五夜”，就是八月十五中秋夜。诗人在干吗呢？“望月”，看月亮。有的版本中，诗题还多了几个字，即《十五夜望月寄杜郎中》。信息就更丰富了，说明这首诗是望月怀人的，有思念的对象。中秋是团圆的节日，人们在赏月的时候，如果不能见到想见的人，最容易产生离别之苦、思念之情。

在众多描写中秋的诗词里，王建这首诗算不上最有名，也不能说是最典型。它并没有把思念的情感充分、强烈地表现出来。苏东坡《水调歌头》说“但愿人长久，千里共婵娟”，读起来让人心潮澎湃，这是典型的中秋情绪。而王建这首诗，比较含蓄、内敛，它主要通过一些景物细节，去展现内心静静流淌的情绪。

第一句“中庭地白树栖鸦”，上来就写得比较隐晦。“中庭地白”，地为什么会白呢？在中秋之夜，诗人没有直接描写月亮，而是把月亮藏在景物里面。“中庭”，就是庭中。庭院中间有一大片空地，都是白花花的。为什么会白花花？因为月光照耀平地，呈现出水面一样亮闪闪的感觉。

苏东坡有一篇小文章《记承天寺夜游》，写过类似的感觉。他有一天晚上睡不着，也没人陪他玩，就去承天寺找好朋友张怀民。正好张怀民也没睡着，两个人就在庭院中散步。此时他看到的景色是，

“庭下如积水空明，水中藻荇交横，盖竹柏影也”。月光照在庭院的空地上，好像积了一摊安静的水面，非常清澈透亮。水中有水藻，有荇菜，斑驳摇曳，交织在一起。那我们就得问了，这明明不是水，就是月亮的光影，怎么可能有水草呢？紧接着苏轼就给出了解释，“盖竹柏影也”，意思是刚才恍惚之间觉得是水草的那些影子，其实是庭院中竹子、柏树的投影。月光如水，那么树影就如同水草。这个联想非常机智，非常有趣。苏轼真不愧是一个画家，对于形态、空间、光影的变化，都很敏感。

本诗的第一句中还包含一个景象，叫“树栖鸦”，这也是侧面描写。乌鸦很安静，说明什么呢？说明月色也很安详。乌鸦对光线很敏感。如果有风有云，造成月光不断变化，乌鸦可能就会嘎嘎乱叫，扑腾乱飞。现在，乌鸦安静地栖息在树上，可见月色静美。大家看，第一句七个字，没有提过“月”，但其实处处都有月亮。

第二句也是同样的构思：不直接写月亮，写月下的景象。“冷露无声湿桂花”，表面上看写的是桂花，点出季节，即中秋时节。桂花在中秋开放，飘香十里。王建说“冷露无声”，说明他很想用听觉去感受露水。孟浩然有句诗“竹露滴清响”，竹叶上的露水往下滴，滴到水池里，发出清脆的响声。这里，王建特意说“冷露无声”，是强调露水安安静静地凝结在桂花上，天气很清寒，露水不会滴下来。南宋词人姜夔的《扬州慢》里说，“波心荡，冷月无声”，其实化用了王建的“冷露无声”。两位诗人，都将“冷”与“无声”联系起来，让触觉与听觉交互影响，就会给人更冷、更安静的感觉。

露水凝结在桂花上，诗人写这个场景，与月亮有关系吗？白居易

中秋之夜，露水打湿了月色，相思落在了谁家？

《忆江南》说“山寺月中寻桂子”，既是写月光下在寺庙里赏桂花、闻桂花，同时也在写赏月。因为月亮中的影子，常被古人想象为桂树的样子，于是便认为月宫中也有桂花。同样的道理，王建说“冷露无声湿桂花”，既是写人间的桂花，也是写月亮上的桂花。换句话说，露水仿佛打湿了月色。

读到这里，我们会感觉到诗人的不动声色，好像非常安静。但在安静的氛围中，又隐隐透露出了一种孤独，一种冷清。诗人不提“月”，但处处都在写月，这是一种高妙的写法。诗人也不抒情，但是处处有情，情感都在细节里面。月光很安静，栖鸦很安静，露水很安静，桂花也很安静，一切都很安静。于是我们不禁要追问了：中秋节不应该是热闹、团圆的吗？你怎么过得这么安静？安静得太过分、太反常了吧！

过度的安静，往往意味着孤独。于是就引发了后面两句的抒情，“今夜月明人尽望，不知秋思落谁家”。大家注意，“月”出现了，“人”也出现了，情感也终于表达出来了，就是“秋思”。“秋思”，即秋日的思念，这里特指中秋之夜的思念。诗人问自己，也问天，问大地：不知道在这样的中秋明月下，谁家在思念远方的亲人呢？或者说，谁在看月亮的时候，陷入了沉思，陷入了怀念之中呢？他的措辞很婉妙，不说“谁家有秋思”，而是说“秋思落谁家”。“秋思”犹如月光，落在家家户户，落在很多人的心里。

读完最后一句，我们再回头看前两句，会发现一切景物里其实都包含着“秋思”。庭院里，栖鸦旁，露水中，桂花上，以及笼罩这一切的月光下，处处都有“秋”，处处都有“思”。“秋景”“秋月”“秋思”，三者紧密不可分，浑然一体。这些景象与情绪，不仅是诗人自己的所见、所感，而且是中秋之夜很多人的所见、所感。所谓“人尽望”“落谁家”，就是想描写“同一个世界，同一个梦想”。《春江花月夜》里说，“谁家今夜扁舟子？何处相思明月楼”，也呈现了相似的画面。

总而言之，这首《十五夜望月》，句句紧扣题目中的“望月”，句句蕴含着“十五夜”的普遍感受。我们可以说，它处处写月，处处写秋思。

延伸阅读

春江花月夜

唐·张若虚

春江潮水连海平，海上明月共潮生。
滟滟随波千万里，何处春江无月明。
江流宛转绕芳甸，月照花林皆似霰。
空里流霜不觉飞，汀上白沙看不见。
江天一色无纤尘，皎皎空中孤月轮。
江畔何人初见月？江月何年初照人？
人生代代无穷已，江月年年只相似。
不知江月待何人，但见长江送流水。
白云一片去悠悠，青枫浦上不胜愁。
谁家今夜扁舟子？何处相思明月楼？
可怜楼上月徘徊，应照离人妆镜台。
玉户帘中卷不去，捣衣砧上拂还来。
此时相望不相闻，愿逐月华流照君。
鸿雁长飞光不度，鱼龙潜跃水成文。
昨夜闲潭梦落花，可怜春半不还家。
江水流春去欲尽，江潭落月复西斜。
斜月沉沉藏海雾，碣石潇湘无限路。
不知乘月几人归，落月摇情满江树。

独坐敬亭山

唐·李白

众鸟高飞尽，孤云独去闲。
相看两不厌，只有敬亭山。

李白的《独坐敬亭山》，是一首非常短小的作品，但名气非常大。就因为这首诗，敬亭山也变得家喻户晓了。敬亭山在哪里呢？在安徽省宣城的城北。其实这座山远不如黄山、庐山那么秀美，也不像泰山、华山那么有文化意味。它不是高山峻岭，只是一些小丘陵。

南朝时期有一位著名诗人谢朓，是李白非常崇拜的偶像。李白写过一首《宣州谢朓楼饯别校书叔云》，里面提到"蓬莱文章建安骨，中间小谢又清发"。他说我喜欢汉代的文章，喜欢建安时期的诗歌，比如曹操、曹植的作品，我还喜欢"清发"的"小谢"，就是谢朓。谢朓的诗非常善于描写山水，风格秀丽，语言清爽。他在宣城做过官，也游玩、描写过敬亭山。

李白的《独坐敬亭山》写得太简略，实在看不出风景如何。那么我们先来读一读李白的偶像谢朓所写的一首《游敬亭山》，窥测一下敬亭山的本来面目。这首诗比较长，我们只读其中一小部分。他说"兹山亘百里"，就是绵延百里，波澜起伏，这句写得很真

当孤云缓缓离去，李白终于等到了幸福的二人世界。

实。又说“合沓与云齐”，说它高耸入云，这就有点夸张了。我们现在去敬亭山看看就知道，它的海拔高度只有两三百米，真的就是丘陵。

谢朓继续写，“隐沦既已托，灵异居然栖”。意思是很多隐士、精灵、神仙都喜欢在这座山里出没、栖息。之后他在山里游玩，从山谷里往上一看，看见“上干蔽白日”，形容山势险峻，连着白日。往下一看，看见“下属带回溪”，就是溪水曲曲弯弯。他继续写，“交藤荒且蔓，樛枝耸复低”，越写越细了。山里面的植物非常茂盛，各种藤条交织着、蔓延着，树枝形状怪异、有高有低。这是谢朓眼中的敬亭山。他写得很具体、很细致。

回头再看李白《独坐敬亭山》，只有二十字。我们来尝试找一找，里面有没有具体的描写？李白写了什么鸟？“众鸟”，就是很多鸟。什么云？“孤云”，就是一朵云。很多鸟，一朵云，岂不是到处都能看见？李白完全不加修饰，不加刻画，不加描写，好像说了两句废话。

那么，李白“独坐敬亭山”，到底在看什么？谢朓写得那么细致，李白到底想写敬亭山的什么景色、什么特点呢？事实上，李白所关注的不是敬亭山具体的风景，而是整座山的一种精神，一种气质。这个精神和气质未必是敬亭山所独有的。你要是现在去敬亭山旅游，想感受一下“相看两不厌，只有敬亭山”，估计根本抓不住李白的重点，不知道他到底“看不厌”什么。

我们得回到题目来，《独坐敬亭山》。他其实已经告诉你：我想写的不是山本身怎么样，而是我和山的关系怎么样。在这种关系中，我才能体察到别人看不到的山的气质和山的灵魂。

顺着“独坐”往下看，我们才能获得解诗的钥匙。“独坐”，意思是只有我一个人，所以上来就写“众鸟高飞尽”。柳宗元《江雪》是怎么写的呢？第一句写“千山鸟飞绝”。他要把世间万物都排除干净，最终只剩下一个“孤舟蓑笠翁”。李白上来也是这样写，“众鸟高飞尽”。他看到群山之中有群鸟飞翔，它们要飞到什么地方？飞到看不见了，全部无影无踪，世界归于清静。大家看，鸟都绝迹了，何况人呢？李白的潜台词一定是，人早就走空了。我没有带朋友，也没有朋友想过来找我，只有我在空山之中独来独往。

第二句，“孤云独去闲”。有生命的东西都没了，人也没了，鸟也没了，猩猩、猴子那些东西也看不见。但还有一个东西仍然存在，一个无生命的东西在那里飘浮，就是“孤云”。我们可以说“孤云”是李白自己的象征，也可以说它是这个世界上剩下来的最后一个“第三者”。为什么说它是“第三者”？另外两者是谁呢？就是“我”和“敬亭山”。

李白说，我独坐在敬亭山上，先把人看没了，然后把鸟看没了，最后还是觉得有一个事物横亘在我和敬亭山之间。这个事物，或许就是我自己的一种牵挂，一种执念。云很孤独，说明不是满天云雾，云也都散了、没了，就剩最后这么一朵孤云，一丝牵挂。当“孤云”终究也“独去”了，也消失了，那么世界上真的就只剩下我和敬亭山，再也没有任何“第三者”。注意，“孤云独去闲”的“闲”字，本义有宽绰、宽敞的意思，后来引申为心情宽绰、悠闲自在。所以，“孤云独去闲”既包含空间的无限感，也包含心情的悠闲感，它既是写景，也是写心。

当“孤云”缓缓离去之后，李白终于等到了幸福的二人世界，即“相看两不厌”。“相看”，就是你看看我，我看看你。他把敬亭山想成一个和自己一样的人，就好像在照镜子。我看着敬亭山说：你是多么孤独、清静、沉默！敬亭山也看着李白说：你也是如此孤独，如此清静，如此沉默啊！两个人并没有发出任何声音，而是在用灵魂交流。

灵魂一旦交流起来，会是什么状态呢？是“两不厌”，即永远不满足、不厌倦，永远在互相观看、互相欣赏、互相赞美。

这两个家伙是多么自恋啊！一个叫李白，一个叫敬亭山。两人相对而坐，我看看你，哎呀，你真美，这世上就你最懂我。你看看我，也是一样的心情。所以最后一句说，“只有敬亭山”。你能让我看这么久，还那么喜欢，我能让你看那么久，你还那么喜欢。普天之下，居然有两个人能如此相互欣赏，多么幸运啊！言外之意，其他那些人、那些事我都看不上。反过来也是一样，其他那些俗人、俗事，敬亭山也很厌倦。由此可见，这首诗写得多么孤独，但又多么热烈！那么骄傲，但又那么冷清！这就是李白精神世界的缩影。

李白在另外一首诗里说，“我本不弃世，世人自弃我”。李白非常骄傲，一方面朋友很多，一方面他又不断得罪很多人；一方面他自视甚高，一方面又总是觉得无人赏识。他发牢骚说：我并不想弃世，不想变得这么孤独，是你们让我变得孤独！我想干很多宏伟事业，你们不让我干，你们漠视我、排斥我！这就叫“世人自弃我”。

他还有一首名作叫《月下独酌》。“花间一壶酒，独酌无相亲”，说我拿着一壶酒，没有人和我亲近，陪我喝酒。怎么办？只能精神分裂了！于是“举杯邀明月，对影成三人”，把明月叫过来，再喊个影子过来，让它们陪我喝酒！在《月下独酌》里，明月和影子就像敬亭山一样，成为世界上唯一陪伴他的事物。这个事物，说到底就是李白自己人格的镜像。

总之，李白“独坐敬亭山”，看的不是敬亭山，而是自己；他永远欣赏、永远不厌倦的，不是敬亭山的风景，而是自己的人格。在这个意义上，敬亭山长什么样子已经完全不重要了。

我们读李白的山水诗，应该时常会感受到李白自己的无处不在。他写峨眉山月，写庐山瀑布，写敬亭山，乃至写孟浩然、杜甫、谢朓，都不是在客观地描绘山水风景、人物关系，而是抒发自己内心的情感，刻画和塑造自己的人格。我们可以说，李白所写的一切，其实都是在写他自己。他所写的一切，都是那么活泼、天真、充满生命力、充满魅力，因为他本人拥有令人神往的灵魂。

乡村四月

南宋・翁卷

绿遍山原白满川，子规声里雨如烟。
乡村四月闲人少，才了蚕桑又插田。

这首诗描写的是乡村四月的景色和人物活动，可以说是一幅“乡村农桑图”。作者翁卷，字续古，还有一个字叫灵舒。他是永嘉人，就是今天的浙江温州。

中国古代很多诗人经常被归类于一些小群体里面。就像现在很多歌手，出道的时候属于某个“男子天团”“女子组合”。这些“天团”“组合”里的艺人，一定有一些相似的特点，关系不错，或者风格接近。翁卷在南宋末年的时候，就属于当时一个“诗歌小天团”。这个“天团”成员有四位，都是永嘉人，是老乡，被称作“永嘉四灵”。是不是挺霸气？

为什么叫“四灵”呢？怎么不叫“四才子”之类的呢？前文说了，翁卷的字是灵舒。“四灵”中剩下的三个，一个叫徐照，他的字是灵晖；一个叫徐玑，字是灵渊；还有一位叫赵师秀，号灵秀。你看，灵舒、灵晖、灵渊、灵秀，多么整齐啊！有没有人想起说相声的德云社啊？德云社里的演员，有“德”字辈，有“云”字辈，有“鹤”字辈。翁卷他们四个人的字号里都带一个“灵”字，所以叫“永嘉四灵”。

以后你们要看到这么一个称号，不要觉得奇怪。他们不是四个小精灵、小妖怪，是四位温州诗人。这四位写诗的风格也确实有相似的地方，都喜欢写风景、山水、风俗这样一些比较轻松的题材，用字造句也比较容易理解。

翁卷这首《乡村四月》，是如何描写乡村中的四月风光的呢？第一句“绿遍山原白满川”，“绿”和“白”很有意思。他其实是想让我们猜谜语，“遍山原”的是什么？“满川”的是什么？我们看了后面“乡村四月闲人少，才了蚕桑又插田”，知道这个“绿”可能是树，但更有可能是稻田、桑田。那么“川”是什么？川是水，这个“白”是水的白，是清澈、明亮的意思。大家想一想，如果他写成“田遍山原”或“树遍山原”，好不好？下面他也不说“白满川”，说“水满川”好不好？

我们比较一下就能看出来了。直接说“田遍山原”“水满川”，非常死板。我们知道，“水”“田”都是一些很抽象的概念，水就是一种物质，田就是一种地貌。诗人不说破，而是绕个弯子，说这种事物的性质，叫“绿”，叫“白”。这样既引发了一些猜测，让我们读诗的时候增加了一些趣味，同时也把那种绿色与白色交织的画面直接呈现到读者面前了。

再举个例子，唐代大诗人李贺形容天空，不直接说天空，他说“圆苍”。“苍”就是青色、蓝色，又圆又蓝，这就是天空。同学们以后写作文时也可以尝试这种写法。每当你去说一个事物，比如说今天去看了一个池塘，你就想一想是什么样的池塘？碧绿的，清澈的，幽深的，明亮的，暖洋洋的，晃悠悠的，等等。池塘边有一棵树，它有什么样的叶子？细叶，圆叶，黄叶，还是嫩叶？多想一些形容词，从各种角度去描述景物，你的文章就会变得生动起来。

在山水美景之中，人们辛勤地劳作。我们永远要尊重农民，尊重劳动。

下面再回到《乡村四月》，第二句写“子规声里雨如烟”。子规就是杜鹃。古人用“不如归去”这四个字来形容杜鹃的叫声。这是古人天真烂漫的一面！他们经常把鸟的叫声“翻译”成一些有意义的短语，比如杜鹃的叫声就是“不如归去”，意思就是快回去吧；鹧鸪的叫声就是“行不得也哥哥”，意思就是走得好艰难啊！很多人听到、看到杜鹃时就会想，我是不是该回家了？别再做官了，回家吧！

在清脆、响亮的“不如归去”的杜鹃声里，却是“雨如烟”，这一句与“白满川”是相照应的。“满川”说明水涨起来了。水为什么会涨起来？因为雨下得多，杜鹃就在雨中啼叫。雨下得很细，又很密，千丝万缕飘在田间，犹如飘来云雾，就叫“雨如烟”。

接下来，“乡村四月闲人少，才了蚕桑又插田”。“四月”，说明已经到了初夏。春雨已经下了好多，一直下到夏天。温州靠海近，春夏时候雨水充足。在绵绵细雨的乡村四月，人们都闲不下来，都忙碌在田间，又是“蚕桑”又是“插田”。“蚕桑”就是指种桑养蚕。古人种桑树，用桑叶去喂养蚕，然后让蚕去吐丝，用蚕丝去织布；“插田”，就是把稻子的秧苗一根一根插到水田里。趁着雨水充足，乡村百姓要多种桑树，多插稻秧，这样等到秋天收获的时候就有吃有穿了。乡村的农业生产是非常辛苦的，这首诗除了描写辛苦，还传达出了一种劳动的美。它写出了人与自然的和谐统一：在山水美景之中，人们辛勤地劳作。

这首诗没有太多深意，就是描写乡间生活，这在中国古代诗歌中是一种特殊的类型，叫田园诗或乡村诗。很多诗人，除了吟风弄月、饮酒弹琴，还会关注广大百姓的生活。

比如说南宋诗人范成大，写过几十首描写田园生活的作品，叫《四时田园杂兴》，后面我们会讲“昼出耘田夜绩麻”等好几首，这里先读一首：“新筑场泥镜面平，家家打稻趁霜晴。笑歌声里轻雷动，一夜连枷响到明。”

第一句“新筑场泥镜面平”，说在稻田边上铺了一块平地。平地用来干什么呢？是用来打稻谷的。要把它弄得很平整，像一面镜子一样。然后是第二句“家家打稻趁霜晴”，“霜晴”就是秋天晴朗的日子。秋天收获的时候，最怕下雨，雨水会把庄稼都泡烂了。一到晴天，人们就赶紧把稻谷收上来，然后打稻子。为什么要打呢？就是用各种器具捶打稻子，让稻米跟稻壳脱离。现在我们有脱粒机，做这项工作就很容易。大家可以去看超市里卖的米，都是脱完粒的，白白嫩嫩的。白米的外面本来是有一层壳的，这层壳你得把它砸下来，趁着晴天赶紧砸，这就叫“家家打稻趁霜晴”。

一到丰收的季节，又赶上晴天的时候，大家就非常开心，于是第三句写“笑歌声里轻雷动”。大家一起打稻子，一片欢声笑语，一边劳动，一边唱歌，大丰收了嘛！最后一句写“一夜连枷响到明”，是说大家心情好，干劲足，趁着大好晴天，连夜继续打稻子吧！“连枷”就是打稻用的一种农具，不断地摔打，不断地脱粒，声音就像轻雷滚动一样，一直响到第二天早上。

将这首诗跟前文翁卷那首对读，你会发现，翁卷写的是初夏耕耘，而范成大写的是秋天收获，合在一起看，就叫“一分耕耘一分收获”啊！这样的田园诗、乡村诗，在中国古代还有很多。它们描写农民的生产生活，包含各种各样的生活细节，我们从中可以读到劳动的美，劳动的趣味，当然还有劳动的艰辛。这些生产活动——插秧、打稻、种桑、养蚕、缫丝，是我们伟大的祖国绵延几千年的物质基础。大家永远要尊重农民，尊重劳动。

鸟鸣涧

唐·王维

人闲桂花落，夜静春山空。
月出惊山鸟，时鸣春涧中。

这首诗的题目是《鸟鸣涧》，其实它是一组诗（共五首）中的一首。五首有一个共同的题目，叫《皇甫岳云溪杂题》。云溪是地名，在长安的郊区，那里有一个别墅或者说是一个小庄园，它的主人叫皇甫岳，是王维的朋友。王维连着写了五首诗，可见他在朋友的庄园里过得很是惬意。这组诗主要写了庄园附近一些清丽美好的景色，其中第一首就叫《鸟鸣涧》。我们暂且不讲这首诗，先去看看其他四首诗都写了什么。

第二首叫《莲花坞》："日日采莲去，洲长多暮归。弄篙莫溅水，畏湿红莲衣。"什么是"莲花坞"呢？坞就是四面高中间低的一种地形，里面可能种了很多莲花，所以第一句就说"日日采莲去"。第二句"洲长多暮归"，划船划了很久，一路赏花采莲，晚上回来就比较晚。采莲时驾着小舟，撑一支长篙，即"弄篙"。"弄篙"的时候要小心，不要把水溅起来，但"弄篙莫溅水"不是说怕湿了自己的衣服，而是"畏湿红莲衣"，怕把莲花的红色花瓣给打湿了。这一句写得多么温柔！不是怕弄湿了自己，而是怕打湿了红莲的花瓣。

只有放松全部心灵，打开全部感官，才能体验这么丰富的夜晚。

再往下一首是《鸬鹚堰》:“乍向红莲没，复出清蒲飏。独立何褵褷，衔鱼古查上。”堰就是一个小水坝，鸬鹚就是鱼鹰。这里应该是有很多鱼鹰在捕鱼。“乍向红莲没，复出清蒲飏”，“飏”是飞扬的意思，写的是鸬鹚的矫健身姿，往前一蹿就蹿到莲花中了，然后往远处一看，它又从蒲草旁边飞了出来。飞出来之后是什么样子？“独立何褵褷”。鸬鹚立起来了，立在哪儿呢？“衔鱼古查上”，衔一条鱼站在木筏上。注意，这里用了一个形容词叫“褵褷”，它的本义是羽毛初生的样子。大家可以想想，小鸟、小鸡都是毛茸茸的，羽毛比较乱。这里形容鱼鹰从水里钻了一圈出来之后，羽毛有点乱，就像杂毛的小鸟一样立在木筏上，衔着一条鱼，非常矫健、精神。

再下一首《上平田》，题目也是个地名。它写的是:“朝耕上平田，暮耕上平田。借问问津者，宁知沮溺贤。”这里用了一个典故，即《论语》里“长沮、桀溺耦而耕”的故事。两位都是隐士，一位叫长沮，一位叫桀溺，他们跟孔子和他的弟子之间有一些对话，认为孔子整天忙忙叨叨的，到处周游列国，你看我们隐士过得多舒服啊！孔子就驳斥他们说，你们是跟鸟兽而不是跟人类住在一起的，我作为一个社会中的人，就要为社会做贡献，所以我去从事改革的运动了！王维在这里使用《论语》典故，其实就是告诉读者，我这位朋友就像长沮、桀溺一样，是一个高人、隐士。诗中的“贤”就是高明的意思。王维自己很喜欢隐居在长安郊区，因此他会觉得这些隐者也都是高人。

最后一首叫《萍池》，就是布满浮萍的池塘:“春池深且广，会待轻舟回。靡靡绿萍合，垂杨扫复开。”后两句写得很有神采。“靡靡”就是缓缓的、迟迟的，是说轻舟从池塘里慢慢地划过，浮萍便也慢慢地散开，等小舟过了之后，浮萍又慢慢地合上。你感觉是已经进入了一个平静的状态了，但一阵风吹过来，垂杨的树梢扫到绿萍上，再次把它扫开了一道痕迹。这就写得非常细腻。小船过去，浮萍打开、合上，然后柳条拂过来，浮萍又被打开、又合上。只不过，上一次可能是一道比较粗犷的痕迹，这一次则是一条柔细的痕迹。

总之，以上四首诗都写得非常恬静、优美。那《鸟鸣涧》呢？王维朋友的别墅应该比较靠近一条山涧，王维在里面住宿了一夜，写下了《鸟鸣涧》。这首跟其他几首不同，他没有在大白天、大太阳底下去观察、去欣赏，而是在月光下，综合动用自己的多种感官，去感受一个闲静的夜晚。

第一句，“人闲桂花落”。请注意，“人闲”是整首诗的前提。如果一个人天天工作、学习，晚上就不可能感受到外面的春风和鸟鸣，一切都会充耳不闻。只有悠闲自在的时候，才能全身心放松，感受到深夜里的种种美好。“人闲”，是整首诗的“诗眼”，是解读全诗的钥匙。

“人闲”之后，首先观察到的景物是“桂花落”，可是后面却又说“春山空”。既然是春天了，怎么还有桂花呢？桂花应该是在秋天开放啊。可能因为山间清冷，这是春天迟开的桂花。“人闲桂花落”，这个“落”字既写出了听觉感受，也包含着嗅觉感受。

桂花落在地上发出扑簌簌、沙沙沙的声音，非常微小，可以反衬整个山谷、山涧的安静，也能够表现人的悠闲。我小时候写作文时经常这么形容环境安静（可能现在大家也这么写），就是“教室里连一根针掉在地上都听得见”。这个句子原本挺巧妙，但写的人多了就成了俗套。以后你们就可以改一改了，写得美一点儿，比如“教室里连一朵花落在地上的声音我都能听得见”。

除了写听觉，这句其实也在写嗅觉。桂花是十里飘香的。花这么香，落在地上，既有声音传来，自然也会感觉有香气荡漾开来。当然，在朦胧的月光下，诗人还可能看到桂花凋落的样子，这又包含视觉感受了。可见，诗人充分地利用“落”字，去突出人的悠闲自在以及多种感官的敏锐。同时，“人闲桂花落”作为一个整体，与后面的

“夜静春山空”又形成了一个美好的对比，即安静的环境与悠闲的内心相互映衬。

在“夜静春山空”中，我们要注意这个“空”字。“空”与“静”“闲”都是有呼应的。“空”有空寂、寂静的意思。因为夜静，才会让人感觉春山如此空寂、寂静。你想想，要是人声鼎沸的地方，外面敲锣打鼓的，你就会觉得环境特别拥挤，有种被压制、被困住的感觉。如果外边一个人都没有，什么声音都没有，连桂花落在地上的沙沙声你都能听得见，这时候你会真切地感受到这个世界是多么空旷，多么宽绰，多么寂静，这就叫“夜静春山空”。

前面两句都在写山谷里如何安静，后面两句突然写了一个声音，既是反衬山谷的安静，同时也是突出这个声音本身带给人的惊喜。对于诗人而言，他的心情是放松的，他写道，“月出惊山鸟，时鸣春涧中”。这里的“时鸣”是一个很有神韵的短语。小鸟不是总在那叫，唧唧呱呱的，那就不是“夜静春山空”了。小鸟怎么叫呢？为什么会叫呢？月亮一出来，那月光太明亮、太皎洁了，以至于让山间的小鸟以为是天亮了，所以是“惊山鸟”。小鸟惊起之后会鸣叫几声，而这个声音又是时有时无、似近似远的。因此，“时鸣春涧中”既是在写听觉，也是在用听觉去暗暗地接通视觉，好像觉得小鸟应该就在不远处的涧水边，也许打开窗子就能眺望到。于是诗人脑中便可能浮现出一个画面：在皎洁的月光下，树枝上有一只小鸟在那儿鸣叫，树枝底下就是湍湍流淌的清澈的涧水。

总的来说，《鸟鸣涧》就是这样一首简约而不简单的小诗。它告诉我们，只有放松全部的心灵，打开全部的感官，才能体验到如此丰富的一幅画面。它既是画面，也带有香气，也有声音，当然还包含人的心情、感受在里面。

宿新市徐公店

南宋·杨万里

篱落疏疏一径深，树头花落未成阴。
儿童急走追黄蝶，飞入菜花无处寻。

南宋诗人杨万里的《宿新市徐公店》，是一首轻松而天真的小诗。诗题告诉我们，诗人住宿在新市徐公店这个地方。新市在哪里呢？在安徽当涂（一说在湖南攸县北）。徐公店具体在哪里呢？不知道，但肯定是在当涂。诗人行旅中在此投宿，遇到一个让他觉得很有诗意、很有趣味的场景，于是就写下来了。这首诗可以说是即兴之作。

杨万里有首很著名的《小池》："泉眼无声惜细流，树荫照水爱晴柔。小荷才露尖尖角，早有蜻蜓立上头。"他写诗就是如此，善于观察自然，用孩子般的眼睛去捕捉自然界的每一丝颤动，每一处趣味。有些小朋友，虽然年纪不大，还是小学生，但是已经丧失童真童趣，这是很要命的。他们对自然没有兴趣，天天就对着手机，打游戏，看视频。手机是一个冰冷的机器啊！你在里面看东西，你能闻到它的香吗？能感受到风吗？能看到真实的色彩吗？你拿手机去拍照，你拍的永远是一个平面，而且颜色用"P图软件"一改全部走样了，你看不到真实的自然。所以，小朋友们，向杨万里老大爷去学学吧，看看他作为一个成年人，是怎么捕捉生活中、自然中多姿多彩的趣味的。

下面，我们来看这首《宿新市徐公店》。第一句，"篱落疏疏一径深"。诗人住的旅馆有篱笆，篱笆很稀疏。旁边有一条小路，能一直走进去。于是诗人就轻松惬意地顺着小路往前走，他发现，“树头花落未成阴”。这一定是暮春时节，因为树荫还没有长得很浓密，但是花已经基本上落掉了。第三句“儿童急走追黄蝶”，这里卖了一个关子。这个图景好像没什么趣味，就是一个小孩儿在“急走”。注意，“走”就是跑的意思。他飞跑着去追蝴蝶。这里隐藏了一个信息，蝴蝶是黄色的。它如果是彩蝶，我估计杨万里就不会写这首诗了。为什么呢？

谜底在最后一句“飞入菜花无处寻”。这个场景就很有趣了。儿童追黄蝶，追着追着都快抓到了，突然黄蝶飞到菜花地里去了。我们可以想象，这个儿童一瞬间脸上的表情，用现在的流行语来形容，叫“我晕”！他一定晕了，懵了，表情很无奈，很迷茫。因为黄蝶和菜花太像了，颜色、质地、大小，都太像了！黄蝶一旦停在菜花上，它就是花的一部分，根本分辨不出来。所以儿童就懵了，傻愣愣地站在那：我追了它半天，它怎么飞进菜花地里去了？我再也找不到那只黄蝶了！这就是最后一句的趣味所在。

在这一瞬间，杨万里就好像变身为这个孩子，好像是他自己看见了黄蝶，一路追过去，结果呢，天公不作美，黄蝶恰恰飞到菜花地里去了。我们顺着他的眼光往远方一看，很可能眼前就展现出了一片金黄色的菜花地。所以，这个儿童不是一个简单的傻乎乎的孩子，他好像不自觉地成了杨万里探索自然的一个向导。

杨万里顺着曲折的小路往里走，发现“树头花落”，树荫还未成。突然有个小孩儿蹿过来，呼啸而过。这个小孩儿在干吗呢？他就跟着小孩儿往前走，看见他在追黄蝶。追着追着黄蝶飞到菜花地里面去了，小孩儿就愣在那儿。诗人顺着黄蝶飞的方向再一看，“柳暗花明又一村”，竟然有这么一大块菜地！金黄的菜花全部盛开了，璀璨夺目，赏心悦目。诗人在儿童的引导下，发现了“这边风景独好”。这首诗写的就是一个简单的生活片段，从平凡的生活中发现美，发现诗意。

杨万里写了很多富有童趣的小诗，我们再举几首为例。请大家跟这位古人比一比，看看能不能发现那么多天真有趣的事情。

第一首叫《稚子弄冰》，就是写小孩子玩冰块。怎么玩呢？“稚子金盆脱晓冰”，盆子里边装满水，冻一夜变成冰了，第二天早晨，小孩儿把盆子往地上一扣，一块完整的冰就掉下来了。冰是在盆子里面形成的，形状像一个银钲，银钲是一种打击乐器。这孩子也顽皮，拿个彩线一穿，把它当成一个乐器在那儿玩，“彩丝穿取当银钲”。他敲敲打打，敲出来什么声音呢？“敲成玉磬穿林响”。“磬”也是一种打击乐，敲冰的声音就像敲玉磬，清脆响亮，传到远方，穿过树林都能听见。

但是好景不长。小孩儿太得意了！丁零当啷，丁零当啷，他以为自己是个架子鼓乐手呢！正在此时，咣叽，冰被他敲碎了，“忽作玻璃碎地声”。这个孩子估计会“哇”的一声哭出来。他好不容易自己造了一件乐器，叮叮当当敲起来很好听，正在他兴致盎然的时候，咔嚓碎了，就像打碎了玻璃一样。玻璃，是古代的一种宝石。古时候的小孩子没那么多可以玩的东西，他们玩什么呢？就是玩自然。拿个盆子倒上水冻一晚上，第二天早上就有的玩了。虽然最后敲碎了，他得哭一会儿鼻子，但我相信他立刻就能振作起来，继续玩别的，比如玩花、玩草、玩泉水、玩虫子，或者重新找个容器，盛满水，第二天制作一件新乐器。

再看一首《闲居初夏午睡起》。其实这是一组诗，共有两首，第

你写的东西，让别人看了面露微笑，是一件很幸福也很厉害的事情！

一首应该更著名。“梅子留酸软齿牙”，说吃梅子，梅子太酸，吃完又没及时漱口，于是牙倒了，倒了就是软了、酥麻了。你看他写得多么生活化！吃酸的东西倒牙，他都写。第二句“芭蕉分绿与窗纱”，这句特别调皮。其实他写的场景就是芭蕉的绿色映入了窗纱，仿佛给窗纱镀上了一层绿意。他故意要说“分绿”，一下就把情景给写活了。外面的芭蕉一看纱窗，说你的颜色真土、真难看，来，我这儿有好多绿色呢，分你一点儿，让你也美一美！接下来写“日长睡起无情思”，午睡起来之后傻乎乎的。你们有没有这种感觉？反正我午睡起来，常常觉得自己呆呆的，睡傻了。“睡起无情思”，就是百无聊赖，什么都不想做，于是“闲看儿童捉柳花”。他看到院子里儿童在那捉柳花玩，儿童很“闲”，他也很“闲”。这是第一首。

舟过安仁

南宋·杨万里

一叶渔船两小童，收篙停棹坐船中。
怪生无雨都张伞，不是遮头是使风。

再看《闲居初夏午睡起》第二首。“松阴一架半遮苔，偶欲看书又懒开”，同样写初夏时候人很慵懒。外面有松树的阴凉，遮住了地上的苔藓。在这样的环境中，想看书吧，又懒得打开。那干什么呢？就瞎玩。玩什么呢？“戏掬清泉洒蕉叶”，捧起清澈的泉水往芭蕉叶上洒。刚才不是说“芭蕉分绿与窗纱”吗？说明院子里一定有芭蕉。水洒在蕉叶上，哗啦啦、淅沥沥作响，“儿童误认雨声来”。儿童一听，怎么下雨了？初夏阳光正好的时候，怎么突然那边传来了雨声呢？跑过来一看，原来是有个老顽童在玩耍呢！这首也很有童趣。

上面几首诗，都向我们展现了杨万里的童趣世界，这位诗人真的永葆童心，从儿童的心灵和眼睛出发，去看他周围的生活。小孩敲冰，吃梅倒牙，纱窗映绿色，捧水洒蕉叶，这么多很琐碎的生活小事，都被他写得诗意盎然。所以，人间处处都有新诗，生活中的每一个细节，每一个角落，只要你愿意去观察，就有惊喜，就有趣味，就有作文可以写。

我们要向杨万里学习。当你在马路上、公园里、球场上看到有意思的场景，或者爸爸对妈妈说了句很搞笑的话，妈妈做了一件很愚蠢的事儿，都要赶紧记录下来，然后琢磨琢磨，怎样把它们准确、生动、传神地描写出来。希望大家以后写的作文，也能像杨万里的诗，让读者读起来既轻松，又有趣，会心一笑。要记住，你写的东西，让别人看了面露微笑，是一件很幸福也很厉害的事情！

清平乐·村居

南宋·辛弃疾

茅檐低小，溪上青青草。
醉里吴音相媚好，白发谁家翁媪？
大儿锄豆溪东，中儿正织鸡笼。
最喜小儿亡赖，溪头卧剥莲蓬。

这首词的题目叫《村居》，而《清平乐》是词牌名。什么叫词牌呢？就是一首词所搭配演唱的乐曲的名字。辛弃疾根据乐曲的格式，重新填上歌词，就是我们现在看到的这首词。他真正想表达的主题思想是“村居”。

辛弃疾所说的“村”，指的是江西上饶的一个村子。他选择村居不是不想出去做官，而是被人阻挠、压制，使得他的理想无法实现，才不得不闲居在家，为此他十分愤懑。南宋有很多拥有远大理想、渴望收复中原的文人，比如陆游。辛弃疾实现不了理想，无聊地居住在上饶的村子中，一方面会写一些英雄主义的作品，另一方面也会不时调节一下情绪，调侃一下生活，写了不少有关日常生活场景的词作。

英雄失意的时候，能够给他最大慰藉的就是家人。辛弃疾怀着非常温暖、亲切、慈爱的眼光，去描写他的家人。读这首词的时候，我们不妨把辛弃疾看成一位摄影师，准备拿着家庭 DV，去拍摄一段家庭生活影像。

既然要拍家庭生活，首先得展现自己一家住在哪里。他们家可不是住在高楼大厦，而是居于很低矮的茅屋，即“茅檐低小”。屋子虽然简陋，但是简陋的好处是能与自然融为一体：茅屋旁边有溪水，岸边有青草，即“溪上青青草”，这一定是个风景如画的地方。

在拍摄“青青草”的时候，他突然听到一些声音，“醉里吴音相媚好”。有两个人醉醺醺地在用“吴音”交谈。“吴音”泛指江南的方言。大家可以搜一搜苏州评弹，欣赏一下，了解什么叫“吴侬软语”。“软”就是说话非常柔和、酥软，苏州话最能体现这个特点。再加上喝了点酒，声音肯定更加绵长、柔美。什么叫“相媚好”？“媚”指亲昵，意思是两个人在很融洽地交谈，关系很亲昵。此时辛弃疾只听见了声音，真可谓“未见其人，先闻其声”啊！

于是辛弃疾就把镜头摇过去，看见“白发谁家翁媪”，原来是白发的老爷爷与老奶奶，老两口在那里闲聊。镜头让我们看清了声音的来源，但却不知道他们的身份。其实不用交代那么清楚，无论是自己家的亲戚、隔壁邻居，还是路过的行人，都没有关系。这就是村居生活的日常所见所闻，大家都活得非常轻松惬意，喝酒、聊天、散步、串门，每天就过着这样的生活。

这是词的上阕，就是上半部分。为什么称为“阕”呢？现在很多流行歌曲，唱完一段还得再唱第二段甚至第三段，旋律变化不大，但歌词变了。古时候的歌词也会分成几段，唱完一段就叫“一阕”，“阕”本义是停止的意思。

到了下阕，辛弃疾就开始拍摄自己家庭生活里的重要人物，即三个儿子。三个儿子也是由上阕的“翁媪”给引出来的。有老就得有少。拍了老爷爷、老奶奶，他就想，这会儿我的孩子们在干什么呢？

英雄失意的时候，最需要家人。琐碎的日常，也就化成了诗。

刚才他从“溪上青青草”开始拍起，现在他把镜头又摇到外面去，推到溪水的东边，立刻就拍到了大儿子。

大儿子在锄豆。锄豆不是说锄掉豆苗，而是除掉杂草。杂草会影响豆苗生长，需要经常清理。他不是瞎玩，而是在辛勤劳动。镜头继续摇动，拍到了鸡笼，于是看到了二儿子。现在很多南方的农村、城镇里还有鸡笼，是用竹篾子编成的笼子，把鸡窝给罩住。二儿子正在编织鸡笼，也是在劳动。

那小儿子去哪里了呢？找到以后，辛弃疾忍不住说“最喜小儿亡赖”，这里“亡”就是通“无”，这句话既有嗔怪，也有喜爱的意思。我们现在说“无赖”是个贬义词，但是它在这里是一个褒义词，或者说至少是一个中性词，基本意思就是顽皮。两个哥哥都在劳动，他却无所事事。这孩子多懒啊！他吃东西不是站着或坐着，而是直接躺卧着剥莲蓬。莲蓬剥开以后，里面绿色的小果实就是莲子，是不能多吃的，容易犯肠胃病。不过小孩子顽皮，没那么多想法，也经得起折腾，就要自由自在地玩耍，自由自在地吃东西。辛弃疾也不怪他，毕竟他是最小的孩子，想干活当然好，不想的话玩一玩也没什么关系。镜头摇到小儿子，这段家庭生活影像就算录制完了。这就是伟大词人辛弃疾的一部小型纪录片。

事实上，不仅辛弃疾，很多伟大的诗人、词人，除了写山河壮丽、英雄人物、历史风云外，也会关注自己的家人。比如说杜甫有一个草堂，在成都郊外的小河边。他为草堂写了许多诗，其中有一首《江村》，同样是写村居时的惬意生活。他写“自去自来堂上燕，相亲相近水中鸥”。心情好，看什么都自在欢喜。他说堂上的燕子爱来就来，爱走就走，水中的鸥鹭也是相亲相近，情欢意洽。这是写他看到的万事万物，接下来写自己，“老妻画纸为棋局，稚子敲针作钓钩”。这两幅画面也很融洽：妻子在纸上画了横横竖竖的线，把它当成棋盘，然后说老头子咱们下盘棋吧；小孩子也挺顽皮，把妈妈的缝衣针拿出来，找块硬石头敲弯了，做成钩子去钓鱼。这两个情景都趣味盎然，写出了杜甫对妻子、孩子的无限关爱的目光。诗人们在忧国忧民之外，还有十分温馨、柔情的一面。琐碎的日常，也就化成了诗。

延伸阅读

江村

唐·杜甫

清江一曲抱村流，长夏江村事事幽。
自去自来堂上燕，相亲相近水中鸥。
老妻画纸为棋局，稚子敲针作钓钩。
多病所须惟药物，微躯此外更何求？

塞下曲

唐 · 卢纶

月黑雁飞高，单于夜遁逃。
欲将轻骑逐，大雪满弓刀。

这首诗的题目叫《塞下曲》。其实，《出塞》《塞下曲》《前出塞》《后出塞》都是歌曲的名字。当时的诗人在给这些歌曲填词的时候，也喜欢填上与边塞战争相关的歌词，这样唱起来，曲和词就能相得益彰。在这首《塞下曲》中，诗人卢纶描写了怎样的边塞战争生活呢？

第一句，“月黑雁飞高”，开篇就告诉你，这一天的月亮是看不见的。“月黑”，说明光线很暗，杀气很重。我们经常会说，在一个月黑风高的夜晚，会有一些可怕的事情发生。为什么要写“雁飞高”呢？因为雁这种鸟经常能够感受到“兵气”的存在。古人认为，士兵作战的时候会产生一种杀气，有些鸟能够感受到，会害怕。雁高高地飞，不敢往下落，可见地面上正在发生的战争是比较惨烈的，刀光剑影之中杀气腾腾。

晚唐诗人杜牧有一首《早雁》是这么写的：“金河秋半虏弦开，云外惊飞四散哀。”有个成语叫“惊弓之鸟”，《早雁》里写的就是这样一种情况。胡人的骑兵拿着弓箭一射，天空中的大雁立刻惊飞四散，哀叫着飞走了。所以“月黑雁飞高”隐藏着无数信息在里面。这场战

在漫长的事件中，寻找到一个最有画面感的焦点。

争不是刚刚打，应该已经打了很久。

第二句，事件和人物出来了，“单于夜遁逃”。匈奴人的首领叫单于，后来也经常泛指北方民族的首领。单于大半夜的干吗？“遁逃”，就是逃跑。这样我们就知道了，为什么大雁要躲着飞。因为刚刚发生了一次短兵相接的壮烈战斗，这场战斗应该打得酣畅淋漓，把对方的首领打得半夜逃窜。在这个时间点上，战争难道就结束了吗？没有，因为“宜将剩勇追穷寇”。

下面诗人继续写，“欲将轻骑逐”。“将”，就是率领；“轻骑”，就是轻装快捷的骑兵；“逐”，即追逐逃窜的敌人。单于不是“夜遁逃”了吗？你不能带着大兵车、重装甲往前追，要领着轻骑兵去追。注意一个字，叫“欲”，包含着一种欲望、一种情感在里边。刚刚说“单于夜遁逃”，现在我要穷追猛打。“欲将”，有种跃跃欲试的感觉。同时，“欲”字又是承前启后的过渡点，它引出了最后一句，“大雪满弓刀”。

最后一句的画面，跟整首诗的气氛融合在一起，会让人感受到巨大的张力和杀气。“满”，就是纷纷扬扬的大雪布满视野。“弓刀”和“雪”，都是比较明亮的。尤其是刀，在黑夜中闪闪发亮。两件事物放在一起，形成雪亮的光环，环绕的是一个将军或一个战士。他佩带好了装备、武器，要干什么？他要一往无前，要追杀对方的首领，就是“欲将轻骑逐”。

到底是如何一路奔袭的呢？最后有没有追到遁逃的单于呢？诗人都没写。这么短小的诗，是不允许诗人具体描写追击过程的。他不能拍录像，只能抓拍一张最精彩的照片，于是他抓住了“大雪满弓刀”的画面。这句话其实是以静写动。我们可以想象“满”字，想象“雪”和“弓刀”的亮闪闪的样子，它们都在释放着一种能量，释放着战士心中的欲望与杀气。这幅静态的画面，透露了无限种可能，压缩了无限多的动态画面，乃至照耀了这场战争的整个过程。

写作这件事情，是需要随机应变的。比如写景，有时候要写动态，适合展开来写；有时候又适合写静态，需要静观一个地方。静和动是相对而言的，优秀的作家也是变化无穷的。他在动中看到静，在静中看到动，艺术思维就能超凡脱俗。

我们再来看一首诗。卢纶另外还有一首《塞下曲》，也非常有名："林暗草惊风，将军夜引弓。平明寻白羽，没在石棱中。"这里浓缩了一个故事。《史记》记载，李广出去打猎，见草中有石头，以为是老虎，赶紧射了一箭。这个箭就直接射入石头里了。射进去之后仔细一看，原来是块石头。李广心想，哇，我这么力大无穷啊，连石头都能射穿！于是他又反复射了几箭，但是"终不能复入石矣"，射不进去了。为什么同样是李广这个人，力量相差却这么明显呢？道理很简单。人在危急时刻的斗志与力量，会超常爆发。

卢纶的诗，将李广的这个神奇时刻记录了下来，并且做了一些加工、改写。他怎么写的呢？他说"林暗草惊风"。"林暗"就跟上一首诗的"月黑"一样，在渲染一种杀气。"草惊风"是一个典故。《周易》说，"云从龙，风从虎"。你看到云突然飘出来了，这里面不简单，可能有龙出来，就叫"云从龙"。什么叫"风从虎"呢？刮来一阵邪风，可能不是简单的风，而是老虎要扑出来的预兆。所以，"林暗草惊风"就暗示这个地方有老虎。在这一瞬间，李广真以为遇见了老虎，以为老虎就趴在草丛中。这时吹来一阵邪风，感觉老虎立刻就会扑上来。于是，"将军夜引弓"。他在黑暗之中、情急之下，不管三七二十一，拉满他的弓射了一箭。在这一瞬间，他的斗志和力量发挥到了无限大。射完之后他就走了。

为什么呢？一方面是自信，老虎一定会被射中、射死了。另一方面也是谨慎，万一又有别的猛兽呢？赶紧先回营地，等天亮再说。第二天一早，他去寻找箭和猎物，发现射中的不是老虎，而是一块石头。整支箭几乎都陷入石头中了，可见当时瞬间爆发的力量有多么惊人，这就叫“平明寻白羽，没在石棱中”。

可见，卢纶对《史记》中的故事进行了加工。《史记》记载得比较平实：李广以为是老虎，一箭射过去，之后想再射，就射不进去了。卢纶把这个故事重新组织了一下。前一天夜里怎么射的，他不说，只说李广在情急之下射了一箭，以为是老虎。第二天早上发生了戏剧性的变化：李广去寻找，发现不是老虎，原来是块石头。最后，故事定格在“没在石棱中”。“没”字，既是故事的终点，也是李广力量的凝聚点。你们看，卢纶多么擅长捕捉事件的焦点！

从“单于夜遁逃”到“欲将轻骑逐”，从“将军夜引弓”到“平明寻白羽”，其间的过程，估计经历了好几个小时甚至好几天吧！在漫长的事件过程中，如何寻找到一个最有画面感、最能体现事件精髓的焦点呢？卢纶找到了。第一首，他找到的焦点是“大雪满弓刀”；第二首，他找到的焦点是“没在石棱中”。从这两个静态的细节中，我们可以看到无穷无尽的画面和无穷无尽的精神。从“大雪满弓刀”里，我们看到了一种“宜将剩勇追穷寇”的斗志；从“没在石棱中”里，我们看到了前一天晚上这位将军情急之下的神勇之力。

延伸阅读

卜算子·咏梅

毛泽东

风雨送春归，飞雪迎春到。已是悬崖百丈冰，犹有花枝俏。

俏也不争春，只把春来报。待到山花烂漫时，她在丛中笑。

墨梅

元・王冕

我家洗砚池头树，朵朵花开淡墨痕。
不要人夸颜色好，只留清气满乾坤。

王冕的《墨梅》，有阵子大家都在谈论它，包括习主席都谈到这首诗了。中央电视台《经典咏流传》节目里，谭维维唱的就是这首《墨梅》。

这首诗在有些课本里题为《墨梅图题诗》，这就涉及一个问题：诗有很多不同的版本，也就是有文字差异。幸运的是，我们能看到王冕《墨梅图》的原作，画面上端就题写着这首诗。

这首“原作”，与通常读到的有多处不同。下面为大家列出来：

吾家洗砚池头树。（不是“我家”，是“吾家”。）
个个花开淡墨痕。（不是“朵朵”，是“个个”。）
不要人夸好颜色。（不是“颜色好”，是“好颜色”。）
只流清气满乾坤。（不是“留”，是“流”。）

王冕在画上题诗的时候，当然是以上这个版本，但后来他把诗编入自己诗集的时候，会改动字句。这首诗名气大，很多人在抄写它、学习它的时候，可能也会把一些字写错，于是就出现了纷乱的各种版本。虽然纷乱，但好在意思都差不多，不影响我们揣摩诗意。这首诗为什么写得好呢？它写出了梅花的何种精神？这种精神跟那幅画又有什么关系呢？

宋朝人特别喜欢拿“梅”来自称，如梅亭、梅峰、梅津、梅溪、梅屋、梅谷、梅崖、梅村等等，南宋人尤其喜欢梅花。王冕是元代人，离南宋很近。他出身农家，比较贫苦，幼年还替人放牛，后来是自学成才。等到成人之后，预感天下将乱，于是带着自己老婆孩子隐居到会稽九里山，也就是今天的浙江绍兴附近。他在那里造了几间草屋，命名为“梅花书屋”，可见他对梅花的痴迷。

他是一个画家，又是一个诗人，很喜欢一边作画一边题诗，这幅《墨梅图》就是他自己画、自己题的。诗的题目就藏有玄机。大家想想，梅花是什么颜色？有红梅，有白梅。大概到北宋晚期的时候，出现了一种奇思妙想，就是画“墨梅”。这是一种大胆的艺术开拓——梅花的花枝和花瓣一律都是黑的，画家只用墨的浓淡来勾勒、渲染。这样的梅花，事实上是“超现实主义”的，因为现实世界从来不会出现黑色的梅花。

当代有一位书画大师启功先生，也是北京师范大学的著名教授。启先生特别喜欢画一种竹子——朱竹，也就是大红色的竹子。大家想一想，现实生活中有大红色的竹子吗？没有。只有绿竹翠竹，没有朱竹，这也是“超现实主义”的。

然而，中国画的这种“超现实”，不是为了制造惊愕、幻想的境界，而是为了启迪大家彻底突破形骸、颜色的束缚，去直接体验事物的本质，比如竹的尖、劲，梅的清、淡、瘦。这是用否定性的方式来完成新的建设，是艺术的辩证法。

这样的画法，一下子风靡了宋代的艺术圈。“墨梅”，以及它的孪

真正的道德君子，平淡如墨梅。

生兄弟“墨竹”，成为常见的艺术创作对象。不仅相关的画作有很多，而且出现了很多以“墨竹”“墨梅”为题的题画诗。

下面我们来看王冕是怎么写“墨梅”的。他说，我家洗砚池的岸边长着很多梅花，这些梅花估计有红、有粉，但是我想让它在画纸上绽开的时候跟现实中绽开的时候不一样，梅花在现实中是有颜色的，但我是用淡墨画出来的，它是灰白色的。这是一个铺垫，精彩在后面两句。“不要人夸颜色好”，意思就是我不想让你看到这梅花有多么丰富的颜色，这并不是梅花的特点，梅花的特点应是它清幽淡雅的气质，所以说“只留清气满乾坤”。“清”，就是无色、清淡。王冕希望大家去体会梅花的清淡气质，不要关注它外在的形色。

王冕还有很多关于梅花的诗和画。比如《素梅》：“冰雪林中著此身，不同桃李混芳尘。忽然一夜清香发，散作乾坤万里春。”大家看，这首诗的写法和意趣与《墨梅》非常相似。王冕的咏梅诗，通常都表达了独立不群的气质和人格。而无论是“素梅”还是“墨梅”，都非常清淡，是和“桃李”这样的俗艳芬芳截然不同、气质迥异的。红梅，终究还是与桃李形似；白梅，则是梅花的本色；而墨梅，则是梅花灵魂的样子。

这首《墨梅》诗，从《墨梅图》中提炼出一个哲理，旨在告诉大家，我们看梅花也好，看人也好，不要只关注表面的颜色。《论语》里面有一句话，叫“巧言令色，鲜矣仁”，过分修饰的语言，过于美好的表情，往往是小人所为。真正的道德君子是平淡如水的，也可以说是平淡如梅的。

芙蓉楼送辛渐

唐·王昌龄

寒雨连江夜入吴，平明送客楚山孤。
洛阳亲友如相问，一片冰心在玉壶。

王昌龄的《芙蓉楼送辛渐》，共写了两首。“寒雨连江夜入吴”是第一首，时间是早上，写的是送别的最后时刻。第二首时间稍前，写的是前夜的饯别酒宴。我们先读第二首，看看他前一天晚上想了什么，见到了什么，再读第二天清晨的这首诗，就能捕捉到更多信息，体会到更多情感。

第二首是怎么写的呢？“丹阳城南秋海阴，丹阳城北楚云深。高楼送客不能醉，寂寂寒江明月心。”“丹阳城”就是润州，即今天的江苏镇江市。他先说“城南秋海阴”，是指秋气阴森。第二句说“城北楚云深”，指乌云滚滚。但这不是夏季的暴雨，而是秋云秋雨，自北而南压过来。第三句“高楼送客不能醉”，目光就收回来了，从城南、城北收回来落到高楼上。“高楼”，就是题目里的芙蓉楼。前一天晚上，诗人在芙蓉楼设宴送别辛渐。

两个人喝着酒，情真意切，有一搭没一搭地说话，千言万语又不知从何说起。两个人可能一会儿看看对方，一会儿看看酒，一会儿喝一杯，一会儿又看看窗外，看看城南，看看城北，然后把目光收回来。两个人又说了会儿话，喝了点酒，目光又飞出去了。这时候看到了什么呢？最后一句说“寂寂寒江明月心”，就是看到了江面上倒映的明月。目光的收放过程，表达了他们彻夜长谈、依依不舍的情感。

所以，第二首其实是为第一首做了充分的铺垫：两个人已经聊了一夜，第二天清晨还是难舍难分。

除了情感铺垫，第二首还做了一些地理方位的交代、天气变化的铺垫。芙蓉楼在哪里呢？在润州城西北角，长江就在城北。辛渐第二天一早就要渡江北去，他要北上洛阳。润州恰好处在吴地和楚地的交界处，长江北岸属于楚，长江南岸属于吴。诗人眺望北岸，心想那里就是你明天要去的地方；看看南岸，心想这就是我们今天晚上一起喝酒的地方。明天你就要离吴入楚了，仿佛到了另外一个国度。吴地将远，楚地苍茫，恰好长江对岸又是“楚云深”，更增加了内心的苍茫之感。

我们再来看天气方面的变化。第二首写“丹阳城北楚云深”，说明北岸的云还在翻滚，乌云还没过江。因此他在看江面的时候，还能看到月亮，还能写出“寂寂寒江明月心”。到了后半夜，天气发生了变化，就是第一首开头所写的“寒雨连江夜入吴”。“夜入吴”的“寒雨”，就是从北而南飘过来的“楚云”。“楚云”过江，便成了“吴雨”。南朝著名诗人谢朓有个名句写了相似的景色，叫“朔风吹飞雨，萧条江上来”。“朔风”就是北风，北风吹着雨丝飘过了大江，变成了江南的雨。

到了第二天清晨，雨稍微小了，甚至已经停了，隔江的“楚山”就不再被翻滚的乌云所遮蔽，而是亮了一些。尤其在清晨的时候，视线好了很多。雨后的山会显得特别干净、明朗、线条清晰，同时也会显得很突兀、很孤单，这就叫“楚山孤”。因为“平明送客”，离别就要到来，诗人内心的孤独和山的形态发生了碰撞，就更有

送别的对象、男主角辛渐，惨遭“抢戏”。

“楚山孤”之感。所以，第一首的前两句是顺着第二首的天气描写而继续写的。

大家看，只有读完第二首再读第一首，才会捕捉到更多的地理信息、天气信息，才能感受到更多的情绪。两个好朋友，前一天晚上已经喝酒喝了很长时间，说了很多话，目光也是转来转去，天气也发生了变化。第二天清晨，离别的时刻终于到了。在最后时刻，王昌龄才说出了他最想说的话。什么话呢？就是“洛阳亲友如相问，一片冰心在玉壶”。注意，在这个时刻，送别的对象——男主角辛渐，其实被“抢戏”了。王昌龄这时候的心中所想，不是你走了我如何难受，而是需要你帮我带个话。带话给谁呢？真正的主角隐藏在背后，就是“洛阳亲友”。那么我们就要问，洛阳亲友是些什么人？为什么让王昌龄这么牵挂？

我们来大概介绍一下王昌龄的生平事迹。他考科举很不顺利，考了好几次才考上，这时他大概已经 37 岁了。登第之后，他做了几年校书郎，是很小的一个文官。后来他又参加了一次叫“博学宏词科”的特殊考试，考过之后做了几年的县尉。这个县在哪里呢？就在洛阳旁边。他当小县官的时候，结识了很多“洛阳亲友”。

后来王昌龄遭到了贬谪。大约到开元二十八年，他受任为江宁县的县丞，从长安出发，途经洛阳。洛阳的朋友们款待他并为他送行。他写过一首留别诗叫《东京府县诸公与綦毋潜李颀相送至白马寺宿》，题目很长，大概意思就是说他经过洛阳的时候，綦毋潜、李颀这些朋友，不舍得他就这样离开，一直送他送到洛阳郊区的白马寺。在这首诗里，王昌龄把自己的情感表达得非常真挚动人。他称赞这些人是“贤豪”，是一群官位不高，但人格高雅、诗才卓越的知己。后来他到了江宁做县丞。这个小官事务非常琐碎，劳碌又拘束。王昌龄说，“县职如长缨，终日检我身，平明趋郡府，不得展故人”，意思是这个破工作像一条绳子把我束缚住，我非常怀念洛阳那批一起喝酒作诗的故人。

正因为他如此思念“洛阳亲友”，所以一听说友人辛渐要去洛阳，立刻感到非常兴奋。他本在江宁做官，就在今天的南京。他陪着辛渐从南京乘船，一直送到镇江，然后在镇江芙蓉楼设宴，跟他喝了一夜酒。第二天清晨，他还是舍不得。真的是“送君千里，终有一别”啊！我们也不能说他和辛渐之间没有真挚的友谊，但相比于他对“洛阳亲友”的思念，这友谊还是被“抢戏”了。王昌龄心想，我越多送你一程，就好像离我的“洛阳亲友”越近一些啊！

于是，在分别的最后时刻，他说出了最想说的一句话，“一片冰心在玉壶”。这样一个美妙的意境是谁创造出来的呢？南北朝时期一位著名的诗人鲍照在《代白头吟》里说，“直如朱丝绳，清如玉壶冰”。他写的是一位女性，说自己的气节、心性非常高洁，从内而外都是通透的，都是清白明亮的，就像玉壶中的冰一样。真是冰清玉洁啊！唐朝人很喜欢这句比喻。

王昌龄曾经遭受贬谪，被很多人嘲笑过，甚至有些人说他人品不好。从现在的资料来看，他被贬谪过两次，一次贬到岭南，一次贬到龙标。在贬谪岭南归来以后，他才到江宁做官。途中经过洛阳，他和朋友们匆匆相聚又匆匆道别。现在他终于得到一个机会，可以拜托辛渐给朋友们带话。他心里最想说的是：这么多年，我向你们担保，我的人格永远是冰清玉洁的，无愧于天地，无愧于友谊！当年的我跟你们在一起是如何潇洒、高洁，现在我还是这样。你们别听那些嘲笑我、诬陷我的话！

这是王昌龄对自己的辩护，也是对朋友的倾诉，更是对友谊的至高礼赞！最好的朋友，他关心的永远不是你吃胖了没有，最近住得怎么样，有没有钱花，这是酒肉朋友。真正的朋友，在乎的是你的内心有没有变化，有没有变得庸俗，有没有变得消极。王昌龄现在就告诉他的“洛阳亲友”：放心，我还是原来的我！这是多么珍贵的友谊！千载而下，我们读到这句告白，还会为之动容。但愿每个人的生命中，都能遇见这样的友谊。

竹枝词

唐・刘禹锡

杨柳青青江水平，闻郎江上唱歌声。

东边日出西边雨，道是无晴却有晴。

“竹枝”，是巴渝地区的民歌。巴渝就是现在的重庆一带。刘禹锡这首诗就作于今天重庆市东部的奉节县。当时奉节叫夔州，刘禹锡在这里当刺史。

根据民歌来填写新词，需要契合歌曲本身的音乐风格。“竹枝”曲调悠扬，含思宛转，经常是载歌载舞地表演。与其相配合的“竹枝词”，也应该写得轻松、愉悦、优美。刘禹锡写了很多首《竹枝词》，基本都是歌颂爱情、风光、风俗的，语言通俗易懂，读起来很享受。

第一句“杨柳青青江水平”。很多民歌都喜欢用叠词，比如“青青”“绿绿”之类。使用叠词，容易对应曲子的音节，同时也是一种复沓、强调，说明杨柳是左青右青、上青下青、南青北青，总之就是一派青色。在这样的春色中，有“江水平”的风景。注意这个“平”字，意思是涨水，水满上来了、涨起来了。唐代诗人王湾写过一首名作《次北固山下》，里面的名句就是“潮平两岸阔，风正一帆悬”。“平”和“阔”是相呼应的，意思都是江水涨起来了。还有一个例子是张若虚名作《春江花月夜》，里面有“春江潮水连海平”，“平”也是同样的意思。

第二句接的是“闻郎江上唱歌声”。在杨柳垂岸、春水上涨这样一个生机洋溢的环境中，飘来了一段清脆嘹亮的歌声。是谁在唱呢？

是“郎”，是小伙子。小伙子在江上，或许是在小舟上。他唱歌的声音有可能包含着非常复杂的情感，甚至不知道他是唱给谁听的。一切都是那么朦胧，那么暧昧，那么变幻莫测。小姑娘心里就想了，这么动人的歌声，是不是来自我的情郎呢？诗人是如何写这个心理的呢？刘禹锡并没有直接写，而是通过描写景物来渲染、暗示。所以下面要写的两句，看上去是在写景，实际是在写心理。

第三句“东边日出西边雨”，这个情景其实不是那么容易看到的，只有在夏天暴雨的时候才有可能出现。我们不一定把这句看成实写，不是说在此时此刻，一定是东边有日出、西边有雨。它可能就是顺手写下的一个谜语、一个歇后语。我们现在还常说歇后语，如“竹篮打水——一场空”“八仙过海——各显神通”“丈二和尚——摸不着头脑”“肉包子打狗——有去无回”。前半句是谜面，后半句是谜底。谜底揭晓很快，紧跟在谜面之后，所以叫歇后语。“东边日出西边雨”与“道是无晴却有晴”之间的关系，也就是谜面与谜底的关系。

小姑娘说“东边日出”，这是谜面。谜底是什么？是“有晴”。东边有太阳出来了，就是有晴天。“西边雨”的谜底呢？就是没有晴天，“无晴”。我们读到这一步，其实谜底还没有彻底被揭晓。晴天这个“晴”，与爱情的“情”读音相同。古人常用一个字暗示同音的另一字的意思，玩一种声音游戏，叫“谐音”。一个字既有本来的意思，又照顾到了另一个同音字的意思，那么等于同时含有两层意思，就叫“双关”。

“有晴”，既表示有阳光，还表示有爱情；“无晴”，既表示无阳光、有雨，还表示无爱情。所以，“道是无晴却有晴”表面上是接着上一

恋人的心思你别猜，猜也猜不出来！

句的风景往下说，意思是：这鬼天气呀，一边下雨一边出太阳，到底算晴天呢，还是不算晴天呢？其实，它还有更深一层的意义：刚才听到的小伙子的歌声中，好像是无情的，又好像是有情的；他好像不喜欢我，又好像还是很爱我的。多么甜蜜，多么忐忑，又多么美好！所以我说，这两句貌似写风景，其实是在写心理。

谐音双关的手法，在很多日常生活的语言中也有运用，往往是一种文字游戏。比如古人说："石阙生口中，含碑不得语。"这个谐音很有意思，说你难受、不想说话的时候，嘴里像含了石碑一样。我们想一想，别说口里含一块碑，就是含一个手机都费劲，确实是说不出话来。"碑"字是谐音双关，既表示"石碑"的"碑"，也表示"悲欢离合"的"悲"。

"含碑"的例子，属于文字游戏，有点滑稽。古往今来很多民歌、诗歌，也喜欢使用谐音双关的手法，但它们就不只是文字游戏，而且希望写出更丰富的美感来。比如南朝乐府《西洲曲》里，有"低头弄莲子，莲子青如水"。"莲"谐音着爱怜的"怜"，"莲子"就是喜欢你。诗人将美好的爱情托付给一幅清丽的采莲画面，既有趣味，又有深情。同样道理，刘禹锡的"东边日出西边雨，道是无晴却有晴"，借助天气的阴晴不定，来描写爱情的复杂性和波动性，这也是更高级、更巧妙的谐音双关。

这首诗的意思大概就是这样。里面的风俗和心理，我们还可以参照一些当代民歌来看，或许能领会得更亲切一些。比如一部老电影《刘三姐》里面唱的《山歌好比春江水》："唱山歌，这边唱来那边和。山歌好比春江水，不怕滩险弯又多。"大家看，"这边唱"与"那边和"是一种风俗习惯。我们不妨想一想，"闻郎江上唱歌声"后，这位小姑娘肯定也想回应一下啊。她心想，那边唱了，我要不要和呢？就在这个瞬间，她的心里产生了犹豫，因为她根本不确定，对方是不是对她有意思。于是产生了“道是无晴却有晴”的心理活动。

刘禹锡写了很多《竹枝词》，我们再来看一首吧：“山桃红花满上头，蜀江春水拍山流。花红易衰似郎意，水流无限似侬愁。”与上面那首不同，这是一首描写失恋少女的作品。前两句先写风景，说山上到处盛开着山桃花，山下的江水则是拍山而流。小姑娘看着这样美丽的风景，心里却一点儿都不开心。她说，满山的红桃花很容易衰败，就像你的情意一样；江水是无穷无尽的，就像我的愁苦一样。你抛弃我，我好惨啊！大家仔细看，前两句写花、写水，后两句则就着花写“郎意”，就着水写“侬愁”，对应非常清晰。

其实，刘禹锡写花、写水都是在“兴”。“兴”在中国古代诗歌里是非常重要的一种手法，简单来说就是先描写景物，然后再抒情，用景物来引发情感。大家以后写作文的时候也可以试一试。当你想说自己好难受的时候，可以先不说具体感觉，也不说为什么难受，就写一写外面的雨，或者残花、落叶，然后引申出你内心的情感。很多诗歌、民歌都喜欢使用“兴”，铺垫足了再抒情，更有味道，更能感人。这是一个源远流长的传统。

【提高阶】

课本里的古诗词

乞巧

唐·林杰

七夕今宵看碧霄，牵牛织女渡河桥。
家家乞巧望秋月，穿尽红丝几万条。

林杰是一位唐代诗人，福建人。他是一个神童，六岁就能即兴赋诗。别人当场命题，他马上就能写好。他还擅长书法和围棋，堪称多才多艺。很可惜，他十七岁就去世了，还没有来得及施展才华就英年早逝。

古代有很多神童，或者去世很早，或者像王安石《伤仲永》中所写的神童，最后“泯然众人矣”，跟一般人一样了，让人唏嘘感叹。小朋友们，你们千万不要急于做神童，即便你非常聪明，也要尊重成长的规律。你们每个人都是一棵茁壮成长的小苗，虽然每个人的智慧千差万别，但是只要顺着规律成长，人人都有自己的长处和能力，不要急着学习太多的东西，尤其别过早学习超越自己年龄的知识，那是揠苗助长。古往今来都有这样的规律，即“小时了了，大未必佳”，意思是小时候聪明的人，长大了未必出色。这是一点儿题外话。

我们来看这首与七夕有关的诗。诗歌本身并没有写得多么美妙，它的主要价值在于写出了古人过七夕的真实场景。在这首诗里，我们看不到男女爱情。它写得很平淡，就是一幅民俗生活的画卷，其实这才是七夕节的本来面目。我们现在经常说七夕是情人节，其实在中国古代，更像情人节的还有两个节日，也许它们比七夕更接近于现代意义的情人节。一个是元宵节，一个是上巳节。

现代人过情人节，通常是情侣或夫妻去约会，去逛街。各大商场都打折，各个饭馆都爆满，大家要出去玩儿，享受爱情的甜蜜。在中国古代社会，大家都非常保守，生活态度比较严肃，很少有约会、游玩的机会。只有在一些重要的节日，大家才能获得一些自由。

比如元宵节的晚上，有灯会。我们现在还常说“闹元宵”，说明元宵节自古以来就是个热闹的节日。古代城市都有护城河，有城门。一般到了晚上，城门就得关起来。但元宵节晚上，城门就不关了，大家爱去哪儿玩就去哪儿玩。这个时候，很多彼此相爱的人终于见面了，可以一起出去观灯、踏春、聊天、游戏。

上巳节也有类似的风俗。古时候，女子都不太出门。到了上巳节，也就是农历三月初三，她们会出来在水边游玩，举行一些祈福消灾的仪式，也就是驱除一些不好的东西。每到这一天，她们也会遇见相爱的人，也可以约会。

很多古诗词描写了元宵节和上巳节。比如欧阳修《生查子·元夕》写元宵节，说“去年元夜时，花市灯如昼。月上柳梢头，人约黄昏后”。这是一段回忆：去年元宵节那天，我在街头观灯的时候与爱人约会，非常甜蜜。欧阳修接着写，“今年元夜时，月与灯依旧。不见去年人，泪湿春衫袖”。意思是，到了今年的元宵节，月还是那样的月，灯还是那样的灯，但去年的那个人已经不见了，于是泪水打湿了我的衣袖。大家看这种约会逛街的感觉，是不是更像今天的情人节呢？

那么，七夕节在古代到底属于什么性质的节日呢？当然，它也有爱情的意义，牛郎织女的爱情故事非常动人，后面我们讲《迢迢牵牛

七夕节是情人节吗？古人如何过七夕？

星》那首诗的时候，会着重讲这个故事的来龙去脉。今天要讲的诗，题目叫《乞巧》，那么我们就来讲讲七夕节的“乞巧”内涵。

七夕在古代又称乞巧节。这个节日很古老，汉代的时候就已经有这样的风俗了。有本书叫《西京杂记》，是晋代人写的，记载了很多汉代风俗。什么风俗呢？汉代宫女经常在七月七日“穿七孔针于开襟楼”。在这个楼上干吗？举办一种仪式，即穿针比赛。穿针有什么样的寓意呢？意味着相怜、相爱。针线一相连，情感就被牵动起来，你牵着我、我牵着你，就好比针牵着线、线挂着针。所以，穿针活动包含着对爱情、对幸福生活的渴望。当时这些宫女在七夕节穿针斗巧，看谁穿针多、穿针快。

古代女子最主要的工作就是织布。有个词叫“男耕女织”，这是中国农业社会的一个传统，男人出门种田，女人在家织布、做衣服。穿针引线是她们日常生活的一部分，也是心灵手巧的一种表现。古代女子在七夕节进行穿针活动，其实就是想表示：上天啊，请你赐给我更多的“巧”吧，让我的手更灵巧一点，心思更细腻一点，让我的家庭更和美一点！

除此之外，古人在七夕节还可能表达别的愿望。晋代有本书叫《风土记》，里面也记载了七夕节的一些风俗。这天晚上，大家把庭院打扫得干干净净、清清爽爽，然后露天摆上酒席，上面有各种水果、酒肉。大家对着牵牛星和织女星的方向洒香粉，因为两颗星今晚要相会。还有很多人晚上不睡觉，要守夜。为什么守夜呢？因为心里怀着愿望。有人说，如果看到天上的银河出现白色的气和五颜六色的光，就是吉祥如意的象征。如果能见到这样的景象，人们会赶紧磕头拜倒在地，祈福祈寿，求富求贵。但是只能求一个愿望，不能太贪心。

直到今天，全国各地的七夕节还保留了一些祈福风俗。例如在七夕当天会吃一些特定的食物，都带着“巧”字，比如巧果、巧酥之类，表示我想祈求更多的“巧”，想获得更多的幸福。归根结底，“乞巧”的意思就是希望愿望能够实现。有人希望爱情甜蜜，有人祈祷生活美满，有人渴望心灵手巧，有人梦想升官发财，都会在七夕这天表达出来。

懂得了七夕节的性质和风俗，我们回头再来看林杰的《乞巧》，就完全能够理解了。这首诗写得很简单，语言上没有什么难度。

第一句写“七夕今宵看碧霄”。“宵”和“霄”同音，形成一种节奏感。他说在今天七夕这个晚上啊，我们一起抬头看夜空。为什么要看夜空呢？因为今天是“牵牛织女渡河桥”的日子，即牛郎织女鹊桥相会的良辰吉日。神仙在聚会，人间在干什么呢？第三句写“家家乞巧望秋月”。在月亮之下，人们摆上各种各样的食品物品，举办各种各样的仪式，去祈求心灵手巧，祈求幸福生活。其中一个活动，诗人用最后一句把它单独拈出来了，即“穿尽红丝几万条”。“穿尽红丝”就是穿针游戏；“几万条”，形成一幅非常壮观的画面：满城的人都在举办同一个仪式，真是“同一个世界，同一个梦想”啊！

《乞巧》这首诗的内容很简单，“乞巧”的风俗却意义非凡。中华民族在几千年发展的过程中，形成了很多节日风俗。一到春节，大家都要放鞭炮；一到元宵，就要一起观灯；一到端午，都要赛龙舟、吃粽子；一到七夕节，都要一起穿针引线；一到中秋，就要赏月、吃月饼。整个中华民族，在一些特定时节举办共同的活动，仿佛不断提醒大家：我们是同一个民族，同一个国家，所以才会一起过一些同样的节日！传统节日风俗培养了大家的文化认同感，增强了民族凝聚力，这一点很重要。

每个人的生活千差万别，需要各自独立、自由的空间。但是也不能太散，太散的话，彼此之间会觉得你跟我不同，我跟你也不同，我们之间就没什么关系。在现代社会，我们很容易形成这样一种感受：

我跟对门邻居没什么联系，见面都不认识，关系变得很冷漠。但是在古代社会不一样。你想想，每到端午的时候，整个村子的人都去赛龙舟了，你本来跟他不熟，但聚在一起划船，大家立刻就熟悉起来了。每到七夕的时候，大家一起赏月、吃东西，举办穿针引线的比赛，很快大家也熟悉了。

最近几年，我们国家越来越重视传统节日，可能也是考虑到了节日对于民族凝聚力的重要性。现代社会太容易让大家变得彼此冷漠，会忘了自己原来跟周围很多陌生人之间都有一个共同的祖先，都有一些共同的传统。只有当我们进入到共同的传统中，大家一起去做同一件事情，才能从内心深处认识到原来我们生活在有如此悠久的历史、有如此独特文化传统的国家。这是最根本的“爱国主义”。

从某种意义上说，中国古代每一年在许多节日里都会举办“奥运会”，因为节日精神跟奥运精神有相似之处。奥运会之所以要举办，根本目的是为了消除人类之间的民族隔阂、文化隔膜，让大家都遵照同样的规矩、遵循同样的程序，同场竞技，公平竞争。比赛结果固然重要，但更重要的是展现人类的文明意识和团结精神。同样的道理，传统节日里的很多游戏、比赛，比如穿针、赛龙舟之类，也都能够起到团结人心的作用。北京奥运会的主题是“同一个世界，同一个梦想”，那么古代佳节的主题可以说是“同一个家族，同一个梦想”“同一个民族，同一个梦想”“同一个中国，同一个梦想”。

示儿

南宋·陆游

死去元知万事空，但悲不见九州同。
王师北定中原日，家祭无忘告乃翁。

这首诗是陆游的绝笔诗。所谓“示儿”，就是写给孩子的一段遗言。现代人去世的时候会留下遗书、遗嘱。陆游是以诗作为遗书。他一生的追求、灵魂的执念，都在这个时刻、这首诗中再次浮现。人之将死，其言也善。他讲给孩子们的最后的话，是他一辈子最想做的事情，最渴望的事情。

“死去元知万事空”，第一句写得很冷静，很笃定。“元知”，就是本来知道。陆游对死亡有着极为清醒的认识，知道人一死什么意义都没有了。面对死亡的时候，最能看出一个人是如何活的：活着的时候虚无，死亡的时候就会慌张；活着的时候充实，死去的时候就会平静。陆游是很平静的，因为他的一生一直有着非常踏实的追求。

第二句，“但悲不见九州同”。“但”字，一定别理解成“但是”，那就没味道了。“但”是“只”的意思，就是“只悲不见九州同”。他唯一放不下的，就是看不到国家的统一。他的意思是，如果现在国家统一了，我可以更加冷静、清醒地面对死亡，唯有这件事让我临死的时候心里不平静。陆游的心态非常耐人寻味，既平静又动荡。他的动荡不是怕死，而是怀着一种坚定的、壮志没有实现的悲怆感。前两句之间，存在很剧烈的情感碰撞。只有坚持一生、倾其所有去爱国的人，到死的时候才能写出如此沉甸甸的句子。

生活中，陆游是个书生。在梦里、在诗里，他永远是个英雄。

陆游回头一想，我现在死不瞑目，又有什么用呢？我还是会去世的，不会因为我的理想不能实现，这口气就挂在这儿。他知道，也没必要吐血三升、叫骂而亡，整体上心境还是平静、清醒、理性的。所以从第三句开始，他的思绪在前两句的矛盾之上又有了新的发展：他不再想死亡这件事本身了，顺其自然便好；但对于死后的世界，他有一个展望。

他没有想着可以变成神仙或者其他更高级的生物，只需要留下一点点精神意识，能够知道一些事情，就非常满足了。他想知道什么呢？“王师北定中原日，家祭无忘告乃翁。”如果有一天，南宋的军队收复中原了，这个时候你们一定要到家里的祠堂来，给我烧个香，给我摆个供品，告诉你们的父亲，今天终于收复中原了！

这是一个很朴实的展望，没有任何宗教色彩和神秘气氛。陆游只是告诉孩子们，你们别忘记就好了，至于我能不能知道，也不多说。毕竟人离世之后会去哪里，谁都不知道。他不去想那些神仙鬼怪的事情，只是坚信会有那么一天，子孙们会跟他说的。而到了那一天，他相信自己也应该能够听到。这就是陆游，他的理想是至死不渝的。

总之，这首诗写了情感的三个层面：先是很冷静，“死去元知万事空”，平平静静就离开了；然后是不冷静、很动荡，“但悲不见九州同”，仿佛死不瞑目；最后想一想，终究还是会死的，我也不想那么多了，就坚信终会有一天会收复中原，孩子们记得到祠堂里跟我说一声，我能不能听得见是另外一回事，但你们一定要记得告诉我！这就是诗人留给人间的最后一句话。如此至死不渝的爱国情感，朴实之中又有曲折、有矛盾，种种情感交织在里面，需要我们一一品味出来。

陆游这种悲怆又坚定的爱国情感，贯穿了他的一生。我们再来读一读他晚年写的其他类似作品。比如有首小诗《书事》，即记事。记什么事情呢？“关中父老望王师”，陕西的父老乡亲们都希望天子的军队能打回来。“想见壶浆满路时”，如果王师来了，百姓们一定会拿着家里的食物、热汤，去犒劳、迎接他们。这是陆游最切盼的场景，与“王师北定中原日”是一样的。然后他写“寂寞西溪衰草里，断碑犹有少陵诗”，他说在陕西华县的衰草里，或许石碑上还刻着当年杜甫写的那些诗吧。可见，前两句是理想，后两句是现实。理想是终有一天王师会北定中原，现实却是那里一片荒凉，只剩下历史的遗迹，我们仍然收复不了那片土地！

还有一首诗叫《异梦》。陆游写了很多记梦诗，而他的梦与他的理想往往是息息相关的。“异梦”，就是奇异的、不平凡的梦。什么样的梦呢？“山中有异梦，重铠奋雕戈”，这个梦的画面感很强，士兵们穿着重重的铠甲，举着精良的武器。他们去哪里呢？“敷水西通渭，潼关北控河”，去敷水、渭水、潼关、黄河这些象征着中原文明的地方。他接着写“凄凉鸣赵瑟，慷慨和燕歌”，赵和燕是现在的河北、北京一带，你看他的思绪，从陕西又飘到了河北，一直挂念着中原的大好河山。最后他说“此事终当在，无如老死何”，强调收复中原的画面是一定会成为现实的，但无奈自己可能看不到了，他在一天天地衰老。

异梦

南宋·陆游

山中有异梦，重铠奋雕戈。
敷水西通渭，潼关北控河。
凄凉鸣赵瑟，慷慨和燕歌。
此事终当在，无如老死何！

同样的悲怆之音，还出现在陆游的词作里。他有一首《诉衷情》写“胡未灭，鬓先秋，泪空流”，北方的失地没有收复，头发就已经衰败了，只能空空流泪。“此生谁料，心在天山，身老沧洲”，谁能想到我的晚年是在无所事事之中度过的？在自己的家里老去，而我的心则永远飞扬在广袤的边疆，挂念着北方的山河。陆游的爱国之泪，就这样一滴滴流尽，流到最后就凝聚成了《示儿》。

以上两首诗、一首词，其实都可以与《示儿》参照对读。陆游晚年一直是这么想的，每天都在想边疆怎么样了，终有一天会等到北定中原的那个时刻——这是陆游一生的执念。生活中他是个书生，但在梦里、在诗里，他永远是个英雄。

题临安邸

南宋・林升

山外青山楼外楼，西湖歌舞几时休。
暖风熏得游人醉，直把杭州作汴州。

诗题叫《题临安邸》。以“题”为题的诗歌，在古代有很多，如苏轼的《题西林壁》，是题写在庐山西林寺的墙壁上的。“邸”是旅店，“临安”就是杭州，“题临安邸”，就是在杭州某个旅店的墙壁上题了一首诗。诗人本身没什么名气，可这首诗却是深入人心的，因为它既写出了当时杭州的特点，也写出了当时南宋的处境。短短四句，浓缩了一座城市的美，浓缩了一个时代的痛。无论是当时的杭州人，还是后来到杭州游览的人，抑或是所有经历过家国之痛、对国家比较担忧的人，读这首诗的时候都会深有感触。于是它就变得家喻户晓了。

第一句，“山外青山楼外楼”，先勾勒出了西湖的典型景色。大家如果没有去过西湖，可能无法理解短短七个字的高度概括性。西湖周围有很多山，这些山都是小丘陵，绝对不是高耸入云的山峰，那样就不容易在山外看到青山了。它们是一个一个小山包，层层叠叠绵延很远，每一个小山包里都藏着很多名胜古迹、山泉树林，藏着种种美景。大家去看西湖景色的时候，一定要驻足观赏，不要走马观花。你在苏堤、白堤、三潭印月多停留一会儿，随便哪个景点，分层次去观赏，会发现真的是“山重水复”，这就叫“山外青山”。

我们再看一首北宋著名词人柳永描写杭州的名作《望海潮》。词的下阕开头是“重湖叠巘清嘉”。注意“重”和“叠”两个字，也是在描写重重叠叠的湖和山，可以说是“山外青山湖外湖”。

那“楼外楼”是什么呢？我们再看柳永《望海潮》上阕中的“烟柳画桥，风帘翠幕，参差十万人家”。杭州城里有柳树、小桥，家家户户都挂着帘幕，掩映、装饰着高高低低的小楼。这便是“楼外楼”。整体上看，杭州城的布局是：中间有一个西湖，四面有层层叠叠的山；城市位于山间湖畔，一座座小楼参差不齐地散布在山水画卷之中。此种布局，就叫“山外青山楼外楼”。

我们把柳永《望海潮》再往下读几句。他说“有三秋桂子，十里荷花”。“三秋”是清秋时节，“桂子”是桂花飘香，“十里荷花”则是写夏天景色。他称赞西湖在任何一个季节都好看，秋天有香桂，夏天有荷塘，到处都是美景。如此美景，他又用如此高妙的笔触把它写出来，读到的人会非常动心。到南宋的时候，北方的金国有一位君主叫完颜亮。当他读到这首词之后，惊叹杭州怎么这么美！不能只待在粗犷的北方，得去秀丽的南方看一看！于是他便发动了战争。当然，这是一个传说。不管是真是假，从传说本身可以看出，柳永这首词在当时流传得多么广，而杭州这座城市又是有多么美，竟让人为之发动战争。

柳永《望海潮》里又是怎么写“西湖歌舞”的呢？他说“羌管弄晴，菱歌泛夜，嬉嬉钓叟莲娃”。湖面上有好多种音乐，有北方的羌管乐，也有江南的采菱歌，无论是白天、夜晚，还是晴天、雨天，都有音乐。是谁在这儿听音、奏乐呢？有钓鱼的老人，也有采莲的少女。除此之外，还有“千骑拥高牙”。“牙”是官员出行时的旗帜。好

旅店墙上的一首诗，浓缩了一座城市的美，浓缩了一个时代的痛。

多人马簇拥着一位大官员，他们“乘醉听箫鼓，吟赏烟霞”，就是听吹箫，听击鼓，吟诗作赋，唱歌跳舞。可谓无休无止的娱乐啊！柳永所写的北宋杭州的歌舞情景，正好可以为《题临安邸》的第二句做个注脚，即“西湖歌舞几时休”。“几时休”，就是无休无止的意思。

下面是第三句，“暖风熏得游人醉”。这种气氛太好了，景色美，人美，气氛更美，仿佛天地宇宙都为之动容了，没有什么凄风冷雨，连风都是暖的，让人玩乐、陶醉，流连忘返。

直到最后，一句非常刺眼、刺耳、扎心的话出来了，叫“直把杭州作汴州”！前面三句你都会觉得诗人在赞美杭州的美好，最后一句出现巨大的反转。他想说的是，在这么美好的景色背后，其实隐藏着国难家仇。在暖风、歌舞之中尽情享乐的人们，已然忘却国难家仇，把杭州当成了汴州！要知道，汴州是北宋的首都，杭州是南宋的临时首都，国家原来的首都如今却落在敌人手里！诗人很想质问，你们不去收复山河，收复旧都，而是在这座美妙、淫靡的临时都城里，消耗着国家与社会，毁灭着命运和希望！这是多么沉痛的讽刺！

总的来看，整首诗是先扬后抑，先褒后贬，很有戏剧性。这首诗题写在旅店的墙壁上，被来来往往很多行人看见。他们一定会觉得，讽刺得真妙！说得太到位了！甚至可以说，它警醒了许多人。一读到这首诗，人们就会反思，我们怎么能沉迷于享乐呢？不能忘却曾经的苦难与屈辱啊！不过，清醒的人还是很有限，能付诸行动的人则更少。北宋的命运再次重演，南宋还是被灭掉了，杭州被蒙古的铁骑踏平了。

这首诗写出了诗人对国家的担忧，对骄奢淫逸的权贵们的讽刺。我们也可以说，它不仅讽刺权贵，更是对所有人提出了警示。对于国家，高官们要负主要责任，但是“天下兴亡，匹夫有责”，每个百姓都要警醒，才能激发高官们去反省、去努力。

我们可以再读一首相似的作品——杜牧《泊秦淮》:“烟笼寒水月笼沙，夜泊秦淮近酒家。商女不知亡国恨，隔江犹唱后庭花。”

秦淮河的夜晚，水面起了淡淡的雾气，笼罩着河水，而月光又笼罩着岸边的沙洲。杜牧停船靠岸，距离酒家比较近，有酒、有歌舞、有欢声笑语。但杜牧一点儿都不开心，反倒要批评斥责：这些歌女根本不知道亡国的滋味，还在唱《玉树后庭花》啊!

这首歌曲与南朝历史有关。南朝最后一个朝代是陈。陈国灭亡的时候，国君陈叔宝仍沉溺于歌舞音乐之中。陈叔宝是个昏君，但在艺术上是个大才，他写过一首歌曲《玉树后庭花》。在这样的靡靡之音中，国家走向了灭亡，所以后人常用“玉树后庭花”来指代亡国之音。杜牧是晚唐诗人，国家当时也到处是动乱。他忍不住指责，你们不去想着怎么救国，而是沉溺在歌舞之中，唱着那些亡国之音，忘却了所有的理想和壮志，真的是“不知亡国恨”啊!

杜牧《泊秦淮》与刚才讲的《题临安邸》都是在讽刺人们贪图享乐，表达了诗人对国家命运的担忧。它们都有警世的效果，都是流传千古的名作。

己亥杂诗

清·龚自珍

九州生气恃风雷，万马齐喑究可哀。
我劝天公重抖擞，不拘一格降人才。

龚自珍是清代后期著名学者、诗人、思想家。他出生于仕宦之家，家里历来做官的人有很多。他的祖父、父亲也都是学者，都有一些著作。他的母亲出身名门，是著名学者段玉裁的女儿。段玉裁写过一本伟大的著作，叫《说文解字注》，是对东汉许慎《说文解字》的权威注本。大家如果想了解汉字的奥秘，必须要仔细研读这本巨著。

龚自珍从小便受到非常好的教育，外祖父段玉裁对他也很欣赏，给予他很多指导、教诲。如此得天独厚的家庭条件，为他日后的创作、治学打下了坚实基础。

我们经常能够看到这样的现象：特别有才华的人往往不会考试。龚自珍考进士的时候也是历尽坎坷，屡试不第。一直到道光九年（1829 年），他才中了进士。后来做官时，由于他的个性比较孤傲，不太合群，对当时官场中的很多现象非常不满，经常感慨时事，还爱骂人，树敌很多，所以官职就一直升不上去，政治上很难有作为。直到道光十九年（1839 年），他厌倦了官场生活，于是辞去官职回家了。之后再过两年，年纪还不大，逝世于江苏丹阳。

从生平介绍中，我们可以发现龚自珍的一些人格特点：志向很高，才华很高，但在当时的官场上不能得到很好的任用。他心气非常高，对很多事情看得透，看不惯了就要骂，就要讽刺。他就是这么个慷慨激昂的人物。

龚自珍生活的年代，清朝已经到了晚期。丧权辱国的鸦片战争，是在 1840 年以后展开的，中国从此陷入漫长的屈辱史。龚自珍去世的时候是 1841 年，基本生活在悲惨时代之前。我们常说一句话，叫“冰冻三尺，非一日之寒”。1840 年以后的种种灾难，在此之前很早就暴露出原因了。龚自珍对当时整个清朝的衰败局面、官场的萎靡不振，感到非常痛恨。

龚自珍写《己亥杂诗》，数量非常多，共 315 首。己亥是 1839 年，距离龚自珍去世已经不远。这一年，龚自珍辞官回家。辞官之后，心中很多牢骚也就一下子迸发出来了：我不跟你们玩了，我可以想怎么骂就怎么骂了！于是一口气洋洋洒洒写了三百多首诗。这里面反映的社会问题非常丰富，比如昏聩的官吏，腐败的军队，衰退的经济，沉重的赋税，等等。接下来我们要读的只是三百多首《己亥杂诗》的其中之一首。

这首诗中的名句，“我劝天公重抖擞，不拘一格降人才”，我们常听到有人引用。龚自珍为什么要“劝天公”呢？这里有个背景。诗后面有一段诗人自己的注释。古人写诗，有时候会主动说明创作背景，免得别人胡猜。龚自珍自注说：“过镇江，见赛玉皇及风神、雷神者，祷祠万数，道士乞撰青词。”

他辞官回家，到镇江的时候看到一个风俗活动，即赛神会。什么是赛神会？简而言之就是用各种仪式来迎接神灵。他看见百姓在迎接玉皇、风神、雷神，参加祭祀的人非常多。主持祭祀的当然是一些宗教人士，即道士。道士觉得龚自珍这么有名气，文才这么好，就请他帮忙写一段“青词”。什么是青词呢？就是道士献给神灵的祝文。这些文字是用红色的墨写在青藤纸上，所以叫青词。

上面这段自注，与诗歌正文之间有什么关联呢？至少有两点。一个是“九州生气恃风雷”，道士要祭祀神仙，其中就有风神和雷神，所以说“恃风雷”。另一个关联点是“天公”，除了祭祀风神、雷神，还要祭祀玉皇，也就是“天公”。由此我们知道，龚自珍参加或者观看了这次祭祀仪式，看到很多人非常虔诚地向神灵祈福，他也就跟着祈福。但是，他不是为自己升官发财、娶妻生子来祈福，而是为了全中国祈福。也就是说，龚自珍写诗是想向老天祈求救国的药方、救国的人才。这是他当时心境的真切写照。

“九州生气恃风雷”，显然是从赛神会中的神仙形象受到启发。“九州”是什么意思？中国有部非常古老的书叫《尚书》，里面有一篇《禹贡》，这篇文章把全国分成了九个州。后来人们就用“九州”来泛指全中国。“生气”，这个词今天还在使用，就是生机、活力的意思。“恃风雷”的“恃”，就是倚仗、依靠。赛神会上，人们希望靠着风神、雷神的帮助获得某种福报，获得某种生命力，于是龚自珍就此发挥联想：我们全中国也要依靠风神、雷神的力量才能振作起来。他希望大清国不要再死气沉沉了，应该有人率先振作，引领新风气。

为什么要提出这样的愿望呢？下面一句交代了，“万马齐喑究可哀”。这么多马，全部都哑了。“喑”就是哑，比喻非常沉闷的清代社会。大家都没有理想壮志，活得萎靡，活得腐败。“究可哀”，这话说得非常沉重。“究”就是毕竟、终究。意思是说，“万马齐喑”实在是太可悲了！可见，龚自珍对于时局、社会的态度，是多么不满和愤慨！

社会死气沉沉怎么办？眼前这些祭祀的人们，将希望全部寄托给天公，那么龚自珍也向天公提出一个愿望，即“我劝天公重抖擞”。

慷慨激昂的龚自珍，想向老天祈求救国的药方、救国的人才。

他说天公啊天公，请你振作精神。振作精神干什么呢？“不拘一格降人才”。注意，“降”的意思就是降生、创造。“格”，有方法的意思，也有格式、类型的意思。他向天呐喊：老天啊老天，请求你给我们这个国家带来更多的人才吧！不管用什么方法，请你高抬贵手，让人才能够大批涌现吧！而且我希望，这些人才不要只有一种类型，而是多种多样，多才多艺，多多益善啊！

从最后这句呐喊我们得知：一方面，在当时的清代社会，很多像龚自珍这样的人才是得不到重用的，会被很多规矩、势力所束缚、压制；另一方面，国家的各行各业都萎靡不振，都迫切需要人才。很显然，龚自珍是用“天公”来比喻皇帝，希望皇帝能够重视培养人才，广泛任用贤才，挽救国家的衰败之势。

龚自珍对于人才的渴望，对于皇帝能够重视人才的向往，是贯穿他一生的。他曾写过一封《上大学士书》，里面说：“自古及今，法无不改，势无不积，事例无不变迁，风气无不移易，所恃者，人才必不绝于世而已。”大概意思是说，从古到今，很多人都希望变革法律，造就时势，变迁制度，改善风俗，应该靠什么去实现这一切呢？依靠的就是人才。只有连绵不断、前赴后继的人才，才能改变时局、振兴国家。此种迫切愿望，在《己亥杂诗》中迎来了剧烈的爆发，于是诞生了名句，“我劝天公重抖擞，不拘一格降人才”！

事实上，龚自珍在《己亥杂诗》中常常表达这样的爱国深情。《己亥杂诗》还有一首也非常有名，因为也有一个名句：“落红不是无情物，化作春泥更护花。”这首没有那么激昂慷慨，写得很温柔，但是温柔中又包含了一种博大和悲悯的奉献精神。他的

己亥杂诗（其五）

清·龚自珍

浩荡离愁白日斜，吟鞭东指即天涯。
落红不是无情物，化作春泥更护花。

意思是，我虽然走了，虽然离开京城、离开官场了，但对于朝廷、皇上、百姓苍生，我仍然非常牵挂，就像落花离开了树枝，会缱绻不舍。落花不是无情之物，粉身碎骨之后会化作春泥，还能继续滋养花朵。我也是如此，哪怕死了，也要用我的文章、诗歌乃至灵魂，滋养我的国家，滋养我的人民。这种献身改革、为国效力、至死不渝的精神，是龚自珍身上最耀眼的光芒。

山居秋暝

唐·王维

空山新雨后，天气晚来秋。
明月松间照，清泉石上流。
竹喧归浣女，莲动下渔舟。
随意春芳歇，王孙自可留。

王维这首诗是非常标准的五言律诗，同时也最能体现王维“诗中有画”的特点，写得确实太美了。

什么叫律诗呢？简单来说，就是规矩比较严格的一种诗，通常有八句。每句五个字，就叫五言律诗。每句七个字，就叫七言律诗。

律诗经常要使用对偶手法，句子是一对一对地出现，就像新郎新娘成双成对，还像我们过年时贴春联，有上联，也有下联。律诗的一二句叫第一联，又叫首联，“首”就是人的脑袋；三四句叫第二联，又叫颔联，“颔”就是人的下巴；五六句叫第三联，又叫颈联，“颈”就是脖子；七八句叫第四联，又叫尾联、末联。你看，古人用人体的不同部位，来比拟律诗的不同部分。

律诗中的第二联和第三联，一定要有比较严格的对偶关系。而第一联和第四联，可以宽松一些，可对偶，也可不对偶。什么是对偶？前文讲杜甫《绝句》（迟日江山丽）的时候讲过这个问题，大家可以参看。请大家分析一下杜甫《春夜喜雨》《登高》等作品，看看它们的第二联和第三联是不是对偶关系呢？

接下来我们回到《山居秋暝》。诗的题目就是一幅画，“暝”就是傍晚、黄昏，题目里提示了几个非常美的元素，“山居”“秋”“暝”。在哪“山居”呢？王维在长安郊外辋川这个山谷里面，有小别墅、小庄园，他的朋友也会在附近搭一些房子。他们在这里安居、坐禅、养生、喝茶，过一过亲近自然的生活。今天这幅“山居秋暝图”，都包含了哪些风景呢？

第一联，“空山新雨后，天气晚来秋”。“空山”，是王维常用的词汇。“空”表示非常安静，没有人。《鹿柴》说“空山不见人，但闻人语响”，《鸟鸣涧》也说“人闲桂花落，夜静春山空”，都是描写“空山”的寂静无人。没人来，那王维在这里干什么呢？当然是在“山居”。王维写“空山”，都是以自己为中心去写的。只有“山居”之人，才能感受“空山”。

“空山新雨后”，“新雨后”是一个伏笔，意思是刚刚下了雨。如果是个大晴天，这首诗就不会这么写；如果是阴雨连绵的一天，他估计都懒得写了。恰恰是刚刚下了雨，到傍晚的时候天气放晴了，于是王维写了这首诗。他接着又说“天气晚来秋”，点明了季节。注意，此时的秋不是深秋，应该是初秋。刚刚下了雨，傍晚比较清凉，感受到了一丝秋意，所以叫“天气晚来秋”。

开头十个字之中，既写到了“山居”（即“空山”），也写了“秋”，也写了“暝”（即“晚来”）。诗人把题目里的几个元素都说到了，仿佛展开了画纸，设定了底色，划定了构图，接下来就要仔细安排、精心勾勒了。

黄昏之后，太阳落下，月亮升起，于是出现“明月松间照，清泉石上流”的画面。刚下了雨，傍晚放晴了，没有任何云雾遮挡，月亮

王维不想离开他的辋川谷，我们也不想离开王维的山水画卷。

出来就非常明亮。“明月”呼应着第二句的“晚来”，而“清泉”则呼应着第一句的“新雨”。雨水在山中蓄积，顺着山势往下流，在石头上形成了清泉。大家注意两个动词，“照”和“流”。一个“照”字，突出明月的亮度；一个“流”字，突出了水流的动感。一静一动，相映成趣。

这两句我们再来细细分析，会发现很有意思的现象。这句话的正常语序应该是“明月照松间”，这样才顺口，对不对？明月照耀在松林间。现在诗人把“照”字放到后面去了。为什么要这么做？无论是一句话，还是一篇文章，最引人注意的往往是开头和结尾。诗人不把“照”字放在句子中间，而是放在最后，显然他想对这个字进行强调，希望读者关注它。“明月”在哪里？在“松间”。在干什么？在“照”！整个松林都被月光照满了，可见多么亮！

同样道理，“清泉石上流”，正常的语序应该是“清泉流石上”。诗人把“流”字放在最后，也是想强调泉水源源不断、尽情流淌的样子。所以，“流”字既是视觉所见，其实也是听觉所闻。我们可以想一想，月光很明亮，诗人有可能看见清泉流淌，同时也可以听见流水潺潺的声音。刚下过一场雨，泉水的水量肯定比较充足，声音会很悦耳。

再看颈联两句，做了一个转折。颔联两句是单纯写景，写雨后月夜的景色，颈联两句则转而写人物的活动，即“竹喧归浣女，莲动下渔舟”。这些活动富有江南色彩、江南情调。尤其“莲动下渔舟”，是最常见的江南生活画面。汉乐府《江南》里说，“江南可采莲，莲叶何田田”。什么时候去采莲呢？就是夏末秋初的时候。

问题是，王维明明写的是长安附近的景色啊！我们如果现在去陕西西安的郊区，应该是很难看到江南景色的。为什么呢？道理很简单，现在的气候跟唐朝时不一样。有一位大科学家竺可桢先生，写过一篇很著名的文章，叫《中国近五千年来气候变迁的初步研究》。他认为，隋唐时期中国的气候特别暖和。有几年冬天，长安都不下雪，不结冰，甚至南方的柑橘也可以种在长安。大家想想，橘子这种植物，“江南为橘，江北为枳”，过了长江就长不好了。但是这个时期，居然能在长安种柑橘，可见气候非常温暖。王维恰恰就生活在这个时期。当时终南山周围的一些山谷，真是有江南景色。这些女子“采莲南塘秋”的时候，唱唱歌，跳跳舞，俨然一派江南女子的气质！

交代了气候背景之后，我们再来看句子本身，“竹喧归浣女，莲动下渔舟”。两句的句式安排同样非常讲究。诗人先写“竹喧”，再说“归浣女”，意思是先听见竹林深处“哗啦啦”的声音，待会儿仔细一看，原来是洗完衣服回家的女子。同样道理，“莲动下渔舟”的意思是莲叶怎么在动呢？是不是有水怪出来啦？不对，原来是小船在莲叶中穿行。

大家别忘了，“归浣女”和“下渔舟”的场景，都是发生在月色之下。如果是大白天、大太阳底下，诗人可能一眼就能看见竹林深处的“浣女”，莲叶缝隙中的“渔舟”。但此时是月夜，光线朦胧。王维只能先听见“竹喧”，先隐隐约约看见“莲动”，然后才能观察到细节，才能判断是谁过来了。这都是光影朦胧中的感觉与印象。

王维真是太会写了！“明月松间照，清泉石上流”，写的是清晰的景物、清晰的声音；而“竹喧归浣女，莲动下渔舟”，写的是朦胧的声音、朦胧的景物。一位优秀的画家，一定善于观察、处理自然界的微妙变化。王维不仅会画画，而且善于把这种观察力和技巧带入诗歌艺术之中。

最后一联，“随意春芳歇，王孙自可留”。我们讲白居易《赋得古原草送别》时介绍过这个典故，出自《楚辞·招隐士》。《楚辞》说“王孙兮归来，山中兮不可以久留”，是向山里的“王孙”喊话：你们别老在乡下待着了，这边生活好，赶紧出来吧，回来吧！王维这里是反其意而用之。王维心想：我才不出去呢，我就愿意在山里待着！他说，任凭春天的芳华消逝吧，我不会感到惋惜！因为山中的秋天也是如此美好。我会一直留在山中享受秋天，乃至享受四季！

整体来看，《山居秋暝》描绘了一个极为优美、明亮、清爽的雨后黄昏。它完整地描写了从黄昏到夜晚的过程。一幅一幅画面，依次展现在我们面前："明月松间照"，"清泉石上流"，"竹喧归浣女"，"莲动下渔舟"。一切景物都是那么和谐，一切人物都是那么自在。王维不想离开他的辋川谷，我们也不想离开王维的山水画卷。

枫桥夜泊

唐・张继

月落乌啼霜满天，江枫渔火对愁眠。
姑苏城外寒山寺，夜半钟声到客船。

《枫桥夜泊》简直太有名了！至今姑苏城外也就是苏州城郊，还有一个著名景点叫寒山寺，每天游览的人群络绎不绝。二十世纪九十年代，有一首流行歌曲《涛声依旧》，把这首诗改编成了歌词，运用了它的意境，在当时非常流行，大街小巷都在播放。小朋友们可以问问父母，问问爷爷奶奶，他们可能都听过《涛声依旧》。

《枫桥夜泊》的作者张继，没有留下多少诗，就靠这一首千古留名。枫桥在哪里呢？在今天的苏州西郊，跨过京杭运河。枫桥是水陆交通的一个枢纽，南来北往，都得从这里经过。或者从桥上跨过去，走陆路；或者从水路走，从桥下经过。诗人应该是走水路，途径苏州，停泊在枫桥边，故云“枫桥夜泊”。

这首诗里面还提到了两个地名，即“姑苏城”和“寒山寺”。至今苏州的别称仍然叫“姑苏”，因为附近有座山叫姑苏山。“寒山寺”呢？它就在枫桥西边，又名枫桥寺。传说唐代诗僧寒山曾经居住在这里，所以叫寒山寺。这座寺本身的历史已经不重要，重要的是它永远留在了张继的诗句中，留在每个苏州人乃至每个中国人的记忆中。单是它的名字，听起来就足够美妙，让人安静，令人神往。

第一句，“月落乌啼霜满天”。三个景象，“月落”“乌啼”“霜满天”，都是只有到了深夜才能看见。“乌啼”是什么意思？乌鸦晚上经常嘎嘎嘎叫几声。为什么叫呢？因为乌鸦对光线非常敏感，月亮光线如果变化了，突然变亮或变暗，都会惊扰到乌鸦。大家注意，古诗中经常出现乌鸦和乌鹊，但这两种鸟并不相同。乌鹊通常指的是喜鹊。曹操《短歌行》里说“月明星稀，乌鹊南飞。绕树三匝，何枝可依”，辛弃疾词《西江月》里说“明月别枝惊鹊”，写的都是喜鹊。当然，鸦和鹊有个共同特点，即对光线很敏感。

西江月·夜行黄沙道中

南宋·辛弃疾

明月别枝惊鹊，清风半夜鸣蝉。
稻花香里说丰年，听取蛙声一片。
七八个星天外，两三点雨山前。
旧时茅店社林边，路转溪桥忽见。

诗人说“月落乌啼”，说明月光变化导致乌鸦夜啼。第三个景象是“霜满天”，说明快到清晨了。清晨是下霜的时候。我们俗语里说的“下霜”，其实按照现代物理学知识来说，不该叫下霜，而应叫凝霜。霜只能凝结在屋顶、树枝、地面、井边，不可能“霜满天”。但是古人会疑惑：也没有飘雪花啊，怎么早晨起来看见地上白花花一层呢？于是他们觉得是天空下了霜。

“霜满天”，不是一个科学的描述，而是一种感受，一种想象。到了后半夜，整个天地之间弥漫着清冷的空气，好像到处都充斥着白霜，故曰“霜满天”。大家注意，三个景象安排得非常精致。“月落”，是所见；“乌啼”，是所闻；“霜满天”，是所感。诗人依次写他看到了什么，听到了什么，感受到了什么，即“月落乌啼霜满天”。

第二句写“江枫渔火对愁眠”，继续写景。第一句渲染气氛，景象都比较远，比较空灵。到了第二句，诗人又往近处看：江边有什么呢？有枫树。杜甫《秋兴八首》里面说“玉露凋伤枫树林”，可见枫树是独属于秋天的颜色，虽然艳丽，但很凄凉。张继是在半夜时看江边的枫树的，当然看不清颜色，只能模模糊糊看见树影，没有颜色，只有昏暗和凄凉。

“江枫”与“渔火”，两个景象形成一种对比。江枫是暗的，渔火是明的；江枫是在江边，渔火是在江面。诗人呢？他停泊在枫桥边，能看到远远近近各种景物。最远的，就是“月落”“霜满天”；往近一点儿看，江面上有“渔火”；再近一点儿看，岸边有“江枫”。最终，诗人的感受和思绪落回自己身上，就是“对愁眠”。“愁眠”，就是睡不着的旅客，就是诗人自己。

这个“对”字写得好！诗人要面对的太多了。要面对“月落”，面对“乌啼”，面对“霜满天”，要面对“江枫”，面对“渔火”。这些景象，全都在跟诗人作对呢！你们一大群，我就我一个。所以，“对”字显示出了空间上的孤单感。

另一方面，“对”字也写出了时间上的漫长感。两个东西相对而立，没有动作，也没有交流，就是我们常说的“对峙”。诗人说，我的对面有这么多东西，而且我跟这些东西对峙了好久。因为什么呢？因为我睡不着。我睡不着，才会对着外面那么多景物，看看这个，听听那个。“对愁眠”，既把前两句的写景都收束了一下，同时也表达了内心的愁苦、羁旅、思乡之情。

到了第三句，“姑苏城外寒山寺”，这句诗很有意思，它其实什么都没写。一个熟悉苏州、熟悉枫桥的人，看了这句诗会觉得是废话。姑苏城外有个寒山寺，我知道啊！你说这个常识干什么？就好比说，你在北京生活多年，突然有人告诉你，故宫外面有天安门，天安门前面有广场，你就会觉得莫名其妙。

其实，诗人在第三句卖了一个关子。姑苏城怎么样，寒山寺怎么

寒山寺的钟声，让寒山寺永垂青史。

样，他都不说，他就要强调两个事物的位置关系。为什么刻意要说“外”呢？我们知道，寒山寺当然是在城外，而且枫桥也在城外，诗人停泊的地方就在城外。这个时刻，诗人想用一个“外”字，来展现自己的思绪飞翔在非常宽广、有层次的空间里。写前两句的时候，他的思绪是从远到近的。现在呢？又从近到远，从小船上的“愁眠”，推到了不远处的寒山寺以及远处的姑苏城。

大家不要忘了，姑苏是苏州的别称，包含着悠久的历史文化。寒山寺呢，也有历史。“姑苏城”“寒山寺”都是有历史感的名词。所以这句“废话”，不仅提供了宽阔的地理空间，而且撑出了一个悠久的历史空间。在如此广大、复杂的空间之中，诗人愈发显得渺小、孤独，就好像一个黑影，映在无边的雪原上。

正在此时，一个钟声把诗人孤独的心灵填满了。钟声从哪里传来？就是从第三句所撑开的空间中传来。悠长、悠远又悠久的钟声，带来了无限故事，无穷想象。钟声送到了哪里？送到了客船，于是出来最后一句，“夜半钟声到客船”。全诗到此处戛然而止。寒山寺的钟声，到底给诗人带来了什么？是温暖，是安慰，还是更深刻的凄凉？抑或是超凡脱俗的顿悟？诗人不再多说，留给读者无尽的猜测与回味。

可以看出，在这首诗的前两句和后两句中，诗人的观察与思绪都是时远时近、收放自如的。“月落乌啼霜满天”，是远景；“江枫渔火对愁眠”，逐渐变成近景；“姑苏城外寒山寺”，又是远景；“夜半钟声到客船”，则又拉回近景。虽然只有短短四句，但一纵一擒，大开大合，读起来有无尽凄凉，更有无尽优美。

整体来看，诗的前两句非常密集，内容非常多。后两句其实就只写了一件事物，即寒山寺的钟声。这一声钟，传扬在后世每一位无眠者的耳畔，也让寒山寺永垂青史，成为苏州的一个文化符号。

长相思

清 · 纳兰性德

山一程，水一程，身向榆关那畔行，夜深千帐灯。
风一更，雪一更，聒碎乡心梦不成，故园无此声。

纳兰性德是清代词人，原名纳兰成德，字容若，人们经常称之为纳兰容若。他是大学士明珠的长子，在康熙年间中进士，之后做官一直做到一等侍卫，是皇帝身边的贴身亲信，深受康熙帝的宠信。估计很多人会觉得，多幸福啊！天天跟着皇帝吃香的、喝辣的！但是纳兰性德却很不开心。他比较厌倦跟着皇帝四处“出差”的生活。

跟着皇帝“出差”，不挺好吗？但是纳兰性德并不这么想，他常常有“临履之忧”。什么意思？就是如临深渊，如履薄冰。走路的时候贴着深渊走，当然很危险；踩在薄薄的冰面上走，同样也很危险。伴君如伴虎啊！虽然天天跟着皇帝，有好处，有特权，很风光，很有面子，但是常担心说错话，办错事，惹皇帝生气，一不小心就会掉脑袋了。

纳兰性德的人生志向也比做一等侍卫更高远。他很想施展才华，做一些更重要的事情，不想天天陪出差，跟个小秘书似的。所以，他的词作中经常体现出恐惧、忧虑、不满、苦闷。

从风格来看，纳兰的词非常真挚自然，清新好懂，没有那么多刻意雕琢的痕迹。他经常使用白描的手法，就是不用比喻、夸张、拟人等曲折的手法，而是直接写景抒情，自有一番感人力量。

这首《长相思》，作于康熙二十一年（1682 年）二月。当时，纳兰以御驾侍卫的身份随康熙皇帝东巡。康熙要去干什么呢？要祭告一些陵墓，还要祭祀长白山。这是清朝满族人的习俗。大家想想，这一路奔波肯定很辛苦。从北京出发，穿过河北、辽宁，一直走到吉林省的边缘，路很漫长，而且天气又非常寒冷。旅途中，纳兰写了不少边塞词，描写塞外风光、北国风光。这首《长相思》，可以说是这趟旅程中写得最好的一首。

我们来看看他是如何写这次边塞之行的。“山一程，水一程”，走一程山，走一程水，说明“路曼曼其修远兮”。去哪里呢？说得很清楚，“身向榆关那畔行”。“榆关”，就是山海关，在今天河北省秦皇岛市东北。词人从北京出发往东三省去，肯定要经过山海关。“那畔”是什么意思？就是那边，意思是往关外走，往塞外走。两个“一程”，一个“向”字，一个“行”字，都是在形容自己越走越远。

最后一句“夜深千帐灯”，将上阕加以收束。前面三句都在说，我走啊走，走啊走。不能一直走啊，中间得歇息、得宿营啊！皇帝出行，都是千军万马跟着，安营扎寨的帐篷也就很多。每个帐篷里面都点着灯，所以叫“夜深千帐灯”。这个图景非常辽阔、壮美。

上阕读完，我们还不知道词人的感受如何。有人跟着天子这么大的排场，心中可能是洋洋得意的。但是词人并不这么想。

我们来看下阕怎么写。“风一更，雪一更”。我们现在经常说半夜三更。“更”，就是差不多两小时的时间。什么叫“风一更，雪一更”？字面意思就是刮两小时风，下两小时雪。其实是想说，整个夜

他是大学士明珠的长子，
他是康熙皇帝的贴身亲信，但是纳兰很不开心。

晚风雪不停，风声雪声不断。正因为风雪不断，所以声音比较嘈杂，比较吵闹，于是下面说“聒碎乡心梦不成”。“聒”，我们读《水浒传》，鲁智深、李逵这些大老粗们，喜欢说一个词叫“聒噪”，意思就是吵闹。纳兰加了一个字去修饰这些吵闹的声音，即“碎”。

“碎”字写得极好！首先它描写的是风声雪声的凌乱、破碎，哗啦啦来一阵风，呼啦啦又来一阵雪，毫无规律。其次，“碎”也意味着心碎。为什么心碎？因为“乡心”。夜里思乡的时候，不断闪现出故乡的风景、人物、往事，闪现出一个又一个片段，这就叫“聒碎乡心”。正因为风雪吵闹，乡心破碎，所以词人整夜睡不着，才会有“梦不成”。

温庭筠有首词《更漏子》，也写了半夜无眠时听到的声音，他写的是雨声，“梧桐树，三更雨，不道离情正苦。一叶叶，一声声，空阶滴到明”。他说“离情正苦”，可见也是因为思念远人而睡不着觉。这位主人公，听着外面梧桐树滴雨的声音，仿佛每一片叶子、每一滴雨水，都能听清楚、数清楚。雨滴不断滴到外面空荡荡的台阶上，一滴一滴，直到天明。这里的“三更雨”，其实也“聒碎”了人心。

我们再回到《长相思》。写到这儿，词人用最后一句点出了整首词的灵魂，“故园无此声”。“此声”是什么呢？就是“风一更，雪一更”这些风声雪声。他想想，家里多好，北京城里待着多好！家里有个大宅院，一年四季都很舒服，很安静，没有漫漫长路，没有风雪聒噪，没有忧心忡忡、战战兢兢。“故园无此声”，是用故园的安静来对比当下的风雪吵闹，用故园生活的宁静安详来对比当下旅途中的艰苦烦闷。

木兰花令·拟古决绝词

清·纳兰性德

人生若只如初见，何事秋风悲画扇。
等闲变却故人心，却道故人心易变。
骊山语罢清宵半，泪雨零铃终不怨。
何如薄幸锦衣郎，比翼连枝当日愿。

这首词虽然非常短，但是上下阕之间形成了很大的张力和跨度。上阕写了一幅山海景观，像地图、画卷展开一样。一队人马走过山，跨过水，越过山海关，继续走向茫茫的东北大地。夜深的时候驻扎下来，一望无际全是他们宿营的灯光。在这幅画卷中行走、歇息，别人可能觉得志得意满，但是纳兰却心神不宁。别人呼呼大睡，“夜深千帐灯”，只有他听着外面的风声雪声睡不着，想到了故园是多么安静，而这里是多么聒噪。

词的上阕境界阔大，下阕却是心情幽微。在这样的对比中，更能够显出词人内心的苦闷。气壮山河的画卷之中，别人安然入睡，自己却在独自伤悲，独自思念，独自难眠。

大家看，整首词没有一句使用夸张、比喻、拟人等修辞手法，就是直接描写走过了多少路，看到了怎样的灯光，听见了怎样的风雪。整首词也没有大肆宣泄伤悲、哀怨的情感，而是将情感都暗含在风景里。纳兰看到什么，听到什么，想到什么，自然就写出来了。这首词最打动我们的，就是暗夜里的“千帐灯”和一声一声的风雪。前者如此壮美，后者如此冷清。心情一句没写，心情都在景色里。这就是白描的魅力。

渔歌子

唐・张志和

西塞山前白鹭飞，桃花流水鳜鱼肥。
青箬笠，绿蓑衣，斜风细雨不须归。

这首诗，应该算作一首词。很多人编唐宋词选集的时候会把它放进去。《渔歌子》是一个词牌。这个词牌不仅他一个人写过，还有很多人写过。他自己写这个词牌也不止一首，总共写了五首，吟咏的都是一些名胜古迹或风景，如西塞山、钓台、松江、雪溪、青草湖。

这个词牌除了叫《渔歌子》之外，还有一个名字，即《渔父》或《渔父歌》。南唐后主李煜也写过这个词牌，它是有固定格式的，这里不妨先读两首。其一是："浪花有意千重雪，桃李无言一队春。一壶酒，一竿身，世上如侬有几人。"写浪花翻涌，如同卷起千重雪；一排排桃李看过去，满目都是春色。在这样的青山绿水、桃李芬芳的意境中，渔父是什么样的一种生活状态呢？他拿着一壶酒，提着一根鱼竿，逍遥自在，说世上像我这么逍遥自在的能有几个人啊！

第二首也是相似的意境："一棹春风一叶舟，一纶茧缕一轻钩。花满渚，酒满瓯，万顷波中得自由。"写渔父划着船，在春风中荡漾，然后拿着鱼钩、鱼线去钓鱼。他在鲜花盛开的江渚边，带着满壶的酒，面对万顷波涛，得到一种人生的自由。

两首《渔父》词，都是题画词，就是题写在一幅《春江钓叟图》上。李煜早年写了不少惬意、潇洒的作品，不像他晚年作品写得那样沉重。李煜后来的文学成就，与他非同一般的人生经历是分不开的。

早年的李煜真的是一个快乐的小王子，后来却成了一个亡国君，从君主变成阶下囚，这种落差是巨大的，所以到晚年只能抑郁地去吟咏“春花秋月何时了，往事知多少”了。

我们刚介绍了《渔歌子》词牌。就张志和这首词而言，背后还有一个故事，记载在《太平广记》这部大书里面。张志和是一个道士，信仰道教，号玄真子。他博学能文，擅长画画，爱喝酒，酒量大，可以“饮酒三斗不醉”。他修道的能力、素养也很高，“守真养气，卧雪不寒，入水不濡”，能够用道教的方法保养身体，躺在雪上都不冷，进入水里都不湿，仿佛会轻功，可以尽情游览天下山水。当时有一个著名的人物颜真卿，他是大书法家，也是很有气节的忠臣良将。颜真卿在湖州当刺史的时候，与很多门客、同僚们一起喝酒、写诗，张志和也在其中。他写下“西塞山前白鹭飞”这首《渔歌子》以后，大家都认为写得好，颜真卿跟当时其他那些道士、名士一起唱和了二十五首，然后又让张志和现场画了五张画，里面山水花木等景象都非常齐全，与这首词搭配起来真的是当时一绝。

后来张志和与颜真卿又在一起游玩。他喝醉酒后，在水上变了一个魔术，“铺席于水上独坐”，就是拿个席子往水上一铺，坐在席子上不沉下去，还可以“饮酌笑咏”，自如地喝酒与咏诗。这个席子来来去去就像划船一样，感觉很了不起，“复有云鹤随覆其上”，连仙鹤都飞到上面，周围观看的人“莫不惊异”。最后张志和就向大家挥挥手，驾着席子飞升而去，变成了一个神仙。这是一个很奇妙的故事。

现在，让我们回到词本身。关于西塞山，一般会认为在浙江的湖州。刚才我们说了，颜真卿是在湖州做刺史，张志和也在那里。“西

渔父穿戴一身绿，仿佛融入了青山绿水之中。

塞山前白鹭飞”，写山前白鹭飞起。在哪儿飞呢？西塞山前。那上有白鹭，下有什么呢？就是“桃花流水鳜鱼肥”。这两句的色彩和景物，搭配都是非常妙的，有一种“万类霜天竞自由”的感觉。每个生物都有其自由的一面，顺着它自己的习性，自由地飞翔，自由地流淌，自由地开放，自由地变胖。当然，鳜鱼越来越肥，就会容易被人钓起来了。谁来钓鱼？就是渔父。

渔父戴着“青箬笠”，穿着“绿蓑衣”。箬笠，就是把斗笠做成帽子戴在头上；“蓑衣”，就是用草一类的东西编制成雨衣。衣服的颜色是青绿色的，山水也是如此。他穿戴一身绿，仿佛融入了青山绿水之中。

最后，渔父自言自语说“斜风细雨不须归”，这就解释了为什么要戴斗笠、穿蓑衣，因为下雨了。渔父在细雨绵绵之中吹着小风。“斜风细雨”很有意思。风，你怎么知道是斜的呢？它又没有形状和颜色。其实是从细雨中看出来的，就是风雨交织在一起，风态塑造出了雨态。细细的小雨飘着，被风一吹就斜了。在“斜风细雨”这样的场景中，渔父说“不须归”，不是说不应该回去，而是说不想回去。他还想继续徜徉于山水，继续划桨、荡舟、钓鱼。

整体来看，这首词所描绘出的江南水乡渔歌图是非常丰富的。有山，有白鹭，有桃花，有流水，有鳜鱼，有渔父，这个渔父戴着箬笠、穿着蓑衣，然后有斜风，有细雨。这么多元素交织在这么简单、短小的词里面，真是浓缩了天地精华呀！

这首词传诵广远，很多后来的大词人都喜欢改编它。比如苏轼有一首《浣溪沙》：“西塞山前白鹭飞，散花洲外片帆微。桃花流水鳜鱼肥。自庇一身青箬笠，相随到处绿蓑衣。斜风细雨不须归。”

我们来看苏轼是怎么改的。第一句“西塞山前白鹭飞”，没改动。第二句“散花洲外片帆微”，是苏轼加了一句新的，写江边小洲与江上小船相交映。第三句“桃花流水鳜鱼肥”，还是原句，没有改动。这三句是词的上阕。词的下阕写了什么呢？“自庇一身青箬笠”，他改了一下，不是“青箬笠，绿蓑衣”了，而是写自顾自地、非常自如地穿上了一身青箬笠。下一句也改了，是“相随到处绿蓑衣”，这很有意思，好像不止有一个渔父，而是能遇见很多志同道合的渔父，大家都徜徉山水，快活似神仙。于是，这些人都愿意“斜风细雨不须归”了。

可见，苏轼《浣溪沙》对张志和《渔歌子》做了改编，进行了一些发挥，把渔父的形象与自己的旷达潇洒的心态，完美地融合在了一起。

黄鹤楼送孟浩然之广陵

唐・李白

故人西辞黄鹤楼，烟花三月下扬州。
孤帆远影碧空尽，唯见长江天际流。

这首诗我们换一个讲法，先不讲《黄鹤楼送孟浩然之广陵》，先来读李白的另一首诗《赠孟浩然》，看看李白心中的孟浩然到底是什么样。李白是一个极为骄傲的人。他对于孟浩然写的诗以及这个人是什么态度呢？

李白说："吾爱孟夫子，风流天下闻。红颜弃轩冕，白首卧松云。醉月频中圣，迷花不事君。高山安可仰，徒此揖清芬。"

第一句"吾爱孟夫子"，很显然李白对孟浩然一定是非常欣赏的。第二句"风流天下闻"，注意了，"风流"可不是说孟浩然有一堆八卦新闻，"风流"指的是他诗写得好，诗名天下流传。

三四两句写"红颜弃轩冕，白首卧松云"，说孟浩然不仅诗写得好，而且人格也值得推崇，值得欣赏。注意，孟浩然又不是个女人，怎么能叫"红颜"呢？其实古人说的"红颜"，就是"朱颜"，意思是年轻的脸庞，青春的样子。它未必指女性，男女都可以称为"红颜"。这里的"红颜"说的是孟浩然，说他年纪轻轻就有志于做一个隐士。"轩冕"指的是官员的车乘和冕服，引申为官位爵禄，那么"弃轩冕"就是不做官。"白首卧松云"是说等他老了，就在山间、松下、云雾里行走、坐卧、居住。从"红颜"到"白首"，意味着孟浩然一辈子都超凡脱俗。我们查查他的履历，的确如此。他人生大部分时间都是作为一个隐士，不出去做官的。李白既佩服他的诗写得好，也佩服他高洁的人格。

再往下看，“醉月频中圣，迷花不事君”。“圣”字是有特定意思的，指清酒。古人对酒有一些雅称，把酒分成两种，清酒是圣人，浊酒是贤人。清酒是过滤后的好酒，浊酒没怎么过滤，喝起来口感不好，有点像我们现在吃的醪糟。圣人还是比贤人要高一等级。这句“醉月频中圣”，是说孟浩然有一种陶醉于酒的生活态度，这一点李白也很欣赏。我们都知道李白最爱喝酒，一看孟浩然也爱在月下喝清酒，当然惺惺相惜。“频中圣”，就是总爱亲近圣人，亲近清酒，喝个不停。“迷花不事君”呢？是说孟浩然喜欢大自然，不爱侍奉君主，不愿做官。李白说我也喜欢大自然，咱俩的爱好又契合了！

李白几乎喜欢孟浩然的一切，于是最终有了一个结论，叫“高山安可仰，徒此揖清芬”。有一个成语叫“高山仰止”。李白说，高山我是仰不了了，你形象太高大，我学不会啊！我只能“揖清芬”。“揖”，是恭敬的姿态，“清芬”就是形容孟浩然的清高气质。李白说我要恭恭敬敬地崇拜你，去欣赏你的高妙气质。所以，我们从这首诗里可以看出，李白对孟浩然是什么态度？真的是欣赏他的一切啊！他的作品、人品、爱好、气质，李白统统都欣赏。

原来，孟浩然比李白要大十二岁。写《黄鹤楼送孟浩然之广陵》的时候，孟浩然大概四十岁，李白大概二十八岁。我之所以要先讲李白的《赠孟浩然》，要交代这两个人的岁数，是想告诉大家，《黄鹤楼送孟浩然之广陵》写于这样的背景中：李白去送别一个他非常佩服、欣赏的前辈；此时的李白，是个风华正茂的天才，还没经过大风大浪、种种挫折。

这首诗真称得上是天时地利人和！时间是烟花烂漫的春季，地点是风景壮美、历史悠久的黄鹤楼，两个人物呢？孟浩然是李白最佩服的前辈诗人，李白自己又处于人生最好的年华，同时他要把孟浩然送到扬州那样一个美好的地方。因此，两个人的心情虽然因为离别有那么一点儿小惆怅、小感伤，但主要是温暖的。

明确了创作背景，我们再重新读一遍这首诗，会有不同的感觉。

第一句“故人西辞黄鹤楼”。黄鹤楼在哪里？在今天的武汉市武昌区，江边蛇山附近，有一个地名叫黄鹤矶，“矶”是指江边高地。这里居高修建了一座黄鹤楼。传说有神仙驾着黄鹤从楼上经过，也有人说是某人乘着黄鹤从这里升仙。黄鹤楼高居江岸，适合眺望，也适合送别。古人送别比较郑重，都要坐下来喝喝酒，叙叙话，然后我再眺望远方，目送你远去。

那什么叫“西辞黄鹤楼”呢？黄鹤楼在西边，孟浩然往东边去。黄鹤楼在湖北，扬州在江苏，江苏当然是在湖北的东边。再看“故人”。前文已经分析了，对于李白而言，孟浩然不是一般的“故人”，是一个李白怎么看怎么顺眼的老诗人、老朋友。“故人”要去哪儿呢？“烟花三月下扬州”。送别的地点很美，送别的时节以及将要去的地方也非常美。

什么叫“烟花三月”？“烟花”有不同的解释。有人说是春花如烟，就是花开得像云雾蔓延一样，形容百花盛开、色彩缤纷的图景；有人说是烟和花，就是春天的水汽和花朵；还有人说“烟花”特指柳絮也就是杨花，杨花一飞，满天都是。无论哪种解释，其实都在强调春景如烟，这的确是江南春日的感觉：到处都是绚烂的景色，但又不是那种刺眼的辉煌感，它是朦胧的，无限美好的，适合远观而不可亵玩。这就叫“烟花三月”。

“烟花三月”去哪里呢？去扬州。注意“下”字，意思是顺江而下，船走得轻快。扬州在唐朝是一个著名都市，杜牧说“春风十里扬州路”，说“二十四桥明月夜”，对扬州念念不忘。张祜还说过一句

“人生只合扬州死”，意思是我要选择死的地方就是扬州，可见扬州在唐人心目中是多么美好的一座都市。

再看最后两句，“孤帆远影碧空尽，唯见长江天际流”。这个好理解，但是我们一定要把场景读精确。什么叫“孤帆远影碧空尽”？“碧空尽”就是目送他远去，一直到看不到。为什么能有这种视觉效果？因为他站在黄鹤楼上，能够眺望远方的天际线，看着孤帆一点一点消失，最后只见长江流向天边。注意“唯见”两字，意思是我不仅目送你远去，而且等你走远之后我还在继续看。就好比我们现在去火车站送亲人，不仅目送火车消失，而且对着那个方向，还在不停地看，久久不肯离去。所以，“唯见”表达的是动作、场景的延续。

晏殊有一首词说，“昨夜西风凋碧树，独上高楼，望尽天涯路”。“望尽”，就是不停地望。毛主席有一首词说，“天高云淡，望断南飞雁”。诸位，这可不是说南飞雁折断了，掉下来了，这个“断”就是“尽”的意思。主席说我很喜欢南飞雁，目送它远去，等到它消失了，我还在继续眺望，不忍离去。这两个例子中的“望尽”“望断”，与李白的“唯见”有异曲同工之妙。

我们回过头来想，李白为什么站那么久？说明孟浩然真的是他最好的朋友之一，是他最尊敬、最欣赏的人。总结来说，这首诗写得真是天时地利人和，无一不美。最好的李白，最好的孟浩然，最好的季节，最好的风景，最好的目的地。诗人那么留恋，那么不舍，那么珍惜送别的时光。虽然有一种淡淡的伤感，但整体上来说，它是温暖的，明亮的。我们读这首诗，既为李白欢喜，也为孟浩然欣慰。两人之间的友谊，珍贵、永恒。

李白告诉孟浩然，在我心中你永远最美，我目送你到天涯海角。

观书有感

南宋·朱熹

半亩方塘一鉴开，天光云影共徘徊。
问渠那得清如许，为有源头活水来。

《观书有感》是一首很有哲理意义的诗，作者是南宋伟大的哲学家、教育家朱熹。在中国文化史上，孔子、孟子之后影响最大的儒家学者就是朱熹了。南宋以来，几乎所有中国人都受到了朱熹的影响。他是一个思想特别缜密同时求知欲又特别旺盛的人。他总爱琢磨各种事儿，天文、地理、鸟兽、历史、伦理，都要琢磨一个道理出来，这叫“格物致知”。《观书有感》，就是这位天生爱琢磨的哲学家的学习感悟。

“观书”，就是读书。什么叫“观书有感”？不是说朱熹拿一本书在那读着，然后心里就生发出种种感触和想法。“有感”，不是简单的感想，而是深刻的体会。这个体会也不是具体的阅读体会，比如这本书讲什么思想啊，刻画了什么人物啊，或者表达了什么情感。朱熹想写一种阅读、学习的普遍规律。下面，让我们来看看他是怎么写的。

第一句，“半亩方塘一鉴开”。“方塘”，就是池塘。宋人特别喜欢小园林，喜欢自己去布置，去设计，乃至事必躬亲，去种植，去建筑，去打扫，营造出一个小小的、但是充满了自由精神与审美趣味的园林。一个小庭院，有个小池塘，种一点儿荷花、桃花、竹子，围上一个篱笆，就变成一个园林了。池塘是宋代文人生活中经常会营造的小景观。

有时候，这些文人家里穷一点儿，或者说家里太小了，或者说不想挖那么大的池塘，他们就会做一种最微观的池塘叫作盆池。就是在一个瓦盆里面种上一点儿睡莲，养一点儿小虫、小鱼。这么小的池塘，宋人也能看得有滋有味。

朱熹这首诗，无论是写观书的感受，还是写看池塘的感受，其实都包含了活生生的生活体验。这也告诉我们，无论多么有思想的人，但凡要写文学作品，写诗，写散文，都一定要有感而发。

同学们，你们虽然是小学生，但从小就应该懂得，写作文最可恶的就是无感而发，无病呻吟。明明家里没池塘，你一定要说有池塘，这样能写得生动活泼吗？更不可能写出好的感悟了。

我们继续往下读。“一鉴开”，暗藏了一个比喻，仿佛是打开了一面镜子一样，说明池塘非常清澈。这面镜子里倒映着什么呢？“天光云影共徘徊”。这让人想起苏轼有一句描写西湖的诗，“望湖楼下水如天”。水面清澈的时候，水中有天，天在水中，叫作“水如天”。诗人看到的“天光云影”，可不是在天上徘徊，而是水面倒映蓝天，倒映白云，水里的影子跟天上的云朵相互呼应，一起徘徊。

第三句，“问渠那得清如许”。“渠”是水渠吗？诗人问这个水渠：你怎么那么清呢？因为有源头活水来。错了！“渠”是一个代词，就是它。诗人问它，问这个池塘：你怎么那么清澈呢？第四句说，“为有源头活水来”，池塘不是死水，是由活水浇灌而成。

读到这儿，我们才发现，诗人一句都没有提读书的事，他其实是

没有水源，池塘就会变成一潭死水；
没有书籍，心灵就会变成一颗死心。

在打比方，用看池塘来比喻看书。他说，人为什么要看书呢？就好比你去看那个池塘，池塘的水为什么那么清？因为有源头活水，有一个活生生的来源，供给它营养，供给它无尽无穷的活力。我们可以把池塘看作是读书人的那颗心。心灵如何保持清澈呢？需要不断提供新的水流，让心灵永远活泼、新鲜，而不是死水一潭。死水，就会浑浊，就不再清澈。

读书能够让心灵得到浇灌，它让我们心里那些知识也都活起来了，你的心如果是死的，你的知识也是死的。如果你一直读书，去获得新的知识、新的体验，才能让你内心原有的那些知识、那些感觉，不断生发出新的东西来。

所以，“源头活水”这个比喻，其实是写知识和心灵的关系。人为什么要读书？朱熹告诉我们，人不读书，就像池塘没有源头一样。没有水源，池塘就会变成死水；没有书籍，人的心灵就会变成一颗死心。

那么，读书对于人类到底有什么样的价值呢？在这里我想说说我的感悟。

第一，读书使人不傻。

读书会让人脑海中形成知识体系，会让你具有一种判断力。比方说古人没有生物学知识的时候，看到一些大鱼，马上就发挥想象了：这是不是妖怪？他们就会害怕，就会恐惧。但我们现在一查书，哦，这原来是某个门类、某个纲目、某个种属的鱼，它原本就这么大。或者你知道河的上游污染了，鱼有可能被污染，变得这么大。你有这些知识，有这些推理，就能得到正确的见解，就不会心生恐惧，就不会陷入虚无。

第二，读书让人不俗。

小朋友们不妨去多读一些伟大人物的传记。每天与书里的伟大人物交流，不知不觉之中，你就会变成一个“腹有诗书气自华”的人。

什么是俗？就是随波逐流。别人说什么，你就跟着走，没有自己的一种坚守。伟大的人物往往是独立自主的，所以能超凡脱俗。你先学习他们的坚守自主，继而形成自己的独特世界观、价值观，自己也能超凡脱俗了。

多读书，就能不傻，不俗。不傻，不俗，心就不死。

关于读书，还有很多人说过很多道理。比如《论语》："学而不思则罔，思而不学则殆。"当代著名作家、学者杨绛先生也说过："你的问题，就是读书太少，而想得太多。"我把这句话送给大家，鞭策你们，也鞭策我自己。

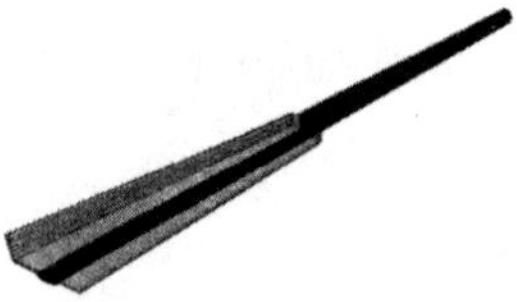

长歌行

汉乐府

青青园中葵，朝露待日晞。
阳春布德泽，万物生光辉。
常恐秋节至，焜黄华叶衰。
百川东到海，何时复西归。
少壮不努力，老大徒伤悲。

这首诗的最后两句太有名了，以至于小学课本经常只选最后四句：“百川东到海，何时复西归。少壮不努力，老大徒伤悲。”大家一定要清楚，这首诗原本是有十句的。只有完整地把诗读下来，才能知道最后两句包含的情感与哲理是如何一步一步形成的。

诗题叫《长歌行》。“行”是一种音乐形式，《长歌行》是一个曲名。不同的作者在这个曲名下，可以写不同的词。

在中国古代音乐史上，往往是先有很多曲子，后有歌词。国家有一个音乐机构叫“乐府”，专门储存各种各样的曲子，还会编写各种各样的书籍，里面就有很多曲名。曲名下一般都会有一些代表性的作品。后人可以根据这些代表性作品的格式，继续写同样题目、相似格式的作品。

说到《长歌行》，我们或许会想到曹操写过一首《短歌行》：“对

这首诗不是在咏蔬菜，而是在咏人生。

酒当歌，人生几何？譬如朝露，去日苦多。慨当以慷，忧思难忘。何以解忧，唯有杜康。青青子衿，悠悠我心。但为君故，沉吟至今。呦呦鹿鸣，食野之苹。我有嘉宾，鼓瑟吹笙。明明如月，何时可掇。忧从中来，不可断绝。越陌度阡，枉用相存。契阔谈宴，心念旧恩。月明星稀，乌鹊南飞。绕树三匝，何枝可依。山不厌高，海不厌深。周公吐哺，天下归心。”

长歌和短歌有什么区别呢？长和短，不是指篇幅。曹操的《短歌行》，写得比汉乐府《长歌行》要长得多。两首诗的主要区别是“行声有长短”，也就是演唱的时候，旋律的节奏快慢是不同的。《长歌行》如果要唱出来，可能是缓慢优柔的，但是《短歌行》唱出来应该很激越，有一种雄心万丈的感觉。

下面，我们正式来读《长歌行》。

前两句，“青青园中葵，朝露待日晞”。“葵”是一种蔬菜。诗人说，我家里的庭园种了葵菜，颜色是青青的。早晨的时候，葵菜上挂满了露珠，一直等到太阳出来，才能够“晞”，就是露水晒干。

如果把前两句放到整首诗的布局里来看，这是运用了一种特殊的手法，叫作“兴”。《诗经》里面经常使用这样的手法。《诗经》第一篇叫什么？叫《关雎》：“关关雎鸠，在河之洲。窈窕淑女，君子好逑。”作者本来是要讲“窈窕淑女，君子好逑”，但他不先说“淑女”“君子”，而是先说“关关雎鸠”。这就是一种兴发、感动、铺垫。

“兴”，浅显点来说，就是铺垫感情，犹如歌曲前奏。大家最熟悉的国歌，不是上来就唱

诗经·关雎

关关雎鸠，在河之洲。
窈窕淑女，君子好逑。
参差荇菜，左右流之。
窈窕淑女，寤寐求之。
求之不得，寤寐思服。
悠哉悠哉，辗转反侧。
参差荇菜，左右采之。
窈窕淑女，琴瑟友之。
参差荇菜，左右芼之。
窈窕淑女，钟鼓乐之。

“起来，不愿做奴隶的人们”，而是前面有一段进军号一般的旋律，把情感基调奠定之后，我们才开始唱“起来，不愿做奴隶的人们”。同样道理，“关关雎鸠，在河之洲”也是做铺垫。

《长歌行》说，蔬菜长得很好，是要铺垫什么呢？下面就开始说，“阳春布德泽，万物生光辉”。人家这首诗又不是叫《咏蔬菜》！作者描写“青青园中葵”，是为了引出对春天的赞美。古人认为，春天是和煦的，温暖的，阳气旺盛的，就像人的仁爱之心一样。春天有生生不息的品质，爱护生命，催发生命，保护生命，激扬生命，所以古人把掌管礼仪的官称作“春官”。礼官嘛，要让人间有秩序，要教育、关怀每个人，春天也是如此。

古人认为春天有“德泽”，就像雨水一样撒遍人间。“布德泽”，是说春天播散它的道德，让生命生长。在春天的恩泽沐浴下，“万物生光辉”。当然，“万物”里也包含着“青青园中葵”。

看到如此春色，诗人却没有停留在赞美春天上，他话锋一转，“常恐秋节至，焜黄华叶衰”。他看到美好的春色、欣欣向荣的花木，却担心倏忽之间秋天就来了。

古人认为，秋天有“肃杀”之气。雷锋说过一句名言：“对待敌人，要像秋风扫落叶一样。”“秋风扫落叶”，有一种严酷、严厉的感觉，但是它又不是残忍的，而是正义的、正当的。去掉衰败的东西，保存好的东西，度过漫长的冬天之后，春天再让它生发出来。所以，秋天有一种严肃、正义的气质。古人会把掌管刑法的官称作“秋官”。大家看，春官掌管礼仪制度，教你应该怎么做，是和颜悦色的。秋官则是惩罚，不许做这个，不许做那个，很严厉。

诗人说“常恐秋节至”，怕秋天一来，“焜黄华叶衰”。“焜黄”，就是色衰枯黄的样子；“华叶”，就是花和叶。我们刚刚看到的那些蔬菜、花朵啊，都在春天里生长、盛开，但是很可能秋风一来就被摧毁了。春天是熠熠生辉的，秋天却是色衰枯黄的。这样的秋天，容易让人感到凄凉。

秋思

唐·张籍

洛阳城里见秋风，欲作家书意万重。
复恐匆匆说不尽，行人临发又开封。

诗人先写到春，又写到秋。从春到秋，一年很快就过去了，所以自然而然归结到了一种对时间的感慨，“百川东到海，何时复西归”。时间就像江河东流到大海，不会往西倒流。诗人用一种空间的感觉，奔腾不息的江水、河流，来比喻时间也是奔腾不息、不可倒流的。

最后，诗人真正想说的精辟道理出来了:“少壮不努力，老大徒伤悲。”读到这儿，我们才知道，“青青园中葵”，春天生长的蔬菜，不就是少壮时候的人吗？而秋天焜黄的花、焜黄的叶，不就是衰老的人吗？这里是用植物的春、秋来比喻人的壮年、老年。植物有壮年的生长，有老年的衰残，人也是如此。所以最后两句“少壮不努力，老大徒伤悲”，水到渠成，发人深省。

综合来看这首《长歌行》，诗人从日常生活的一个角落写起，看到园中蔬菜，从而引发了对春天、对秋天、对时光、对人生的一连串感悟。前面的铺垫是丰满的，结尾的哲理才能动人，令人信服，令人过目不忘。

凉州词

唐・王之涣

黄河远上白云间，一片孤城万仞山。
羌笛何须怨杨柳，春风不度玉门关。

唐代有很多诗人会写《凉州词》。有时候就是在凉州写的，有时候则未必。因为《凉州词》并不是诗的题目，而是乐曲的名字。在这个乐曲下，不同人会填上不同的歌词。当然，大概这首曲子本身就雄赳赳气昂昂，有种军旅气质，所以歌词也往往与边塞生活、战争场景有关。

王之涣这首《凉州词》写到了“玉门关”，距离凉州比较远。关于地理问题，我们放在后面谈，先来把诗作本身读一读。

“黄河远上白云间”，第一句会让人想起李白的名句，“黄河之水天上来，奔流到海不复回”。我们可以对比一下。“黄河之水天上来”，是动态的黄河；而“黄河远上白云间”，是静态的黄河。一个是动图，一个是全景图，都非常有气势。李白为什么要把黄河写得那么动荡呢？他说“天上来”，又说“奔流到海不复回”，好像一眼看尽了黄河的发源到入海，前世到今生。但王之涣却没有这样做，为什么？

不要忘了，李白那句话是为喝酒助兴的，是《将进酒》中的一

在荒寒之地，人类的情感仍然蓬勃生长，哪怕看不到春天。

将进酒（节选）

唐·李白

君不见黄河之水天上来，奔流到海不复回。
君不见高堂明镜悲白发，朝如青丝暮成雪。
人生得意须尽欢，莫使金樽空对月。
天生我材必有用，千金散尽还复来。

句，所以上来就描写了黄河滚滚波涛的形象，表示时间不断流逝，人生就是如此奔腾易逝，我们赶紧喝酒吧！他在鼓舞自己，鼓舞朋友，大家一起及时行乐，有酒就喝！而王之涣这首《凉州词》不是为了感慨人生，他是要描绘边关生活、边塞风光，要呈现出一个辽阔的空间背景：上有白云，下有黄河。在这样的大背景下，他要写什么呢？

第二句的视野缩小了很多，“一片孤城万仞山”。黄河、白云，可以说是几百平方公里都包含在里面，但“一片孤城万仞山”，却缩小到一座要塞，应该就在玉门关附近。注意，“一片孤城”的“一片”，不是一大片、一大堆的意思，“片”是片段的意思，强调的是“孤城”的感觉。一座“孤城”坐落在黄河白云之间，那它的对面是什么呢？是万仞高山。山很高，非常险要。一般来说，边关地势险要的地方就会是兵家必争之地。

所以，“一片孤城”和“万仞山”都是在强调戍守边关的这些将士们所居住的环境是多么孤独，多么危险。四望无人，只有无尽的黄河、无边的白云、万仞的高山。战士们就缩在一座孤城里，随时准备接受战争的侵袭。这是前两句，从远到近，从大到小。

后面两句的视野，就变得更近、更小了。“羌笛何须怨杨柳”，视野尤其小，聚焦于一个吹笛人身上。什么是“羌笛”呢？是一种管乐器，长两尺多，有的是三孔，有的是四孔，插着两根竹管，竖起来对着吹。既然叫“羌笛”，可以知道它不是汉民族的乐器，应当是西域民族的乐器。羌笛吹什么呢？“怨杨柳”。大家想想，边关哪会有杨柳啊？又不是在江南。那为什么要“怨杨柳”呢？

其实，“杨柳”是乐曲的名字，叫《折杨柳》，古代音乐书籍里面把它归类为“鼓角横吹曲”。古人有折柳送别的习俗，所以《折杨柳》曲子通常是为抒发离别之情。

谁在吹羌笛呢？当然是边塞战士。为什么要吹一首关于离别的曲子呢？当然是因为思乡。诗人对这件事情的态度是什么呢？我们一定要把三、四两句连在一起读才能理解其中的曲折意思：“羌笛何须怨杨柳，春风不度玉门关。”

诗人仿佛在质问吹笛的战士：何必在这里吹着凄凄惨惨的曲调呢？难道是因为看到杨柳而动了思乡之心吗？问题是，我们这里没有杨柳啊！春风是吹不到这里的，它从内地、从南方吹过来，吹不到这么边远、寒冷的地区。春天就像个懒惰的行人，走到玉门关就懒得再走了。我们所困守的塞外孤城，春天来得太晚太晚，甚至来了你也不知道。你去江南游玩，你想家了，看到杨柳，你吹了一支《折杨柳》曲子，这是很正常的。如今看不到春色，也看不到杨柳，为什么还要吹《折杨柳》来抒发离别之情呢？我看就没有这个必要啦！

三、四两句的情感就是这么曲折！其中有一种嗔怪的意思，但是嗔怪背后的情感是很无奈的。诗人想说，在这样一个荒寒之地，没有任何色彩，没有春风、春雨、春色，人类的情感仍然会像春风、春雨、春色一样，自然而然地生发出来，挡都挡不住。所以，这一声质问里，包含着多少同情和叹息！

别的诗人也会有类似的情感。比如李白有一首《塞下曲》，是怎么写的呢？“五月天山雪”，到五月份了，天山还在下雪。“无花只有寒”，没有花开，只有寒冷。之后，“笛中闻折柳，春色未曾看”。这个时候人们听见了《折杨柳》曲子，但是眼前却没有一丝春色。李白的意思，跟王之涣说的“羌笛何须怨杨柳，春风不度玉门关”是非常相似的。

另外还有一首李益的诗《度破讷沙》，他是怎么写的呢？“眼见风来沙旋移，经年不省草生时”，人们在塞外看不见草生，可能长出来一点点就被沙给刮掉了。“莫言塞北无春到，总有春来何处知”，你别说塞北就绝对没有春天，即便春天来了，它和风沙夹杂在一起，你也发现不了。这首诗也写出了塞外气候的特殊与边关战士的艰苦。

王之涣的《凉州词》，我们就讲到这里。下面再说说地理问题。大家可以翻开地图，查一查玉门关距离黄河到底有多远。至少有一千公里！那么，王之涣怎么可能既看到“黄河远上白云间”，又看到“春风不度玉门关”呢？他是千里眼吗？这个问题该怎么解释呢？

有学者研究发现，最早的时候，王之涣写的不是“黄河远上白云间”，而是“黄沙直上白云间”。诗的题目也不叫《凉州词》，而叫《听玉门关吹笛》。这样一来，全诗从题目到内容就都非常合理了：诗人在玉门关听见有人吹羌笛，由此兴发感动，写了一首诗描写塞外风光并抒发思乡之情；他看见的不是黄河，而是黄沙漫天的景象。可是，“黄沙直上白云间”固然也很壮美，但相比之下，“黄河远上白云间”带给人的想象空间更为辽远，再加上借用了九曲黄河的形象特点，肯定比暴风黄沙的构图要更有气势。所以，这首诗被修改之后，反倒比王之涣的原作更精彩。

那么，是谁修改了它呢？什么时代修改的呢？我估计很早，就在唐朝，甚至有可能就在王之涣的同时代。唐代有本笔记小说叫《集异记》，记载了著名的“旗亭赌酒”的故事。话说有三位著名诗人，王昌龄、高适、王涣之（也就是王之涣），有一天聚会喝酒。这时来了一群歌女，三位诗人就商量：正好有这么个机会，我们打个赌吧！待会看这些美女唱谁的诗唱得最多，谁就是老大！以后谁也别争谁的诗写得最好，咱们今天一局定输赢！

三位诗人就在旁边躲起来听。第一位歌女上来了，唱的是王昌龄的诗。王昌龄非常得意，拿手在墙壁上画了一道杠。第二位歌女唱了一首高适的诗，高适也很得意：哈哈，我也有一首了！他也画了一道杠。第三位上来，又唱了一首王昌龄的诗。王昌龄更得意了：我有两票啦！

王之涣急了，灵机一动赶紧改规则。他说刚才那些歌女长得都不好看，我就看中了其中一位最美貌的。她只要唱了我的诗，那以后我就是老大；如果唱的不是我的，我就愿赌服输，从此以后屈居于你们二位之下！果然，一会儿最美貌的歌女登台演唱，唱的就是："黄河远上白云间，一片孤城万仞山。羌笛何须怨杨柳，春风不度玉门关。"王之涣大喜，惊动了歌女们。于是三位诗人与几位歌女，一起把酒共欢了。

这个故事中的情节、人物，可能有"戏说"的成分，但它所描绘的社会生活是非常真实的：唐诗在当时是活生生地流传在日常生活中的，不是死板地放在纸上让人读的，而是传唱在歌楼酒馆里边，不断被传诵，也不断被改写。故事里唱的王之涣《凉州词》，就已经改成了"黄河远上白云间"。我们知道，王维有首《送元二使安西》，后来配曲演唱就改名叫《阳关曲》《阳关三叠》。那么，王之涣这首《听玉门关吹笛》，则配合《凉州曲》来演唱，于是就改称《凉州词》了。题目改了，文句也改了，而且改得更妙，传唱更广。王之涣九泉有知，估计也会认同这个版本，也会喜欢这个故事吧！

游子吟

唐・孟郊

慈母手中线，游子身上衣。
临行密密缝，意恐迟迟归。
谁言寸草心，报得三春晖。

这首赞美母爱的诗，只有六句话，但是传诵久远，感动了千千万万的人。它不是用华丽的辞藻、浮夸的感情去赞美母亲，而是通过最朴实、最细小的生活琐事，传达出清淡自然而又汩汩不绝的母子深情。

诗题叫《游子吟》。如果你去查孟郊诗集的话，会发现题目下有一条非常重要的作者注释，就是他写完诗之后记录了一下创作背景，叫"迎母溧上作"。这个注释是什么意思呢？

我们先来梳理一下孟郊的生平。孟郊小时候父亲就去世了，由母亲抚养成人。他前半辈子基本在隐居、旅居中度过。他参加科举考试，成了"落榜大户""大龄高考青年"。他一直考到 46 岁，才终于登第。

登第后，他写了一首诗《登科后》。开头两句说"昔日龌龊不足夸，今朝放荡思无涯"。他之前过得很狼狈，现在则非常"放荡"。"放荡"是褒义词，意思就是特别欢快、放松，想法特别多，所以会"思无涯"。他太开心了，就像小鹿一样奔到大道上去了，于是"春风得意马蹄疾，一日看尽长安花"。这两句特别有名。考上之后，如释重负，仿佛整个世界都是他的。他在春风中策马狂奔，感觉万事万物都在为自己欢喜。他一边骑马一边赏花，真是"走马观花"啊！一天下来，他能把长安处处的花都看尽了。这首诗写得多少有点嘚瑟，这么嘚瑟，你就知道他之前经历过多少苦楚。

考中进士之后，其实只是获得了做官的基本资格，还得“守选”，就是等待授予官职，有些人一等又是好多年。孟郊就从 46 岁一直等到 50 岁，才到洛阳参加了一次官吏选拔，叫“铨选”。通过这次选拔，孟郊得到了生平第一个芝麻官——当时溧阳县的县尉。一个县的最高长官是县令，县尉是辅助县令去做管理工作的，比县令这样的九品芝麻官还低，所以韩愈有“酸寒溧阳尉”之叹。根据韩愈为孟郊写的《墓志铭》，孟郊参加进士考试，参加官吏选拔的考试，都是“以尊夫人之命”，就是遵照母亲大人的意思。孟郊一直坚持考试、等待，终于跑到溧阳县当了县尉。

登科后

唐・孟郊

昔日龌龊不足夸，今朝放荡思无涯。
春风得意马蹄疾，一日看尽长安花。

虽然是一个非常微小的官职，但的确是多年辛苦的一点儿收获，也是母亲心愿的初步实现。这个时候，他写下了《游子吟》。诗人自注说“迎母溧上作”，意思就是把母亲接到溧阳县去。这么一位 50 岁的“官场老鲜肉”啊，终于可以用他非常微薄的薪水去报答母亲了。多年的努力，母亲多年的督促、盼望，终于有了一个小小的收获。他心里应该有一份兴奋、一份欣慰。他想起自己孤独漂泊的岁月，心里真是百感交集，于是写下了千古传诵的《游子吟》。

这首诗是怎么写的呢？“慈母手中线，游子身上衣”。前文说了，这首诗不是直接去唱赞歌，而是通过描写生活细节，缓缓展开对于母

天下最美的母爱赞美诗，源自一位“官场老鲜肉”的感恩之心。

爱的歌颂的。游子的思绪就随着这条“手中线”，缓缓地展开了。这里有一个仿佛不经意的对偶，“慈母”对“游子”，“手中线”对“身上衣”。对偶的好处，就是把上句的情景跟下句的情景对称着铺展开来，由读者去想象两个情景之间的关系。我们可以想象，正是由于有无数个夜晚的“慈母手中线”，才会一点一点积累出“游子身上衣”。这是对偶的魅力，摆出对称的样子，启迪你去细细揣摩，衣服上的一针一线多么来之不易！

接下来是“临行密密缝，意恐迟迟归”，继续写细节，而且越来越细。刚才写的“手中线”，怎么游走呢？是密密地游走，一针一线走得非常密。也就是说，母亲想缝得非常结实。为什么要缝那么结实呢？因为“意恐迟迟归”。她担心儿子回来太迟，也就是出去时间太长，衣物就会磨损太厉害，无人给他缝补。于是她希望尽己所能地缝得更结实一些。

孟郊在之前反复参加科举考试，以及等待参加铨选的过程，其实都是他“迟迟归”的过程。这位“游子”一直在外面漂泊、游荡、考试，终于在 50 岁得到了一个官职。这段漫长的经历，可能包含着无数“临行密密缝，意恐迟迟归”的瞬间。每一次出行前，母亲都要给他缝衣服，每一次缝都是那么仔细，像有强迫症一样那么仔细，就是怕他这一去又得一两年才能回来，衣服很容易穿破。此时多缝一针，儿子也许就多穿一天，少挨一天冻。

所以，“慈母手中线，游子身上衣”，是对生活画面的精心剪辑，而“临行密密缝，意恐迟迟归”，则是对心理活动的高度提炼。总的来说，这四句话是在写同一件事情，就是母亲给游子缝衣服。前两句是画面描写，后两句是心理展现。诗人的笔触越来越细，也越来越深。随着一针一线的积累，母亲对儿子的感情都缝进去了，那么游子对母亲的感激之情，也就在这一针一线之中酝酿出来了，引出了最后两句的感情高潮。

即便是感情达到最高点，孟郊也不直接说母亲我爱你、我要报恩，而是打了一个比方，“谁言寸草心，报得三春晖”。这是一个反问，意思是“寸草心”如何能报答“三春晖”呢？春天小草的每一寸生长、每一点儿进步，都得益于洒满天地的春日阳光带给它的温暖与呵护。“寸草心”是多么渺小，“三春晖”又是多么博大！这就非常贴切地写出了一个懂得感恩的孝子的内心对于母亲的态度：我的报恩之心永远那么渺小，而母爱永远那么博大！

这首《游子吟》，既写出了每个人都能体会的一种感恩之心，同时也写出了诗人孟郊切切实实经历的一种人生感慨。他想对母亲说，我这么一点儿微薄的成就，这么一个卑贱的官职，这么一点儿可怜的感恩之心，怎么能够报答您这么多年来对我的支持与照顾呢？这位“官场老鲜肉”多年以来积淀的感恩之心，就在一片春光中结束了。整体来看，诗作的前四句微妙而不微弱，最后两句热烈而不浮夸，它就是这么短小精悍而又韵味悠长！

最后两句“谁言寸草心，报得三春晖”，至今仍是赞美母爱的天下第一名句。母爱太伟大，能够比拟母爱的可能只有春天的阳光吧。春光孕育万物，而母爱孕育人类。我们的成长是多么渺小，而母亲的恩泽又是多么广大。我们能够报答的也就是那么一点点心意，母亲赐予我们的却是无穷无尽的爱。

作为孩子，要有感恩之心，多想想自己能回报什么，不要总向母亲讨要关爱、讨要照顾，这是“啃老”。而作为母亲，也应该体谅孩子的感恩之心，不要过多地苛求孝顺，一味索取孩子的回报乃至牺牲，这是“愚孝”。就像《游子吟》所写的，母亲的爱是积微流而成大海的，那么孩子对母亲的回报也应该积微流而成大海，这样才能形成一种彼此都能宽容、彼此都能感恩的健康的亲子关系。

四时田园杂兴

南宋・范成大

昼出耘田夜绩麻，村庄儿女各当家。
童孙未解供耕织，也傍桑阴学种瓜。

范成大用《四时田园杂兴》这个题目，一共写了 60 首诗。它们写于范成大在苏州归隐田园的时候，他刚刚生了一场大病，病情缓和之后，心情也好转了，一时诗兴大发，一口气就写了 60 首。它们可以分为“春日田园杂兴”“晚春田园杂兴”“夏日田园杂兴”“秋日田园杂兴”“冬日田园杂兴”。

所谓“杂兴”，意思是想起来就写一首，无拘无束。范成大主要描写了当时苏州附近的田园生活，既有美好的景色描绘，也有热闹的劳动场面叙述，有时候也会表达对社会的批判和对平常百姓的同情。这里面的内容是极为丰富的。

我们今天讲的这首诗，属于“夏日田园杂兴”。它相对比较轻松，没有什么讽刺和批判在里面。诗里写到的村庄中的老少儿女，也都过得比较惬意，不是受剥削、受压迫的形象。诗人主要想描写一幅乡村生活、乡村劳动的画面。

一大家子一起劳动，在现代社会中是越来越少了。你们回到家里，就得马上做作业；爸爸、妈妈下班回家，也都各干各的事儿，

在劳动中，一个家庭自然而然地凝聚在一起，非常和谐。

各玩各的游戏；爷爷、奶奶来了，也都有自己的生活，很少有机会一家人一起去做一件事情。你们可以建议爸爸妈妈，找一个周末，约上其他亲戚，一起去郊外摘摘果子，感受劳动的快乐和收获的喜悦。在这样的劳动中，一个家庭自然而然就凝聚在一起了，非常和谐。

我们来看看范成大是怎么描写一家老小的夏日劳动生活的。第一句，“昼出耘田夜绩麻”。干农活是很辛苦的，早上、晚上都得干。早上干什么呢？“耘田”，就是在田里锄草。李绅说“锄禾日当午，汗滴禾下土”，可见锄草是夏天的工作。晚上干什么呢？“绩麻”，就是把麻搓成线，用来织成麻布衣服。从这个细节可以看出，这家人的衣服不是绫罗绸缎，是比较简朴的。

第二句，“村庄儿女各当家”。“儿女”，就是男女。男女“各当家”，是什么意思呢？就是古代社会最常见的男耕女织。前一句描述的“昼出耘田夜绩麻”的图景，其实就是男女分工的意思。男人一大早出去锄地，女人到晚上还在织布，各司其职，日夜劳作，这就叫“儿女各当家”。

大人们都在辛勤劳动，小朋友在干什么呢？“童孙未解供耕织，也傍桑阴学种瓜。”“童孙”就是小孙子，非常年幼，不会耕耘，不会纺织。可是他是在偷懒贪玩吗？不是。俗话说“穷人的孩子早当家”，他在桑田边上学着种瓜。

“学”字很有意思，其实是在告诉我们，小孙子并不擅长种瓜。他看着一家老小都在忙碌，不好意思去玩耍，得帮点忙，能帮一点儿是一点儿。“学”字写出了孩子的不熟练，也写出了孩子可爱的一面。胡令能写过一首《小儿垂钓》，说“蓬头稚子学垂纶”。小孩子哪会钓鱼呢？他在那儿玩，学大人钓鱼的样子。那家大人估计比较闲，天天钓鱼。大人爱干什么，小孩子自然而然就会去学着做。大人都在日夜劳作，闲不下来，小孩子也会觉得我不能偷懒，我也学着种瓜吧！

一个家庭最好的教育，就是言传身教。小朋友们，当家长批评你，说你不爱读书的时候，你可以反问一句：你们爱不爱读书呢？你们有空的时候，是在打游戏、玩手机、看电视，还是在看书呢？如果一家老小都能抽出一定时间来一起看书，营造良好的学习环境，其实也是另一种形式的一起劳动、一起合作，也能达到其乐融融的效果。

范成大这首诗，意思很简单，情感也很平淡，就是写了一个苏州附近的乡村家庭，上上下下、老老小小都在辛勤劳动。

刚才说了，《四时田园杂兴》写了很多，共有60首。现代社会的小朋友们，尤其是在城市生活的小朋友们，很少有机会能够切身体验田园生活，读读这样的作品，可以扩大知识面，增加生活体验。下面，我们再来读两首。

其中一首是这样写的："蝴蝶双双入菜花，日长无客到田家。鸡飞过篱犬吠窦，知有行商来买茶。"蝴蝶双双把家还，飞到哪儿呢？飞到菜花田里去了。田家生活非常安静，一般都没有什么访客。突然，鸡飞狗叫了，原来是有陌生人来了。谁来了呢？是流动商贩来向茶农收购茶叶。这是当时农村经济的一部分。

再看一首："采菱辛苦废犁锄，血指流丹鬼质枯。无力买田聊种水，近来湖面亦收租。"这首就有批判性了。菱角是江南一种水生植物的果实。它的壳就像板栗一样硬，但板栗是圆的，菱角则有很多刺。农民采菱角非常辛苦，经常被尖锐的菱角刺破手指，流血不止。常年辛苦，就会非常瘦弱干枯。那他为什么不去干点别的呢？因为"无力买田"，只好继续采菱角。更可怕的是，"近来湖面亦收租"，意思是官府不但要向种田的农民收租，而且连采菱角的农民也不放过，也要收税。一个贫穷劳苦去采菱角的人，赚钱能力已经很差了，却还面临着被盘剥、被压榨的命运。范成大知道了愤愤不平，就写了这首诗。

《四时田园杂兴》我们就讲这么多。在这些诗歌里，我们能欣赏田园风光，能了解乡村经济，能观察到社会的不公平现象，也能体会到家庭生活的趣味。在缺乏田园生活体验的现代社会，我们尤其需要读一读古代的田园诗，怀念几千年的农业社会所催生的风景和习俗，观念与趣味。

江南春

唐·杜牧

千里莺啼绿映红，水村山郭酒旗风。
南朝四百八十寺，多少楼台烟雨中。

《江南春》这个诗题，揭示了一个源远流长的文学主题：多少人爱写江南，多少人爱写江南的春天呀！

杜牧是唐朝人，再往前，南北朝时期的南朝，有一个文人叫丘迟，写过一封《与陈伯之书》，就是写信给朋友。这个朋友有他的苦衷，曾经从南朝叛逃到北朝，他是南朝人，也就是江南人。丘迟想劝这个朋友，犹如费翔《故乡的云》唱的，“回来吧，回来吧”，回到江南来吧！

丘迟一方面要讲一些道理，一方面要“动之以情”。用什么动之以情呢？写江南的美景。他说：“暮春三月，江南草长，杂花生树，群莺乱飞。”意思是，暮春三月的时候，江南的草长得非常茂盛，树上盛开各种各样的花朵，色彩缤纷，姿态各异，到处都是莺歌燕舞。后来有个成语叫“草长莺飞”，就是从这句话演化而来的。丘迟用如此美妙的景致“勾引”陈伯之，哎呀，回来吧，回来吧，别在北方待着了，回到你的江南故土吧！

自古以来，江南的春天就引来了无数文人墨客的欣赏与描写。我们来看唐代的大才子、大诗人杜牧，是如何去写他心目中、他耳中的“江南春”的呢？

“千里莺啼绿映红”，分为两个段落，“千里莺啼”是听觉，“绿映红”是视觉，是大泼墨。千里的江南大地上，到处都是莺莺燕燕、啼鸣不已。再看景色呢？大块的绿色、大块的红色相互映衬。这两句，听觉上的大气象与视觉上的大写意、大泼墨，是完美融合在一起的。什么叫泼墨呢？不是拿笔慢慢描，而是挥洒一大片墨水，顺势就开始画，这是何等潇洒！

第二句“水村山郭酒旗风”，这几个名词凑在一起，景致非常丰富。

“水村山郭”，不是说一定得是水边的村子、山边的城郭。它的意思是，这些村庄，这些小城镇，都是依山傍水的。江南，尤其是江南的故都南京，当时的金陵城，周围经常见到这样的景色，城墙、村庄、青山、绿水相互掩映。

“酒旗风”，这三个字合在一起很有意思。大家不妨想一想，如果你想把这句诗翻译成英文的话，怎么翻？酒，wine；旗，flag；风，wind。放在一起就不通呀！wine、flag、wind，到底什么意思？酒旗其实代指酒馆，酒馆的外面招牌上挂着旗，上面写个大字“酒”。那这个酒旗是不是得翻译成“pub”（酒馆）？如果这样翻译，“旗”的形象就丢掉了。

“旗”跟“风”是什么关系呢？是 the wind is gone with the flag（风绕着这个旗子转）？还是 the flag is gone with the wind（旗子跟着风走）？那么风和旗的位置关系，是 the wind is above the flag（风在旗子上吹），还是 the wind is under the flag（风在旗子底下吹）？

中国的古诗是高度凝练的。因为凝练，所以包含丰富的想象空

江南的春天，很梦幻很迷人，但也藏着无尽的历史教训。

间。旗和风放在这，它们之间有多种多样的互动关系。风吹着旗，旗也带着风，你也不知道是旗带着风，还是风吹着旗，就是这么神奇！

最后两句，“南朝四百八十寺，多少楼台烟雨中”。南朝，就是宋齐梁陈四个朝代的统称。这些朝代的首都都在建康，也就是今天的南京。南京城有四百八十座寺庙，有这么多吗？根据当时的历史记载，还真有这个数儿。有一部史书叫《南史》，专门记载南朝的历史，说“都下佛寺，五百余所”，就是建康城里的佛寺有500多座。杜牧取了个大致接近的数目。

四、百、八、十，这四个数字，现在用普通话读起来是第四声、第三声、第一声、第二声。在古人看来，第四声、第三声属于仄声，第一声、第二声属于平声。所以这四个字读起来是“仄仄平平”，还挺舒服的。但是，古人读“八十”这两个字，和普通话不一样，是读成仄声的，于是“四百八十寺”就成了“仄仄仄仄仄”。读起来有点“呸呸呸呸呸”的感觉，可以感受到作者的情感是蕴藏着愤怒不平的。

题宣州开元寺

唐·杜牧

南朝谢朓城，东吴最深处。
亡国去如鸿，遗寺藏烟坞。
楼飞九十尺，廊环四百柱。
高高下下中，风绕松桂树。
青苔照朱阁，白鸟两相语。
溪声入僧梦，月色晖粉堵。
阅景无旦夕，凭阑有今古。
留我酒一樽，前山看春雨。

这么多寺庙，在唐朝依然矗立，有的当然比较残破了，但在烟雨之中，还能看到很多很多。最后一句“多少楼台烟雨中”，可以体现杜牧对寺庙的感情，除了有愤愤不平，也有淡淡的伤感。楼台就是寺庙的建筑，杜牧写过不少跟寺庙楼台有关的诗。如《念昔游》说自己“倚遍江南寺寺楼”，我到江南的很多寺庙里，登过楼，赏玩过。还有一首《题宣州开元寺》，里面也说“遗寺藏烟坞”，在烟雨之中藏着古老的寺庙。

为什么杜牧爱写江南的寺庙？为什么他写的时候，又有点感伤，又有点愤怒呢？因为无论是杜牧所在的晚唐，还是宋齐梁陈那些朝代，都是因为太信仰、尊奉佛教，修了太多的寺，导致很多的财产、土地被佛教寺院给占据了。这就影响了国家的经济生产，干扰了国家的政治活动。

我们现在要一分为二看问题。佛教有积极的一面，它提倡慈悲、忍辱、精进、自省，至今仍然对中国人的人生观、价值观有很多影响。但是，如果它影响了国家的治理，就会受到仁人志士的批判。杜牧身处晚唐，看着南朝留下来这么多佛寺，感慨南朝就是这么灭亡的呀！尤其是那个极度迷信佛教的梁武帝，不但国家被折腾亡了，自己也被囚禁，活活饿死。我们现在的大唐，怎么还有很多皇帝和大臣，过于迷信佛教呢？这不是重蹈覆辙吗！所以，最后这句“多少楼台烟雨中”，含有历史的感慨，也含有现实的批判。

江南的春天，很梦幻很迷人，但也藏着无尽的历史教训。这就是杜牧眼中的江南春。

书湖阴先生壁

北宋·王安石

茅檐长扫净无苔，花木成畦手自栽。

一水护田将绿绕，两山排闼送青来。

这是一首题写在邻居家墙壁上的诗，说明王安石和邻居的关系很好。不然你试一试，跑到人家做客，还往墙上写首诗，写某某到此一游，会挨揍的！王安石跟这个“湖阴先生”，一定是好邻居。

整首诗都在写别人家环境好、住得好。当然，我们如果查一查王安石自己的诗，会发现王安石过得也很舒服。这首诗虽然是在写邻居家的环境好，但归根到底是在写自己的心情很安适。

比如王安石《钟山即事》写“茅檐相对坐终日，一鸟不鸣山更幽”，这两句也非常有名。什么意思？之前有一位南朝诗人王籍写过一个名句，叫作“蝉噪林逾静，鸟鸣山更幽”。在山林里行走，如果完全没有声音，你未必会觉得特别安静。如果听见蝉鸣，你反倒会觉得林子很安静。突然有一只鸟叫一声吓吓你，你会觉得原来山里这么安静。这就叫“鸟鸣山更幽”，是一种反衬的手法。王安石则把反衬又“反”回来了。王安石性子很倔，爱抬杠，你说“鸟鸣山更幽”，我偏说“一鸟不鸣山更幽”，我就是喜欢完全没有声音的幽静生活。所以,《钟山即事》是写自己住的“茅檐”非常安静。

青山带着它满脑袋的青色，一头就撞进来了！

现在我们来读《书湖阴先生壁》。王安石所写的邻居家的“茅檐”是什么样的景致呢？“茅檐长扫净无苔”，茅屋经常会打扫。为什么要强调打扫呢？跟“净无苔”是呼应的。我们首先要关注这个“净”字，很多书里面把“净”写成干净的“净”，也有的写成安静的“静”。“净”跟“静”写起来，尤其是用行书、草书写起来，还真容易混淆。古人写的时候、印刷的时候也经常把这两个字看错，于是“净”会写成“静”，“静”也可能会写成“净”。

入若耶溪诗

南朝梁·王籍

艅艎何泛泛，空水共悠悠。
阴霞生远岫，阳景逐回流。
蝉噪林逾静，鸟鸣山更幽。
此地动归念，长年悲倦游。

其实这两个字是意义相通的。生活清净，不就是安静吗？安静不就是你的周围都很纯净，没有那么多烦扰的杂事吗？纷纷扰扰，就是既不干净，也不安静。所以，“净无苔”“静无苔”都可以讲得通。

那么，什么叫“净无苔”呢？本来就安静少人，为什么苔藓没有旺盛地生长？我们可以读另外一首诗去对比一下。晚唐有个诗人姚合，他去一个僧人的禅院里，看到了这样的景致：“帘冷连松影，苔深减履声。”我们主要看后半句，“苔深减履声”。这是高级地毯啊！苔藓长得特别厚，鞋踩在上面，一点儿声音都没有。为什么要写这么一个细节呢？说明僧人的禅院里，来的人太少了。同时，这个僧人可能没那么勤快，苔藓就任其生长，也不去打扫它。客人也不来，主人也不打扫，于是苔藓就越长越厚，厚成了天然地毯。但是我们这位“湖阴先生”，王安石这个邻居，他是又孤独，又清傲，过得很清静，没什么人来，同时又非常勤劳，爱打扫。

第二句“花木成畦手自栽”，还在写“湖阴先生”的勤劳。“花木成畦”，“畦”就是田界。生活在城里的小朋友，有机会一定要去田野里走一走。你去看一看，谁家的稻田歪歪斜斜的，都看不出来一格一格、一道一道的，那这家人肯定很懒。勤快的人家的田地，整理得清清爽爽、干干净净，分界很清晰。

我们不妨看看陶渊明，他就不是一个好农民。我们也不能说他偷懒，可能他确实体力不好，于是“种豆南山下，草盛豆苗稀”。如果我们去看陶渊明种的田，肯定就是乱七八糟了。但是这位“湖阴先生”，却非常勤劳能干。一畦一畦，一条一条，一格一格，非常的清晰，都是他亲自栽成的花，栽成的木。

最精彩的在后两句，“一水护田将绿绕，两山排闼送青来”。“一水护田”这很好理解啊，田边上绕着一道溪水，但是他偏偏要拟人，说是水去护着田。怎么护呢？注意“将绿绕”的“将”字，一定要解释准确了。现代汉语里说，我将你怎么样，比如我将你带到这间屋子里来，这个“将”是一个虚词，就是“把”的意思。但这首诗中的“将”是一个实词，意思是携带。

有一首著名的北朝民歌叫《木兰诗》，写花木兰替父从军的故事。她一回家，“爷娘闻女来，出郭相扶将”，爹妈一听说女儿回来了，两个人互相搀扶着就去迎接女儿了。这个“将”是一个实际的动作。同样道理，“将绿绕”也应该这么解释。溪水非常可爱，它带着一圈绿就走了，别的颜色不带，就带着一圈绿，把这田给环绕起来，就叫“一水护田将绿绕”。

第四句“两山排闼送青来”，写得也同样活泼可爱。“排闼”这个词本来是写谁的？《史记》里有一个壮汉樊哙，吃肉都是拿着刀现割现吃。司马迁写樊哙“排闼直入”，也就是我们经常说的破门而入，不是敲敲门进去，而是一下就撞进去了。真是一条莽汉！所以，“排闼”形容青山很顽皮。不是我看见青山，而是青山故意一定要我看。好像青山在说，你不看，我就把你的门撞开，来来来，看我看我，赶紧看我！这就写得非常活泼。

你们看这两句，“一水护田将绿绕，两山排闼送青来”，其实想写的景致很简单，就是溪水绕着田，门外有青山。但是王安石写得就是如此活泼。这些水带着一圈绿，绕啊绕啊绕。这个山呢，带着它满脑袋的青色，一头就撞进来了！山山水水，都如此天真、调皮。所以我开头说了，王安石写的虽然是别人家的环境，但其实表达的是自己内心的那种惬意、轻松的心情。

宿建德江

唐・孟浩然

移舟泊烟渚，日暮客愁新。
野旷天低树，江清月近人。

孟浩然是一位非常擅长描写自然山水的诗人，他跟同时代的另外一位伟大诗人王维并称“王孟”。那我们就来看一看，《宿建德江》这么一首短小的诗，是怎样描写那么广大的江上景色的呢？

建德江，就是浙江流过建德市的那一段。浙江现在是一个省的名字，但它其实是条江。浙江到了下游就被称作钱塘江，一说到钱塘江大家可能更熟悉一些，因为有钱塘江大潮。孟浩然在建德江留宿，就写了《宿建德江》，“宿”是整首诗的关键字。读诗一定要重视题目，我们顺着“宿”字往下读，就能读得井然有序。

第一句就写了“宿”。“宿”，当然就得停下来，停在哪儿呢？他不是驾车，而是乘船，所以是“移舟泊烟渚”。“烟渚”，就是雾气笼罩的岸边沙洲，江边会有一些水雾。

第二句写“宿”的时间和心情，“日暮客愁新”。日暮时分很容易激发出不少负面情感。看日出会让人心潮澎湃，看日落会让人心情低落。“新”字写得好！说明诗人一路走来，驾着小船在浙江上漂，都一直有“客愁”。离开家乡，作客他乡，就会产生旅途中的愁苦，即

读诗一定要重视题目。顺着“宿”字往下读，就能读得井然有序。

“客愁”。

现在交通方便了，我们可以坐高铁，坐飞机，速度很快。旅途之苦已经被很大程度地消解了。古人骑马旅行，或者坐马车，都不舒服。大家若不信，去内蒙古草原上骑骑马，骑一会儿你就会觉得难受，都快被颠吐了。乘船稍微舒服些，但有些人晕船，也很痛苦。更要命的是，船走得多慢啊！

我们现在很难能够体会古人旅途中的愁苦。这个愁苦一定是随着舟行、随着水流而绵延不绝的。所以孟浩然要说“日暮客愁新”。“新”的意思就是，本来一路上都有客愁，现在又增添了新的客愁。

南北朝时期著名诗人鲍照写过一个句子，“旅人乏愉乐，薄暮增思深”，这句话很完美地解释了“日暮客愁新”。鲍照说，旅行中的人总是不开心，尤其到了黄昏时候，情感就会更深沉，思绪就更多。另外，唐代诗人崔颢著名的《黄鹤楼》，最后一联写的是“日暮乡关何处是，烟波江上使人愁”。他说，大江之上看日落，就非常容易勾起对于家乡的怀念，这不就是“客愁新”吗？鲍照和崔颢的诗句，都可以跟“日暮客愁新”相互比较。它们都是描写黄昏时旅途之苦的名句。

写到这里，孟浩然已经交代了“宿建德江”“移舟泊”“日暮”等诸多信息：我在哪里“宿”的，什么时间“宿”的，“宿”的时候是什么样的情感，都说清楚了。那么下面两句，时间继续推移。刚才还是日暮，慢慢地太阳完全落下，月亮升起了。从黄昏到月亮升起的过程中，诗人看到了哪些风景呢？前两句写“宿”，后两句则写“宿”了之后看到了什么。

第一个景色是“野旷天低树”。浙江地势地平，视野比较开阔。“野旷”是“天低树”的原因：之所以能“天低树”，是因为到处都是平原，一望无际。什么叫“天低树”呢？这是一个错觉：远处的天际线比近处的树顶还要低。我们都知道，天当然比树高，但是当你坐在小船上，贴着地面看远处天边的时候，会产生视觉上的落差和错位，会感觉树在你的头顶位置，天际线则与你的眼睛平行。

为什么会产生错觉呢？因为诗人在极目远眺。如果随便看一眼，不会是这样的画面。你盯着远方天际线看得太久，才会突然发现天际线比树要低，因为你的视线往回一拉，发现头顶位置有棵树。诗人写这个错觉，其实是想说明，停船靠岸之后，他没有洗洗睡了，而是睡不着。因为什么呢？因为“日暮客愁新”，心中愁苦。古人有个习惯，心中愁苦的时候喜欢登高望远，可是现在没有可以登高的地方，只有“野旷”。如果从高处远眺，会有“一览众山小”的豪迈感觉；而从比较低矮的地方眺望远方，则产生“野旷天低树”的观感，悠长而寂寥。

最后一句，“江清月近人”。诗人告诉你，时间推移了，刚才还是“野旷天低树”，可是光线慢慢变暗了，月亮升起来了。到了夜里，他还是没睡着，还是满腹客愁。那么，“江清”和“月近人”是什么关系呢？还是因果关系。“野旷”是“天低树”的原因，“江清”也是“月近人”的原因。因为江面特别清澈，月亮在水里的倒影就特别清晰，再加上孟浩然当时是坐在小船里的，或者也有可能住宿在岸上，但一定是在水边，离月影特别近，这时候就会有一种月亮在陪伴自己的感觉。

大家有机会一定要在月夜去湖上划划船。划船的时候，当你贴着水面看水中的月影，尤其是在风轻云净，湖水又清澈见底的时候，你会觉得月影极为清晰、真实，甚至比你直接看天上的月亮更清晰、更真实。天上的月亮是高高挂在天空中的，而水中的月亮是紧紧贴着你的船舷的，仿佛你一伸手就能把月亮给捞起来。所以，“月近人”写出了亲切、陪伴的感觉。在这一瞬间，诗人心里也许升腾出了一种淡淡的温暖：月亮好像通人性，故意倒映在清澈的水面，要刻意地陪伴他。

四句诗我们说完了。回头看这四句，到底是怎么写“宿”的呢？前面两句是写“宿”的事件，后面两句是写“宿”的所见。这是从整体来看。如果再分析细致一点儿，我们可以说，第一句是写“宿”的动作，第二句是写“宿”的情感，第三、四句是写“宿”之所见。三、四句其实又有分工：第三句完全是写风景，只有“野旷天低树”，没有人；最后一句“江清月近人”，则既写风景，也写人。最后一个字“人”，回到了“宿”的那个人，也就是呼应着第一句“移舟泊烟渚”的“泊”字。

我们从“泊”一直读到“人”，可以清晰地感受到“如丝般顺滑”的一段旅途感受：我泊在江岸，日暮景象引发了“客愁新”，我始终睡不着，呆呆地望着远处，看到了“野旷天低树”，等到月亮升起，我突然发现，月亮给了我陪伴和温暖。

整首诗麻雀虽小，却五脏俱全。它所写的事件、风景、情感，都是自然流淌出来的。虽然诗人写了“客愁”，但我们不会觉得他很痛苦、很凄凉，因为最后他呈现出了一种淡淡的温暖意境，就是“江清月近人”。

同一时期，孟浩然在浙江还写了不少诗，其中有一首《宿桐庐江寄广陵旧游》。浙江经过桐庐县这一段被称作“桐庐江”。这首诗的关键字也是“宿”，也描写了“宿”的时候诗人所看见的江面景色。怎么描写的？“风鸣两岸叶，月照一孤舟。”诗人写了岸边，也写了月亮，但是你仔细琢磨一下，情感跟刚才那首不太一样。“风鸣两岸叶”，两岸的树不是安静、悠远的“野旷天低树”，而是淅淅沥沥地发出了声音，被风一吹，“无边落木萧萧下”的树。

下面一句，“月照一孤舟”，这跟“江清月近人”又很不同。“江清月近人”写了月影跟人很亲近，但此处的月亮却与人很遥远：月亮高高挂起，下面的小船非常孤独地停泊在岸边。“江清月近人”的“近”字，是把人跟月亮放在了一起；而“月照一孤舟”的“一”字，则把月亮和人分割开，把人与自然分割开。人缺少了月亮的陪伴，那么心中的客愁就会泛滥开来。

《宿桐庐江寄广陵旧游》里面的风景、心情，跟《宿建德江》差不多，但是不同的写法所造成的效果截然不同。你们看，同一个诗人，同一个时期，写几乎同样的景色，能够写出不一样的气质出来。一个真正的艺术家就是如此变化万千。

延伸阅读

宿桐庐江寄广陵旧游

唐·孟浩然

山暝闻猿愁，沧江急夜流。
风鸣两岸叶，月照一孤舟。
建德非吾土，维扬忆旧游。
还将两行泪，遥寄海西头。

泊船瓜洲

北宋・王安石

京口瓜洲一水间，钟山只隔数重山。
春风又绿江南岸，明月何时照我还。

读这首诗，必须要好好研究它的创作背景以及作者的创作心态。我们如果不了解王安石这个人，不了解他在何时何地写的这首诗，那么我们可能只是了解了这首诗的情感的非常浅薄的一个方面。

这首诗作于北宋熙宁年间。熙宁是宋神宗的年号。熙宁年间，发生过一个重大的历史事件，叫“王安石变法”。王安石给宋神宗当宰相，从熙宁二年（1069 年）开始，君臣二人搞了一场轰轰烈烈的改革运动。《泊船瓜洲》恰恰写在熙宁元年（1068 年）。这时候的王安石还不是宰相。他在江宁，也就是今天的江苏南京当官。他被朝廷征召到中央，去当翰林学士。

这次升职，对于王安石来说是一个关键步骤。他不可能瞬间从地方官变成宰相，得有一个过渡。他先去当翰林学士，第二年才做宰相。翰林学士权力也很大，主要职责就帮皇帝写圣旨，还能经常给皇帝提意见。

当王安石知道自己要去当翰林学士的时候，一定是心潮澎湃的。之前他一直鼓动皇帝变法，终于等到宋神宗上台，可以真正把变法推行起来。神宗是一个很有想法的皇帝。王安石去当翰林学士，意味着他的变法理想终于有可能实现了。所以，熙宁元年是王安石走向变法之路的重要坐标年，这是我们要了解的第一个背景。

第二个背景是，《泊船瓜洲》里出现了好几个地名，我们要弄清楚地理位置。“京口”在哪儿呢？在长江南岸，就是今天的镇江。“瓜洲”在长江北岸，正好在镇江对面，属于今天的扬州。二者隔着一道长江，所以叫“一水间”。

大家去扬州玩，应该去看看瓜洲古渡，这里是古代非常重要的一条交通要道。为什么说重要呢？有一条贯通南北的水路，叫“京杭大运河”。大家知道，我国的大江大河多数是东西流向的，东西交通比较便利，但南北交通就艰难一些。隋朝的时候，修了这条大运河，将黄河、淮河、长江等几条大江大河的水域连接起来，便于南北物资流通和行人交通。大运河与长江的交叉点，就在扬州。

我们刚刚讲到，王安石现在要去中央当官，也就是去北宋首都汴京。汴京在今天的河南开封。从镇江怎么去开封呢？为什么要“泊船瓜洲”呢？原来他是从镇江这里横渡长江，过江之后，到了江北瓜洲渡头，由此就可以进入大运河。顺运河往北走，就能够从长江流域到黄河流域，到汴水，然后就能到达开封。

不过，王安石这一次旅行的出发点，不是瓜洲，也不是京口。刚才讲了，他是从江宁地方官的位置上被提拔到中央的，那么出发点当然是江宁。他是从江宁乘船出发，顺江而下到达京口，从京口横渡长江，晚上停泊在瓜洲，然后第二天一早再从瓜洲往北走。这就是王安石的交通路线。

除了以上所说的历史背景和地理背景，最后还有一个家庭背景我们要交代一下。江宁对于王安石来说，有什么样的特殊意义呢？王安石老家在临川（今天的江西抚州），但他在 17 岁的时候就跟着父亲居住在江宁。他父亲死后，就葬在江宁；他母亲去世后也葬在江宁。江宁对于他来说就是第二故乡。他晚年的时候，常年居住在江宁，这是他晚年的归宿。

我们接着讲诗句。第一句刚才已经讲清楚了。第二句是“钟山只隔数重山”。“钟山”，就是紫金山。他为什么要回看钟山呢？因为钟山就在江宁。他从“钟山”来，到了“京口”之后，渡江到了“瓜洲”，现在往回一看，江对岸是“京口”，“京口”再往西一看，隔着数重山，就是“钟山”。他看得多么仔细啊！为什么要看这么仔细？因为他舍不得他的故宅，他的第二故乡啊！

下面就到了最著名的一句，“春风又绿江南岸”。这里有一个文字上的小问题。在不少王安石诗集的版本里面，写的是“春风自绿江南岸”，用“自”这个字当然有它的好处，但用“又”字也有它的好处，从文学角度看各有千秋。若从版本学角度来看，“自”的可能性更大。不过我们还是按课本上的“又绿江南岸”去读。

还有一个比较重要的问题，就是“绿”字。相关的一些故事，记载在南宋人洪迈的《容斋随笔》里。其中有一个小段落，专门讲作诗填词的人怎么去反复修改的故事，其中有一个故事就讲到王安石这首诗。当时的人看到他原诗的草稿上写的不是“绿”，那写的是什么呢？先写的是“又到江南岸”，然后把“到”划掉，改成“过”，然后想想还不好，又改成“入”，后来又改成“满”，改了十多次，最后定为“绿”。这成为文学史上、诗歌史上被人津津乐道的一个修改诗歌的著名例子。

大家不妨去比较一下“绿”“入”“到”“满”“过”这些动词，它们有什么不同？在我看来，“到”也好，“入”也好，“满”也好，都仅仅是一个动作，一个动词。而“绿”字，既表示一种动态，说明春风到了，也表示一种状态，说明江南岸都绿了，一举两得，所以用

这一去，既是实现理想之路，也是艰难困厄之路。

"绿"字最好。

"春风又绿江南岸，明月何时照我还"，什么时候"还"呢？这个"明月"，当然就是"泊船瓜洲"时看到的明月。我们可以想象，诗人在明月的照耀下，往南边的"一水间"看一看，往西边的"数重山"看一看。最后他想到，我即将去首都了，明月当然也会照耀着北去的水路。那么，什么时候明月才能照着我南归呢？我什么时候才能够回到魂牵梦绕的第二故乡，回到钟山脚下，回到"江南岸"呢？

"江南岸"，既是路程的转折点，也是情感的迸发点。第二天早晨一出发，就要一直往北走了，"江南岸"就越来越远了，就要彻底离开这片土地了。最后一句"明月何时照我还"，把前面两句那种不舍之感，那些回顾和回想，以一种完整的、混融的境界把它们包容进来了。一切思念，一切美景，都包含在明月之中。一轮明月即将照我北去，不知什么时候它能照我南归？

整首诗包含着非常复杂的情感。一方面，王安石要去实现他的理想，另一方面，他要离开他的第二故乡。大家有兴趣可以看一看邓广铭先生写的传记《北宋政治改革家王安石》。你们会发现，王安石变法真的是非常艰难。据说王安石提过一个口号，叫"天变不足畏，人言不足恤，祖宗不足法"。胆子是真大啊！一变法，天都变了，他说我不怕；一变法，大家都骂我，我不怕；一变法，大家都说，祖宗都没这么干过，你怎么敢这么干？你怎么敢去改祖宗皇帝的法度？但是我不怕！王安石是以极为坚韧、顽强甚至强悍不讲理的态度，去推行他的变法，实现他的理想的。

在写《泊船瓜洲》的时候，王安石也许已经预感到，这一去，既是实现理想之路，也是艰难困厄之路。我猜想，在后来变法的时候，每当有许

题西太一宫壁二首（其一）

北宋・王安石

柳叶鸣蜩绿暗，荷花落日红酣。
三十六陂春水，白头想见江南。

多人骂他，每当他陷入众叛亲离的痛苦，甚至被皇帝怀疑的时候，他心里肯定都会想着这句“明月何时照我还”。这首诗真的是一首情感非常复杂的作品，里面既包含着实现理想、为国为民的壮志，也包含了温柔、温暖而又淡淡感伤的思乡之情。这是一首大境界的小诗。

六月二十七日望湖楼醉书

北宋·苏轼

黑云翻墨未遮山，白雨跳珠乱入船。
卷地风来忽吹散，望湖楼下水如天。

这首诗作于北宋熙宁五年（1072 年）的夏天，原作一口气写了五首，我们读的是第一首，也是五首里面最有名的一首。

从熙宁二年（1069 年）开始，北宋出现了一个重大历史事件，就是“王安石变法”。王安石变法虽然非常伟大，但是在实施过程中出现了一些问题，遭到了当时很多正直士大夫的反对，苏轼就是反对者之一。他觉得变法中有些政策过于激进，有些完全不合理，有些虽然制度合理，政策不错，但是在用人过程中出了问题。这些都是苏轼不满意的地方。

既然苏轼有一肚子的不满意，那些主张变法的人当然就会很讨厌苏轼，两派之间发生了很多碰撞和摩擦。苏轼稍微有点心灰意懒了：他觉得自己说的他们不听，他又怕在京城待的时间多了，卷入残酷的政治斗争之中。他心想，那我就先走吧，离开是非之地，走个迂回路线，回头再跟他们理论！他向皇帝请求说，我不在中央做官了，我找了一个好地方，想去杭州做官！去杭州之后半年多，他就写下了这首《六月二十七日望湖楼醉书》。

“望湖楼”在哪里呢？在杭州西湖的昭庆寺旁边，是五代十国时吴越王所造。既然叫“望湖楼”，视野一定非常开阔，适合登高望远。我们都知道，苏轼非常喜欢西湖。在苏轼所有吟咏西湖的诗中，这首诗可能不算是最有名的，也不算是艺术水平最高的，但它很耐人寻味。苏轼怀着一腔的不满意，带着一种不得志的感受，来到了杭州，写下了这首诗。它能够凸显苏轼的特殊心境和性格特质。

诗题里有个日期，“六月二十七日”。关于农历六月的西湖，大家会想到什么景致呢？杨万里有首著名的《晓出净慈寺送林子方》：“毕竟西湖六月中，风光不与四时同。接天莲叶无穷碧，映日荷花别样红。”可见，六月的西湖丰姿绰约。此时，苏轼远离了京城的政治斗争，心情慢慢平复，生活也悠游自在。有一天他喝醉酒了，跑到望湖楼边的小船上，趁着微微的醉意，一口气写下了五首诗作。现在要读的是第一首。

第一句，“黑云翻墨未遮山”。我们一定要弄清楚苏轼的状态和视角才能读懂这句话。他是喝醉酒之后，躺在晃晃悠悠的小船上。此时此地，他去感受湖面，感受天空，感受夏日的暴雨。他最容易先看到什么呢？是巨大的黑云。远处天边的乌云翻滚着，而且越翻越黑，犹如墨汁在清水里搅动、旋转，故曰“翻墨”。大家可以去做个小实验：练书法的时候找个玻璃杯，把墨汁滴到清水里，就会清楚地看到“翻墨”的现象。这是取自日常生活的比喻，才会如此生动。

黑云滚滚，应该能够把山全部遮挡住，但苏轼却说“未遮山”。这很有意思。“未遮山”可能是实写，也可能包含一些特殊的心情和寓意。为什么说是实写呢？刘禹锡说过，“东边日出西边雨”，也许东边还有太阳光，西边却已是漆黑一片。夏天暴雨前，最容易见到这样的景色。乌云翻滚起来，瞬息万变，并不会完全遮蔽西湖边连绵的小山丘，所以叫

雁门太守行

唐·李贺

黑云压城城欲摧，甲光向日金鳞开。
角声满天秋色里，塞上燕脂凝夜紫。
半卷红旗临易水，霜重鼓寒声不起。
报君黄金台上意，提携玉龙为君死。

“未遮山”。虽然乌云那么黑，那么有压迫感，但是小山丘中有一些部分可能还在被阳光照耀着。

说它有寓意呢，是因为可能包含着苏轼对于政治环境的看法。当时的政治环境也很有压迫感，皇帝和王安石都坚决要推行变法，谁不变法，谁反对我们，我们就要制裁他，打击他！苏轼觉得当时的政治压力很大。大家有兴趣可以看一看林语堂先生写的《苏东坡传》，你就会知道苏轼最终没有躲过政治上的乌云。他后来经历了“乌台诗案”，差点连脑袋都丢掉。所以，这个时候他写“黑云翻墨未遮山”，可能包含倔强的抗议：乌云遮不住秀美的湖山，就像强大的政治压力遮蔽不了我内心的理性与良知！由此可见苏轼独立思考、坚持真理的特质。

第二句写暴雨已经来了，“白雨跳珠乱入船”。我们仍要关注苏轼的视角。前文说了，他是喝醉酒后躺在船上看大雨。扑面而来的，不是直接落下来的雨滴，因为船上可能还有一个雨棚。雨滴应该是砸在雨棚、船舷、湖面之后，又飞溅起来的。这些小水珠犹如小颗粒的珍珠一般，体现大雨滂沱，力道惊人。同时，苏轼还用了一个颜色词来修饰，“白”。雪亮的雨点，跟刚才看到的大块乌云，一亮一黑，两相映衬，显得雨点尤其白净。

以上两句，呈现出了对比鲜明的画面：上面是黑云压过来，底下是清亮的雨点溅到船里。大家回忆一下生活中碰到的夏日暴雨。如果暴雨的时候你在爸爸妈妈的车里，或者在出租车上，你可能就会感受到“白雨跳珠乱入船”。当大雨点砸在挡风玻璃上，真像是珍珠，发出噼里啪啦的声响。如果上面再有一层乌云的话，就成了黑色的背景：

远方是黑压压的乌云，眼前是白色的雨珠。

第三句，“卷地风来忽吹散”。突然来了一阵风，吹散了什么呢？吹散了乌云，也吹散了雨点。注意，这是卷地而来的风，贴着岸边地面吹过来。说明风向变了，不是从湖面上吹来乌云，而是从湖岸上吹来了清风。乌云跑了，大雨也走了，那剩下什么呢？

最后一句，“望湖楼下水如天”。这句诗点出了诗歌题目：我是在望湖楼下的小船里，观赏如上的景色。同时，这句诗本身也给出了一个特别安静、纯美的境界。“水如天”，表面上看非常质朴，非常简单。这不是废话嘛！但凡有水面的地方，一定是水中有天，天中有水，水天相映。这样一个质朴的场景，平常看来是不值得去写的，但是大家要体会苏轼此时的心情。

他刚刚经历一场暴雨。刚才天上还是乌云密布、大雨滂沱，湖水还是波浪滚滚、水花四溅，整个天地都是浑浊的。突然间，天空重新变得清澈，湖水重新变得宁静，仿佛在一瞬间回到了盘古开天辟地的时候，轻清之气上扬，重浊之气下沉，天地分明，水和天重新交相辉映。所以，这里面包含经历了暴雨、灾难之后的一种庆幸，一种惊喜。苏轼此时的心情，就好像那首儿歌：“弯弯的月儿小小的船，小小的船儿两头尖，我在小小的船上坐，只看见闪闪的星星蓝蓝的天。”

至此，这首诗我们就读完了。从表面上看，它写了一场夏季暴雨来去的过程：先写乌云翻滚，暴雨马上要来了；然后写白雨跳珠，暴雨已然来临；然后写清风袭来，暴雨又走了；走了之后，只剩下“望湖楼下水如天”。

从内在意义来看，它还展现了诗人心理发展的过程。一开始，苏轼是倔强的，是倨傲的。他说别以为你们打击打击我，我就能顺从你们。不会！该怎样还是怎样。经历暴雨之后，苏轼又说，别以为我是在跟你们斗气，我的内心自有我的安详和宁静。保持倔强与享受宁静，两者都很重要！一个经历了政治风波、人生风波，同时心里存着一份定力、一份深思的人，才能写出这样的境界。所以，这首诗虽然不像苏轼很多描绘湖光山色的作品那么优美，但是它却传达出一种深沉、曲折、耐人寻味的心境，自有一番味道。

总之，这首诗表层是写西湖暴雨的过程，里层则是写政治风波中的心态，写人生路程中的心境。我们读苏轼，既要读出他眼中的美，也要读出他心中的那份智慧，那份坚定，那份宁静。

过故人庄

唐·孟浩然

故人具鸡黍，邀我至田家。
绿树村边合，青山郭外斜。
开轩面场圃，把酒话桑麻。
待到重阳日，还来就菊花。

孟浩然的诗，读起来总是那么轻松、自然。读他的诗，有时都看不见诗了，只看见他的生活、他的诗意。《过故人庄》也是如此。

“过”，就是经过、拜访的意思。孟浩然去拜访一个老朋友，到他家的田庄里做客。那么，他是不请自来呢，还是应邀而至呢？或者是偶然经过，厚着脸皮蹭饭呢？于是，诗的第一联就非常清楚地交代了事情缘由，“故人具鸡黍，邀我至田家”。你们看，读孟浩然的诗就是这么舒坦！你想知道什么，他就告诉你什么。

这位“故人”，一定非常热情，准备了“鸡黍”，有肉有饭，邀请我去他们家吃饭、喝酒。“鸡”和“黍”，古人经常这么并称，说明准备饭菜比较认真，不是粗茶淡饭，而是有荤有素，有一定排场了。

另外，“鸡黍”放在一起还暗含典故，即“范张鸡黍”的故事。《后汉书》记载了东汉的两个人，一个叫范式，一个叫张劭。两人关系特别好，属于知己。他俩相约，两年后在张劭家相见。有些人说

读孟浩然的诗，有时都看不见诗，只看见他的生活。

话比较随便，随便就约，到时候不一定去。但这两个人都属于讲义气的朋友，都一定要信守诺言。范式更是跑了老远的路，千里赴约。张劭准备了美食美酒，等范式一来，相谈共饮，十分欢乐。这就是“鸡黍之约”。后来，张劭去世了，范式又千里跑来给他送葬。这两件事说明，两人既是活着时候的好朋友，也是死后可以托付后事的真知己。

知道了以上典故，你就知道“故人具鸡黍”这句，既描述了朋友家饭菜不错，也宣告了诗人和“故人”一定是好朋友，是知己。

朋友“邀我至田家”，那我就去呗。去了之后，发现他们家风景不错，“绿树村边合，青山郭外斜”。注意“郭”字，本义是城墙，这里指村庄，跟“村边合”是相呼应的。两句放在一起，意思就是绿树环抱村庄，村庄之外还有青山堆叠。注意两个动词，“合”和“斜”。“合”，是环抱；“斜”，说明山是绵延的小山丘，不是崇山峻岭，看着比较悠闲自在。景物是有层次感的：村庄最近，稍远一些是绿树，再远一点是青山。这是村庄周围的景色，也可以认为是孟浩然一路走来所看到的景色。

江城子

乙卯正月二十日夜记梦

北宋·苏轼

十年生死两茫茫，不思量，自难忘。千里孤坟，无处话凄凉。纵使相逢应不识，尘满面，鬓如霜。

夜来幽梦忽还乡，小轩窗，正梳妆。相顾无言，惟有泪千行。料得年年肠断处，明月夜，短松冈。

既然来了就不能只看风景，他们得聚会、聊天，“开轩面场圃，把酒话桑麻”。“开轩”，字面意思就是打开窗子。苏轼《江城子》里说，“小轩窗，正梳妆”，轩就是轩窗。有的版本写成“开筵面场圃”，这个也合理。“开轩”，就是打开窗子，我们对着场圃，一边喝酒，一边吃饭，一边聊天。“开筵”

呢，就是我们对着场圃摆了一桌菜。前者是在屋里吃，后者是在屋外吃。其实都行，看心情咯！关键的问题是，“面场圃”和“话桑麻”，传达出什么意思呢？

“场”，就是晒谷子的空地；“圃”，则是种菜的田地；“场圃”也可以泛指整个庄园。“桑麻”是什么呢？也是泛指，“桑”是种桑，“麻”是种麻。种桑当然是为了养蚕，蚕吐出来的丝可以织衣服。麻也可以用来织衣服，但质量比蚕丝差很多。“桑麻”与“场圃”放在一起，可以泛指各种各样的农业生产。这位朋友家，不仅种菜、种谷、种桑、种麻，可能还种桃、种李、养鸡、养猪。诗人举其一二，概指全部。

他们谈论的事情非常多，但是范围仅局限于农家杂事，肯定不包含考试、做官、送礼、交际等俗事。这是孟浩然的个人身份所导致的结果。他人生绝大部分时候是不做官的，是一个隐士。他结交的人，以及远近邻居，也都是这样一些人。孟浩然与朋友之间的谈话内容，无非是今天你们家种了什么？蔬果长势如何？蚕丝质量好不好，能不能做出好衣服？给我也弄一件穿穿？可见，他们有一种不关心世间俗事的超然态度。没有官场上的钩心斗角，没有读书人的迂腐较真，他们谈论的就是日常生活、田园乐趣，非常轻松！

酒也喝了，肉也吃了，农家的事也谈了很多，这场饭局怎么收尾呢？其实这首诗最精彩的一笔，在于收尾，“待到重阳日，还来就菊花”。孟浩然说，喝完吃完我就走了，显得情分太薄，趣味太浅。我太喜欢你这里了！你邀请我来，我就来。我吃完要走，还跟你约下一顿饭。由此可见，两个人之间的关系，多么亲密、自然，多么率真、敞亮！下次什么时候来呢？孟浩然说，等到九月九日重阳节的时候，我还来。来干什么呢？“还来就菊花”。

什么叫“就菊花”？有两种解释，一是观赏菊花，一是饮菊花酒。

重阳节这天有很多习俗，其中有个习俗就是饮菊花酒。陶渊明有个名句，叫“采菊东篱下，悠然见南山”。为什么要采菊呢？放在酒里面，用来制作菊花酒。据说菊花有延年益寿的功效。我们现在有时候还喝点菊花茶，且不说它能不能延年益寿，至少能明目，能降火，夏天喝起来尤其舒服。古人会在九九重阳节这天喝菊花酒。重阳节，也叫老人节，到这天需要表示一种祝福，于是就一起喝菊花酒，希望大家都长命百岁。

整首诗看下来，其实就说了一件事，约饭。诗人先赴约，吃今天这顿饭，然后又约了下一顿饭。在吃饭、约饭的过程中，孟浩然既展现了两个人的友谊，也展现了两个人的心情，还顺带展现了一下村庄的风景。

第二联写“绿树村边合，青山郭外斜”，非常优美、自然，读起来非常轻松。王维有个相似的句子，《新晴野望》里说：“白水明田外，碧峰出山后。”这句就稍微雕琢一些。他先说白水很明亮，再说白水位于田野之外；先说青峰高耸，再说青峰位于山丘之后。如果让孟浩然来写这个句子，估计会写成“白水田外明，碧峰山后出”，这样就很顺了：白水在田外闪亮，青峰在山后高耸。不就跟“绿树村边合，青山郭外斜”的句式，完全一样了吗？

孟浩然的《过故人庄》，整首诗读起来真的没有一点障碍。心情，事物，景物，都如小溪一样静静流淌，以至于他吃这顿饭之后，又约下一顿饭，这个过程也显得那么自然。读孟浩然的诗，不仅是读他的字句，更要读出轻松自如的心态。

春日

南宋・朱熹

胜日寻芳泗水滨，无边光景一时新。
等闲识得东风面，万紫千红总是春。

说到朱熹，大家可能首先想到《观书有感》：“半亩方塘一鉴开，天光云影共徘徊。问渠那得清如许，为有源头活水来。”这位伟大的哲学家，爱读书，也爱写诗。他的诗经常是借着写风景、写池塘、写春日，来谈一些哲理。接下来我们来看看，这位哲学家在“胜日寻芳”的时候想到了什么样的哲理呢？

“胜日”，就是天气晴朗的好日子。朱熹去“寻芳”，去看春花。去哪儿看呢？去泗水河边的芳草地上看春花。第二句写“无边光景一时新”，“光”和“景”两个字，都是光的意思。范仲淹《岳阳楼记》里说“春和景明”，“景”就是日光。古人又造了一个字，给它右边加了三撇，就成了“影”。这两个字，经常混用，因为二者确实有密切的关系。没有光，哪里来的影呢？“无边光景一时新”，就是说春光大好，处处都是新春的阳光。

前两句是铺垫。后两句他想说什么哲理呢？“等闲识得东风面。”“等闲”就是寻常、容易。我们把语序稍微颠倒一下，就更方便理解了。“等闲识得东风面”，其实就是“东风面等闲识得”，意思是

圣人的学问和思想，就像春风一样无处不在，变化无穷。

春风的样子啊，我们很容易就能认识、发现。

春风是什么样子呢？照说春风是来无影去无踪的，怎么能看到它的容颜呢？朱熹给你一个答案，“万紫千红总是春”。各色各样的花，桃花、杏花、梨花，万紫千红，它们都是春天的样子，都是春风的容颜。春风满世界吹拂，吹到这个墙角就开了梨花，吹到那个篱笆下就开了杏花，吹到池塘边就开了李花，吹到山上就开了桃花，仿佛万紫千红都是被春风吹出来的。春风本身是不好去把握、不好去观察的。但是你从每一片花瓣、每一簇新鲜的草叶上，都能寻找到春风的面容。春风是一个很虚的东西，但是它变化出来的东西又是很实的，千姿百态的。

朱熹说“总是春”，“总是”意为都是、全是。我们不妨再发挥想象。春天不仅在春花里，也在树叶里，在鸟鸣中，在高山上，在江水里，在天空中，在大海里，甚至每个人的笑容里都有春天。现在有一首儿童歌曲，叫《春天在哪里》：“春天在哪里呀春天在哪里，春天在那青翠的山林里。这里有红花呀，这里有绿草，还有那会唱歌的小黄鹂。”朱熹这首诗其实也是写这么一个意思：春风的面容，也就是春天的面容，在哪里呢？在万紫千红的花朵里。

这首诗表面上看很好读。作为一个哲学家，朱熹不能简单地就写写“春天在哪里”。哲学家得借描写春天传达出一些言外之意。怎么去寻找言外之意呢？我们可以从一个词上找到突破口，就是刚才我没有细说的“泗水”。

“泗水”在哪里？在山东。你们想想，朱熹生活在什么朝代？他要是唐朝人，去山东很正常。他要是北宋人，去山东也很正常。可是他生在南宋。他生在南宋怎么可能去山东呢？因为淮河以北已经是金国的土地了。

跟朱熹同时代的一个诗人杨万里，写过《初入淮河四绝句》。他去边境办公务，迎接金国的使节。他作为外交官来到边境线上，写了四首诗。其中一首写“船离洪泽岸头沙，人到淮河意不佳”，说我离开了洪泽湖（在江苏）往淮河走，但是到了淮河就心情不爽。为什么呢？“何必桑干方是远，中流以北即天涯。”何必说桑干河才是远在天涯呢？我现在待的地方就已然是国境线，已然是天涯了。“中流”就是淮河的中流，“桑干”就是今天的永定河，发源于山西，经过北京，从天津入海。桑干河当然比淮河要更北一些。

杨万里感慨国土沦陷，中原难以恢复，这是南宋人永远的痛。岳飞词作《满江红》里写“靖康耻，犹未雪。臣子恨，何时灭”，也是同样的痛与恨。陆游一辈子的愿望就是等到“王师北定中原日”，但一直到死也没有看到这一天。

在这样一个时代，朱熹怎么可能跑到山东泗水去寻芳呢？所以，“泗水”是一个想象。他为什么一定要写这条河呢？因为春秋时期孔子就在洙水、泗水之间讲学，教授弟子。后人一说起“洙泗”，就是指孔门。孔门师生在这里弹琴、上课，整理书籍，追求真理。朱熹说我要去泗水边寻芳，这是一个暗示，告诉你我不是为了写春天而写春天，而是用春天做一个比喻。一般人在春天寻芳，那我要寻找什么？寻的是圣人之道。

这首诗貌似写游春，写“春天在哪里”，其实是想探讨圣人之道在哪里，真理在哪里。他说，圣人的学问和思想就像春风一样无处不在，变化无穷。春风一吹，可以吹到杏花上，梨花上，桃花上。那么圣人之道也是到处吹拂，吹到张三这里，吹到李四这里，吹到我朱熹这里。每个人都应该思考，我怎么去学习圣人之道呢？我有没有领会圣人之道里面的一些内容呢？

圣人之道，或者说真理，它是抽象的，是比较虚的。但是真理又时时表现在很多具体的现象上。无论做高精尖的学问，还是普通的求知，无论做理科的研究，还是做文科的学问，都要追求一个终极真理。但是不能一口吃个胖子。没有人能够直接领略宇宙的本质是什么，人生的规律是什么，这是不可能的。你得通过花木鸟兽、日月星辰、男女老幼、盛衰兴亡等种种现象，去窥探真理的身影。

佛教有一个比喻，叫“一月映千江”。真理只有一个，就像月亮只有一个。但是真理的表现有很多很多，就像月亮映照在无数江河、溪水、泉流、井水之上。无论是大科学家搞科研，还是小学生学知识，都需要遵循一条求知的路径，就是透过一个一个的现象去追寻现象背后那个共同的本质。

朱熹的《观书有感》，表面写一个小池塘，其实在说读书的道理，学习的规律。而这首《春日》，表面写看花赏春，其实在说认识真理的态度，追求真理的方法。真理是虚无缥缈、难以琢磨的，但它表现得又是那么真实，那么具体，那么丰富多彩。

圣人的学问和思想也是如此。你怎么去学习孔子的思想呢？不要枯燥地去思考，孔子说的“仁”到底是什么意思？你更需要思考的是，孔子是如何把“仁”表现出来的。他做什么事情的时候是符合“仁”的？他评价什么人物的时候说他“仁”？“巧言令色”为什么“鲜矣仁”？他为什么说管仲这个叛徒也很“仁”？从这样一些具体现象中去窥测圣人的学问与思想，才是更有效、更合理的学习方法。

在宋代众多哲学家里面，朱熹是最有文学天赋和文学修养的人。他写这些诗，一方面发挥哲学家的特长，总要安放一点哲理在里面，不是简单的吟风弄月；但另一方面，他写哲理写得非常自然，水到渠成，鲜活生动。他看到池塘、活水，就想到心灵、读书、知识。他看到百花，感受到春风，就想到圣人、真理、学习。其实，朱熹写诗的过程也在向我们昭示着求知的规律与方法：时时刻刻都要提起精神，保持敏锐的观察力与活跃的思考力，不断从现象中发现本质，再从本质中回望现象，让智慧不断升华。永无止境的求知，恰似永无止境的寻芳、寻美、寻诗。

延伸阅读

满江红·写怀

南宋·岳飞

怒发冲冠，凭栏处、潇潇雨歇。抬望眼，仰天长啸，壮怀激烈。三十功名尘与土，八千里路云和月。莫等闲、白了少年头，空悲切！

靖康耻，犹未雪。臣子恨，何时灭？驾长车踏破、贺兰山缺。壮志饥餐胡虏肉，笑谈渴饮匈奴血。待从头、收拾旧山河，朝天阙。

迢迢牵牛星

《古诗十九首》

迢迢牵牛星，皎皎河汉女。
纤纤擢素手，札札弄机杼。
终日不成章，泣涕零如雨。
河汉清且浅，相去复几许。
盈盈一水间，脉脉不得语。

大概在东汉后期，出现了一些喜欢写五言诗的诗人。这时候的五言诗写起来很自由，只要押上韵即可，长短、格律都比较随意。后来有些人收集了一批古老的五言诗，一共有十九首，称之为《古诗十九首》。十九首诗几乎每一首都是艺术珍品，虽然不知道作者，但是作品本身名气极大，影响很深远。《迢迢牵牛星》，就是这十九分之一。

这首诗跟七夕节密切相关。它描述了一个特别优美的神话故事，就是牛郎织女的传说。这个故事是怎么演变成现在这个样子的呢？我们先来讲讲故事，然后再读这首优美的诗。

牵牛、织女是两颗星，在银河两侧，都很亮。在很早的时候，我们的祖先就开始观测这两颗星，有人还通过观测它们来制定天文历法，规划自己的生活，于是引发了很多想象。比如说《诗经·小雅》里面有一首《大东》，就是直接描写牵牛星、织女星的古老诗篇。它

故事在仙境，情感如人间；故事很遥远，人物很亲切。

说："维天有汉，监亦有光。跂彼织女，终日七襄。虽则七襄，不成报章。睆彼牵牛，不以服箱。"

那个时候还没有牛郎织女的爱情故事，人们只是对两颗星产生了想象，将其人格化了。几句诗的大概意思是说：天上有银河，看上去是光辉灿烂的；再看看那颗织女星吧，它一天移动了七次，虽然移动了七次，但是也没看到它织出锦绣的布匹来；再看看那颗牵牛星，它也不能拉车呀！这是古人的幽默和调侃，说织女星不会织布，牵牛星不会拉车，都是名不副实啊！

再往下发展，牛郎织女的爱情故事慢慢出现，这个故事大概在战国末年就已流传。一开始，这个故事是比较悲剧的，就是说牛郎和织女的爱情无法圆满。原因很简单，因为大家看到了，两颗星被银河永远地隔开，无法团聚。当时民间甚至形成了一种禁忌。忌讳什么呢？人们会认为七月初的几天是不适合娶妻嫁女的。牛郎最后没有娶到织女，结局很不吉利，于是人们就把这个故事牵强附会到七月初。

大概到汉代的时候，七月初才被"洗白"，慢慢变成吉祥的日子。传说七月七日那天，西王母要来看望汉武帝，来前还派信使来探看，来传信。信使就是青鸟，所以李商隐有一首诗写"蓬山此去无多路，青鸟殷勤为探看"。你们看，在这个传说里出现了一个重要角色，就是小鸟。一男一女相会，得有小鸟来帮忙，于是慢慢形成了一个带有喜剧色彩的故事：牛郎织女总是不能相见，但是每到七月七日，就飞来大群乌鹊，搭起一座鹊桥，他们就能踏着鹊桥越过银河相会了。总之，青鸟也好，乌鹊也好，都是牵线搭桥的。我们现在一提到婚恋介绍之类的业务，都称作"鹊桥"。

以上就是牛郎织女故事的演变过程。一开始大家只是把两颗星辰想象成两个人，对他们进行调侃；接着出现了一个悲剧爱情故事；后来又转化成一个结局圆满的故事。七月七日，也就从一个不吉祥的日子变成了一个美好的日子。前文讲林杰《乞巧》的时候介绍过，七夕其实是祈求愿望实现的良辰吉日。这些愿望里面，当然也包括对爱情的祈求。下面，我们就来看《古诗十九首》里的《迢迢牵牛星》。

“迢迢”，就是遥远的样子。我们现在还在用这个词，“千里迢迢”。牵牛星远在天上，就是“迢迢”；织女星也是远在天上，也是“迢迢”。这首诗一开始就告诉你，我要讲的故事发生在遥远的仙境。

故事在仙境，但情感如人间；故事很遥远，但人物很亲切。诗人接着写，“皎皎河汉女”。“皎皎”，《说文解字》说，“皎，月之白也”。可见，这个字是专门形容月光皎洁的。这个女子一定皮肤白净，看上去非常娇媚。“河汉”，当然是银河。它的本义是指两条人间的河，即黄河和汉水，后来用以指天上的银河。银河有时候叫银河、天河，有时候又叫云汉、银汉、天汉，有时候又合称为河汉，总之不是“河”就是“汉”，说明在古人心目中，黄河和汉水非常重要，天上的星河也要用它们的名字来命名。

“河汉女”，就是银河边的织女。她在干什么呢？既然叫织女，当然在织布，“纤纤擢素手，札札弄机杼”。“纤纤”，细长的样子；“素手”，皮肤很白净的手；“擢”，就是摆动。一双纤细、白净、美好的手，在织布机上摆来摆去，“札札弄机杼”。“札札”是织布机的声音，《木兰诗》开头就说“唧唧复唧唧，木兰当户织”，“札札”也就是“唧唧”。“弄”跟“擢”一样，也是摆弄、摆动的意思。“杼”是什么？是织布机上的梭子。有些老电影里还有这样的画面：织布的时候，把梭子不断抛来抛去。现在有个词叫“穿梭”，还有一个成语叫“自出机杼”，都是从织布劳动中提炼出来的词汇。

织布的画面并不美满，而是饱含思念，饱含凄凉的。凄凉到什么程度呢？“终日不成章，泣涕零如雨”，居然都哭了。这里有个美妙的字眼，即“终日不成章”的“章”。我们现在所说的文章，指的是写出来的作品。其实一切有花纹、有纹理的东西都可以叫文章。天上有彩霞，叶子上有脉络，老虎身上有斑纹，都是文章。织出来的布匹当然是有经有纬有纹理的，也是一种文章。

这句“终日不成章”，其实就跟刚才说的《诗经》的那句是一个意思。《诗经》说“终日七襄。虽则七襄，不成报章”，意思是织来织去也织不出美妙的布匹。不过，《诗经》基本上是客观描述，而《迢迢牵牛星》的作者，却要借用织女织布的动作来写她内心的思念。她并不是因为织布技术差而织不成美妙的布匹，原因到底是什么呢？是因为思念而无心织布。她织一织就放下，织一织就走神，甚至织着织着就哭了，泪水如雨水一般零落，哪里能织出纹理美妙的布匹呢？

作者的笔触越往后走，就越往心里写。先是写手，写织布机，然后写织布机织不出好的布匹，为什么呢？原来织女在哭，在思念。怎么思念呢？内心戏出来了：“河汉清且浅，相去复几许！”织女感慨，清浅的银河水把我和牛郎分开了，我们之间的距离有多远呢？她的意思是，好像相距并不远啊！下一句，她把这个意思又重复说了一遍，即“盈盈一水间”。“盈盈”就是河水清浅的样子。“间”，就是间隔、阻隔。虽然只是一条银河，但我们分居两侧，不能相会，只能隔水相望。

最后，作者写出了一个美妙的神态，即“脉脉不得语”。什么叫“脉脉”？《尔雅》这本书里面记载：“脉，相视也。”相互看的样子，就叫“脉脉”。有人说，这种目光一定是斜着看的。大家想想电影里相爱的人之间是如何对视的，肯定不是瞪着大眼睛直勾勾地看，那种风格叫“你瞅啥”，是打架专用的眼神。爱人之间，往往是斜着眼睛看，有点羞涩，有点闪躲，但又舍不得不看。织女一边织布，一边思念银河对岸的牛郎，她的眼神只能是很飘忽、很游移的，时不时瞥一眼，看看对岸的爱人在做什么。但是，她永远说不上话，传递不了信息，也无人可以倾诉，于是只好继续织布，继续流泪，继续思念。

这首诗的字面意思并不难理解。它借着牵牛织女隔着银河的天象，借着牛郎织女两个神仙的故事，来写人间的相思。诗的高妙之处在于：你读完整首诗，没有一句直接写相思，而是非常曲折、非常委婉地表情达意。诗人说“终日不成章”，而没说“相思令人老”；他说“泣涕零如雨”，而没说“相思泪满襟”；他说“河汉清且浅”，没说“相思不能见”；他说“脉脉不得语”，没说“相思不得语”。他始终是借助人物的形态举止以及外界景物去写人物的内心戏，尽管处处不提相思，却又处处都在写相思。

此外，这首诗还有一个值得品赏的艺术特点，就是出现了六个叠词：迢迢、皎皎、纤纤、札札、盈盈、脉脉。叠词一多，你就会觉得读起来舒缓、美妙，很有节奏感。即便你没有演唱它，但依然能感受到语言本身自带的音乐性。汉语是最富有音乐美的语言。

延伸阅读

浪淘沙

唐·刘禹锡

九曲黄河万里沙，浪淘风簸自天涯。

如今直上银河去，同到牵牛织女家。

寒食

唐・韩翃

春城无处不飞花，寒食东风御柳斜。
日暮汉宫传蜡烛，轻烟散入五侯家。

这首诗题目非常简单，叫《寒食》。我们先来讲一讲寒食节是怎么来的。

寒食节源于一种很古老的民俗习惯，叫作改火。改火之前得有一个程序，叫作禁火。头一年的火种到这天把它灭掉，大家都不用。然后再重新起火，把新火种传播出去。可见，原始社会里的火是多么关键的东西。每到春天的时候大家会举办这样的仪式，感觉春天换了新火，就换了一番人间。有的文献里记载，古人甚至春夏秋冬都要改火。春天的改火，是最重要的，最有象征意义。这就是寒食节的由来。

大概到晋朝的时候，有的书里把寒食节的来历附会到一个历史人物身上，即介之推。介之推确实是一个了不起的人物。春秋时候有一个霸主，春秋五霸之一，晋文公重耳。重耳不是一开始就是霸主，早年他曾流亡很多国家，在流亡过程中吃尽了苦，介之推就一直帮助他、辅佐他。在他回到晋国当上国君之后，介之推不想为他做官，就跑到绵山里面躲起来。重耳说那怎么行，你对我恩重如山，苟富贵勿

来自皇宫的火种，一步一步传到万户千家。

相忘啊，我们都富贵了，怎么能把你给落下呢？就一定请他出来。介之推这个人很倔强，说我当时帮你，那是有我的理由，我不是为了功名利禄，所以我就是不出来。重耳做事也比较绝，你不出来，我就放火烧你，看你出不出来。结果介之推真没出来，抱着树就被烧死了。

这个人物，大家后来为什么要纪念他呢？因为他有一种气节。古人对很多不出来做官的隐士抱有一种理想化的眼光，会觉得他们对于世俗社会中的人来说是一种提醒，是一种警示，告诉人们其实你疯狂追求的东西没有那么重要。所以很多不求做官甚至完全拒绝做官的人，会成为我们民族的英雄传统的一部分。敢于做事是一种英雄，还有一种英雄敢于不做事，这种英雄付出的代价也是很惨重的。

介之推是被烧死的。人们为了纪念他，就在这一天，传说就是寒食节附近，不吃热的东西，不生火做饭，吃冷餐。至今有些地区清明节的时候还有这种习惯，吃青团。青团是糯米做的一种糕点，里面有馅儿，甜甜的。当然有的地区可能放更丰富的馅儿。总之是冷食，不是热菜。这些风俗原本属于寒食节，后来都合并到清明节去了。大概是唐宋时期，这两个节日慢慢合并；到了明清时期，大家过清明节过得比较多，寒食节就过得少了。

以上我们介绍了寒食节风俗。下面就来看一看《寒食》这首诗是怎么写寒食的。

第一句，“春城无处不飞花”。春城，就是春天的长安城。这里写的不是一个普通地方的寒食，是首都长安的寒食。到处都飞着花，注意，这是什么花呢？我们看后面才知道，“寒食东风御柳斜”，“东风”就是春风，春风在寒食这天吹呀吹，把柳树上的柳絮吹得到处都是，所以“飞花”就是柳絮，也叫杨花。

这里要说一个小问题。“寒食东风御柳斜”的“斜”，我会念成“xié”，但是大家在学校里，老师可能会念成“xiá”。我们之前讲

“远上寒山石径斜”，也说念“xié”。再比如“乡音无改鬓毛衰”的“衰”，我会念成“shuāi”，不念“cuī”。为什么这么念呢？其实我们把“斜”念成“xiá”，把“衰”念成“cuī”，无非是为了念起来押韵，更好听一些。但是有一个问题，唐代人写诗可不是按照现在的普通话去押韵的。如果我们试图让每一首诗读起来都那么顺的话，那得改变好多字的读音。

春望

唐·杜甫

国破山河在，城春草木深。
感时花溅泪，恨别鸟惊心。
烽火连三月，家书抵万金。
白头搔更短，浑欲不胜簪。

比如杜甫《春望》中，“城春草木深”的“深”，“家书抵万金”的“金”，“浑欲不胜簪”的“簪”，这三个字普通话读起来都不一样，押不上韵，但唐人读起来都是押韵的。那么你是改读还是不改读呢？

不仅是韵母，很多字的音调都有古今差异。比如孤独的“独”，我们现在念成第二声，但是古人把它读成入声字，非常短促。还有“黑”“十”“蝶”，读起来都是入声字。所以，我们读诗，要么按照唐朝人的读音读，要么就乖乖地按照普通话来念。诸位如果是福建人、广东人，用闽南话、粤语去读唐诗，会比较接近唐朝人的读音。很多人只会讲普通话或北方话，就别那么较劲啦！

继续往下看，“御柳斜”，他为什么要专门写“御柳”呢？这里面也有一个知识点，跟后面两句是密切相关的。后面两句怎么说？“日暮汉宫传蜡烛”，这一天寒食节要过完了，一整天家里都没火，没吃到热东西，都吃冷东西，这时候有一项重要的活动就要开展了。傍晚时候，唐代长安的宫殿里，皇帝开始往外传蜡烛。“汉宫”，就是指唐宫。唐人写诗，常常以“汉”代指“唐”。

为什么传蜡烛呢？前文说了，寒食节来源于古老的习俗，就是禁火、改火，那得有个火种重新生产出来，这个火种意义非凡。皇宫里面拿什么生火呢？就是拿榆树、柳树这些植物的枝条来点火，点完火传到蜡烛上，然后用蜡烛传播出去。这就是“日暮汉宫传蜡烛”。诗的前两句为什么要写“飞花”“御柳”？因为后两句所写的风俗，与柳树这种植物有密切关系。

传蜡烛有什么程序和规矩呢？第四句揭晓了答案，“轻烟散入五侯家”。皇恩浩荡，皇帝把火种赐给大家。皇恩可不能是一盘散沙，随便挥洒，而要按次第进行。第一步要赐给谁呢？赐给“五侯”。什么是“五侯”？汉代的汉成帝把他的五个舅舅都封成了侯，后来五侯就泛指贵族。“轻烟散入五侯家”，就是说传播火种，要先传给贵族，接下来才是普通官吏，再往后才是民间百姓。

现在是成熟的电力社会，我们很难想象完全没有能源、没有光明的一天。大概二三十年前，中国经济还不够发达，经常会停电。晚上“呼啦”一声，整个城市都黑了，过了很久才慢慢来电。来电是有顺序的。一般来说，军队、医院这样一些重要的地方得先来电，甚至医院有可能是永远不停电的，有的医院还有自己的发电机。越重要的地方越先来电，慢慢才蔓延到其他地方。

唐朝的寒食这一天，就好比是停了一天的电，大家都不用火。到晚上的时候，来自皇宫的火种象征着新一年的开始，新春天的开始，新的生产生活的开始，一步一步传到了万户千家。

这首诗大概就是这样一个意思，描写一个风俗活动，并没有像有些人认为的在讽刺什么。最后我还想给大家讲一个小故事。韩翃这首诗如此美妙地描写了寒食节的风俗，整个气象那么富贵祥和，舒卷如画。这首诗给他带来了巨大的声誉。他晚年时，皇帝突然有一天想起他来了，想给他官职做。正好当时有一个人跟韩翃是同名同姓。大臣就问皇帝，那你打算把哪个韩翃给招上来呢？皇帝大笔一挥，“春城无处不飞花，寒食东风御柳斜。日暮汉宫传蜡烛，轻烟散入五侯家”，然后旁边批了几个字，“与此韩翃”，意思是官职就给这个韩翃。由此可见这首《寒食》是多么有名。

从诗的意义我们可以揣测，皇帝读这样的诗应该觉得喜庆，龙颜大悦。每到寒食节的时候，皇帝就会想：我的恩泽，我的赏赐，能够随着火种和轻烟，传递到千家万户。

马诗

唐·李贺

大漠沙如雪，燕山月似钩。
何当金络脑，快走踏清秋。

李贺的诗，小朋友们估计读得很少，因为不太适合你们读。李贺的外号是“诗鬼”，不是说他写诗很恐怖，而是说这个人太敏感，又太悲观，显得阴气森森。据史料记载，他长得非常清瘦，身体很不好，最后只活到了 27 岁。他考试、做官都非常坎坷，天性又有些抑郁，写起诗来又是呕心沥血，伤气伤神，所以活不长。他 20 岁的时候写过一首诗，说“长安有男儿，二十心已朽”，大家看，他多么悲观！

不过，李贺的《马诗》却非常适合大家读，属于李贺诗集中比较健康、积极的作品。《马诗》不止一首，他一共写了二十三首，写于元和九年（814 年）。这一年正好是马年。他客居潞州的时候一口气写了二十三首，全部跟马有关。我们先来读第五首。

第一句，“大漠沙如雪”。“大漠”，就是边塞的沙漠。沙漠是什么样子？“沙如雪”这个比喻写得好，一语双关，既说沙的颜色像雪，白花花一片，一望无际，同时也暗含一个意思，即边塞是非常寒冷的。

很多诗人写过边塞的奇寒气候。比如王之涣写“春风不度玉门关”，是说塞外的春天很晚很迟。岑参《白雪歌》写“胡天八月即飞雪”，是说农历八月的时候北方塞外已经下雪了。他继续写“瀚海阑干百丈冰，愁云惨淡万里凝”，说整个大漠全部被冰覆盖，连天空的云都冻起来了。这就是边塞的奇寒风光。岑参是用铺陈排比的手法写了很多，李贺则是用简简单单一句“沙如雪”，准确地形容出了边塞的独特气候与风光。

第二句，“燕山月似钩”。燕山就是燕然山，在今天的蒙古国境内。燕然山在中国历史与诗歌中，是一个具有重要意义的地名。东汉时期窦宪曾经大败匈奴，他让当时著名的文学家、史学家班固写了一篇纪念文章，刻在燕然山的石壁上，希望能永垂不朽。自此以后，很多渴望在边疆战争中立下军功的人，都会怀念窦宪的这次胜仗，怀念班固的这篇文章。比如范仲淹《渔家傲》词里，写“燕然未勒归无计”。“勒”就是刻。这句词的意思是说，我没有打一场大胜仗，没有把功勋刻在燕然山上，我就没法回去。自古以来，燕然山象征着边塞战功。

“月似钩”，这三个字也值得琢磨一下。“钩”是什么？很多弯曲的金属物件都可以称为“钩”。弯曲的剑，钓鱼的钩，用来悬挂东西的钩，马身上的装饰物，衣服上、帘子上的装饰物，都是“钩”。既然这首诗的地理空间设定在边塞大漠，又写到象征着边塞战功的燕然山，那么把“钩”理解为弯曲的剑，可能更恰当一些。“燕山月似钩”，就是写边塞天空的弯月，犹如战士佩带的弯剑。

李贺《南园》诗云：“男儿何不带吴钩，收取关山五十州。”意思是，好男儿应该带着宝剑去边塞攻伐敌人、收取土地。这里的“吴钩”也是弯剑。由此可见，“燕山月似钩”看似宁静，其实蕴藏着凌

瘦骨嶙峋的李贺，
希望自己是一匹骏马，奔驰在秋天的生动气韵之中。

云壮志。这就为后两句酝酿了英雄气概。

第三句，“何当金络脑”。“金络脑”就是用金属制成的马笼头。大家如果有机会骑马，不妨观察一下，马的嘴巴上罩着一个笼头，是系缰绳用的。“金络脑”的“金”，是一种修饰、美化，不可能真的用黄金去做，其实就是铜或铁的马笼头。他为什么要强调金这种色泽呢？李贺是个特别敏锐的人，对于色彩、声音、气味都很敏感。前面先写“沙如雪”，然后写“月似钩”，色泽都很明亮。那么“金络脑”则是最亮的那个点，好像是银河中最亮的一颗星。“何当金络脑”，就是说骏马什么时候能够套上金络脑，载着我奔驰在“大漠沙如雪”之中，奔驰在“燕山月似钩”之下呢？

最后一句，“快走踏清秋”，其实是对前面三句的总结。根据前面三句的铺垫，我们能猜到最后一句一定是描写骑马奔驰的场景，但李贺仍然给了我们惊喜。“快走”就是跑得很快，这两个字很平凡。不平凡的是最后三个字，“踏清秋”。同学们，这三个字充分展现了汉语的魅力。如果把“踏清秋”翻译成英文，或者翻译成现代汉语，会遇到一些困难。这匹马是在清秋中踏呢，还是踏着清秋呢？可是秋天怎么能被踏在脚下呢？这就是古典诗词的魅力，没有那么多语法，就是把一个动词和一个名词放在一起，让你自己去联想。

从实际场景来看，作者的意思肯定是骏马在清秋中踏着土地飞奔。它踏的肯定不是秋天，而是土地，是沙漠。但是如果直接写“快走踏沙漠”，又太老实、太刻板了。李贺故意说“踏清秋”，这里包含一层难以言喻的美感：秋天让人觉得轻快，秋高气爽嘛！那么这匹骏马仿佛奔驰在秋天的生动气韵之中。秋天不再是一个单纯的季节名词，而是化成一股徜徉在天地间的清爽之气，在这样的气流中，有一匹骏马在飞驰。它仿佛不是在地上奔驰，而是像我们坐飞机一样，在气流中颠簸，在动荡中勇往直前。

如此轻快如飞的情景，实际上是李贺想象着自己实现理想之后的样子。这是李贺瘦弱的身体里蕴藏着的壮志。这个理想一直没有实现，但是他一直在那里畅想着、追求着。

李贺写了二十三首《马诗》，里面经常带着炽热的追求，也带着一些牢骚。他通过种种骏马的形象去刻画自己内心的壮志和痛苦。让我们再读两首吧。

第四首是这么写的：“此马非凡马，房星本是星。向前敲瘦骨，犹自带铜声。”他说这马不是普通的“凡马”。那是什么样的马呢？“房星本是星”，古人认为马是由天上房星的精气凝聚而成。这是古人的一种观念，认为大地上的超凡之物会跟天上的星辰有呼应关系。李贺的意思是，这匹马是天马下凡。

前两句是虚写，下面两句写得很实：“向前敲瘦骨，犹自带铜声。”并不是膘肥体壮的马才能叫骏马，很多人都认为瘦硬的马才能跑得更远。我们看现在奥运会上有两种运动员，一种是博尔特那种，肌肉发达；一种是肯尼亚的长跑选手，非常瘦，但是有耐力，有骨力。李贺说“向前敲瘦骨”，说明骏马很精瘦。敲一敲，他觉得“犹自带铜声”。这里面有两层意思：一层意思是说此马虽然瘦，但肌肉很结实；另一层意思是可能就是因为它瘦，所以很多人看不出这匹马的内力与潜力，毕竟伯乐很少。如果有人上去敲一敲马骨头，声音应该带着铜的质感吧！这是一种联想，看到它瘦，就会觉得它的肌肉非常刚健，就像金属一样。我们现在看一些很健美的人，他们的肌肉好像是古铜色，是不是？李贺说，我现在就是一匹瘦马呀，我虽然有能力，可是没人来敲打我，没人看到我非凡的一面。

再看第十首：“催榜渡乌江，神骓泣向风。君王今解剑，何处逐英雄。”大家应该都听说过项羽的故事。项羽被刘邦打败了，到乌江亭边。乌江亭长就催他：大王，你快渡江吧，这儿还有一艘小船，渡江之后，“江东子弟多才俊，卷土重来未可知”啊，我们还可以东山再起的！但是项羽说，打败仗打成这样，我哪里有脸面再去见我的父老乡亲呢？他当场就拔剑自刎了。

李贺这首诗，就写了英雄末路的结局。“催榜渡乌江”，有人催着，赶紧划船渡过乌江啊，但是项羽没走，自杀了。他的乌骓宝马，在风中为英雄而哭泣，即“泣向风”。哭什么呢？“君王今解剑，何处逐英雄”，这是写乌骓马的心理活动：大王你自刎之后，我去服侍谁呢？我是一匹骏马，骏马只会追随英雄。你死之后，天下再无英雄，我就无主可以追随了！显然，乌骓马的慨叹，就是李贺自己不遇明主的慨叹。

以上三首《马诗》，都表现了李贺心中的壮志和痛苦。除此之外，他还写了各种各样的马，也包含着怀才不遇的牢骚。大家如有兴趣，可以把剩下的二十首再读一读，继续感受一下这位瘦骨嶙峋的诗人内心的蓬勃力量。

延伸阅读

夏日绝句

北宋·李清照

生当作人杰，死亦为鬼雄。
至今思项羽，不肯过江东。

石灰吟

明·于谦

千锤万凿出深山，烈火焚烧若等闲。
粉骨碎身全不怕，要留清白在人间。

这首《石灰吟》的作者是于谦。可别跟另外一位于谦弄混了，人家不是郭德纲的搭档，不是讲相声的。这位于谦是一位千古名臣。他是明朝人，曾被授予少保官职，世称“于少保”。于谦为什么被后人尊崇呢？首先，他为官廉洁正直，曾经平反冤狱，也曾经救灾赈荒，百姓对他十分爱戴。其次，也是更重要的，他做过保卫国家的伟大事业。

我们知道，明朝之前的朝代，是元朝。明朝是汉族人建立的政权，元朝是蒙古族人建立的政权。元朝被明朝灭亡之后，还有很多蒙古族的贵族和军队，他们去哪里了呢？他们又回到了北方的大漠、草原。他们仍然保持着一定的军事实力，会伺机侵略明朝。明朝人称之为瓦剌人。

明英宗的时候，瓦剌人入侵，大败明朝军队，还俘虏了皇帝英宗。于谦这个时候是朝廷的中流砥柱。没有皇帝，就会群龙无首，不能稳定军心，于是他建议，既然英宗被俘了，我们再立一个皇帝，于是立了明景帝。这是一件很危险的事情。明英宗只是被俘虏了，并不是死了，他居然敢立一个新皇帝！但是在国家危亡的时候，他勇于去承担危险和责任。立了新皇帝之后，于谦稳定了军心，然后率领军队坚守北京，击退了瓦剌人。

石灰留给人间一片清白，于谦留给后世一股浩然正气。

在当时特殊的历史环境下，于谦所做的事情是惊天地、泣鬼神的。他捍卫了国家的安全，保护了国家的百姓。可悲可叹的是，明英宗复辟了。瓦剌人被赶走后，明英宗被救回来了。他后来重新当了皇帝，就是复辟。他对于谦很恼怒：你居然敢另立一个皇帝！于是就以谋逆罪诛杀了这位英雄。

于谦被后世尊崇、缅怀，也是由于他的结局很悲惨。历史上很多英雄的结局都很悲惨，但并不因为悲惨结局而被人遗忘，反倒更加被人铭记。因为他们是为了国家，为了民族而付出生命代价的。我们可以想象，于谦在决定领导这场战役，决心再立一个皇帝的时候，心里就已经做好了赴死的准备。他知道这件事不做不行，但做了很有可能就是大逆不道。

清楚这个背景之后，我们再来看这首诗，就能体会诗中蕴藏的于少保的人格精神。题目叫《石灰吟》，也就是吟咏石灰。石灰我们现在还在用，是一种建筑材料。工人砌墙的时候，怎么把砖头黏合在一起呢？就是用混合好后的石灰（现在称为水泥）来黏合的。

石灰是怎么制作出来的呢？石灰石、白云石、贝壳这些东西经过煅烧而成灰。首先要开凿、采集石头，所以第一句说“千锤万凿出深山”。用来制造石灰的这些石头，是经过了无数次的捶击、无数次的开凿，才能运出深山，成为原料的。“千”和“万”都是夸张，想说明是无数次。开采一块石头很艰难，而烧制石灰要采很多石头。于谦就以石头为视角，看看这些石头是怀着怎样的心情被开采、被锤凿的。“出深山”，意思是从自己家里被凿出来，运输到加工厂。这里隐藏着背井离乡的痛苦心情。

开采出来之后，焚烧、锻造的过程更加痛苦，“烈火焚烧若等闲”。尽管如此艰苦、痛苦，但是“若等闲”，就好像是很平常的事情一样。“等闲”就是寻常、平常。

焚烧之后，终于制作出了建筑材料，就是石灰。那么于谦就借着石灰的心情，来写自己的人格。他说“粉骨碎身全不怕”，意思是这些石头被锻造成了石灰，它们的身体完全破碎了，如此痛苦、惨烈，但它们“全不怕”。为什么呢？因为“要留清白在人间”。“清白”是双关的，具有双重含义：一方面是说石灰的颜色是灰白色的，另一方面象征高尚的节操与清白的人格。

王冕《墨梅》曾说：“不要人夸颜色好，只留清气满乾坤。”于谦所描写的人格境界也是类似的，即“要留清白在人间”。的确，他的清白永远留在了人间。最后他是被冤死的，但后世所有人在怀念他的时候，都会竖起大拇指：我们知道你是清白的！你不仅是清白的，还是高洁的，是坚强的，是百折不挠的！你是伟大的英雄！于谦写《石灰吟》，正是借着石灰来表达自己内心的坚守和对崇高人格的追求。

于谦不仅咏石灰，还咏过煤炭。他好像跟矿物较上劲了，天天就喜欢吟咏这些黑白之物。《咏煤炭》这首诗也有相似的意思，我们一起来读一下。诗稍微长一点：“凿开混沌得乌金，藏蓄阳和意最深。爝火燃回春浩浩，洪炉照破夜沉沉。鼎彝元赖生成力，铁石犹存死后心。但愿苍生俱饱暖，不辞辛苦出山林。”

我们大概串讲一遍。“凿开混沌得乌金”，写煤炭开凿时的艰苦。“混沌开七窍”，是《庄子》里的寓言。“乌金”其实是铜和金的混合物，颜色比较暗，这

咏煤炭

明·于谦

凿开混沌得乌金，藏蓄阳和意最深。
爝火燃回春浩浩，洪炉照破夜沉沉。
鼎彝元赖生成力，铁石犹存死后心。
但愿苍生俱饱暖，不辞辛苦出山林。

里形容煤的色泽，给人又暗又亮的感觉。煤的里面，“藏蓄阳和意最深”。“阳和”就是指很暖的气息。煤里面藏着暖意，也就是蕴藏着巨大能量。之后，“爝火燃回春浩浩，洪炉照破夜沉沉”，意思是用火炬焚烧它，就会产生春天般的温暖；用大炉子去焚烧它，就会照亮沉沉黑夜。

五、六两句，“鼎彝元赖生成力，铁石犹存死后心”。“鼎”是烹饪的工具，“彝”是储酒的器具，是国家举办大型典礼时需要用到的，都是国之重器。这些金属器皿是怎么锻造出来的呢？当然要靠烧煤，依赖煤的“生成力”。“铁石犹存死后心”，意思是那些用煤炭冶炼出的铁石，都保存着煤的精神。煤尽管烧成灰了，但是它的精神依然能够传递下去。

最后两句最精彩，“但愿苍生俱饱暖，不辞辛苦出山林”。诗人替煤发言：为什么我本来在山里好好的，却要走出山林呀？因为我要为国家社稷、天下苍生做贡献。只要苍生饱暖、国家富强，我宁愿被挖，被烤，被烧，忍受这些痛苦与艰辛！大家看，这里明显有象征意味在里面：为了天下苍生，我愿意献身！

煤的精神，其实就是燃烧自己，温暖别人；毁灭自己，照亮天地；奉献自己，造福国家和人民。煤的精神，就是于谦的精神。我们也可以说，石灰的精神，就是于谦的精神。他为了国家社稷，抱定了一颗“虽九死其犹未悔”的心。石灰留给人间一片清白，煤炭留给人间一份温暖、一份力量，于谦则留给后世一股浩然正气。

竹石

清·郑燮

咬定青山不放松，立根原在破岩中。
千磨万击还坚劲，任尔东西南北风。

今天很多旅游景点会卖折扇，扇子上经常写四个字，叫“难得糊涂”。字通常写得歪歪扭扭的，像一幅画。你们可能觉得不好看，但其实艺术水平挺高。这是郑板桥的名言，也是他的书法名作。郑板桥原名郑燮，是清朝人，字克柔，号板桥。《竹石》是他的一首诗歌名作。

郑燮的书法很有特色。他的画，尤其是他画的竹子，非常有名。当时扬州有一群擅长书画的艺术家，号称“扬州八怪”，郑燮就是其中之一。他的诗名气也不小。真的是诗、书、画三绝啊！

但是，郑燮做官做得很小，只在山东范县、潍县做过知县，相当于县长。后来，他干脆辞官不做了。虽然官运不佳，但是他做官很有良心，赢得了很多人的尊敬。

郑燮写诗，提倡一个字，“真”。他强调写诗要有真气、真意、真趣。他不愿把诗歌写得花里胡哨，也不肯无病呻吟。他写诗很实在，很真切，有味道。他主张诗歌应该“道着民间痛痒”，能说出普通老百姓的生活疾苦。所以《郑板桥集》里面很多诗都非常直率、大胆，

咬定气节不放松的郑板桥，应该成为每一位官员的榜样。

能揭露出一些不平的社会现象。他特立独行、敢说敢做的性格，也会表现在绘画、书法创作中。

《竹石》，是一首题画诗。郑燮自己画画，自己题诗。说到题画诗，大家可能想起苏轼的《惠崇春江晚景》，唐寅的《画鸡》。苏东坡是给别人的画题诗，唐伯虎是自己画鸡自己题诗。郑板桥这首《竹石》，也是自己画自己题。题画诗往往不是机械地描写画中景物，而是常常加入诗人的联想，或是借画中景物来抒发诗人的情感，书写诗人的性格。

大家看诗题就知道，画面上肯定是竹子生长在山石上。这么一幅画，郑燮希望观众从中看出作者的性格。诗歌一开篇，诗人的性格便已经呼之欲出了。第一句说“咬定青山不放松”。按理说，竹子生长在平缓之处是比较舒服的，比如在篱笆墙外，在小池塘边。但是这根竹子却是牢牢地“咬”在山石上，显得非常有个性，有一股狠劲儿。

第二句，“立根原在破岩中”，说竹子的根扎在破岩中，也就是扎在岩石缝里。我们看有些悬崖上、高山上的石头，表面没有什么土，可能也就是在石头缝里有一点泥巴。在只有那么一条缝的土地里，就能长出草来，甚至长出树来。我们经常看到的是松树有这样的能力，长在悬崖绝壁上。郑燮在这儿画了一根竹子，它也具有松树的精神，牢牢抓住青山，把自己的根深深扎在岩缝中。我们可以想象画面中的竹子，枝干一定是非常瘦硬、坚韧的，还应该点缀着几丛尖锐而有力的竹叶，仿佛时刻迎接着山间的疾风冷雨，在风中摇曳，在雨中坚守。

前面两句是描写画面本身，其实已经透露出了竹子的那股狠劲，暗示着我想做的事情，我想坚守的事情，一定要永远坚持下去，不会放松，不会妥协。后面两句，其实是对前面这个画面的一种升华，或者说是进一步的强调。“千磨万击还坚劲”，意思是在一千次的折磨、一万次的打击下，竹子仍然非常坚强有力。“任尔东西南北风”，就是任凭各个方向的狂风吹打，竹子都挺立不倒！

我们现在说一个人没有人格、没有骨气，就说这个人是墙头草。什么是墙头草？风往哪儿吹，草就往哪儿倒。草叶太柔软，根本无法抗击任何风雨，只能不断屈服，不断改变自己的方向。竹子不一样，它的枝干本来就比较坚硬。尤其是扎根于山石之上的竹子，更是不怕任何狂风暴雨。它要是怕，要是软弱，就不会生存下来，早就摔下山坡了。它能留在山石上，说明它有能力，有魄力，有定力。

佛教有一个词语叫“八风不动”，形容人有定力。什么叫“八风”呢？这是一个比喻的说法。“八风”不是四面八方的风，而是形容种种事件、遭遇对人的影响。具体来说，包括利、衰、毁、誉、称、讥、苦、乐。有时候事情有利于你，有时候又打击你；有时你的名声毁了，有时候你又名满天下；有时候人们认可你，有时候他们又讥讽你；有时候你处境很痛苦，有时候你又很快乐。面对这么多种类型的人生遭遇，有定力的人就会“八风不动”，即无论遭遇好事还是坏事，都能保持自己的判断，坚守自己的原则。

郑燮的《竹石》，无论是这幅画，还是这首诗，都想着力刻画一种非常坚劲有力、不为外界所影响的人格。那么，郑燮自己是不是像他所宣称的那么有骨气、有坚守呢？的确如此。我们再来读两首他的诗，也是与画竹子有关。郑燮一生，都挚爱画竹子。

他有一首诗《潍县署中画竹呈年伯包大中丞括》：“衙斋卧听萧萧竹，疑是民间疾苦声。些小吾曹州县吏，一枝一叶总关情。”

诗题里有几个地方需要解释一下。“潍县”，就是我们刚才说的山东潍县，郑燮在这里当了八年的知县。“署中”，即县衙门里面的住所，也就是诗第一句所说的“衙斋”。他有个书斋，常在书斋里画竹子。这次他画完一幅竹子后，赠送给了“年伯”，即同年的父辈。古时候称同一年考中科举的人为“同年”，就相当于我们现在同一年去参加高考，都考上了，就叫“同届”。“同年”的父辈，叫“年伯”。这个“年伯”是谁呢？他叫包括。郑燮称包括为“包大中丞括”。“中丞”是官名，“大”是对他的尊敬，“括”是他的名字。

郑燮为什么要把自己画的竹子呈给一位长辈呢？他也是想展现自己的人格。他说我在县衙门里，听着外面竹子发出“萧萧”的声音，就觉得好像有很多贫苦百姓在发出哀号，想和我这个父母官说话。这是一个多么关心民间疾苦的好官啊！然后诗人又说“些小吾曹州县吏，一枝一叶总关情”，意思是像我们这样的小官员，真是人微言轻！虽然如此，但每一枝、每一叶上面发出的声音，我都要关心！所谓“一枝一叶”，既是说竹子的一枝一叶，也是说百姓的一家一户。每一个百姓的声音，我都要仔细听，都放在心里。这首诗，展现了一位爱民如子的地方官的无限慈悲！

郑燮就是这么爱竹子！竹子就在他的屋外。他喜欢画竹子的形象，喜欢听竹子的声音，喜欢思考竹子的品格。他听到竹声，想到竹子，就会挂念民间疾苦。这么一位有责任心、有爱心的好官，为什么在当了八年的知县之后，辞官不做了呢？就是因为他为灾民请求救济，得罪了他的上司，被迫弃官而去。临走的时候，他又画了一幅竹子，想留给他的同事们、朋友们以及这个县城的所有百姓。

于是，郑燮又写了一首诗：“乌纱掷去不为官，囊橐萧萧两袖寒。写取一枝清瘦竹，秋风江上作渔竿。”

这首诗写得也很感人。他说这个乌纱帽我扔去不要了，这个官我也不做了！我的行囊里什么都没有，只剩下两袖清风，不带走一片云彩！临走的时候，我要最后画一幅竹子，留赠给大家做个纪念吧！我要走了，我要归隐于江湖。我会把这根清瘦的竹子，做成一根钓鱼的竹竿，从此以后就做渔翁吧！

郑燮的归隐，不是刻意逃避，更不是故作清高，而是无奈的选择。他心里一定在想，我为民请命，领导不干，那我干脆不和领导一起欺压百姓了！我宁愿辞官去做一个渔翁。他说以后要用的“渔竿”，就是用画上的竹子做的，这是一个奇妙的联想！意思就是我真的什么都不带走，两袖清风而去，连我的“渔竿”都是我自己画的！

以上三首郑燮的诗，都是题画诗，都和他所画的竹子紧密相关。从这三首诗可以看出，他在潍县当知县的时候，真是非常关心民间疾苦，从始至终，从未有一丝一毫的放松。他之所以要离开这个官职，也是因为要坚守自己的原则，保持自己的气节与精神。

我们再回到《竹石》这首诗。诗中所写的那根“咬定青山不放松”的竹子，不就是咬定民间疾苦不放松、咬定气节不放松的郑燮吗？我做官，我就有自己的坚守，有自己的品德，有自己的关心。无论怎么打击我、嘲讽我，哪怕这个官做不成了，我的气节也不能变，这就叫“千磨万击还坚劲，任尔东西南北风”！

时至今日，郑燮也应该成为每一位官员的榜样。小朋友们，等你们长大了，如果也做了官，不要忘了郑燮的这首诗。如果做不了官，也要以郑燮的精神要求自己、监督别人，让我们的社会充满正气。天下兴亡，匹夫有责啊！

送元二使安西

唐・王维

渭城朝雨浥轻尘，客舍青青柳色新。
劝君更尽一杯酒，西出阳关无故人。

我们先来看诗的题目。“送元二”，这个人肯定姓“元”，“二”是他的排行。在唐诗里经常能看到这样的字眼。比如杜甫，人家赠诗给他就得写“赠杜二”，刘禹锡叫“刘二十八”，因为他排行二十八。那我们得问了，怎么这么多人口呢？

原来古人家族里排行并不是同父同母的孩子依次往下排，而是一个大家族的同辈放在一起依次往下排。刘禹锡家族大，排到二十八，杜甫跟姓元的元二都排老二。你要是在唐朝如果姓王，你可千万别排行老八，人家就得写“送王八”了。唐朝有没有这样的“悲剧”发生呢？还真有。盛唐诗人贾至写过一首《巴陵夜别王八员外》，他要告别的就是一位“王八”。

《送元二使安西》，这是题目，安西在现在的新疆。底下还出现了两个地名，一个是渭城，一个是阳关。我们来说说这三个地名。

安西在新疆，渭城在陕西的咸阳，距离长安大概还有 40 里。阳关在哪儿呢？阳关在甘肃的敦煌，现在我们知道敦煌有莫高窟。当时有一条交通要道就是从敦煌经过，所以才会在敦煌留下那么多宝贵的

《阳关三叠》的唱法，你知道几种？

文化遗产，那么多书，那么多壁画。当时的敦煌很繁华，很多人出使、入关都得从那儿经过。

三个地名讲完之后，我们再来看三者在这首诗中的关系。王维是在长安送元二去安西，先把元二送到了渭城，在渭城又指着远方说，你走到阳关去再也没有故人了。他的视野是极为广阔的：从长安到渭城，到阳关，再到安西，从相送越来越远的过程中可以看出王维的不舍，情真意切。

情真意切还表现在，渭城距离长安有 40 里。如果跟朋友感情不深，西出长安送 20 里就有一个驿站，那是离长安最近的一个驿站。“客舍青青柳色新”的“客舍”，就是供行人歇脚、住宿用的驿站。西出 20 里就可以了，但是王维觉得不行，还要再送 20 里，这就是古人说的“送君千里，终须一别”。

我们可能很难体会古人的送别之情。现在去机场送人，呼啦一下就飞走了。飞走之后也没关系，可以随时电话联系，视频对话。古人这么一去，尤其是去这么远的地方，真的可能是音信全无，所以非常舍不得。我陪你多走一程，好像我们在一起的时光还能多延续一点。

《送元二使安西》大概是什么时间写的呢？初步判断是写于安史之乱之前。安史之乱是大唐从盛转衰的转折点。在这之前王维过着亦官亦隐的生活，一边当着官，一边在长安郊区有小别墅、小庄园，过得比较安定。而元二去安西都护府，也不是要参加什么惨烈的战争，就是出使。这时候还是一场太平盛世的离别。此诗着重写两个人之间的感情，没有时代背景的影响，很简单，很纯粹。

第一句，“渭城朝雨浥轻尘”。送了 40 里地，从长安送到渭城已经是晚上了，于是在这儿住下。第二天早上再把元二送一送，嘱咐两句。第二天早上的“朝雨”，下得恰到好处，叫“浥轻尘”。“浥”是沾湿的意思，让大路旁边飞扬的尘土能够轻轻地沾湿，不飞扬，这样路就干净了。

因为下雨的原因，路干净了，风景也变得清爽了，于是有“客舍青青柳色新”，柳树的颜色变得清爽明亮。“新”跟“青青”都形容客舍周围的环境是温暖轻松的。在这样的环境中，先有温暖，再写自己内心的伤感。前两句与后两句有一个很明显的对比，在一个温暖的环境中表达一种淡淡的伤感。“柳色新”就在酝酿淡淡的伤感。为什么要写“柳”呢？“柳”跟“留”是谐音，古人有折柳送别的习俗。

写完旅馆周围的环境之后，送了这么久了，要离别了，于是高潮来了，“劝君更尽一杯酒”。王维说，再喝一杯吧，这一路上喝了好多杯酒，“会须一饮三百杯”，但是这个过程终究要结束了，一切筵席都有散场的时候。王维的情感爆发出来了！

第四句对爆发出来的情感有一个收束，“西出阳关无故人”。为什么老是劝酒呢？因为我觉得你西出阳关之后，越走越远，没有我这样的好朋友了！我担心你没有故人，其实也在渲染和强调我们两个是多么好的一对故人，友谊多么的真挚！

这是一首赠别诗，也叫送别诗。唐诗中有很多精彩的赠别诗，这首尤其真挚动人。后来有很多音乐家把它谱成曲子唱出来，于是我们会看到诗的题目也写作《渭城曲》《阳关曲》《阳关三叠》之类，变成一首乐曲了。

那我们就好奇了，怎么唱呢？“三叠”怎么叠呢？我来介绍几种叠法。

第一种比较简单。“渭城朝雨浥轻尘”，第一句就唱一遍。后面三句都要重复唱一遍。“客舍青青柳色新，客舍青青柳色新。劝君更尽一杯酒，劝君更尽一杯酒。西出阳关无故人，西出阳关无故人。”这是第一种叠法。

第二种要高级一点，每一句都叠。“渭城朝雨”停一下，“渭城朝雨浥轻尘”，把这句完整唱出来，然后还有一个尾巴，“浥轻尘”。这样每一句都有三叠，以此类推。“客舍青青，客舍青青柳色新，柳色新。劝君更尽，劝君更尽一杯酒，一杯酒。西出阳关，西出阳关无故人，无故人。”小朋友们唱歌不也这样吗？“阿门阿前一棵葡萄树，嘿，葡萄树”，古人也会这么玩。

还有第三种叠法，也是每句都叠。先是“渭城”，叹息一声，“渭城朝雨”，多了两个字，然后才是“渭城朝雨浥轻尘”，步步递进。“客舍，客舍青青，客舍青青柳色新。劝君，劝君更尽，劝君更尽一杯酒。西出，西出阳关，西出阳关无故人。”这样唱，好像情绪的渲染更充分一些。

好玩吗？大家还可以继续玩。我发现，用俄罗斯民歌《莫斯科郊外的晚上》的旋律，来唱这首《送元二使安西》，很妥帖，很好听。诗是四句，歌也是四句，而且都在第三句上有一个感情的高潮。大家不妨试一试，玩一玩。

早春呈水部张十八员外

唐・韩愈

天街小雨润如酥，草色遥看近却无。
最是一年春好处，绝胜烟柳满皇都。

这首诗是呈给“水部张十八员外”这个人的，他是谁呢？十八这个数字，表示家族同辈里的排行。姓张的、排行十八的人，叫张籍。他跟韩愈关系非常好，韩愈既是他的师长，又是他的朋友。“水部”“员外”，是他的官职，当时张籍担任水部员外郎。水部属于工部，掌管水陆运输、修建一类事务，而员外郎主要是管理公务档案，官品是比较低的。韩愈当时任吏部侍郎，官位较高，放到今天属于副部级官员，生活比较舒服。这个时候他写了一首小诗，呈给好朋友张籍，题目叫作《早春》。

如果说孟浩然《春晓》写的是春天离去的那个瞬间，那么韩愈的《早春》写的则是春天到来的那个瞬间。

首先我们看“天街”。有人说它是泛指首都长安的街道，但很可能它是专指。长安有一条南北向的大道，即朱雀门大街。它正对着朱雀门，又称天门街，也就是“天街”。现在北京城里，最重要的大道应该是长安街，它是东西贯通的。唐朝的长安城有一条南北贯通的朱雀门大街。

“小雨润如酥”，诗人打了一个比方，说长安早春的小雨就像“酥”。什么是“酥”呢？就是奶油、奶酪，但不是我们现在吃的那种西式奶酪，而是浮在热牛奶、热羊奶表面的那一层油，是最纯正的奶油。奶油在古代社会是很金贵的。前文说了，韩愈是一个副部级官员，应该能吃上这些好东西。同时他又是在北方的长安，相对来说喝牛奶、喝羊奶、吃奶油，机会要多一些。

写这首诗的几年之前，韩愈被贬官到潮州，在遥远的广东。再伟大的诗人也不能脱离生活去写作。他在潮州的时候，日子过得很苦，南方也没有牛奶、羊奶可以喝。那时候他要是看到小雨，不会产生“润如酥”的比喻。所以，韩愈说“润如酥”，不仅符合他当时的生活条件，而且也符合春天北方大地上的小雨的特点。

什么是“润如酥”呢？第一，雨水就像奶油一样很润、很油。第二，雨水质地很薄。现在生日蛋糕上的奶油，都是厚厚一层，那不是自然形成的。热牛奶上面自然形成的奶油都很薄。春雨，尤其是北方春天的薄薄一层小雨，就像浮在土壤表面一样，没有什么积水。这种感觉就特别像“酥”。这是第一句。

第二句，“草色遥看近却无”。我们联想一下，杜甫也吟咏春雨，他是怎么写的呢？他说“随风潜入夜，润物细无声”，写的是一个比较模糊、幽微的动态过程。而韩愈给出的是最直观、最准确的图像。另外王维还有名句，“江流天地外，山色有无中”，写的是水气氛氲时的一种错觉，而韩愈写的是踏踏实实的景色。也就是说，跟杜甫吟咏春雨、王维吟咏山色的名句相比，韩愈此时是老老实实写了一句“草色遥看近却无”。

汉江临泛

唐·王维

楚塞三湘接，荆门九派通。
江流天地外，山色有无中。
郡邑浮前浦，波澜动远空。
襄阳好风日，留醉与山翁。

韩愈观察到了美，写出了趣味，触摸到了哲理，也彰显了赤子之心。

有时候写诗就是这样啊！你发挥想象，调动各种各样的感官去写的句子，有可能也非常优美，但你最真实、最质朴地说出一句大家都能够体验到的话，或许更能引起共鸣。韩愈写的就是这样一句话，草色遥看，有，往近了看，又没有。这就是早春时候大家都能看到，但又不太在意的那个景色。韩愈帮大家说破了，说清楚了。

同时，这句话还暗含某种哲理。中国古代哲人老子说过一句话："道生一，一生二，二生三，三生万物。""道"产生了一个东西，从这个东西又慢慢产生万物出来。那么"道"和"一"之间是什么关系呢？古人说这个就叫"几"，其实应该写成"幾"，"幾"就是微妙的意思。唐代有个大史学家叫刘知幾，人如其名，他能够体察到历史变化中的很多微妙的东西。那么，"道"和"一"之间那个"幾"，其实也就是"春天没到"跟"春天来到"之间的那个点。哲学上有这么一个点，叫"道生一"。文学上、审美上有这么一个点，我们感悟生活时也有这么一个点，这个点击中了从无到有的关键之处。

说句题外话，我们在中国古代其实是找不到"零"这个概念的。"零"（0）是个阿拉伯数字，是西方传过来的概念。你看古代中国人一生下来就是一岁，我们现在生下来一年以后才叫满周岁，才叫一岁。在古人看来，你没生之前，你是无，生下来之后，只要出现了，就是一，没有零。中国古人对于"零"的体察，其实非常奇妙。他们从来不说，有个点叫"零"，而是告诉你，从无到有之间，有一段也许很小、也许很大、也许很长、也许很短的微妙过程。

韩愈恰恰捕捉到了春天发生的最微妙时刻，叫"草色远看近却无"，它处于有无之间。这多有趣，同时又有一种哲理在里面。

既然韩愈对早春的把握如此细致，那么他一定非常喜欢早春。于是他说"最是一年春好处，绝胜烟柳满皇都"。"最是""绝胜"两个词，语气都非常坚决，表示他坚持认为早春这个季节一定大大胜过“烟柳满皇都”的季节。最后又点题了，用“皇都”呼应第一句的“天街”，首尾相照。

他为什么要说“绝胜烟柳满皇都”呢？为什么要给出如此笃定的褒贬呢？这是他审美上的一个发现。你们都喜欢“姹紫嫣红开遍”“杨柳堆烟，帘幕无重数”那样的春天，都喜欢“沾衣欲湿杏花雨，吹面不寒杨柳风”那样的春天，你们一般人去看，我却不看。我是特殊的人，我是诗人，我是哲学家，我是一个倔强的人，我是独一无二的韩愈。最后这句褒贬，是一种自信的交代，既是韩愈的一种独特的审美，也是韩愈的倔强人格的表现。

韩愈这辈子，经常干一些很冲动、很倔强的事情。就在写这首诗之前不久，他在吏部侍郎任上，仍然坚持一贯的政治骨气，要搞改革，还和当时的大官僚李绅大吵了一架。他一直坚持己见。他被贬到潮州，就是因为坚持己见。大家都非常信奉佛教，他提出反对的意见，认为佛教对于当时的政治、社会，会产生一些糟糕的影响。当然，韩愈的批判是有偏激之处的，但是偏激的背后，是他的一颗赤子之心。我们既要看到韩愈性格上的某些缺陷，观点上的某些偏颇，也要看到这个人是值得我们敬佩的。这是我们读这首诗，最后能够得到的一些启迪。

总的来说，通过《早春》，韩愈观察到了美，写出了趣味，触摸到了哲理，也彰显了自己的倔强性格与赤子之心。

游园不值

南宋·叶绍翁

应怜屐齿印苍苔，小扣柴扉久不开。

春色满园关不住，一枝红杏出墙来。

叶绍翁是南宋末年的诗人。诗写到南宋末，变化就不多了。很多诗人开始写一些自娱自乐、轻松有趣的小诗。这首诗就是如此，里面没有沉重的感情，也没有高深的知识，就是准确、细腻地把握住了生活的一个瞬间，妙趣横生，余味无穷。

先看题目，叫《游园不值》。“不值”，就是没遇到，没如愿。唐诗里经常写这样的题材，就是拜访一个人结果没见着，比如“松下问童子，言师采药去”。诗人要是真见到了山中高人，或者叶绍翁真见到了小园的主人，或许就没有这些好诗了。正因为“不值”，他只在园子外面晃了一晃，心中产生了很多遗憾，才激发出一首好诗。

遗憾之情是怎么形成的呢？第一句是“应怜屐齿印苍苔”。诗人看到前方有一个小园子，但是感觉没什么人来，紧闭大门，所以他进行了一个揣测，想着从园林主人的角度来说，他恐怕不愿意有人来。要是把大门敞开，可能很多人从这经过时，会忍不住进去看看满园春色，那么道路就会被踩得一塌糊涂了。可现在一看，小园门口还有很多青苔呢，上面都没什么脚印，因此诗人说“应怜屐齿印苍苔”，猜

生命是压抑不住的，生命一定会找到它的出路。

想主人应该非常珍惜这个园子，以至于对园子周围的苍苔都很爱惜，不愿有人践踏它们。

不过，诗人有点不识趣。他偏想去看看园子里有什么，便踏着青苔走过去。诗句中的“屐”就是木鞋。我们现在要是去日本旅游，还能看到木屐，它的鞋底有一个高跟，称作“屐齿”，所以踩下去会有一个痕迹印在青苔上。

到了门口之后，诗人是“小扣柴扉久不开”。什么是“小扣”呢？是轻轻地敲。虽然他有点不知趣，但到了门口还是懂礼貌的。“久不开”，则是没人过来。没办法，那就坐在门口想象一下满园春色吧。就在这时，他突然发现了一个场景，让他心中产生了无尽的想象，即“一枝红杏出墙来”。“红杏出墙”，即墙上搭着一枝红杏，娇艳欲滴，感觉是从园林里面冒出来的，拦都拦不住，所以他说“春色满园关不住”。这两句是十分著名的句子。

可是，这样一个图景难道以前就没人写过吗？叶绍翁可是南宋末年人，前代多少诗人都写过杏花，难道就没有人发现“一枝红杏出墙来”的意境和画面吗？当然有，唐诗里就有。如温庭筠《杏花》：“杳杳艳歌春日午，出墙何处隔朱门。”他写在一个春日的白天，出去看到一个院墙里边有杏花，它从墙头出来了，但是隔着深宅大院。

另一位唐代诗人吴融也写过两首类似的作品，一首叫《途中见杏花》。他走在半道上看见墙头有杏花，于是写道：“一枝红杏出墙头，墙外行人正独愁。”跟叶绍翁写得多像啊！那边是“一枝红杏出墙来”，这边是“一枝红杏出墙头”。大家注意，吴融是晚唐诗人，怎么几百年过去了，叶绍翁还写别人写过的呢？

我们再看吴融另外一首诗中的句子，即“独照影时临水畔，最含情处出墙头”。他告诉读者，我不是随随便便就写“一枝红杏出墙头”的，我是真有自己的理由，因为红杏出墙显得特别含情脉脉，就像一个小姑娘似的，粉扑扑的小脸蛋搭在墙头，好奇地张望着这个世界，而世界上其他人看她的时候，也感觉这个小姑娘真好看啊，即“最含情处出墙头”。

可见，“红杏出墙”的画面早就有人写过了，而且还写了不止一次。关于杏花还有好多作品，这里再补充宋代词人宋祁写的一首《玉楼春》，里面有个名句“红杏枝头春意闹”，说杏花开起来就是热闹，跟放鞭炮似的，噗噗噗往外冒花瓣。“闹”字写得极妙！你想想，园子里可能有一大丛杏花，其中有一枝冒得特别高，特别积极向上，都冒出墙头了。

我们接着梳理，再往下就到南宋了。南宋有没有人写过“红杏出墙”呢？当然还有。比如大诗人陆游的《马上作》，是他骑马在乡间行走的时候写的一首小诗。他说“平桥小陌雨初收”，过了小桥，走上小路，刚刚停了雨。然后是“淡日穿云翠霭浮”，到处浮着淡淡的云气，阳光不是那么强烈。此时他看到了一个景色，“杨柳不遮春色断，一枝红杏出墙头”。你看，“一枝红杏出墙头”居然又出现了！

再看另外一个不太著名的诗人张良臣，他在《偶题》里这样写：“谁家池馆静萧萧，斜倚朱门不敢敲。一段好春藏不尽，粉墙斜露杏花梢。”他看到前面有一个小庄园，就和叶绍翁一样好奇地想，这是谁家呀，这么安静？但是张良臣更羞涩一些，他不敢敲门，于是就靠在门外看。看什么呢？与叶绍翁一模一样，“一段好春藏不尽，粉墙斜露杏花梢”。

马上作

南宋·陆游

平桥小陌雨初收，
淡日穿云翠霭浮。
杨柳不遮春色断，
一枝红杏出墙头。

大家看，无论是陆游写的“杨柳不遮春色断，一枝红杏出墙头”，还是张良臣写的“一段好春藏不尽，粉墙斜露杏花梢”，不都与“春色满园关不住，一枝红杏出墙来”的意思极为相似吗？可是，我们为什么只记住了叶绍翁的这首呢？或者说为什么大家都觉得叶绍翁这首写得最好呢？需要比较比较。

首先，我们可以比较同样位置的三个动词。哪三个动词呢？一是陆游“杨柳不遮春色断”的“遮”，说杨柳并没有遮住春色，它们背后的春色里边冒出一枝红杏。二是张良臣“一段好春藏不尽”的“藏”，说春天是藏不住的。而叶绍翁使用的动词是“关”。有句话叫“好奇心害死猫”，就是讲有些东西越是藏着掖着不让你看，你就越好奇。比如我拿了一个橘子来上课，往讲台上一放，前面放本书，你们或许不会关注它。但如果我拿了一个精致的小箱子，把橘子锁上再往讲台一放，那大家肯定无法集中注意力，会忍不住去想、去猜，这么精致的箱子里到底锁的是什么呢？

同样道理，以上几个动词的区别，主要就在于它们引起的好奇心是不一样的，因为它们给出的动作力度、压力等级是不同的。“遮”“藏”的动作都轻。“遮”很简单，只是随意一挡；“藏”，动作稍微大一些，但还是比较温柔。谁的动作最大、压力最大呢？当然是“关”。它把人的好奇心给激发出来了，感觉好像真的有人不想把满园春色给任何人看，紧锁大门，使得院墙成为一间牢房，把满园的春色、满园的生命给困在里面。我们看到的只是“关不住”的一枝杏花而已，当然会立刻对满园春色产生非常炽烈的想象。这是第一处需要比较的地方。

其次，我们比较什么呢？我们来看陆游、张良臣、叶绍翁三首诗的最后一个字，就是“出墙头”的“头”，“杏花梢”的“梢”与“出墙来”的“来”。其中“梢”“头”都是名词，只有“来”是动词，它突出强调了扑面而来的感觉。“一枝红杏出墙头”，是红杏自顾自地开放；“一枝红杏出墙来”，则是红杏拼命往墙外冒，仿佛都扑到了叶绍翁脸上。你会觉得园子的主人太坏了，不想让外人欣赏这么多美好的花朵，把它们关在里面，束缚在里面，压抑在里面。叶绍翁来了，就好比是大救星来了，于是花朵飞跑着往他身上扑。

总之，通过比较我们就能发现，这样一个“红杏出墙”“春色满园”的意境，多少人都写过，但是没有叶绍翁写得这么精炼、到位、够味，这么令人印象深刻。关键在于，他用了两个精彩的动词——“关”与“来”。“关”是使劲压迫着，“来”是终究冲出来了。

“关”与“来”的强烈对比，或许能让我们读出景色之外的一些意味。比方说我们可以感悟到，生命是不能去压抑的，生命一定会找到它的出路，这是生命的伟大之处。你拿石头压着一颗种子，别看种子那么小，它能够把石头给顶碎，那个力量是非常让人震撼的。满园的春色也是满园的生命啊，你想把生命锁住吗？锁不住，它终究要冒出来，要洋溢出来。因此，“春色满园关不住，一枝红杏出墙来”，不仅留下了一个优美的意境，还留下了一段深深的思索，告诉我们生命是不能压抑的，需要自由，需要放飞。

春夜喜雨

唐 · 杜甫

好雨知时节，当春乃发生。
随风潜入夜，润物细无声。
野径云俱黑，江船火独明。
晓看红湿处，花重锦官城。

这首《春夜喜雨》，不少课本只选了前面四句。课本有个坏毛病，喜欢把古诗“腰斩”。白居易《赋得古原草送别》也是这样，本来有八句，被“腰斩”后剩了四句，“离离原上草，一岁一枯荣。野火烧不尽，春风吹又生”，很多人只会背这四句。

杜甫这首诗也要给它补齐，不能读到“润物细无声”就没了，这样情感就没有了着落。题目叫《春夜喜雨》，写了从晚上到早晨的完整一夜。读到“随风潜入夜”，这才刚到晚上呢，你咔嚓给它截没了。一个完整的过程，一段完整的情绪，一位完整的诗人，被拦腰斩断，太残忍了！所以，读诗一定要读完整的诗。

《春夜喜雨》在哪里写的？在成都郊外的草堂。杜甫在成都工作的时候，在几位朋友的帮助下，找了一块风水宝地，搭建了一个屋子。屋子装修得还不错，风景更不错，在浣花溪旁边。杜甫围上篱笆，种点小花小木，日子过得挺悠闲。他人生的大部分时间都是坎坷

千万不要拦腰斩诗，你会错过杜甫遇见春雨的心路历程。

奔波的，而在成都的时候，他的上级领导对他比较欣赏、照顾，相对过得比较有尊严，写了不少悠闲自在的诗和谈文论艺的诗，比如“两个黄鹂鸣翠柳，一行白鹭上青天”，多么轻松惬意！

杜甫写《春夜喜雨》的那天，心情可能尤其好，所以题目叫“喜雨”。下面我们就来分析分析他是怎么写“雨”，以及怎么写“喜”的。

第一联，“好雨知时节，当春乃发生”。杜甫上来就告诉你：我很开心。雨是“好雨”，“好雨”就像通人性一样，“知时节”。什么样的时节呢？春天一到，万物需要滋润的时节，人们盼望着春雨润泽的时节，正在此时“乃发生”，说明雨水真懂事，它善解人意。“乃发生”跟“当春”是相呼应的，都是夸雨水来得及时，赶上了春天最好的时候。杜甫爱“好雨”，喜欢它，很开心。

后面几句，就接着写春雨如何懂事，如何慈悲，如何润泽万物。我们看第二联，“随风潜入夜，润物细无声”。注意“潜”字，我们经常把它看成动词，今天还在使用“潜入”这个词。但在这首诗里，“潜”和“入”要分开解读，就跟后面的“细”和“无”要分开解读一样。什么叫“潜入夜”？“潜”在这里是一个形容词，表示悄悄、暗暗。雨随着风飘到了夜晚，这个过程是静悄悄的，跟后面的“细无声”是呼应的。它不是暴雨呼啦啦过来，花都被它浇死了，这里是“润物细无声”，细雨才能润泽万物。韩愈写“天街小雨润如酥”，也是这个意思。只不过，北方的春雨没那么多，成都的春雨却很丰沛，很容易就让土地润泽，让万物生长。

接着往下读第三联，“野径云俱黑，江船火独明”。这两句写深夜时分，所以我说我们不能拦腰斩诗，不然“春夜”的“夜”就不完整了。“春夜”是什么样的夜晚呢？阴雨连绵，一定是黑漆漆的。我们想一想，如果诗人的心情不好的话，这样阴冷潮湿、伸手不见五指的夜晚，应该挺让他郁闷的。我们刚才说了，他在成都郊外的小河边修了一个小庄园，周围肯定有田野、小园、小路。这条小路现在却黑漆漆一片，为什么呢？因为天上的云黑，地上的路也就跟着黑，大家一起黑，就叫“俱黑”。

心情不同，看景物的效果就不同。杜甫如果心情不好，看到黑云压城，淫雨霏霏，一定觉得可恶乃至可怕。现在他心情很好，看到黑云笼罩野路，反倒更欢喜。为什么呢？云越黑，雨越多，润物的效果就越好，世间万物就越发生机勃勃。于是他会觉得上面这个云黑得好，黑得妙，黑得呱呱叫！

环境很阴沉，但是心情并不阴沉，这才有了下一句，叫“江船火独明”，一束灯光照亮了黑暗的雨夜。这一束灯光也就是诗人心里的一份欢喜。他先看一看外面，好黑啊，但他的心情不黑，心里有阳光，于是捕捉到了一处珍贵的光芒，就是江船上的渔火。渔火在一片黑暗里显得尤其温暖、珍贵，就叫“火独明”。

这两句诗，大家一定要揣摩其间的情绪流动。他的心情是好的，关注的是“润物细无声”的效果，所以他会觉得这样的黑夜并不阴沉，并不压抑，而是在黑暗中汇集着、酝酿着很多希望和惊喜。什么样的惊喜呢？最后一联即将揭晓谜底。所以我反复强调，这诗不能斩断，斩断了惊喜就没了。

第二天早上，“晓看红湿处，花重锦官城”，这是最后一联。春天就这么花团锦簇地到来了。正是由于一夜春雨的滋润，早上起来才能看到鲜花盛开，而且色彩那么鲜艳欲滴。大家不妨去观察一下，每当下雨的时候，红花的颜色就分外鲜亮，干巴巴的就没那么光鲜照人。杜甫看到哪些地方变得“红湿”了呢？原来是“花重锦官城”了，满城都变得如此多娇。他强调，不仅有“红”“湿”这样的感觉，还有一种“重”的感觉，说明花瓣里面吸满了雨水，说明“润物”的效果太好了。花都是沉甸甸的，仿佛拿指尖一掐，颜色里面都能渗出水来。

这里有一个小知识点。成都为什么叫“锦官城”？原来，四川一直出产锦缎，就是蜀锦，色彩缤纷，质地上乘。四川人也像蜀锦一样富有文采。古代四川出了哪些大文学家呢？比如汉代的司马相如，唐代的李白，宋代的苏轼，都文采斐然。因为蜀地出产蜀锦，所以在成都专门设立了掌管织锦事务的官僚机构，称为“锦官”，后来成都就被称作“锦官城”。

杜甫第二天早晨起来，发现不仅自己屋子周围盛开着鲜花，而且整座“锦官城”都是花团锦簇，真的是一夜惊喜啊！对于辛辛苦苦“润物”一夜的春雨而言，这又是一夜的辛劳、一夜的收获啊！

读到这里，我们再回头看那个名句，“随风潜入夜，润物细无声”。其实，它也是在铺垫，跟“野径云俱黑，江船火独明”一样，都是在为最后的惊喜做铺垫。“润物细无声”也好，“随风潜入夜”也好，都笼罩在一片黑暗中。杜甫看不清雨的随风飘洒，更看不见春雨润物，他其实在调动着各种感官来感受。脸颊感受到了外面的湿气，耳朵听到了若隐若现的雨声，微微抬头似乎看到了远处江面上的渔火。然后他想象，明天早上会不会有惊喜呢？会不会有满城的大好春光呢？果然，第二天早上“花重锦官城”，得偿所愿。

所以，最后一句是整首诗的感官体验、情绪发展的自然结果。整首诗，它既要写“雨”，还得写“喜”，情感的关键点在“喜”上。表面看，处处是“雨”；仔细看，处处是“喜”。雨来了，我很“喜”，我要赞美它，雨来得好，来得妙，来得及时。然后静静地等待，怀着一份希望、一份喜悦去等待，去猜想，去感受，去聆听，去眺望。最后等来一个结果，“花重锦官城”，我的“喜”也就随着满城的鲜花而彻底绽放了。这就是杜甫遇见一场春雨的心路历程。

观沧海

东汉·曹操

东临碣石，以观沧海。
水何澹澹，山岛竦峙。
树木丛生，百草丰茂。
秋风萧瑟，洪波涌起。
日月之行，若出其中。
星汉灿烂，若出其里。
幸甚至哉，歌以咏志。

《观沧海》出自乐府组诗《步出夏门行》，是组诗中的一首。这首诗作于建安十二年（207 年）。这一年曹操做了一件大事，即北征乌桓，胜利而归。乌桓是我国东北部的几个少数民族之一，当时跟中原的军队会有一些战争。

曹操北征乌桓，是他宏大计划中的一部分。我们往前找一找，建安五年（200 年）的时候发生了一个重大的历史事件，就是官渡之战。正是借助官渡之战的胜利，曹操称霸了北方。到建安十二年，他又取得了新的胜利。在凯旋的途中，他写下了《观沧海》。所以，整首诗充满了一种平定天下、一统江山的气势。所谓“观沧海”，俨然有“观天下”的野心。

曹操心中包含着大海，而大海中又包含着宇宙。

“沧海”，这里指的是渤海。到哪儿去“观沧海”呢？第一句说了，“东临碣石，以观沧海”。碣石在哪儿？有两个说法。一个说法是河北昌黎的碣石山，一个说法是河北乐亭县西南的大碣石山。“东临碣石”，意味着他要登上海边的这座山，登上之后就能够眺望沧海。

第二句，“水何澹澹，山岛竦峙”。“何”，就是多么，“澹澹”，就是水波摇荡的样子。大海一望无际，水波粼粼，摇曳多姿。“竦峙”，就是竦立、矗立。曹操观看沧海之时，不仅看见茫茫海水，还看见海中高耸的山岛。

第三句，“树木丛生，百草丰茂”，显然是观看山岛时看到的景象。“丛生”，就是聚集在一起生长。“百草丰茂”，各种各样的草长得非常茂盛。大家可以想一想这幅图画。海水是什么样的颜色？山石是什么样的颜色？再加上树木，再加上百草，各种颜色纷至沓来，层次非常复杂。

这样的环境中，有一种气息在萦绕，在蓄积，于是他写“秋风萧瑟，洪波涌起”。秋风一吹，丛生的树木，丰茂的百草，就要走向凋零了。但是，曹操眼中秋天的大海，没有凄凉、哀婉的感觉。“萧瑟”二字，我们要准确理解。现在我们经常说天气好萧瑟，环境好萧瑟，有一种凄凉的感觉。但曹操说“萧瑟”，用的是这个词的本义，即风的声音。结合前面的“树木丛生，百草丰茂”，我们知道，“萧瑟”一定是秋风吹过草木的声音，如同杜甫所说的“无边落木萧萧下”。不过，杜甫加了一个“下”字，将气氛引向悲哀。曹操则在“秋风萧瑟”之后，接上了一个盛气凌云的“起”字，说“洪波涌起”。“洪波”，就是大水，宽阔、澎湃的波浪。“涌起”，即往上涌、往上冲。

“洪波涌起”，牵动了曹操的胸怀和壮志。他的视野不仅局限于眼前的大海、山岛、树木、洪波，而且看到更远的地方，看到更广阔的世界，即“日月之行，若出其中。星汉灿烂，若出其里”。“日月”，即太阳和月亮；“星汉”，即银河。日月的运行气势恢宏，银河的星光璀璨耀眼。日月升落，银河出没，全部在大海之中发生。它们从大海中涌现，又从大海中消失。

读到这里，我们可以想见曹操的英雄壮志已然不可阻遏，通天彻地。日月星辰全部出入于大海之中，而大海的澎湃波涛又撞击着曹操的内心。我们也可以说，曹操心中包含着大海，而大海中又包含着宇宙，于是曹操心中包含了宇宙万物。所以我说，这首诗有一种平定天下、一统江山的气象。

最后还有八个字，“幸甚至哉，歌以咏志”。这是当时歌词结尾的套话，吉祥话。字面意思就是真的好幸运啊，我唱了这首歌，我写了这首诗。说了等于没说，而且跟上面的风景、意境没什么关系。这有点像什么呢？大家想想，很多藏族歌曲最后会有一句“巴扎嘿”，就是吉祥话。曹操吟咏完《观沧海》之后，最后也说了句“巴扎嘿”，表示感叹，表示赞美。

我们开头说了，《观沧海》是《步出夏门行》乐府组诗中的一首。另外有首诗也属于这组组诗，也非常有名，叫《龟虽寿》，我们可以简单读一下：“神龟虽寿，犹有竟时。腾蛇乘雾，终为土灰。老骥伏枥，志在千里。烈士暮年，壮心不已。盈缩之期，不但在天。养怡之福，可得永年。幸甚至哉，歌以咏志。”

跟《观沧海》一样，《龟虽寿》结尾也有一句“幸甚至哉，歌以咏志”，可见确实是当时的习惯。《龟虽寿》仍然包含了一种壮志：曹操感慨人生短暂、人生易老，所以愈发要激励自己赶紧建功立业。下面，我们大致串讲一下这首诗的诗意。

神龟虽然寿命长，但还是会死。龙蛇之物能够上天入地，但也是会死，化为土灰。人生呢，就更为短暂了！但是，短暂的生命中却蕴藏着无穷的理想和追求。衰老的骏马，仍然有奔走千里的壮志。仁人志士到晚年的时候，仍然保持着一颗壮心。人的生命长短，不仅仅取决于天命。固然有天命，但是人也需要调养身心，使自己活得更长一些。

《龟虽寿》的诗意大致如上。它主要想表达的，就是人生短暂，我们要尽量活得长一些。即使老了，也不要丧失壮志。如果现在还年轻，就赶紧奋斗吧！它和《观沧海》所表达的一统天下的英雄壮志，有一定的关联。

次北固山下

唐·王湾

客路青山外，行舟绿水前。
潮平两岸阔，风正一帆悬。
海日生残夜，江春入旧年。
乡书何处达，归雁洛阳边。

诗题“次北固山下”，“次”的意思就是停宿，停在北固山下歇息一夜。北固山在哪里呢？在江苏省镇江市的东北，三面临江，地势非常险峻。诗人是走什么路线经过北固山的呢？他是从北向南走，顺着京杭运河南下，到扬州又渡江到镇江。扬州和镇江，一个在江北，一个在江南。北固山在镇江旁边，在长江以南。王湾要去哪儿呢？是沿长江顺流而下往东走，还是沿着运河往南走呢？是后者。因为他要去的地方是苏州。长江是不经过苏州的，他想从镇江去苏州，就得继续走京杭运河。

知道路线之后，我们再读第一句，可能就更清楚一些。第一句是“客路青山外”。“客路”，就是一路的旅程，呼应着后面那句的“行舟”。他走的不是陆路，走的是水路，是坐船。“客路青山外”，为什么用“外”字呢？刚才我们说了，他停在北固山下还得继续走，会离北固山越来越远。“青山外”，指的就是继续往南的水路，也就是江南

年底的江南，一切都在迫不及待地辞旧迎新。

运河。那么，跟它相对应的“绿水前”，就是指刚刚渡过的长江。

一、二两句合在一起看，就是展望将要走的水路，回顾已经渡过的大江。为什么要写这么一种延续性的目光和心态呢？这与题目是呼应的。诗人“次”在北固山下，是短暂的停留，旅途还会延续下去，他一定会看看不远的将来，想想刚经历的过去。

下面看第二联，“潮平两岸阔，风正一帆悬”。既然我暂时不走，停在北固山下，那么看到了怎样的景色呢？我要选取最美的景物，把它呈现出来。“潮平两岸阔”，“平”在这里就是水满的意思。正因为江水涨起来了，才会造成一个结果叫“两岸阔”。张若虚《春江花月夜》上来就说“春江潮水连海平”，这个“平”字，也是水满、水涨的意思。江水水势大，比较宽阔，才会有“海上明月共潮生”的图景。

“风正一帆悬”，也包含因果关系。因为风正，不是歪风、斜风，所以船帆就不会扭来扭去，而是悬挂得当，鼓得很饱满。“一帆”指的是谁呢？注意，这不是诗人自己的船。我们想一想，客船如果停在水边，想让它不走，一定要做的事情就是把船帆给收起来，对不对？你不能把帆撑开，不然风一吹，船就跑了。所以，“一帆悬”写的不是他乘坐的客船，而是江面上的其他船。

可是，为什么只有“一帆”呢？长江上不是应该“千帆隐映来”吗？我们别忘了，诗人“次北固山下”，那别人也得“次”啊，不能大半夜还继续行船。通过下面要写的情景我们知道，“风正一帆悬”写的应该是清晨的时候。清晨出来的船还很少，就像我们现在清早四五点钟出门，会发现大街上的车也很少，宽阔的马路上偶尔有一辆车飞驰而过。同样道理，“风正一帆悬”写的就是清晨江面的景色。

下面第三联，是最有名的句子，“海日生残夜，江春入旧年”。什么叫“海日”呢？我们刚刚提到“春江潮水连海平，海上明月共潮生”。唐朝时候，长江入海口比现在更靠近内陆，距离扬州、镇江不远。往东一看，真的能看到海。当然，古人也经常用海去形容宽阔的江面、湖面。这里的“海日”，我们不妨就理解成宽阔江面上升起的红日。

什么叫“残夜”呢？就是破晓的时候，夜晚要过去了，只剩下一点点黑暗，黎明已然到来。“海日生残夜”，写的是破晓之时江面生出一轮红日。注意“生”字，有孕育、诞生的意思，仿佛是黑夜孕育了朝阳，写得非常乐观、积极。古诗很喜欢写“生”，比如“海上明月共潮生”“海上生明月”“白云生处有人家”“池塘生春草”，都写出了蓬勃的生命力。

下句“江春入旧年”，写出了一种特殊的惊喜感。王湾是北方人，他来到南方之后，看到了一幅大不同于北方的新年图景，感到很意外。“旧年”，说明这个时候应该还是年底。年底的时候，北方仍然是冰天雪地，而江南则气候温暖。旧年还没过去，春天已经来了。行船的时候，已是春风和煦，好像春天不需要等待“春节”的召唤。所以，“入”字非常精彩，它写出了“随风潜入夜，润物细无声”的感觉。江南春天的气息，不知不觉之中就渗透到了山山水水，就吹拂到了花花草草，给“旧年”带来了新意，这就叫“江春入旧年”。

上句的“生”字，下句的“入”字，合而观之，既写出了北方人眼中那种新奇壮美的江南景象，同时也写出了天地万物无穷变化、无穷创新的精神。“海日”是崭新的，丢弃了昨天的“残夜”；“江春”也是新的，丢弃掉了即将过去的“旧年”，一切都在迫不及待地辞旧迎新。所以这两句读起来气势磅礴，奋发向上。

最后一联是水到渠成的。前面六句，先写我从哪儿来，要到哪儿去，停在哪儿了；然后写看到了什么风景；再写感受到了什么新奇气象。写到结尾的时候，要回落到“次北固山”的“次”了。为什么要

“次”在这里？因为离家漂泊。他看到北归的大雁，牵动了思乡之心。春天即将到来，在南方过冬的大雁慢慢又开始往北飞了。他希望鸿雁传书，于是说“乡书何处达，归雁洛阳边”。这些北归的大雁，估计要飞到洛阳去吧？为什么要提洛阳？因为王湾就是洛阳人。在整首诗的最后，他非常自然地抒发了思乡之情。不过，他并没有表现出背井离乡的伤感，而是始终保持着振奋的精神、乐观的意趣。旅途固然艰辛，但是内心蓬勃向上。

诗中名句“海日生残夜，江春入旧年”，在当时就非常有名气。当时的宰相张说，把这首诗题在自己办公室里，每当遇到一些号称会写诗的人，就跟他说，你好好学习学习人家王湾吧，你看这句“海日生残夜，江春入旧年”，写得多妙！后来到了晚唐，有一位诗人郑谷感慨了一句，叫“何如海日生残夜，一句能令万古传”，真是羡慕王湾啊！大家看，大唐真的是诗的国度。皇帝、群臣、平民，都爱诗！多少年之后，人家还记得你的诗，只要你写得好。大唐真的是诗人的天堂！

江南逢李龟年

唐 · 杜甫

岐王宅里寻常见，崔九堂前几度闻。
正是江南好风景，落花时节又逢君。

这首诗写于唐代宗大历五年（770 年）。这一年，杜甫去世了。杜甫漂泊到了潭州，就是今天的湖南长沙。这首诗可以说是他晚年生命的一个缩影，也是一个结局。杜甫与李龟年，此时都老了，他们的心情是彼此相映的。杜甫见到李龟年之后，心中涌起的感慨是天翻地覆的，因为李龟年不是普通人。我们如果想了解这首诗背后巨大的痛苦，需要先了解一下李龟年。

李龟年是盛唐时期著名的宫廷乐师，也是一个歌唱家。我说一个故事，大家就能知道当时他的地位。李白有三首非常著名的诗，即《清平调词》三首："云想衣裳花想容，春风拂槛露华浓。若非群玉山头见，会向瑶台月下逢。""一枝红艳露凝香，云雨巫山枉断肠。借问汉宫谁得似？可怜飞燕倚新妆。""名花倾国两相欢，长得君王带笑看。解释春风无限恨，沉香亭北倚阑干。"这三首诗写得非常好，是专门赞美杨贵妃的。《松窗杂录》记载了《清平调词》背后的故事。

唐玄宗开元年间，皇宫里种了各色牡丹，有红、紫、浅红、白四种花色。它们都被移植到了兴庆池东的沉香亭前。繁花盛开的时候，皇上就趁着月夜，喊杨贵妃一起去看牡丹花。有花有月有美人，还得有点音乐吧？我们常说，没有声音，再好的戏也出不来啊！皇上赶紧找来梨园子弟，也就是当时的皇家歌舞团。李龟年是宫廷首席乐师，拿着他的乐器，带着他的乐队就过来了。刚要唱歌，皇上就说，有这么好的花，这么漂亮的妃子，怎么还唱那些老歌呢？该弄点新歌啊！于是让李龟年把李白叫来。李白立刻写了《清平调词》三首，三首都是在夸杨贵妃美如天仙，艳压群芳。李龟年把歌词进献给皇上，自己带着乐队演奏，当场就唱出来了。杨贵妃当然非常开心，拿着宝石杯装满葡萄酒敬皇上。皇上龙颜大悦，对李白就更为欣赏了。

从这个故事可以看出，李龟年和李白在当时是多么风光，多么荣耀！天下最有才华的音乐人跟最有才华的诗人，都聚集在唐玄宗身边。随时喊过来，当场填词，当场编曲，当场唱，这是何等的才华！皇上对他俩，又是多么亲昵，多么优待！这就是盛世之中的两大才子。

杜甫这首《江南逢李龟年》，上来两句其实也是说了相似的事情。李龟年比杜甫年纪大。杜甫说，我年轻的时候就知道你李龟年的大名了。在哪里才能听到你的歌声，看到你的身影呢？“岐王宅里寻常见，崔九堂前几度闻。”岐王，是唐玄宗的弟弟李范。他非常好学，热爱艺术，喜欢结交文士，所以李龟年经常出入王府。崔九是谁呢？是崔涤，在家族中排行老九。他哥哥崔湜是宰相，崔涤自己也很受玄宗重视，时常出入皇宫。岐王也好，崔九也好，都是当时最高等级的权贵了。一个是皇帝的弟弟，一个是宰相的弟弟。可见，前两句揭示出一片盛世景象，一派富贵画面，也揭示出李龟年当年的人生盛况，真的是出入宫廷，结交权贵！

前两句写盛世、盛况，那么后两句则写衰世、衰年。呼啦啦大厦就倒了，安史之乱爆发了，各种内忧外患也层出不穷。国家衰败了，

苍老的杜甫，遇见了更为苍老的李龟年，他们一起悼念青春。

人也老了。李龟年不再在宫廷中吃香的喝辣的，结交权贵了，而是流落到南方去了。杜甫说“正是江南好风景，落花时节又逢君”，其中“江南好风景”和“落花时节”，强调的是暮春景色。为什么要强调暮春呢？

第一层意义很简单，暮春就是杜甫重逢李龟年的真实季节；第二层含义，暮春象征着人的暮年，李龟年老了，杜甫也老了；第三层含义，暮春又象征着大唐的衰落。当年开元盛世的时候，国家歌舞升平，人民丰衣足食，现在却是“流水落花春去也，天上人间”！所以，杜甫感慨暮春时节的“好风景”，包含着多少个人的悲欢离合，又包含着多少国家的兴衰荣辱！

李龟年这时候在湖南干什么呢？他卖艺为生，有时候在官员的酒席上唱唱歌。有些史书记载，他在一次酒席上唱王维的“红豆生南国”，表达自己对于中原的思念，令当时在座之人都为之落泪。虽说此时李龟年也许还是有些钱的，处境可能还不错，但是无论是唱歌的人，还是听歌的人，心里都不是滋味。世道变了，人也都老了。很多年前，杜甫是在“岐王宅里”“崔九堂前”见李龟年，而现在他却是在南方官员的酒席上，遇到了卖艺为生的李龟年，又听到了他的歌声。

相思

唐·王维

红豆生南国，春来发几枝？
愿君多采撷，此物最相思。

杜甫晚年也非常苦，漂泊西南，然后又漂泊湖南，寄人篱下，最后病死在一条小船上。诗最后说的“又逢君”三个字，真是饱含无限沧桑！什么叫“又逢君”？这里面交叠着过去与现在两幅画面。过去的“逢”，是在盛世场景之中；现在的“又逢”，则是在衰世之中、暮春之时。两幅画面之间，相隔漫长的岁月。安史之乱爆发以后，文人才子们都流落四方，杜甫很可能多年都没有见到李龟年了，突然在风烛残年的时候，遇见了更为苍老的李龟年，真是物是人非，恍若隔世！

刘禹锡有一首诗，也写出了这种恍若隔世的感觉，即《酬乐天扬州初逢席上见赠》:“巴山楚水凄凉地，二十三年弃置身。怀旧空吟闻笛赋，到乡翻似烂柯人。沉舟侧畔千帆过，病树前头万木春。今日听君歌一曲，暂凭杯酒长精神。”

刘禹锡对白居易说，我在外面漂泊了二十多年，终于在这一天见到你，还是在扬州这样一个好地方遇见你，感觉真恍惚啊！然后他使用了两个典故。第一个典故与嵇康有关。嵇康死了之后，他的好朋友向秀经过他的老宅子的时候，听见笛声，怀念故人，写了一篇小文章叫《思旧赋》。这就是“怀旧空吟闻笛赋”。

第二个典故是一个传奇色彩比较浓的故事。一个人去山里砍柴，看到两个人在下棋，他就站在旁边看了一会儿，棋盘旁边还有枣儿，他跟着吃了点。棋下完之后，他就回去了。回去的路上发现，腰间的斧头都已经腐烂了。到家之后才知道，已经过去很多年了。这是一个神奇的故事，说明此人踏入了一块仙境，进入了一个特殊的时间世界。他感觉只待了几十分钟，但其实已经过了很多年，斧头都烂了，人间都换了，这就叫“到乡翻似烂柯人”。刘禹锡运用两个典故，写出了恍若隔世、沧海桑田的感觉。

杜甫写《江南逢李龟年》，连典故都不想用了。人在情不自禁的时候，已经没有心思再去想典故了。何况这是一首七言绝句，很短，有什么感想就直接说出来吧！于是他意味深长地说:“正是江南好风景，落花时节又逢君。”

杜甫晚年经常感慨衰老，不仅感慨自己，还感慨妻子、朋友，进而又感慨国家的盛衰。我们经常把杜甫诗称作“诗史”。他虽然是在写自己的人生，但他的人生遭遇里，折射着国家的历史、王朝的命运。《江南逢李龟年》，就是一部言简意赅、意味无穷的“诗史”。

秋词

唐·刘禹锡

自古逢秋悲寂寥，我言秋日胜春朝。
晴空一鹤排云上，便引诗情到碧霄。

《秋词》这个题目，刘禹锡共写了两首，这里选的是第一首。这首《秋词》在很多描写秋天的诗歌作品里，尤其特殊，也格外著名，因为刘禹锡表达的情感跟其他诗人所写的不太一样。

刘禹锡一提起笔，就强调了自己的与众不同，“自古逢秋悲寂寥”。自古以来，文人墨客每到秋天的时候，都会因为“寂寥”的天气而产生悲伤的情绪。“寂寥”，就是秋天的萧条冷清。花草树木都凋残了，天气变得干燥，天空变得高远，整个世界变得单调。虽然秋天会有很多果实，但是当一棵树结果的时候，意味着它的花和叶全都凋零，不再有新的花朵。秋天的花朵非常少，天高云淡之下，流淌着的却是凄清寒冷的气息。一般人到了秋天都会感到悲伤。

有一位与屈原并称的著名文学家叫宋玉。他写了一篇文章《九辩》，上来就说，“悲哉秋之为气也，萧瑟兮草木摇落而变衰”。这两句话，后来形成了一个典故，叫“宋玉悲秋”。他说，真悲凉啊，秋天的萧瑟之气一吹起来，横行世界，万物衰败。从此以后，中国文学

刘禹锡的豪迈之气，
是经过思考和磨砺之后才养成的，更值得普通人学习。

史上就有了一个“悲秋”的传统。

刘禹锡却反其道而行之。他说，“我言秋日胜春朝”，在众口一词中蓦然翻出了一层新意。“朝”是日的意思，“春朝”就是春日。刘禹锡说，我认为秋天要胜过那个百花盛开的春天，一下就给秋天定了一个很高的调子。一般人都是春光大好的时候心情好，刘禹锡偏要从寂寥的秋天中找到自己的好心情。

下面他继续说，“晴空一鹤排云上，便引诗情到碧霄”。晴空万里，天高云淡，有一只鹤排云而上，将我的诗情引向无尽广阔的天空之中。“排云”，就是如同飞机猛冲般拨开云层。有一个版本，将“一鹤”写成了“一雁”，两者皆可通。所谓“诗情”，其实就是诗人的豪迈之情。鹤在排除万难往上飞，我也是排除一切烦恼往上飞，我的豪情是随着鹤的攀升而越来越高的。所以，这首诗写到结尾的时候，诗人应该情绪极为高昂。他看着万里无云的天空中有一只鹤振翅飞翔，心中豪迈的情感也在这一瞬间达到了最高点。

刘禹锡这首写秋天的诗，其独特之处在于，他偏要挑战“悲秋”传统，描绘一个令人心旷神怡的秋天。在这样的秋天里，诗人能够把那些凄凄哀哀的情绪全部抛在脑后，最终像那只鹤一样，排云而上，自由飞翔在秋天的天空中。

刘禹锡的外号叫“诗豪”。“诗豪”笔下的秋天，如此豪气冲天。那么其他诗人是怎么写秋天的呢？难道都像宋玉一样“悲秋”“悲寂寥”吗？我们再举三个例子，作者分别是“诗仙”李白、“诗圣”杜甫、“诗鬼”李贺。不同的外号，意味着不同的性格。不同性格的人去写秋天，诗歌的风格也是截然不同的。

我们先看“诗仙”李白是怎么写秋天的。《宣州谢朓楼饯别校书叔云》说：“长风万里送秋雁，对此可以酣高楼。”李白的姿态是非常高的，他的境界远超凡人。他好像已经飞起来了，平视天空，平视秋风。他呼唤着秋雁与他一同畅饮美酒，一醉方休，这是何等气象！相比之下，刘禹锡在《秋词》中，是从地面往天上看的，故曰“晴空一鹤排云上”。他仿佛在不断鼓舞自己，要超越“悲寂寥”的情绪，要超越凡俗的人生境界。而李白呢？根本不需要这个过程。前一秒，他还在念叨着“乱我心者，今日之日多烦忧”，后一秒，他就能“对此可以酣高楼”了！这大概就是“仙”和“豪”的区别吧！两人写秋天，都很豪迈，但刘禹锡更理智，李白更疯癫。

再看“诗圣”杜甫的《登高》：“无边落木萧萧下，不尽长江滚滚来。”这里面的风景与情感，很沉重、很沧桑。所以他下面两句就写：“万里悲秋常作客，百年多病独登台。”杜甫也“悲秋”，但不同于宋玉那种哀婉的“悲秋”，个人的“悲秋”。杜甫是心怀国家天下的：他写“不尽长江”，写“万里悲秋”“百年多病”，包含历史深度，包含人生感慨，包含国难家恨。“圣”和“仙”的最大区别就是“仙”可以只顾自己，我快乐就好；“圣”是我虽然能快乐，但是一想到天下苍生我就不快乐，我愿意跟他们一起感受悲欢离合。所以圣人永远活得比一般人更加沉重。

宣州谢朓楼饯别校书叔云

唐·李白

弃我去者昨日之日不可留，
乱我心者今日之日多烦忧。
长风万里送秋雁，对此可以酣高楼。
蓬莱文章建安骨，中间小谢又清发。
俱怀逸兴壮思飞，欲上青天览明月。
抽刀断水水更流，举杯消愁愁更愁。
人生在世不称意，明朝散发弄扁舟。

最后看“诗鬼”李贺。《金铜仙人辞汉歌》说：“衰兰送客咸阳道，天若有情天亦老。”这句话后来被毛主席化用，变得很豪迈了：“天若有情天亦老，人间正道是沧桑。”大家要注意，李贺写这句话，原本是非常悲凉的。秋天，兰草都衰败了。在一片衰飒之气中，有人还要经历离别，还要远离家乡，奔赴远方。人间的离别是很苦的，老天如果有情的话，看到人间的离别，它可能都会衰老吧！天本来是无情之物，所以不会老；人是有情之物，会老。李贺这里故意要说，就算像天那么坚强、那么永恒不变的事物，一旦动了真情，也难逃衰老消亡的命运，那么就更不必说人世间的凡人了。所谓“多情催人老”，李贺就是如此，他太敏感，太多情。秋天在他眼里，真的是太凄惨。李贺的诗，写的时候他自己就很痛苦，读者读起来心里也不痛快，很折磨人，所以他的外号叫“诗鬼”。

大家看，“诗仙”李白，“诗圣”杜甫，“诗鬼”李贺，“诗豪”刘禹锡，他们笔下的秋天是多么不同！对比之下，我们真的要佩服刘禹锡的“诗豪”精神！他比杜甫、李贺要更乐观，但又比李白更理智。他的豪迈之气，是经过思考和磨砺之后才养成的。这样的人生态度，更值得我们普通人去学习。

刘禹锡确实是一个很善于鼓舞自己的倔强的人。他参加当时的改革活动，后来被人陷害，被人打击，贬谪、流落了二十三年。贬谪之地，都是南方的穷山恶水。他连基本生活都难有保障，常会生病。在这样的环境下，刘禹锡还经常展现出豪迈精神。比如有一首著名的诗《浪淘沙》：“莫道谗言如浪深，莫言迁客似沙沉。千淘万漉虽辛苦，吹尽狂沙始到金。”刘禹锡用了好几个比喻来表达情感。他说，这里的江河波浪很深，但我所经历的谗言比浪还要深。这里的沙沉底了，就像我被迫害、被打压一样。我要不断鼓舞自己，不断磨炼，不断努力，学习那些在大浪中淘金的人，淘洗沙石，把自己的心灵打磨成熠熠生辉的金子。这就是刘禹锡的“诗豪”精神。

夜雨寄北

唐・李商隐

君问归期未有期，巴山夜雨涨秋池。
何当共剪西窗烛，却话巴山夜雨时。

这首《夜雨寄北》，很多人觉得是李商隐写给妻子的。“共剪西窗烛”“却话巴山夜雨时”，好像很温馨、很浪漫啊！但事实上很可能并不是写给妻子的。

当时李商隐在四川梓州工作。“巴山夜雨涨秋池”中的“巴山”，就是泛指东川梓州一带的山。我们现在把四川统称为蜀，其实四川西部、成都周围，才叫“蜀”，这里曾有古蜀国。四川东部一直到重庆，叫“巴”，曾有古巴国。

有学者去研究李商隐在梓州的生活，发现他写《夜雨寄北》的时候，妻子王氏已经去世两年了。那么这首诗究竟是寄给谁的呢？诗题里的“北”，指长安的亲友，因为长安在梓州的东北方向。诗句中的“君”，一定是李商隐的知己，是能够彻夜长谈的好朋友。

古人有个习俗，即以诗代书，把想说的话压缩成一首诗寄给对方。有时候是写一封书信，再附赠一首诗寄过去。在收到对方来信之后，收信人通常会给寄信人答复一首诗。你写什么内容，我也写相似的内容，甚至你写诗的时候押什么韵，我也押同样的韵，回寄给你。这么一来一往，一赠一答，就产生了很多诗。大家去翻翻白居易、李商隐、苏东坡的诗集，会发现很多赠答诗。这首《夜雨寄北》，就是李商隐以诗代书，寄赠给友人的诗。

第一句，“君问归期未有期”。我们可以想象，这两个人应该通信不止一个来回了。对方写信问了好几次：老李呀，什么时候回长安啊？别老在四川待着啊！李商隐就回答他，“君问归期未有期”，我也不知道我什么时候回去呀！第一句就奠定了整首诗的基调：诗人不知道什么时候才能与知己相见。他现在过得很孤独，很想念对方；越是想念，就越是会对未来重逢的场景，寄予深切的向往。

再看第二句。诗人不着急去幻想未来的场景，而是先写我现在写诗的时候处于怎样的场景之中。他也没细说我现在是什么样的情感，而是把情感放置在一幅画面中，“巴山夜雨涨秋池”。这幅画面很美，又很凄凉。大家看，这句只有一个动词，就是“涨”，其他都是名词，“巴山”“夜”“雨”“秋”“池”。这些名词组合在一起，诗人并没有具体交代彼此的关系。

英语里面常有很多 of、to、in 这样的词，把事物之间的关系都限定死了。汉语里面，尤其是古诗里，就不说那么多。诗人把几个名词放在一起，天然就是一幅画，有巴山，有夜晚，有雨水，有秋天，有池水，元素非常丰富，彼此之间的关系也非常自由。比如你可以想象，“秋池”与“夜雨”是有因果关系的：下了一夜的雨，池塘里才会涨水。你还可以想象，“秋”既可以与“池”搭配，也可以与“雨”搭配，可见这是寒冷的秋雨；“夜”既可以与“雨”搭配，也可以与“池”搭配，可见这是夜晚的池塘，看不清楚，但能听到水声，感受到寒意。

总之，你把这一堆名词放在一起，一方面能想象到很多细节，另一方面又可以提炼出整体的境界，就是又凄凉，又遥远。秋天的池塘，夜晚的雨，巴国的山川，都有一种凄清、遥远的感觉。

这样一种“名词集合”的方式，在古诗里面经常出现。比如唐代诗人张若虚写的《春江花月夜》，题目就是五个名词凑在一起，能够引起人无限的想象。我们现在总爱说一个词叫“脑补”，古代诗人就喜欢展示高度浓缩的画面，请读者自行“脑补”，然后他再细细道来。后来到《红楼梦》里，林黛玉写过一首《秋窗风雨夕》。她是学习《春江花月夜》写的，也是拿出来五个名词，然后用自己的体验、感受，去把它们组织成一首完整的诗。

有“巴山”，有“夜雨”，有“秋池”，除此之外，李商隐还是使用了一个动词：“涨”。什么是“涨”？就是雨不停地下，导致池塘的水一点一点地上升。这个情景不是他眼睁睁看着写的，他不会大半夜跑出去看池塘。就算看池塘，他也不一定看得清楚呀，外面伸手不见五指的，凄风冷雨的，为什么要出去？这个“涨”，是一种想象，是调动所有感官才察觉到的一种态势。诗人听着外面的雨，感受着雨的湿气，秋天的凉气，想象着池水应该是一点一点涨上去了吧！一个“涨”字，既包含听觉，也包含触觉，乃至包括思虑和想象。

除了多种感官的提示之外，“涨”字还暗示着诗人情绪的堆积。声音一点点地累积，水面一点点地上涨，诗人对远方知己的思念之情，也随之变得越来越饱满、悠长。这句“巴山夜雨涨秋池”，用一连串的名词，加上一个画龙点睛的“涨”字，描绘出了一幅情景交融的画面。里面既有情绪，也有感触，还有风景，已经拆不开，分不了了。

下面两句，诗人的思绪要往前飞了，向着未来飞去。“何当”，与“何当金络脑”中的“何当”是一个意思，即什么时候。诗人问自己，也是问对方：我什么时候才能与你“共剪西窗烛”呢？这是本首诗的第二幅画面。刚才写“巴山夜雨”，是第一幅画面，写当下远隔千里

我独自在今天想象着未来，想象着未来能一起回忆今天。

的时候，远在他乡的时候，我处于什么样的场景，我是什么样的心情。第二幅画面，则是想象未来，我终于回到长安了，写相见时候的场景，非常温暖，非常光明，跟第一幅画面形成鲜明的对比。第一幅凄风冷雨，昏昏暗暗，第二幅却是烛光摇曳，其乐融融。

那么，什么叫“西窗剪烛”呀？首先要确定什么叫“西窗”。相对长安来说，四川梓州在西南，是对着西窗的。这里诗人也为读者埋下了第三幅画面的一个伏笔，这个伏笔待下文再说。“西窗”底下，两个人在剪烛夜话。为什么要“剪烛”呢？古人没有电灯，都得点蜡烛。蜡烛里有一个烛芯，点着点就会烧糊、烧焦，烛光就变暗了。这个时候就需要拿剪子把焦煳的部分剪掉，让烛光更亮一些。为什么要让烛光保持亮度呢？说明两个人言谈投机，总是聊不够。我们不能黑灯瞎火地聊呀！没准还得喝点小酒、吃点小菜呢！于是就需要不断“剪烛”，让整个屋子保持光明，保持温暖的气氛。所以，诗人用这幅“西窗剪烛”的画面告诉对方，未来的相见是多么美好！能够面对面好好聊天，是多么令人向往！

最后一句，出现了第三幅画面，即“却话巴山夜雨时”。很奇妙，第三幅画面其实又回到了第一幅画面。大家一定要注意“却”字，它的意思不是“虽然”“却是”，它就是退却的意思，退而回忆的意思。怎么退呢？从未来往回退。未来相聚之后，我们回忆当年天各一方，你在长安，我在梓州，我曾经在一个凄风苦雨的夜里给你写信、写诗，那时候的场景可以称作“巴山夜雨图”啊！现在我们终于相见了，你还记得我当年诗里的“巴山夜雨图”吗？咱们再一起回忆回忆吧！

所以，一个“却”字，勾连起了未来和现在。表面上看，第一幅和第三幅都是一样的“巴山夜雨”，但是我们可以想象，第三幅“巴山夜雨”的色彩、温度其实是很不一样的，因为它经过了回忆的加工。

回忆是一种很奇妙的东西。曾经你经历过一次很痛苦、很艰难的事情，但是几年以后你回头一想，好像这事儿还挺有意思的，那些苦楚甚至显得有点滑稽。反过来，曾经你经历过一些特别美好的事情，现在回头一想，心里则会泛起一丝伤感：哎哟，这么美好的时光，永远回不去了！因此，我们可以想象，李商隐跟他的好朋友，在未来某一天，在一个光明、温暖的室内聊天的时候，他可能用一种调侃的、轻松的、愉悦的方式，来回忆当年那个寒风冷雨的夜晚。

读懂了“却”字，其实就读懂了整首诗的结构。诗写得很妙，表面上写了三幅画面，实际上是两幅画面，但是仔细想一想，还是三幅画面。第一幅是当下的凄凉苦楚的场景，第二幅是未来的幸福洋溢的场景，第三幅则是在幸福场景中回忆当年凄凉的场景。整首诗读起来有种曲折回环的美妙，非常精致。古人评论这首诗，说它就像“水精如意玉连环”，具有晶莹、回转的结构之美。

望岳

唐·杜甫

岱宗夫如何，齐鲁青未了。
造化钟神秀，阴阳割昏晓。
荡胸生曾云，决眦入归鸟。
会当凌绝顶，一览众山小。

《望岳》是杜甫青年时代的作品。我们一说到杜甫，总说“老杜”，那是他留在历史中的一个沧桑形象。老杜也年轻过呀！他大概在25岁的时候，意气风发，写下了这首《望岳》。唐朝人在年轻时候，经常到处漫游，结交各路英豪，饱览大好河山，有时也去求仙访道。青年杜甫也有过一段漫游的生活，他走到泰山附近，遥遥望见这座名山，心中升腾起无限遐想，于是写下了这首诗。

诗题很重要。“望”是诗人自己的动作，“岳”是诗人描写的对象。“望岳”两个字一出来，你就得知道这首诗有两个重点：一是强调自己在“望”，不是登山爬山；二是强调泰山是五岳之尊。他不说“望泰山”，而说“望岳”，是想提醒读者，我要描写的对象不是普通的高山，而是极为崇高、伟大的东岳泰山。杜甫在年轻的时候，就是一个特别会写诗作文的人。他很会扣题，句句都扣题。

第一句，“岱宗夫如何”，先把题目点出来。我不是要望它吗？它

诗人根本没登上泰山，但对泰山的渴望在逐渐积累。

到底长什么样呀？“岱宗”，是对泰山的尊称。“岱”和“宗”都有宗长、长者的意思，两个字放在一起，是说泰山是万物之开始，五岳之尊长。这是对泰山的至高赞美，仿佛世界就是从这里发源的，中华民族的精神就是从这里生长出来的。

“岱宗”到底是什么样子呢？杜甫接着说，“齐鲁青未了”。这是最大视野的观察，也就是最大的“望”。前文说了，诗题里的“望”字很关键。杜甫先是“大望”，接着“中望”，然后再“小望”，他是一层一层、一步一步地望下去的。

最先是一个“大望”。大到什么程度？我们几乎可以说，杜甫已经飞上高空，仿佛坐在飞机上航拍，才能看到这样的景色，叫“齐鲁青未了”。泰山的山色，绵延到齐，绵延到鲁，在整个山东大地乃至华北平原上都能够看到！泰山的北边是齐国的故地，南边是鲁国的故地。现在的山东省就分成这两个以泰山为界的主要区域，无论是山南还是山北，都是“青未了”。可见，泰山不仅博大，而且高峻，在很远之处仍能看到它郁郁青青的山色，这就叫“齐鲁青未了”。

第一、二句是航拍。慢慢地飞机开始往下走，往近了走。现在基本上到了泰山的山顶附近了。从这里俯瞰整个泰山，看到了什么呢？“造化钟神秀，阴阳割昏晓。”“造化”就是大自然的意思，大自然能够创生万物，可造可化。它把“神秀”之气都“钟”在这儿。“钟”本义是酒钟，现在也会写成“酒盅”，是一种盛酒的容器，可以把酒聚集起来，因此“钟”有聚集的意思。我们经常说，我很钟情于你，中意于你，就是说把我的情意都聚集在你身上。杜甫说，大自然把天地之间所有的神奇秀美之气，都聚集在了泰山。古人会认为，天地万物是一气所生，气在天地之间萦绕、奔走，形成了江河湖泊、高山深谷，形成了草木鸟兽，形成了万物之灵。杜甫认为，大自然把最优质的气都给了泰山，就叫“造化钟神秀”。

什么是“阴阳割昏晓”呢？如果说“造化钟神秀”写得比较虚，“阴阳割昏晓”则写得很实。“阴阳”呼应着“造化”，形成了对偶的关系。“阴”和“阳”，本来也是很虚的概念，古人会认为一切事物都有阴阳两个方面。但在这里，杜甫想表达的是很实的意思。山北为阴，山南为阳。泰山高耸入云，能够遮蔽阳光，造成山南、山北的明暗不同。如果是一个小土山，阳光照过来就全照亮了，照不过来就全部很昏暗。但是泰山太高了，同一座山中，这边太阳已经照到了，那边还黑着呢。“割昏晓”的“割”，就是分割、划分的意思。泰山的巅峰，就像一道分割线，把天地分成了阴阳、明暗两部分。

为什么很多游人一定要去泰山山顶看日出呢？日出的时候，泰山的明暗对比最为明显。东边的山峰已是红光普照，但西边的山峰还披着月色星光。大家都想去感受此种阴阳分割、明暗分明的气象。王维的《终南山》也写了类似的自然现象，即“分野中峰变，阴晴众壑殊”。终南山也是高山，它是秦岭的一条支脉。当然，它的文化意义、精神气象远远比不上泰山。

第五、六句，“荡胸生曾云，决眦入归鸟”，杜甫的视野又变小了，仿佛他从飞机上下来了，站在山顶了，切身感受着山间的变化。什么变化呢？“荡胸生曾云”这个句子我们稍微倒转一下语序，可能更好理解，就是“曾云生荡胸”。诗人看见一层一层的云生出来了，涤荡着他的心胸，让他的心灵产生了动荡。大家注意“曾”字，与“层”通用。还要注意“荡”字，非常绝妙，既是写云在那里飘来荡去，同时又写这些云影响了诗人的心胸。他要强调自己的感受，所以把“荡胸”放在前面。他如果直接说“曾云生荡胸”，重点就是“曾云”了。大家

终南山

唐·王维

太乙近天都，连山到海隅。
白云回望合，青霭入看无。
分野中峰变，阴晴众壑殊。
欲投人处宿，隔水问樵夫。

不要忘了，整首诗都是围绕“望”来写的，“望”的人的感受，是最重要的。

下一句是“决眦入归鸟”。“决眦”就是睁裂眼眶的意思，形容眼睛睁得特别大，特别使劲。只有全神贯注、极目远眺的时候才有这样一种感受。杜甫极目远眺是在看什么呢？“决眦入归鸟。”什么叫“入归鸟”？就是目送归鸟入了林间。岑参有首诗说“鸟向望中灭”，望着望着，一直到实在望不见了才罢休。杜甫这里极力形容自己双目圆睁在捕捉远处的风景，看着归鸟一点一点变小，直到最后消失不见。

你们看，这首诗写“望”是越写越小的，对不对？先是“齐鲁青未了”，这是航拍，在高空之中；然后是“阴阳割昏晓”，这是飞翔在泰山顶上，俯瞰整个泰山；接着视野又变小，仿佛站在泰山上，感受着泰山的云，观察着泰山的鸟。写到这儿，水到渠成了，他最后说：“会当凌绝顶，一览众山小。”他说，在我的想象中，对泰山已经进行了航拍、俯视、近观，泰山的方方面面我都已经感受到了，近的、远的、大的、小的风景，我都看完了。看完之后我提出一个愿望：我将来一定要“凌绝顶”，就是登上泰山之巅。

由此可见，前面六句都是在驰骋想象，诗人根本没登上泰山，但对泰山的渴望则在逐渐积累。当他写到“会当”，说明情感爆发出来了：就因为泰山怎么“望”都如此崇高，怎么“望”都如此美妙，所以我太想登上去了！“凌”就是凌驾于其上。凌驾其上，心中就会升腾起一种俯视世界的感觉，叫“一览众山小”。孟子有句话：“孔子登东山而小鲁，登泰山而小天下。”意思是，孔子登上东山，就觉得鲁国都在脚底下了；登上泰山之后，天下的山都在脚底下了。杜甫借鉴了孟子的话，改写成了“一览众山小”。

“一览众山小”，也呼应着诗的题目。所谓“望岳”，望的是五岳之尊。泰山是最崇高、最尊贵的，所以能“一览众山小”。你看杜甫是多么会写作文的一个孩子呀，是不是？题目叫“望岳”，于是处处扣题，句句都写“望”。“望”什么呢？望的是泰山作为五岳之尊的气象。它是多么博大、崇高、美妙！

古人写诗，往往写得非常严谨，环环相扣，首尾相连。我们细细研读杜甫《望岳》，是想教给大家一种解读古诗的方法，即借助题目去分析一句一句之间的关系，分析诗人观察与思考的重点，梳理诗歌脉络的开端、发展、转折、结束。古人就是这么写诗的，我们也得这么读诗。

登飞来峰

北宋·王安石

飞来山上千寻塔，闻说鸡鸣见日升。
不畏浮云遮望眼，自缘身在最高层。

诗题叫《登飞来峰》，那么飞来峰在哪里呢？有不同的说法。

有人说是在杭州西湖，有个灵鹫峰，与灵隐寺隔着溪水相对，高有 200 多米，这就是飞来峰。另外一种说法，认为飞来峰是在越州，也就是今天的浙江绍兴。绍兴郊外有一座宝林山，相传是从山东琅琊郡飞过来的，又名飞来山、自来山、怪山。山间有宝林寺，山上有座应天塔。

我比较认同后一种说法。王安石在越州登飞来峰，进而登上宝塔，然后写下了这首千古名作。

明确这个地点很重要。根据地点，我们去查王安石的生平履历，就能判断时间点。王安石此时刚刚 30 岁，还很年轻。之前几年的时间，他在浙江鄞县做地方官，距离他以后掀起轰轰烈烈的变法运动，还有挺长时间。我们常说，"有志不在年高"。从这首诗里，我们能够大概预测日后王安石的事业、思想、精神境界所能达到的高度。

第一句就气势不凡，"飞来山上千寻塔"。这座塔，在越州宝林山上。按照王安石的说法，真高啊！有"千寻"之高。我们来算一笔

三十岁那年的一次吹牛，预示了一生的人格气度和思想高度。

账，一寻就是8尺，千寻就是8000尺。宋代的一尺大约是31厘米，比今天的33厘米要短一点。大家一定要注意，各个时代的尺都不一样，从春秋时期，到汉朝，到唐朝，到宋朝，到明清，到现在，尺的长短是不断变化的。相对而言，唐宋时期的尺，跟今天差距还不大。那么，8000尺就有2400多米。大家可能没概念，2400多米有多高？目前世界第一高楼，阿联酋的迪拜塔，也就800多米。好家伙！三座迪拜塔垒起来，才能赶得上王安石眼中的千寻宝塔，怎么可能？显然这是一个夸张。

王安石心想，干脆夸张就夸到底！于是继续吹牛，“闻说鸡鸣见日升”。“鸡鸣见日升”，暗藏着一个典故。知道这个典故，才能知道王安石想到了什么。泰山上有一座日观峰，鸡鸣的时候，就能见到日出。我们都知道，鸡鸣的时候天还蒙蒙亮呢，太阳还没升起来，但是站在泰山上就能看到太阳。为什么呢？因为泰山太高了，就像杜甫《望岳》所说，是“阴阳割昏晓”。

王安石其实是用泰山之高，来形容自己登高的高度，同样是一种夸张。这个夸张可能不仅仅是王安石的夸张，有可能是当地人的夸张。村民们爱吹牛，说我们山上的塔可高可高了，高到什么程度？就跟泰山的日观峰一样！村子里的鸡一叫，村里还黑着呢，你登上那个塔，就看见天亮了。王安石估计是顺水推舟，把村民吹牛的话拿过来用，继续大言不惭。

前两句真是吹牛吹到爆啊！先说宝塔有2400多米高，再说它的高度能和泰山媲美。他为什么要吹那么高呢？有两个理由。

第一个是普遍性的理由。古人登塔、登山的机会还是少，不像我们今天动不动就爬上十几层、几十层的高楼。《夜宿山寺》说“危楼高百尺，手可摘星辰”，此种“少见多怪”的情况，古人常有。

第二个理由，是王安石要做铺垫。他登飞来峰，登这个塔，可不是为了写景，而是为了抒情。他把宝塔的高度吹得越高，下面他要抒情的时候，情绪也就越高亢。

后面两句就是借景抒情了，“不畏浮云遮望眼，自缘身在最高层”。“望眼”，就是眺望远方的目光。他为什么不害怕被遮住“望眼”呢？因为他自己站在最高的地方，没有任何事物可以遮挡他、阻碍他。

有个词需要着重解释一下，就是“浮云”。古人常用“浮云”比喻小人、坏人。汉代思想家陆贾写了一本书《新语》，里面有句话，“邪臣之蔽贤，犹浮云之障日月也”，说那些坏的大臣，不让君主跟贤能的大臣相交，就好比是浮云遮蔽了日月一样。汉末的诗歌《古诗十九首》里也有类似的一句话，“浮云蔽白日，游子不顾返”，意思是有小人阻拦君子、妨碍君子，导致君子回不了家。

同样的道理，李白《登金陵凤凰台》结尾说，“总为浮云能蔽日，长安不见使人愁”，也是借“浮云蔽日”的图景，来抒发自己的不满。你们这些小人，阻拦我，遮蔽我，不让我飞黄腾达，不让我建功立业，我见不到长安，皇帝也用不上我，国家就没希望啊！李白是非常骄傲的，他的愤懑与不平也往往是极为露骨的。

刚才我们说了，王安石写《登飞来峰》的时候刚满 30 岁。他可能也会担忧，自己的一些理想、一些想法，会被人所遮蔽、所阻碍。但他不是用一种愤激的方式，而是用乐观、自信、豪迈的方式来表达的。李白说“总为浮云能蔽日”，而王安石要说“不畏浮云遮望眼”。

此时的王安石，真的是目空一切，极为自信，比李白也有过

登金陵凤凰台

唐·李白

凤凰台上凤凰游，凤去台空江自流。
吴宫花草埋幽径，晋代衣冠成古丘。
三山半落青天外，二水中分白鹭洲。
总为浮云能蔽日，长安不见使人愁。

之而无不及。他觉得，一般人容易被浮云遮住，导致看不到希望，看不到理想，但是我不怕，我不是一般人，我是天下第一高人啊！我简直就飞上云霄了，还惧怕被浮云遮蔽吗？浮云都在我的脚下啊！所以他说，“自缘身在最高层”。一个“自”字，显示的是极端的自信。

古人常说“三十而立”，作为中国历史上伟大的政治改革家，王安石在 30 岁那年就已经充分展露了他的才华与胸襟。这个时期的王安石，已经写了一些表达改革思想的诗歌和文章了。他也做过地方官，做得还非常有成就。他后来从事变法，据说提过三句口号，叫“天变不足畏，人言不足恤，祖宗不足法”，所谓“不足畏”“不足恤”“不足法”，归根结底也就是两个字，即“不畏”，就是不怕。不怕老天变天，不怕你们骂我，不怕祖宗怪罪，反正我就是要变法！这三句口号所展现出来的一往无前的人格气度和高瞻远瞩的思想高度，在他 30 岁时写的《登飞来峰》这首诗中，已经表达得淋漓尽致了。

游山西村

南宋·陆游

莫笑农家腊酒浑，丰年留客足鸡豚。
山重水复疑无路，柳暗花明又一村。
箫鼓追随春社近，衣冠简朴古风存。
从今若许闲乘月，拄杖无时夜叩门。

陆游是南宋著名的爱国诗人，总是渴望着金戈铁马的生涯，他支持当时的主战派名臣张浚北伐。南宋皇帝大多没出息，因为各种各样的原因，不愿或不能收复中原。陆游收复中原的壮志始终无法实现。他罢官赋闲在家，回到了山阴，也就是今天的浙江绍兴。

陆游一生写了9000多首诗。在这9000多首诗里面，有两种类型是比较多的，也是比较有代表性的：一种是爱国的题材，一种是闲适的题材。大家应该都读过著名的《示儿》："死去元知万事空，但悲不见九州同。王师北定中原日，家祭无忘告乃翁。"这是非常典型的爱国题材作品。陆游到死的时候，给儿子留下的最后一句话，不是分遗产什么的，而是说等到收复中原那一天，一定要告诉我。他的爱国之心，是至死不渝的。

另外一种题材就是闲适的题材，描述自己悠闲自在的日常生活，比如吃东西，喝茶，写字，养宠物，游山玩水。这种类型的诗歌，构

人生中经常有"疑无路"的痛苦，也常会遇见"又一村"的惊喜。

成了陆游全部诗中的很大一部分。元明清很多文人读陆游，更喜欢的未必是那些抒发爱国热忱的作品，而是青睐这些比较轻松、闲适的作品。《游山西村》，可以说是陆游闲适诗的代表作。“山西”，指的不是今天的山西省，而是在今天的浙江绍兴。

诗题叫《游山西村》，关键词是“游”。这次“游”，不是随便闲逛，而是应邀去别人家玩，所以第一联才会说“莫笑农家腊酒浑，丰年留客足鸡豚”。有人邀请他，而且备好了酒菜。这就类似于孟浩然《过故人庄》第一联所说的，“故人具鸡黍，邀我至田家”。孟浩然这边吃到了“鸡黍”，吃到了“黄焖鸡米饭”，有鸡有饭，那么陆游的朋友给陆游吃了什么呢？好像更丰富一点，“丰年留客足鸡豚”。“豚”就是小猪。有猪肉，还有鸡肉，而且管够、管饱。这句其实是模拟主人对自己所说的客套话。主人很热情，也很谦虚，告诉陆游：你别笑话我们家腊酒不好喝啊，来我家吃肉可以吃饱！

“腊酒”，就是前一年腊月酿的酒，也就是说，这时候应该是春天了。农家的腊酒比较简朴，没有经过精细加工，所以就“浑”。我们在诗词里经常读到“一壶浊酒”。“浊酒”，就是浑酒，没有经过过滤，口感不太好。如果过滤、加工之后，就是“清酒”了。李白说“金樽清酒斗十千”，说明“清酒”比较贵。

第一联交代诗人为什么要游山西村，因为有朋友非常热情地邀请诗人去他家做客，吃吃农家菜，享受农家乐。第二联继续写，既然受邀前往，那么就有一路走去的经历，即“山重水复疑无路，柳暗花明又一村”。这一路还是挺曲折的。一座座山，一道道水，重重叠叠，感觉怎么都绕不过去，就在山里打转。忽然豁然开朗了，前方有柳树，有鲜花，有村庄。柳色是深绿色，花朵是非常红艳，就产生了强烈的明暗对比。明暗对比如此强烈，说明诗人非常惊喜。

后来就形成了一个成语叫“柳暗花明”。很多事情一开始看不清楚，看不明白，突然有一天真相大白，那种感觉就是“柳暗花明”。他如果说“柳绿花红”，就没有这种感觉了。诗人在观察事物、处理感觉的时候，比我们更细腻，更有创造力。我们只会实话实说，“柳绿花红”。陆游会加工自己的所见所感，突出亮度和阴影，于是说“柳暗花明”。

“柳暗花明”之后，陆游继续走，走到村子里去了。他发现村庄里的风俗习惯很热闹，“箫鼓追随春社近”，有箫有鼓。为什么要演奏这些乐器呢？是因为“春社”这个日子快要到了。什么是“春社”呢？就是祭祀土地神和五谷神，在当时是一项重要的春季仪式。土地神就是“社”，五谷神就是“稷”。古装电视剧里面经常说个词叫“江山社稷”，就是以“社稷”指代国家，说明“社稷”对于一个国家来说非常重要。我们国家是以农耕为根本的农业社会，土地和五谷是生存基础。国家要祭祀社稷，一个村庄也要祭祀社稷。古人认为祭好了土地神和五谷神，就能祈得丰年。

从诗的第一联里可以看出，去年应该是一个庄稼收成不错的年份，所以主人会对陆游说“丰年留客足鸡豚”。去年收成不错，大家当然希望今年的收成能够更上一层楼，希望老天给饭吃，所以要祭祀社稷。祭祀的日子近了，大家要置办各种各样的物品，准备各种各样的仪式，热闹奔忙，你追我赶，这就叫“箫鼓追随春社近”。

“衣冠简朴古风存”，是说这个村庄的人民活得非常单纯、质朴，符合农业社会几千年以来的生活规律，保留着一些淳朴的古代风俗。“古风存”其实是在赞美对方。古代文人有一种风气，说你这个人品德高，就说“风格近古”或“有古人之风”，这是非常崇高的赞美，因为文人总觉得，越古老的年代，人们的思想素养、道德水平就越高。孔子也说自己“好古”，后人就更“好古”了。陆游说村民朋友们“古风存”，说明他们穿戴得体，彬彬有礼，热情周到。这也呼应着前面所说的，“莫笑农家腊酒浑，丰年留客足鸡豚”，多么直率，多么热忱！

最后一联，“从今若许闲乘月，拄杖无时夜叩门”。大家别忘了，整首诗的主题是“游”。诗的开头写我应邀去“游”，中间写一路上经历“山重水复”，看见“柳暗花明”，感受到“箫鼓追随”的风俗，接触到“衣冠简朴”的村民，结尾则写我“游”完要走了。开头两句，是主人对陆游说的话。结尾两句，则是陆游对主人说的话：从今以后，如果还能有机会、有空闲，我会乘着月光再次到来。到时候，请允许我拄着拐杖，随时敲你家的大门哦！你可别不接待我啊！

从告别的话里可以看到，这场相会是宾主尽欢的，主人客人都很开心。两个人的关系，不是虚伪的客套，而是既彬彬有礼，又非常坦诚、直率、亲密。陆游走的时候留下一句话：我说不准啥时候又杀回来了！你呢，准备好酒食饭菜，供我随时过来吃喝吧！这话说的，叫“真拿自己不当外人”！

整体来看，《游山西村》写得非常轻松，作者的心情非常闲适。他没有刻意强调两人友情多珍贵，更没有炫耀吃得多好、喝得多好，也没有表达什么超凡脱俗、世外桃源的意思，他就是老老实实记录了一次自己出游的过程。在这个过程中，他走过了一段奇妙的山间小路，来到了一座古朴的村庄，遇见了一些淳朴的人民，收获了一份率真的友谊。

最后，我们还要说一说，“山重水复疑无路，柳暗花明又一村”这两句为什么那么有名？我们很多人都会有这样的行走经历：走着走着，绕来绕去，突然一转弯就出去了，或者说见到了一番别样的风景。这种感觉，陆游把它非常精确地传达出来了。他表达得太精辟，以至于后世很多人喜欢借用这种感觉去比喻人生中的种种经历。比如做数学题做不出来，“山重水复疑无路”，突然脑中灵光一现，“柳暗花明又一村”，做出来了！人生的困境也是如此。最近怎么老是不顺呢？感觉都倒霉死了！突然有一天，天上掉下个大馅饼，好了，“柳暗花明又一村”！

人生中经常有“疑无路”的痛苦，也常会遇见“又一村”的惊喜。这就启迪我们，在“山重水复”之时，要对“柳暗花明”的未来抱有信心，抱有希望。坚持走下去，就会越过坎坷，遇见人生的惊喜。

一个好诗句，往往不仅仅给人以美的享受，还会带给人丰富的思考。

黄鹤楼

唐・崔颢

昔人已乘黄鹤去，此地空余黄鹤楼。
黄鹤一去不复返，白云千载空悠悠。
晴川历历汉阳树，芳草萋萋鹦鹉洲。
日暮乡关何处是，烟波江上使人愁。

这首《黄鹤楼》在历史上名气极大。当代有学者做过一本《唐诗排行榜》，他统计了很多数据，比如历朝历代选唐诗的数据，历朝历代评点唐诗的数据，二十世纪学者研究唐诗的论文数据，等等。根据这些数据，他计算出了一百首影响力最大、最被人关注的唐诗，并做了一个排行榜。排行第一的就是崔颢《黄鹤楼》，真可以说是天下第一唐诗！

这首诗为什么能独步天下？首要原因当然是确实写得好，还有一个不能忽略的外部原因，就是李白的赞许。根据宋代《渔隐丛话》记载，李白跑到黄鹤楼玩，正打算题诗，发现“眼前有景道不得，崔颢题诗在上头”。黄鹤楼的景色在李白看来非常美，正想写诗呢，抬头一看崔颢的诗就在上面，读完之后心想，拉倒吧，我不写了，写了比不过就太丢人了！因为老崔的《黄鹤楼》写得实在太好了！

可是李白终究是李白，他虽然没有写一首题为《黄鹤楼》的诗，但是他模仿崔颢《黄鹤楼》写了两首诗。第一首是《鹦鹉洲》，前四句写的是：“鹦鹉来过吴江水，江上洲传鹦鹉名。鹦鹉西飞陇山去，芳洲之树何青青。”大家看，这跟《黄鹤楼》前四句“昔人已乘黄鹤去，此地空余黄鹤楼。黄鹤一去不复返，白云千载空悠悠”多么相似！李白还有一首《登金陵凤凰台》，开头说“凤凰台上凤凰游，凤去台空江自流”，是不是也挺像“昔人已乘黄鹤去，此地空余黄鹤楼”的？

可见，李白一方面在黄鹤楼上给予了崔颢极高的评价，认为他的诗艳压千古，谁也超不过，另一方面，私下里还是有一点不服气，又学他写了两首。经过李白的吹捧和模仿，又经过后人添油加醋，越说越神，崔颢《黄鹤楼》的名气就登峰造极了。

当然，光靠别人的褒奖、吹捧是不靠谱的，首先得自己写得好。那我们就来看一看，《黄鹤楼》为什么写得好，哪里写得好。

首先看题目。为什么叫“黄鹤楼”呢？根据陆游《入蜀记》记载，曾经有一个神仙在这里飞升上天，后来乘黄鹤回来，然后又飞走了，所以叫黄鹤楼。崔颢这首诗，一上来就吟咏了这个故事传说。“昔人已乘黄鹤去”，“昔人”就是仙人。“此地空余黄鹤楼”，意思是黄鹤走了，仙人也飞走了，现在只剩下这座让人产生无限遐想的黄鹤楼。

第二联接着写，“黄鹤一去不复返，白云千载空悠悠”。刚才不已经说了“昔人已乘黄鹤去”吗？诗人现在又重复了一遍，说黄鹤再也不回来了。经过千秋万代，白云来去千载，万物新陈代谢，一切都面目全非了，只剩下黄鹤楼依然矗立江畔。上面四句话，反反复复在说诗人对那位飞天而去的仙人的怀念。他有点羡慕，有点渴望，有点怅惘。那样一个神仙，就从这里骑着黄鹤飞走了，再也没有回来。神仙来去，跨越了极为辽阔的空间；白云千载，又经历了极为悠远的时间。在无尽的空间、无尽的时间之内，诗人在“发思古之幽情”。

天下第一唐诗，到底哪里写得好？

前面四句，写得非常顺溜，不像七言律诗应该有的样子。七言律诗的中间四句，也就是颔联和颈联，一定要对偶的。什么是对偶？什么是颔联、颈联？我们讲王维《山居秋暝》的时候介绍过，大家可以参看。《黄鹤楼》的颔联，“黄鹤一去不复返，白云千载空悠悠”，显然对偶很不工整。“黄鹤一去”与“白云千载”，勉强还可以凑成一对，但是“不复返”跟“空悠悠”，必然是驴唇不对马嘴。

到了颈联，也就是“晴川历历汉阳树，芳草萋萋鹦鹉洲”两句，如果再不安排工整的对偶，这首七言律诗就写毁了。好比我们唱歌，可以做一点改编和自由发挥，但如果从头到尾都乱改、乱唱，那就完全跑调了。崔颢写到颈联的时候，他得收敛一下，得写出一个工整的对偶。大家看，“晴川”对“芳草”，“历历”对“萋萋”，“汉阳树”对“鹦鹉洲”，是非常工整的。

这两句是什么意思呢？其实是接着前四句的意思往下写。黄鹤走了，神仙也走了，故事也一去不复返了，现在诗人站在黄鹤楼上，还能看到什么样的景色呢？首先是“晴川历历”，“历历”，表示很清晰。然后看见“芳草萋萋”，“萋萋”，就是植物茂密。诗人在黄鹤楼上远远眺望，既能看到阳光、江水、沙洲，还能看到芳草丰美的景色，可见视野非常清晰。

颈联中的两个地名，在什么位置？包含什么意思呢？大家更感兴趣的估计是“鹦鹉洲”，下面就着重解释这个地名。三国时期有一个狂人叫祢衡，大家有兴趣可以读读《三国演义》里面的一些篇章。他很有文采，但非常骄傲，乃至很狂妄，不讨人喜欢，像个皮球一样被人踢来踢去。在曹操这儿他骂曹操，曹操心想我凭什么被你骂，你这么讨厌，我给你踢到刘表那儿。刘表很狡猾，他知道祢衡脾气大，又知道黄祖脾气也大，心想那我就把这个臭皮球踢给黄祖。祢衡你不是火药桶吗？我给你踢到另外一个火药桶那儿去！

黄祖当时在江夏当官，江夏就在今天的武汉，距离黄鹤楼不远。果然，祢衡来了，跟黄祖起了冲突，黄祖就杀了祢衡。祢衡遇害之后，后人挺怀念这位狂人。祢衡写过一篇著名的《鹦鹉赋》，就在江夏写的，所以人们把附近江心的沙洲命名为鹦鹉洲。

鹦鹉洲位于黄鹤楼东北方向的长江中。那么“汉阳”在哪儿呢？汉阳在西面，隔江与黄鹤楼相望。我们可以想象，崔颢站在黄鹤楼上，不是稀里糊涂地胡乱看，而是有远有近、有西有东、很有秩序地环视了一周。他看看西边的汉阳树，又看看东边的鹦鹉洲。看看远的，有大江，有天空，有白云；看看近的，有树，有草。可见，高低远近、上下左右都看得非常清楚，视野极为辽阔。五、六两句，跟前面四句合在一起，总共六句，真的是包含天地，包揽古今。杜甫《望岳》里说“决眦入归鸟”，意思是睁大了眼睛使劲远眺，眼眶都要裂开了。崔颢也差不多快要“决眦”了。

一首好诗不能虎头蛇尾。《黄鹤楼》的最后两句，“日暮乡关何处是，烟波江上使人愁”，既是意料之外，又在情理之中，写得也是非常妙。

为什么说意料之外呢？最后两句抒发的是思乡之情，而前六句一直都在怀念一些古人，比如仙人、祢衡。一般怀古诗的结尾，那就继续怀古呗。刘禹锡《西塞山怀古》结尾就说，“今逢四海为家日，故垒萧萧芦荻秋”，回到了历史遗迹上。而崔颢说“日暮乡关何处是”，就有点意外了，怀古诗最后怎么写思乡呢？

我们再说情理之中。其实崔颢在前六句中，既埋藏了小细节，也铺垫了大趋势，只要我们认真阅读、思考，就能发现他的思乡之情从何而来。第一个小细节是“芳草萋萋”。《楚辞》里有个名句，“王孙游兮不归，春草生兮萋萋”，意思是看见青草茂盛，呼唤“王孙”赶紧回家啊！所以，“芳草萋萋”的景色，容易勾起人们的思乡之情。

还有一个小细节是“鹦鹉洲”。祢衡的《鹦鹉赋》，描写的是一只远从西域而来、背井离乡的鹦鹉。崔颢看到鹦鹉洲，想到《鹦鹉赋》，也会勾起思乡之情。

再从整首诗的大趋势来看，结尾的思乡之情也是有迹可循的。前四句写仙人来去自如的感觉，会让凡夫俗子觉得，神仙多么自由，我们却身不由己。他一去不返，在神仙世界中遨游，我们则在天地之内漂泊。从漂泊的感受中，容易引发思乡之情。还有一个值得注意的大趋势，就是前六句所写，都是登楼时的所见所感。古人一登楼就容易思乡，原因很简单，古代楼房太少，一般都是平房。偶尔登一次楼，就感觉好高，能眺望好远。我的家乡在哪儿？在西边？在南边？那我就往西看看，往南看看。这就是登楼望乡的传统。

总而言之，《黄鹤楼》前六句主要是怀古，也顺便写一写当下的风景。前六句所展现的时间、空间，都极为辽阔，让人读了心胸为之开阔。而最后一句，诗人心情突然低落，转入到思乡情绪之中，虽然低落，但却不凄凉。最后一句说“烟波江上使人愁”，境界仍然是非常开阔的。这是一首典型的带有盛唐气象的诗。诗人想家是真想，但不会凄凄惨惨地哭鼻子，而是自然而然流下一滴坚强的眼泪。

阮郎归·初夏

北宋·苏轼

绿槐高柳咽新蝉，薰风初入弦。碧纱窗下水沉烟，棋声惊昼眠。微雨过，小荷翻，榴花开欲然。玉盆纤手弄清泉，琼珠碎却圆。

一说到苏东坡，很多人会想起一些很豪放的词，比如《念奴娇·赤壁怀古》，非常鼓舞人，也非常有智慧。在这首《阮郎归》里，苏轼似乎放下了一切深沉的想法，只是简简单单描写一个初夏，并且通过一个初夏照耀出了更多初夏。这首词，是一个初夏风景万花筒。每个人读它，都有可能想到自己生命中的某个夏天。让我们一起来看看，苏轼是如何写初夏的。

第一句，“绿槐高柳咽新蝉”。“咽”，意思是哽咽，就是抽泣的时候那种沙哑的嗓音。宋代词人柳永《雨霖铃》里有一句话，叫“竟无语凝噎”，就是说不出话来了，也就是哽咽了。还有唐代诗人李约的名句“朱门几处看歌舞，犹恐春阴咽管弦”，意思是春天湿气一多，会让管弦乐器里发声的部件变得僵硬、潮湿，发出的声音就可能变得嘶哑，这是写乐器的哽咽。那么，新蝉怎么会哽咽呢？

我们知道，蝉到了秋天叫起来会有一搭没一搭的，比较微弱，因为生命快走到尽头了，所以柳永说“寒蝉凄切”，李商隐也说“五更疏欲断，一树碧无情”，“疏欲断”就是一声比一声稀疏，叫着叫着好像就听不见了。这些诗句都是写寒蝉，也就是秋蝉。

苏轼这首词，明明写初夏，写新蝉，怎么也会哽咽呢？此时的蝉鸣，不是苍老，不是嘶哑，而是纤细、柔弱。蝉没有声带，而是振动翅膀，发出声音。新蝉翅膀很娇嫩，发出的声音还不是太规律、太洪亮，再加上它是在“绿槐高柳”之中鸣叫，槐树、柳树的枝叶，会遮挡原本就比较细弱的蝉鸣，造成欲断还续的听觉效果。所以，这个“咽”字可谓写出了初夏蝉声的细微、独特之处。

第二句，“薰风初入弦”。这里暗用了“薰风”的典故。舜是远古的一个圣王，他会弹一把五根弦的琴，还创作了一首叫《南风》的诗。这首诗是怎么唱的呢？“南风之薰兮，可以解吾民之愠兮！”意思是，暖风的吹拂可以抚育万民，使人民都变得无忧无虑。可见，舜用音乐去教化、感染万民。苏轼暗用了舜的典故，但没有那么严肃的意思，主要是想表现夏天的风一吹，真是太温暖了，能够让弹奏音乐的声音都变得更有感染力。

接下来，“碧纱窗下水沉烟，棋声惊昼眠”。我们试着再多读几句：“微雨过，小荷翻，榴花开欲然。玉盆纤手弄清泉，琼珠碎却圆。”往下读你会发现，这真的是一个万花筒，一个一个事物纷至沓来。诗人依次写了纱窗、沉香、棋声、微雨、小荷、榴花、玉盆、水珠。他不仅写事物本身，还在写与这些事物相关的人们的活动。也就是说，他不仅描摹风景，而且写人们如何度过这个夏天。

比如说“昼眠”，就是白天睡觉。夏天容易困，就容易睡午觉。又比如下棋，这是消夏的一种方式。无聊的时候太热了，做点休闲的事情吧，于是就下一会棋。还有一种夏天常干的事儿，就是洗手。夏天很热，经常出汗，就会洗手、洗脸。你看，写了这么多与初夏相关的日常活动。下面我们从诗歌的角度来依次解读。

首先，“碧纱窗下水沉烟”，这是写古人的生活习惯，房间里经常点上香。沉香当然是最上等的香之一，点上它之后，既能够防止蚊虫、瘟疫，而且自有一种优雅的气韵。焚香煮茗，是古代文人最喜欢的优雅生活、小资情调。

接着，“棋声惊昼眠”。有的学者根据这句话，猜测这首小词可能是苏轼从黄州到汝州的路上写的，他经过了庐山的白鹤观。他有一首《观棋》诗，序言里说到，在庐山白鹤观的时候，看到那里的人都爱睡觉，到中午的时候就一关门，呼呼大睡去了。偶尔有几个人不睡，便在那下棋。其实，要是在闹市中下棋，听不见棋声，也感受不到下棋人的悠闲自在。而在庐山的白鹤观里，其他人都睡了，有两个人在松荫之下、流水之畔下棋，就很有意境。苏轼说本来我不爱下棋，但在庐山深处的道观里，听见别人下棋的声音，觉得真是太好听了，境界太高雅了，于是就欣然学习下棋。这段故事，或许与“棋声惊昼眠”有关，即使没关系，也可以帮助我们领略初夏的安静、棋声的高雅。

再往下看，“微雨过，小荷翻，榴花开欲然”。“然”，与“燃”通用。“榴花开欲然”写得比较寻常，形容榴花开得绚烂、鲜艳，犹如火焰燃烧。比较有神韵的是哪一句呢？是“微雨过，小荷翻”。荷叶最美之时就是刚下过雨的时候。北宋词人周邦彦有一句词描写雨后荷叶，叫“水面清圆，一一风荷举”。水珠积在荷叶的中心，然后慢慢流走、散去，原来被一小滩积水给压住的荷叶就重新挺立起来，这叫“一一风荷举”。苏轼说“微雨过，小荷翻”，其中的“翻”字，与周邦彦“一一风荷举”的“举”字，都是非常传神的动词。微雨一过，小荷上积的水突然流下来，感觉荷叶颤动了一下，于是有一种“翻”的姿态。雨后荷叶的动态美便呈现出来了。

最后一个场景，是洗手。洗手有什么好写的？夏天谁不洗手啊？苏轼把洗手这么一件简单、琐碎的事儿，写得像舞蹈一般美妙。“玉盆纤手弄清泉”，说明盆很华丽，手型很漂亮，泉水非常清凉。“琼珠碎却圆”，洗手的时候会迸溅出许多水珠，整体看显得支离破碎，但仔细一看，每一颗水珠都是晶莹剔透、圆润饱满的。苏轼仿佛拿着一个高清摄影机在拍摄水珠，拍出一种“一花一世界”的特写效果。

这就是苏轼笔下的初夏。读完《初夏》，不会觉得里面有多么深刻的哲理或多么强烈的感情。人有时候得放松一下，尤其是夏天。在古人看来，春天快结束时会有落花，秋天一到则万物凋零，所以会伤春、悲秋。冬天呢，太冷了，冻手冻脚不好过。夏天是四季中最舒服、最慵懒的季节。人们有充分的理由待在家里，待在阴凉的地方，想方设法给自己降温。夏天白天的时间特别长，时间仿佛过得尤其慢，这就需要做点轻松又琐碎的事情去消磨时光，便有了“消夏”一说。古人在夏天会写、会读《消夏录》之类的书，里面常记录着一些奇奇怪怪的故事。以后放暑假了，大家可以找点夏天的诗、夏天的故事来读一读，一边吃冰棍，一边长知识，岂不美哉？

延伸阅读

蝉

唐·虞世南

垂緌饮清露，流响出疏桐。

居高声自远，非是藉秋风。

相见欢

五代·李煜

林花谢了春红，太匆匆。无奈朝来寒雨晚来风。
胭脂泪，留人醉，几时重。自是人生长恨水长东。

李煜留下的词不多，只有30多首，但几乎篇篇是精品，感人至深。他号称“千古词帝”。为什么这么称呼他？不仅仅因为他词写得极好，可以在文学领域称王称霸，而且因为他确实是一个皇帝，是一个君主。李煜写尽了人生最痛苦、最悲壮的情感。他的作品为什么有这么激烈的情感表达，这么动人的艺术力量呢？这跟他的君主身份和遭遇，有着非常密切的关系。

李煜字重光，是南唐的君主。南唐处于唐和宋之间。唐朝灭亡之后，有几十年的时间，天下完全分裂了，号称五代十国时期。这时期小国林立，而且常常彼此替换，一个灭了，一个又起来，此起彼伏，局势混乱不堪。后来，宋太祖、宋太宗出来把它们都收拾了，统一为北宋。

在这些乱世小国中，南唐相对还算强大，地方也很富饶。它的国号是唐，首都在金陵，因为版图主要在江南，所以历史上称作南唐。李煜是南唐后主。为什么称作后主呢？大家但凡看到某某后主，就知道这个国家，这个朝廷，到他这一代就完蛋了。李煜25岁的时候，当上了南唐国主。到39岁的时候，首都就被宋朝大军攻破了。他被俘虏，囚禁在北宋首都汴京。他晚年写的词里面，总是出现一个地方，叫“小楼”，其实就是囚禁他的居所。他的结局非常凄惨，被宋太宗赐药给毒死了。

李煜是一个大才子，既是一位才华卓越的词人，而且在诗、文、书、画、音乐等方面也都有很高造诣。可惜的是，他生于帝王之家，而且生在一个枭雄辈出的时代，一个动荡不安、群雄逐鹿的时代。他的文人气很重，不适合去争霸天下。这是李煜人生发展的大致轨迹。他最好的词，都是创作于惨遭囚禁之后。国难与家仇，都浓缩在这些词作之中了。

虞美人

五代·李煜

春花秋月何时了，往事知多少！小楼昨夜又东风，故国不堪回首月明中。

雕栏玉砌应犹在，只是朱颜改。问君能有几多愁？恰似一江春水向东流。

我相信有些小朋友，应该读过、听说过李煜的一些著名词句，比方说“春花秋月何时了，往事知多少”“问君能有几多愁，恰似一江春水向东流”“流水落花春去也，天上人间”，等等。大家读这些名句，可能都有一种感觉：情太深，词太美，但仔细一想，仔细一看，又是那么朴实无华！我们今天要讲的《相见欢》也是如此。整首词读下来，没有一个字你不懂，似乎也没有什么可圈可点的技巧，但在不知不觉中，它悄然打动了你的心。

第一句，“林花谢了春红”。“林花”和“春红”是什么关系？其实，“林花”就是“春红”。汉语的妙处就在这儿：用不同的名词，指称一个事物，会产生截然不同的效果。“林花”很客观，很冷静，就是树林里的花，枝头上的花。而“春红”就不一样了，既点明了季节、时光，也点明了颜色。“春红”两个字放在一起，还有一些特别的意味在里面。李白有首诗说“十五入汉宫，花颜笑春红”，写的是一个少女的容颜与春花之间的交相辉映。“春红”意味着最好的岁月、最美的年华。

回到李煜的词句，“林花谢了春红”。客观来看，意思就是花朵都凋谢了，但是诗人要重复一遍“春红”，仿佛在说：林花谢了，春红也谢了！“林花”是冷冷清清、非常客观的一个名词，而“春红”是有温度、有情感的。因此，表面上看是重复一遍，其实里边有情感的递进：先说花谢了，再说时光也流走了！

除此之外，“春红”还留下了一个伏笔。什么伏笔呢？跟下面的“胭脂泪”暗暗呼应。有位大学者俞平伯先生，他说整首词其实就是从杜甫的一个句子里得到的灵感。杜甫有首诗，叫《曲江对雨》，里面有一句“林花著雨燕脂湿”。他说，林中的花朵被雨水点缀、浸染，变得像女人擦过的胭脂一样。胭脂是红色的，所以杜甫所写的“林花”，也一定是“春红”。李煜的词，上来就说“林花谢了春红”，是想说红花不是无缘无故凋谢了，而是有风有雨，把它打谢了，把它沾湿了，这样才会有后面的“胭脂泪”。第一句貌似极为简单，其实藏了很多玄机。

“林花谢了春红”是写景。写完了，词人加了一句叹息，说“太匆匆”。这是他的内心独白，既是针对林花，也是针对自己的年华：老了老了，都老了，真无奈啊，太匆匆啊！紧接着“太匆匆”，李煜又有一句叹息，即“无奈”！无奈，就是无可奈何，没办法。无奈什么呢？“朝来寒雨晚来风。”就解释了为什么会“林花谢了春红”。因为有寒雨，有晚风，风吹雨打之下，林花就凋残了。

大家要注意两个时间点，“朝来”和“晚来”，也是在重复。李煜

> 李后主的词，是非凡身份、
> 非凡经历、非凡痛苦、非凡才华的结晶。

想表达什么意思呢？是早晨来了阵寒雨，晚上又来疾风吗？其实他的意思是早上有雨有风，晚上也是有雨有风；早上、晚上的风都很疾，早上、晚上的雨都很冷。摧残与折磨是循环的，无穷无尽的。在疾风冷雨的不断侵袭下，林花凋残了。就好像在时光的摧残下，在命运的折磨下，我的容颜渐渐老去，我的生命在逐渐熄灭。这是词的上半部分，就是上阕。

下阕第一句说“胭脂泪”，意思是被雨水打过的红色花瓣所呈现出来的那种质感，就像胭脂一样。这个时候李煜的情感已经控制不住了，他不想写景了，就由景关联到了人。“留人醉”，有的版本写成“相留醉”，也可以，意思是一样的：让人醉，让人断肠，让人百转千回的情感都涌出来了。涌出来什么情感呢？“几时重！”意思是，红花凋谢之后，什么时候能与它们再次相逢呢？

李煜看着红花在雨中凋残，心里不是滋味，进而想到凋残之后，逝去之后，它们什么时候能够重新开放呢？越想越难受。最后，他沉重地叹了口气：罢了罢了，不想了，想那么多有什么用，“自是人生长恨水长东”。“自是”，即本来就是。李煜说，人生本来就是充满了愁苦，充满了遗憾，就像浩浩荡荡东流的江水，不可阻遏，不可改变。长江水只能往东流，就像人生只能往愁苦和遗憾那儿走，人生到处都是遗憾啊！

大家注意“水长东”，会让人想起李煜《虞美人》中的名句，“问君能有几多愁，恰似一江春水向东流”。为什么他总爱写长江东流的场景呢？刚才我们介绍了，李煜是南唐后主，晚年被囚禁在北宋都城汴京，即今天的河南开封。他天天都在怀念自己的故国，一定会想到长江，因为南唐首都就在金陵，就在滚滚东流的大江边。“水长东”也好，“一江春水向东流”也好，既是比喻“恨”，比喻“愁”，其实也是一种实实在在的怀念。这“一江春水”，就是他曾经统治过的大好河山啊！杜牧说“铜雀春深锁二乔”，意思是大乔、小乔的被囚，象征东吴的毁灭。那么，李煜心目中的“水长东”，也象征着南唐的毁灭和李煜自己的君主身份的崩塌。他再也不是万人之上的国君了，而是人家新朝廷的阶下囚！

李煜后期词作中，处处包含着作为“亡国之君”的刻骨铭心、滔滔不绝的痛苦。不论读者经历过什么样的人生坎坷，走到李煜词中，都能够感受到一种共鸣。因为李煜心中的痛，真的不是一般人能够承受的，也不是一般人能够经历的。有几个人能当君主？又有几个君主能经历如此巨大的人生落差？即便你经历了，你有本事、有才情把这段人生经验淋漓尽致地写出来吗？所以，李煜的词，是非凡身份、非凡经历、非凡痛苦、非凡才华的结晶。他是独一无二的“千古词帝”。

踏莎行

北宋・欧阳修

候馆梅残，溪桥柳细。草薰风暖摇征辔。离愁渐远渐无穷，迢迢不断如春水。

寸寸柔肠，盈盈粉泪。楼高莫近危阑倚。平芜尽处是春山，行人更在春山外。

讲这首词之前，大家先想一想，什么样的诗歌容易成为不朽之作，成为人们公认的绝妙好诗呢？我想大概有两类。

第一类是写出了作者最独特、最不可取代的感受，比如李白的“疑是银河落九天”，别人没有办法想得这么天马行空，这是作者最独特的感受。

还有一类诗歌是什么样子呢？写出了最普遍、最常见的感受，也是绝妙好诗。大家都经历过，都能想到，但是人家替你把这话说出来了，还说得那么到位。无论是说话还是写作文的时候，我们都可能遇见过这样的情况：某个意思就在嘴边，就在脑海里绕来绕去，怎么都绕不出一个合理的、恰当的表达。突然有一天有人说了一句话，你觉得太对了，我当时想说的就是这个意思啊！那么，这个人可能比你更适合做诗人。

大家应该都听过或唱过一首歌《送别》。词作者是弘一法师，也就是李叔同先生。“长亭外，古道边，芳草碧连天。晚风拂柳笛声残，夕阳山外山。”你觉得写得很美，但是仔细分析一下，《送别》中哪里有李叔同的影子？它写出的是自古以来很多人离别时候都容易看到、听到、想到的一些场景。

“长亭外”，送别常在长亭；“古道边”，送别当然在大路边；送人得往远处看，就是“芳草碧连天”。古人有折柳送别的习俗，于是有“晚风拂柳”。古人送别还喜欢举办欢送会，喝点酒，演奏点音乐，于是有“笛声残”。为什么“残”呢？音乐演奏结束了，这个人就要走了。我们送别感情很深的人，都会有这样的习惯，“孤帆远影碧空尽，唯见长江天际流”，看着他越走越远，直到消失在天边，于是有“夕阳山外山”。

你们看，《送别》这首歌词，每一句都是写“送别”的经典场景。它写得并不独特，但是把我们每个人都能够感受到的东西优美地、精确地表达出来了，这就叫“人同此心，心同此理”。这种诗，可以成为人见人爱的绝妙好诗。

欧阳修的《踏莎行》，也属于此种类型。它写的是旅行、离别的题材。但它没有写一段独特的旅行、一次独特的离别，就写普通的两个人，一个出去工作的丈夫跟一个在家里独守空闺的女子，他们之间的相互遥望和思念。这个题材太普遍了。欧阳修是如何写的呢？

他首先写“候馆梅残”。“候馆”，就是驿站、旅馆。古人在旅馆旁边经常种植一些梅花。它有一个小院子，有一些篱笆，有几间屋子。古人对待梅花有一个传统，就是折梅送人，或者折梅赠远，赠给远方的朋友。陆凯有句诗，叫“折花逢驿使，寄与陇头人”，讲的是折一枝梅花，拜托邮递员寄给远方人。

第二句写“溪桥柳细”。“梅残”容易勾起人的思念，柳更是如此。“柳”谐音“留”，表示舍不得。“溪桥柳细”，溪边有小桥，桥边有嫩柳，柳叶很细，这是春天的景象，与“梅残”是同一季节。

在春日里，“草薰风暖摇征辔”。有人要走了，而且走得还很远，要一路上住着旅馆。怎么走呢？在“草薰风暖”之中，“草薰”就是草有香气，“风暖”就风有暖意，“征辔”就是马鞭。在香气暖风之中，此人策马远去。

走得越远，心头积淀的愁苦就越多，就叫“离愁渐远渐无穷”。随着旅途的延长，随着春色的蔓延，离愁也变得无穷无尽。这句写得好，把离愁写成了一个发展的过程。走的时候哭得一塌糊涂，走远了就忘了，这就没有真感情。想一想，你独自一人坐着火车，告别爸爸妈妈，走的时候哭鼻子，走得越远心里越难受，说明你跟爸妈是真感情。如果火车一动，你觉得终于脱离家庭啦，终于自由啦！说明你跟爸妈的感情有待提高。欧阳修写“离愁渐远渐无穷”，说明这个人真不想离开家，走得越远越想家。

想家想到什么程度呢？下面顺手来了一个比喻，“迢迢不断如春水”。这是一个常见的比喻，用流水比喻情感。李白“请君试问东流水，别意与之谁短长”，李煜“问君能有几多愁，恰似一江春水向东流”，都是拿流动的江水去比喻情感的绵绵不绝。所以我们要说，欧阳修这首词没有写什么独特的东西，就是写几乎每一个远行的人都会碰到的场景，比如住旅店，过小桥，看到梅花心头一动，看到柳树心中又一动，驾驶车马越走越远，等等，这些都是常情、常态。

以上是词的上阕，写的是远行人，就是那个丈夫。那么下阕呢？话头一转，开始写家里人，是一位女性。女子思念远去的丈夫，以至于“寸寸柔肠，盈盈粉泪”，意思是柔肠寸断，满面泪痕，说明女子非常思念丈夫。丈夫走得越远，心里的情感越堆积，妻子也是如此，而且她的情感更为细腻，可能还更为强烈，所以都哭了。“寸寸”“盈盈”，形容情绪的堆叠，泪水的不可控，把看不见摸不着的情绪，写

前途无穷无尽，思念循环不已。

得很有形象性。

我们现在形容情绪悲伤，经常说“断肠”，说“心如刀绞”，这些词都是很形象、很刺激的。谁也没真看过肠子断了，心脏插刀，太惊悚了！你稍微想象一下，都会感到身体里凉凉的，浑身起鸡皮疙瘩，这就是这些词所带来的刺激效果。如果一个人只说“我好难受”，你可能没啥感觉；他说“我断肠”“我心如刀绞”，你就能体会他的极度痛苦了。范仲淹说“酒入愁肠，化作相思泪”，这也是很形象化的一个比喻。感觉酒喝进去之后，在身体里循环走了一遍，然后从眼中出来，化作相思泪，他把无形的愁变得有形。欧阳修的“寸寸柔肠，盈盈粉泪”，也有这样的表达效果。

下面一个情景，“楼高莫近危阑倚”。“楼高”“危阑”，都是形容站得高。在古人的传统里，登高就容易思远。既然你那么想你的丈夫，你就不要老是倚靠着高楼上的栏杆。你越倚栏杆，越眺望对方，心里不就越愁苦吗？倚“危阑”是为了什么？当然是为了遥望远方的爱人。女子不断告诉自己，别老去登高，别老靠着栏杆了！但是又不自觉地登上去了。她最终看到了什么景色呢？

词的结尾很妙。“平芜尽处是春山”，在一望无际的春草尽头还有一座青山。青山就是尽头吗？不是。她插上想象的翅膀，又从青山飞越过去，到了青山之外，就叫“行人更在春山外”。这一笔写得非常有意思，它把一段眺望的过程分成了两节：女子站的地方是 A，本来想看那个 C，但是先看到了 B，从 A 看到 B，这是第一节；第一节看完了觉得情感还没有宣泄干净，还没有表达充分，想一想我再看远一点吧！于是就出现第二节，从 B 再看到 C。一段情感就这样被分成了两节。

分成两节意味着什么呢？意味着一种强调，一种递进。女子看着远处的青山，但是她的思绪要远远超过青山，要一直去捕捉“更在春山外”的行人，这样她的思绪就增添了一层波折。写东西就怕平铺直叙，一眼看过去就看到远处的行人，那就没意思了。

这首词的结尾还有一个特别之处。我们刚才说了，上阕写的是走的那个人，是行人。下阕一转，写到了居人，就是居住在家里的女子。写了一段居人之后，又借居人的眼光去眺望行人，最后终结在行人身上，这就形成了一个美妙的回环结构。作者好像先拿着摄像机拍行人，越走越远，“渐远渐无穷”。然后镜头拉回来，拍居人，拍她怎么想念远方那个人，拍她心痛、哭泣、登高、望远。最后一句呢，又把镜头推到远方，拍了一个若隐若现的远去的背影。

这样写思念，不就变成了一个大回环吗？你想我，我想你，如此循环不已。在这样的结构中，离情真的是“迢迢不断如春水”啊！对于行人，对于居人，都是如此。用白居易的话来说，就是“此恨绵绵无绝期”啊！